文化消费学

主　编　袁　丹
副主编　金青梅　李　天　詹绍文

内容简介

本书是一部结合中国文化特色和文化消费的发展实践,系统介绍文化消费学基本理论、知识和方法的通识教材。全书共分为四篇十章,分别介绍了文化消费学的实践和学科基础、研究内容和方法,文化消费的基本概念、特征,以及主要理论等基础理论;文化消费的内容及载体、形态及升级等内容和形式;个体文化消费和群体文化消费心理与行为;文化消费传统与流行、文化消费环境与市场和国际视野下的文化消费发展等文化消费环境与趋势。本书内容翔实,层次性强,配有丰富的案例、思考题。本书既可以作为高等学校公共管理类、文化艺术类等相关专业的教材,也可以作为社会人士自学用书。

图书在版编目(CIP)数据

文化消费学 / 袁丹主编. 一 西安:西安交通大学出版社,2023.11
ISBN 978-7-5693-3487-6

Ⅰ.①文… Ⅱ.①袁… Ⅲ.①文化生活-消费-中国-高等学校-教材 Ⅳ.①G124

中国国家版本馆 CIP 数据核字(2023)第 201597 号

书　　名	文化消费学
	WENHUA XIAOFEIXUE
主　　编	袁　丹
责任编辑	史菲菲　袁　娟
责任校对	李逢国
封面设计	任加盟
出版发行	西安交通大学出版社
	(西安市兴庆南路1号　邮政编码 710048)
网　　址	http://www.xjtupress.com
电　　话	(029)82668357　82667874(市场营销中心)
	(029)82668315(总编办)
传　　真	(029)82668280
印　　刷	西安日报社印务中心
开　　本	787mm×1092mm　1/16　印张 15.75　字数 374千字
版次印次	2023年11月第1版　2023年11月第1次印刷
书　　号	ISBN 978-7-5693-3487-6
定　　价	49.80元

如发现印装质量问题,请与本社市场营销中心联系。
订购热线:(029)82665248　(029)82667874
投稿热线:(029)82665379
读者信箱:511945393@qq.com

版权所有　侵权必究

前言

目前,中国是世界第二大消费市场。消费者告别了物质匮乏的时代,以文化消费为主要代表的精神文化消费成为满足人民日益增长的消费需求的重要方面。文化消费是消费的重要组成部分,是满足人民对美好生活向往的重要途径。文化消费不再局限于传统的纸质消费或博物馆、电影院等实地消费,在数字经济时代,人工智能、5G、大数据等新兴技术赋能文化消费,短视频、网络直播、数字音乐、文学 IP 跨界联动,产生了文化消费的新现象,形成了文化消费新热点,具有巨大的市场潜力。2022 年 5 月,中共中央办公厅、国务院办公厅印发了《关于推进实施国家文化数字化战略的意见》,强调要发展数字化文化消费新场景,大力发展线上线下一体化、在线在场相结合的数字化文化新体验;2022 年 8 月,中共中央办公厅、国务院办公厅印发《"十四五"文化发展规划》,指出:"全面促进文化消费,加快发展新型文化消费模式,发展夜间经济。加强文化市场信用体系建设,提升文化市场服务质量,强化文化市场管理和综合执法。"

文化消费内容丰富,涉及的领域广泛,与人民的生活密切相关,文化消费升级使得文化消费在内容、形式和空间等方面都发生了变化。文化消费学是研究文化消费者在对精神文化类产品及精神性劳务的占用、欣赏、享受和使用等过程中所发生的心理活动特征和行为规律的一门科学。因此,在新发展格局背景下,深入研究文化消费的理论和知识,更新和完善文化产业管理专业学科知识体系,加快文化消费专业人才的培养,促进个人积累更多的文化知识和就业,对推动供给端提升产品质量和文化产业高质量发展,满足文化消费升级的需求,建设文化强国等具有重要的理论和现实意义。

本教材围绕文化消费学的理论与实践,系统介绍了文化消费学的主要知识体系和基本理论,共分为四篇十章。第一篇为文化消费的基础理论,包括第一章"绪论"、第二章"文化消费概述"和第三章"文化消费理论";第二篇为文化消费的内容与形式,包括第四章"文化消费内容及载体"、第五章"文化消费的形态与升级";第三篇为文化消费心理与行为,包括第六章"个体文化消费"和第七章"群体文化消费";第四篇为文化消费的环境与趋势,包括第八章"文化消费传统与流行"、第九章"文化消费环境与市场"和第十章"国际视野下的文化消费发展"。

本教材的主要特色和特点是从多学科的视角,结合文化消费的特殊性与编者所在学校和院系的文化资源基础和特色,将文化消费的现状和趋势深化到心理和行为层面进行解读,将文化、消费、心理和行为管理等主题进行结合,形成内容主线和章节框架,在更宽和更深入的视野下使学生系统地了解和学习文化消费的基本原理、基本内容和基本方法。将知识性与趣味性相结合是本教材的另一个鲜明特色。每一章从引导案例导入,立足文化消费发展的实践和趋势,以多学科的权威理论为支撑,将丰富的资料和国内外案例融入全书的内容中,增强读者对文化消费学相关原理和知识的学习兴趣。本教材内容覆盖面广、体系完整、结构合理,观点鲜明、重点突出,具有理论的前沿性和较强的实用性。

本教材得到了国家自然科学基金青年项目(72004175)和陕西省社会科学基金年度项目(2020R014)等项目的资助与支持。本教材由西安建筑科技大学管理学院文化产业管理专业和陕西省文化产业管理研究中心的多位老师共同编写。本教材由袁丹担任主编,金青梅、李天和詹绍文担任副主编。参与本书编写的人员还有李婧、潘亚光、李东、吴润涵、杜杰杰、张陈梦悦、强锦卓、杜晨郑泽和崔翘楚等。本教材在编写过程中,得到了陕西师范大学国际商学院雷宏振院长和刘明教授,西安建筑科技大学管理学院方永恒副院长、李治教授、宋琪副教授、苏卉副教授以及王丹、张臻、刘婧和宋喆等老师的指导、支持和帮助,在此表示感谢。

本教材是编者团队在多年从事文化消费学相关的教学与研究的基础上,参阅大量国内外文献编写而成的,但由于能力和时间所限,仍有不足之处,欢迎广大师生在使用过程中提出宝贵的意见和建议,以便再版时修正。

编 者

2023 年 7 月

目录

第一篇　文化消费的基础理论

第一章　绪论 ··· 002
- 学习要点 ··· 002
- 引导案例 ··· 002
- 第一节　文化消费学的实践基础 ··· 003
- 第二节　文化消费学的学科基础 ··· 011
- 第三节　文化消费学的产生与研究内容 ·· 014
- 第四节　文化消费学的研究方法 ··· 018
- 思考与练习 ·· 022
- 案例分析 ··· 022

第二章　文化消费概述 ··· 023
- 学习要点 ··· 023
- 引导案例 ··· 023
- 第一节　文化消费的基本概念 ·· 024
- 第二节　文化消费与文化生产的关系 ··· 035
- 第三节　文化消费的其他基本关系 ·· 044
- 思考与练习 ·· 048
- 案例分析 ··· 048

第三章　文化消费理论 ··· 049
- 学习要点 ··· 049
- 引导案例 ··· 049
- 第一节　文化消费主义 ·· 049
- 第二节　现代文化消费主义 ·· 051
- 第三节　后现代文化消费主义 ·· 052
- 思考与练习 ·· 059
- 案例分析 ··· 060

第二篇　文化消费的内容与形式

第四章　文化消费内容及载体 ... 062
- 学习要点 ... 062
- 引导案例 ... 062
- 第一节　文化消费的内容和结构 ... 063
- 第二节　文化消费的产品与服务 ... 069
- 思考与练习 ... 085
- 案例分析 ... 086

第五章　文化消费的形态及升级 ... 087
- 学习要点 ... 087
- 引导案例 ... 087
- 第一节　文化消费的变迁 ... 089
- 第二节　文化消费的升级 ... 102
- 思考与练习 ... 113
- 案例分析 ... 114

第三篇　文化消费心理与行为

第六章　个体文化消费 ... 116
- 学习要点 ... 116
- 引导案例 ... 116
- 第一节　文化消费者的认识过程 ... 116
- 第二节　文化消费者的情绪和意志过程 ... 139
- 第三节　文化消费者的个性心理特征 ... 144
- 第四节　文化消费者的需要与动机 ... 148
- 思考与练习 ... 155
- 案例分析 ... 155

第七章　群体文化消费 ... 156
- 学习要点 ... 156
- 引导案例 ... 156
- 第一节　文化消费群体 ... 156
- 第二节　年龄群体与文化消费 ... 167
- 第三节　社会阶层与文化消费 ... 177
- 第四节　群体视角下的亚文化消费 ... 183
- 思考与练习 ... 186
- 案例分析 ... 186

第四篇 文化消费的环境与趋势

第八章 文化消费传统与流行 ········ 188
- 学习要点 ········ 188
- 引导案例 ········ 188
- 第一节 文化消费传统与习俗 ········ 189
- 第二节 文化消费流行与时尚 ········ 197
- 第三节 文化消费的暗示、模仿与从众 ········ 201
- 思考与练习 ········ 205
- 案例分析 ········ 205

第九章 文化消费环境与市场 ········ 206
- 学习要点 ········ 206
- 引导案例 ········ 206
- 第一节 文化消费环境 ········ 207
- 第二节 文化消费市场 ········ 212
- 思考与练习 ········ 218
- 案例分析 ········ 218

第十章 国际视野下的文化消费发展 ········ 219
- 学习要点 ········ 219
- 引导案例 ········ 219
- 第一节 国际文化消费发展现状及趋势 ········ 220
- 第二节 跨文化消费者 ········ 228
- 第三节 国际文化消费的环境与策略 ········ 233
- 思考与练习 ········ 239
- 案例分析 ········ 239

参考文献 ········ 240

第一篇

文化消费的基础理论

第一章 绪 论

 学习要点

1. 文化消费的发展演变;
2. 文化消费学的提出;
3. 文化消费学的研究对象;
4. 文化消费学的研究内容;
5. 文化消费学的基本概念;
6. 文化消费学的研究方法。

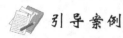 **引导案例**

爆款不断涌现 渐成审美潮流——"国潮"消费为何持续升温

近年来,"国潮"爆款不断涌现,涉及音乐、美术、建筑、家具、服装、美食、日用文创等精神生活与物质生活的各个方面。"国潮"即"以国为潮"。"潮"指的是一种时尚流行趋势与审美动向,是人们热爱某种事物所形成的一种风尚。当下的"国潮"多指以时尚潮流为载体,将中华优秀传统文化与现代生活方式融合而形成的一种潮流风格。真正的"国潮"是经过精心的设计、大众的考验且具有个性化、品牌化和情怀化的商品。

爱国情感和文化归属感的表现

汉服春晚是汉服圈中颇有规模的一个线上晚会,已举办了12届。2010年,汉服对很多人来说还是一个陌生词汇。如今"同袍"越聚越多,2022年晚会直播期间,吸引了约30万人观看。汉服从小众潮流到逐步被更多人接受的过程,正是"国潮"流行的一个缩影。"国潮热"体现在多个方面:

首先,它是一种消费潮流。很多老字号、新品牌通过对中国传统文化的创新挖掘与再创造,逐渐形成一股独特、贴近生活且能够引发大众共鸣的时尚消费潮流。中国社会科学院2022年5月发布的报告显示,九成消费者看好国货品牌的未来发展。国际咨询公司麦肯锡发布的消费者调查报告显示,中国企业正努力升级产品的品质、性能和价值,近1/3的消费者在高端产品上会选择中国品牌。

其次,它助推了新的审美风尚形成。无论是买"国货"、晒"国货"、用"国货",还是穿汉服、听民乐、看古装影视、游红色景点,或是《国家宝藏》节目、《只此青绿》舞蹈、北京冬奥会开幕式上的二十四节气倒计时和闭幕式上的"折柳寄情"场景等引爆社交媒体话题榜,这些在消费、文化演艺等领域的流行趋势很大程度上折射出国人审美风尚和文化态度正在发生转变。消费者不仅更认可中国文化品牌形象、"国潮"消费品,而且在生活态度、审美趣味方面努力寻找与中华文化精神的契合,体现出较高的文化自信。

清华大学教授胡钰认为,"国潮"将中国文化符号、中华美学精神、传统技艺、制造业与文化产业等结合在一起,其流行是爱国情感和文化归属感的表现。

折射社会审美方式变化

用古法劈清、蒸煮、晾晒、拉丝后与现代工艺结合的油纸伞,将非遗技艺创新研发、远销海外的团扇,经过数十道工序上百小时反复煅烧打磨的3D曲面陶瓷外壳手机机身……随着年轻人青睐"国潮",很多老字号、新品牌开始从中华优秀传统文化宝库中寻找设计灵感。"当一种趋向性的审美导向形成时,人们的审美修养也在改变。西方审美过去是很多人效法的风潮,现在逐渐作为文明互鉴的对象存在,这是非常重大的变化。"金元浦说。社会审美变化也推动了设计理念更新。潮流时尚化是消费时代的重要特征。"国潮"设计贯通着当今中国人的文化精神、美学风格和时代气象。潮流网购社区平台得物App数据统计,2020年,年轻用户对"国潮"商品的消费热度比上一年增长超过10倍。

让"国潮"更深地融入大众生活

"以现代科技支撑优秀传统文化的创造性转化、创新性发展,是'国潮'发展的重要趋势。"金元浦认为,当前人工智能、虚拟现实、增强现实、元宇宙等新技术正在全面介入文化内容创作、生产、传播、消费等各个环节。他建议利用好新技术,营造出场景化、沉浸感、体验感合而为一的"国潮"文化新业态、新模式,让人们高度投入、沉浸其中。

"国潮"的形成,离不开国货品质的提升,离不开传统文化的觉醒和正在建立的文化自信,还应归功于新消费群体的迭代。他们更注重品质、注重创新、注重个人体验,本土审美不断苏醒,盲目崇洋意识日渐消失。中国更自信的一代消费者正在崛起。

资料来源:彭训文.爆款不断涌现 渐成审美潮流 "国潮"消费为何持续升温[N].人民日报(海外版),2022-08-15(5).

第一节　文化消费学的实践基础

一、西方文化消费的发展演变

文化是民族的血脉,是人民的精神家园。在很早以前,文化消费就已经存在于人们的消费活动中。不过,由于生产力极为低下,这种精神性消费只能隐藏在人类争取生存的基本生产和消费活动之中。工业革命带来的生产力发展改变了这一切,大多数社会成员在全新的社会模式下拥有了一定的经济支付能力,也不必为了生存终日奔走。教育的大众化也让原本王公贵族和各领域精英专享的文化产品逐渐走下神坛,进入大众的审美视野。如出版业、电影业、娱乐业等文化产业的建立使得廉价地大量复制文化产品成为可能,极大地推动其成为大众化的消费品。在社会从以上方面为文化消费大众化建立客观条件和做好物质准备的同时,现代人的身心全面发展和对精神消费需求的与日俱增已经成为文化消费发展的内在动力。文化消费是伴随着现代市场经济的出现才出现的,只有进入了现代工业社会,人们的文化需求的满足才大规模地依赖于文化消费。随着经济快速发展、社会持续进步、人们的生活水平不断提高,消

费需求层次也随之日益提高。文化消费水平是同经济基础、消费需求和实际供给能力密切相关的。西方文化消费具体可划分为以下几个发展阶段。

(一)近代时期的文化消费

欧洲近代时期的时间界定是16—19世纪上半叶,主要是因为当时欧洲尤其是英国的经济发展最具代表性。这一时期持续的经济增长带来了深刻的社会变革,文化消费萌芽于此时期。

西欧在16—18世纪开始由封建主义向资本主义过渡。这一时期人们的消费方式发生了很大改变。如18世纪的法国,已经成为最讲究烹调的国家,发明新的菜式,并且收集来自欧洲各地的宝贵食谱;美食家的盛宴同时注重食物精美和格调高雅,菜肴的外观和上菜的方式趋于尽善尽美。同时,进餐时餐桌的布置、餐具的摆放、上菜的规定、用餐时的礼仪等,也形成了一种不同于简单食用的饮食文化,人们在享用食品时的消费方式开始发生改变。随着外观和色泽的日益重要,菜肴的味道不再是人们唯一注重的方面。日常的消费行为开始有了文化的内涵和价值。此外,随着经济日趋工业化,人均收入和家庭收入不断提高,人数不断增加的上层社会和中产阶级的消费群体也开始对家具和设施提出了各种新的要求。娱乐服务业尤其是私人服务业和休闲业有了初步的发展。

18世纪后期,工业革命席卷了整个欧洲大地。产业革命对农业产生了深刻影响,先进生产技术和机器装备农业,使农业生产力得到了巨大提高,也使得农业人口在总人口中的比例不断下降,越来越多的人开始进入工业以及服务业领域。书籍在17世纪还是富人享用的奢侈品,到1750年,随着印刷业的发展,已成为大众商品了。

这一时期随着生产力的提高,消费品已经开始呈现出一种标准化的趋势,消费品大多由早期家庭生产制作转向由机器生产制造。不可忽视的是,消费在此时已走上舞台,成为资本主义发展环节中不可或缺的一环。

自16世纪威尼斯手抄小报兴起之后,文化产品增加的速度明显加快,也使文化的宣传和传播更为顺畅。文艺复兴使商业和贸易市场化、地域扩大化,中产阶级的消费欲望不断膨胀,他们首先将书籍、报刊推向了宣传革命和社会文化的舞台。报纸成为意见和观念自由论战的场所。

19世纪30年代之后,大众报纸开始出现在人们的生活中,这些报纸中广告内容占据了很多版面,虽然广告的失实内容很多,但它却激发了人们物质欲望的膨胀,促进了经济生产的发展。

(二)现代时期的文化消费

现代时期的时间界定一般是19世纪中后期到20世纪50年代。这一时期历史上被称作"第二次工业革命"。19世纪下半叶,现代主义开始出现,在其表现为一种独特的艺术、文化等形式的同时,现代消费主义文化也正式形成,文化消费成为消费结构中增长最快、发展最迅速的部分,文化消费真正登上了历史舞台。

人类进入现代社会,温饱问题的解决使人们把消费的重点放在了满足精神需要的层面上。随着大批量工业生产的实现,标准化商品增多,规模生产逐步导致了大众消费时代的来临,一个休闲社会开始逐步出现,工人们可以花费不断增长的工资和劳动外的时间,去充分享受属于个人的娱乐,购买私家轿车去度假,去收听各种新媒体的文化节目,看电影和电视,或者干脆在家里休息等。闲暇娱乐产品开始大量产生。这一时期美国95%以上的家庭有一台或几台无线电收音机,平均每家两台。变革的又一件大事是电影闯入了封闭的小镇社会,电影既是窥探世界的窗口,又是一组白日梦、幻想、逃避现实和无所不能的示范。青年人把电影当作一种学校,模仿电影明星的举止、生活方式。

正像丹尼尔·贝尔在《资本主义文化矛盾》中分析的那样,现代社会的文化改造主要由于大众文化的兴起,或者说由于中低阶级从前视为奢侈品的东西在社会上的扩散。广告不仅仅单纯地刺激消费,还更为微妙地改变了人们的消费习惯,教会人们适应新的生活方式。这一时期的闲暇娱乐方式发生了巨大的变化:一方面,人们开始越来越注重精神上的各种享受,而不仅仅满足于物质产品的丰富;另一方面,社会生产方式的变革带来了观念的变革,使休闲娱乐变得合法化,对其追求就成为人们社会生活的重要内容。

现代消费主义真正出现是20世纪20年代。当时,大规模生产和高消费开始改造中产阶级的生活,讲究实惠的享乐主义代替了作为社会现实和中产阶级生活方式的新教伦理观,心理学的幸福说代替了清教精神。文化(在严肃的领域)已被颠覆资产阶级生活的现代主义原则所支配,而中产阶级的生活方式已被享乐主义所支配,享乐主义由此摧毁了作为社会道德基础的新教伦理。

现代消费本身就是一种文化消费方式,它决定了经济活动必须依靠文化并创设文化特色才能使经济活动具有活力。有一个特点是明显的,那就是现代消费的产品在具有使用价值的同时,必须具有审美价值。休闲、娱乐与文化已交织在一起,文化活动与娱乐活动已不再被完全分开,同时商品消费与文化消费也融合在一起。业余时间被视为文化、消费与娱乐合而为一的时间。人们对文化含量高、精美的产品的需求不断增加。曾经限于富裕阶层的文化——审美的消费行为,已普遍化,成为广泛的消费需求。

(三)后现代时期的文化消费

后现代主要用来描述继现代之后而来的时代。后现代是信息时代的产物,知识膨胀,电脑、数据的应用,导致了合法化的危机,这一状况反过来规范着人类的行为模式,导致了一种反现代文化的极端倾向的形成。此后,后现代文化浸透了无所不在的商品意识,高雅文化与通俗文化的对立消失,商品具有了一种"新型"的审美特征,文化则贴上了商品的标签。文化消费化、消费文化就成为后现代主义与后现代文化消费的总体模式。

后现代主义作为20世纪60年代左右出现于西方发达国家的泛文化思潮,涉及艺术、文学、语言、政治、伦理、哲学等观念形态的诸多领域。后现代主义可定义为对现代主义本身的精英文化的一种反思,它远比现代主义更加愿意接受流行的、商业的、民主的和大众消费的市场。西方后现代主义的基本特征如下:①全面的商品化。文化产品变成了可以在市场上自由流通的商品。②多元化。过去的中心丧失了,不同种类、不同风格、不同情调的文化现象多元并存。③通俗化、大众化。形形色色的通俗文化形式,如通俗文学、流行音乐、影视越来越强劲地占领文化消费市场,越来越有力地冲击精英文化的主流地位。

随着资本主义的经济发展从工业化进程转化为信息化进程,文化被广泛地纳入商品生产范畴。文化消费的出现,消解了精英文化与大众文化的界限,精英文化的生产已从高尚的地位、高雅的格调降为普通的商品生产,而商品的供求关系又促使文化生产不断变换形式,这就导致了在文学、艺术、影视等领域出现了五花八门的有别于现代主义的表现形式。无主体性、无权威性、无历史性、无深度感的文化成为时代文化的主导形式,并使其他一切形式从属于它。当代西方社会,文化商品化的发展以及消费文化的产生和发展,也孕育了不同于现代主义的,以宣扬不确定性、易逝性、碎片性、零散化为特征的后现代主义思潮。

20世纪60年代以后,人类的信息传播技术经历了一次质的飞跃,形成了全球化的信息传播系统,文化消费实现了全球化的发展。文化消费成为发达国家文化输出的重要组成部分。通过电影、电视节目、书籍、新闻报道等随处可见的文化产品,文化以音乐电视(MTV)、影视剧、广告、营销宣传等形式在全球得到了广泛传播,在潜移默化中取得了合法而正当的地位。

后现代媒体也在"生产"着文化消费。以美国为例,媒体行业的收入在整个行业中排名前列,媒体节目的消费在居民消费结构中占的比重越来越大,人们用于消费媒介节目的时间也在不断增加。大众媒介为大众带来大同小异的节目的同时,也提供大同小异的文化观念,共同促进流行文化。

经济学家发现,在人均收入超过3000美元之后,消费就会出现"脱物化"倾向,即人们开始在教育、健康、信息、娱乐方面投入,文化工业就在这个经济文化环境中得以迅猛发展。现代工业生产文化开始向服务型经济的后现代生产文化转换,消费的比重从物品转移到服务,这一时期的文化消费由传统的对文化产品的消费向产品的文化内涵的消费过渡。消费象征化、符号化、快感化出现,文化观念获得突破。这一时期的文化消费得到了空前的发展。各种文化产品琳琅满目,商品的文化内涵也得到越来越多的重视。产品的文化质量在某种程度上甚至超过了它承载的物质的质量。人们消费的目的更多是获得一种情感与需要上的满足,是对产品文化附加值的体验。人们通过消费来体现自己独特的生活方式,来表达对一种生活的理解与向往。于是商品消费与文化消费融合为一体。

文化消费另一个显著的变化是文化大众化、多元化的趋势越来越明显。文化消费使不同形态的文化产品在同一个市场中运作、流通,文化由原来高高在上的贵族逐渐走入寻常百姓家。很多在过去由精英、贵族独享和垄断的文化消费,如交响乐、芭蕾舞等,在市场运作的模式下得到了广泛的传播与发展,使普通大众也有能力进行消费。但与此同时,文化消费的发展也越来越呈现出良莠不齐的局面。文化的娱乐、消遣功能被过分重视,文化消费表现出低俗化的倾向。质量参差不齐的产品充斥着文化市场,享乐主义、虚无主义盛行。日益发达的文化消费却带给人们越来越多的困惑与无奈,人们追求的内心的平静与幸福遥遥无期。

二、中国文化消费的兴起与发展

(一)中国现代、后现代的复杂性

就西方来看,1960年左右就开始了由现代向后现代的转变。而中国的现代性从20世纪初期开始萌芽,起初是一种知识性的理论附加于其影响之下产生的对于民族国家的想象,然后变成都市文化和对于现代生活的想象。事实上这种现代性的建构无论从理论上还是从实践上都还远未完成。

詹姆逊曾经说过:"后现代主义的特征是文化工业的出现。在欧洲和北美洲这种情况是具有重要意义的,但在第三世界,如南美洲,便是三种不同文化时代并存或者交叉的时代,在那里,文化具有不同的发展层次。"

就中国目前的现实来说,虽然从生产力水平和生产方式上看我们还处于现代化进程的初级阶段,但后现代主义却已经有一定的市场和地位。可以说,无论从生产、生活方式还是从社会、文化、心理结构来看,现代和后现代的时代特征在今天的中国是同时并存的。这也正是中国经济和文化的不均衡发展在全球化时代的显现。多重的社会跨越造成了文化的多重结构与过渡性的发展趋势。社会上多重转型同时并存,社会发展的梯级差距拉大,社会的一端已经进入由原子能技术、航天技术、电子计算机技术等开拓的信息时代,而另一端还未结束一家一户的家庭手工农业,这就造成了农业文化、工业文化、信息文化交叉并存的局面。这种"现代"与"后现代"并存的时代特征,也决定了中国文化消费发展的复杂性和独特性。

可以说,中华人民共和国成立后的半个多世纪以来,中国社会经历了西方国家几百年间发生的巨变。改革开放之前,中国经济发展水平较低,在计划经济体制下,不仅消费品的短缺是一种普遍的、体制性的现象,而且由于生产、分配、流通、积累、消费等经济过程中的基本决策权集中在计划者手中,普通消费者也缺乏消费的自主权,绝大多数的中国家庭在为获得温饱而不断努力。贫困中的奋力挣扎,使人们根本无心去追求除了生存以外的其他东西。

改革开放以后,国家从计划经济体制向市场经济体制转变,短短几十年的时间里,发生了翻天覆地的变化。经济的巨大增长,带来了人民生活水平的极大提高、商品的极大丰富,也给人们带来了更多的选择。改革开放的过程无疑给中国社会带来了一场消费革命,满足消费需要的形式发生了由自给性消费到市场化消费的转变;产品种类范围的增多,人们的选择范围扩大,使得人们的消费需要也开始异质化和复杂化。同时,对外开放使中国越来越融入全球化浪潮之中。借助于优质形象产品和巧妙的营销手段以及传媒的力量,发达国家的消费观念和生活方式不可避免地对中国产生了影响。在此情形下,像现代西方社会一样,至少在中国城市已初现"消费社会"的雏形。从某种意义上说,消费已在相当程度上成为当今中国社会(尤其是城市社会)的风尚。人们越来越看重商品所包含的文化内涵或风格属性,而不是商品的含金量或华贵属性。在这一背景下,文化消费无论是作为一种实践还是研究都表现出不同以往的丰富性和复杂性。

(二)中国文化消费发展概述

有学者曾指出,迄今为止,人类社会中依次存在着三种主导性的文化模式,即原始社会的文化模式、传统农业文明的文化模式和现代工业文明的文化模式。人类正在进入信息化时代,后工业文明的文化模式正在生成中。任何一种文化模式的形成和发展,都是与社会的经济形态相适应的。中国几千年的农业文明发展出了一套十分发达、丰富、稳定的农业文明的文化模式,尽管历史上也曾经历外来文明的入侵,但中国传统文化的根基却始终未曾动摇。究其根本,是因为这种文化模式是与中国传统社会的生产方式、自然经济的经济形态相适应的。面朝黄土背朝天,因为靠土地吃饭,所以对土地有一种超乎寻常的依赖,所以有"天人合一"的思想,强调人与自然的和谐;因为自然经济条件下的生产是分散的小农经济,都是以家庭为生产单位的,所以人与人的关系就是家庭关系的延伸,是以血缘关系为基础的宗法关系和伦理关系,强调伦理纲常,"家国同构"。几千年农业社会孕育了稳定的农业文明,传统文化的精髓一直延续至今。

从洋务运动开始,中国开始了现代化进程。在西方列强的武力逼迫下,中国被动地打开了大门。最初的现代化只局限于器物层面,"中学为体,西学为用"是这一时期社会的主导性文化心态,现代化的进程并没有触及文化根本。直到"五四"时期新文化运动,才真正接触到西方的理性主义新文化精神,几千年来一直稳固地支撑着中华民族生存的传统农业文明模式发生了根本性的动摇。一时之间关于中西文化的争论不绝于耳,人们开始对传统文化不再顶礼膜拜。新中国成立后,在计划经济的体制下,国家集中力量进行大规模基础建设和工业生产。这一时期的文化强调思想道德教育手段和国家意识形态的属性。同时由于生产力水平低下,人们的需要集中在温饱问题的解决上,精神文化的需求空间无疑受到了很大的限制。

改革开放以后,党和国家的工作重心转移到经济建设上来,极大地解放了生产力,全社会开始统一认识、统一思想,开始承认商品生产和市场交换的合理性。在经济体制改革、政治体制改革的触动下,文化领域发生了更为复杂的变化。大众文化的迅速发展与膨胀正是这种社会变革在文化领域的最直接反映。

改革开放、经济体制转换、深刻而全面的社会转型,尤其是从乡村到城市的转变,已经为中国城市大众文化的孕育和生长提供了充分的土壤。20世纪90年代,大众文化进入了全面发展的时期。文化领域逐步改变了传统的个体化、手工化、小生产化的生产特点和在狭小的圈子中传播的品性,呈现出了集约化、高科技化和大批量生产以及大众传媒广泛扩散的态势,文化产品被作为一种批量生产的工业产品被投入文化市场。如果说20世纪80年代的文化是以启蒙为核心的精英文化,还带有唤醒公众的社会使命感和文化批判热情,那么到了90年代,则出现了文化消费模式的转换,人们往往会以一种直截了当的方式去寻求现实生活的感性满足。文化的格调确实平民化、生活化了。同时,随着经济、文化全球化的发展,中国文化的多元化日益丰富:传统文化与现代文化、大众文化与精英文化、外来文化与民族文化,各种文化元素汇集在一起,在不断的冲突、碰撞、交流、融合中共同发展着。

(三)文化消费兴起的原因

文化消费在我国兴起既有经济发展的原因,又是体制变革的结果;既受到科学技术革命的内在推动,又为全球化的发展趋势所裹挟。文化消费是一个集中代表了现代经济、社会和文化发展的全球性趋势的新兴领域,它的兴起有其必然性。

1. 收入需求结构的变化刺激了我国文化消费的发展

文化消费的兴起是我国经济发展和社会进步的重要标志,以及产业结构开始出现重大调整的突出特征。它同时也是由改革开放以来我国居民收入水平的提高和消费结构的变化所推动的。

改革开放40多年来,我国经济持续健康发展,城乡居民的收入水平持续提高,由此导致居民消费结构发生根本性变化。国家统计局公布的《中华人民共和国2022年国民经济和社会发展统计公报》显示,2022年全年全国居民人均可支配收入36883元,比上年增长5.0%,扣除价格因素,实际增长2.9%。2022年全国居民恩格尔系数(指食品支出总额占个人消费支出总额的比重,是国际上通用的衡量居民生活水平高低的一项指标)为30.5%,其中城镇为29.5%,农村为33.0%。

人类的物质条件达到相当水平时,更需要精神、道德和审美价值来维系一种平衡,因而对于文化的追求便成为人类的必然需要。在这个过程中,居民消费结构中用于文化教育消费的部分越来越大,增长速度越来越快。我国城镇居民消费结构演变经过了以生存资料数量扩张为主的"粗放型消费"阶段,到生活消费需求稳定、家庭新兴耐用消费品普及率迅速提高的"集约型消费"阶段,最后进入发展和享受资料快速增长、更加注重消费质量的"舒展型消费"阶段。第一阶段以吃穿类消费为主,占到总消费的3/4;第二阶段中吃穿类支出开始下降;第三阶段,生活必需品支出持续稳步下降,而服务性消费支出比重全面上升和递增,娱乐文教支出首次超过用品类支出。我国居民消费次序从"吃、穿、用"改变为"吃、穿、娱乐文教",相当一部分居民群体的消费重心开始向教育、科技、旅游及精神产品消费等领域转移。文化类消费需求在整个居民消费结构中所占比例的决定性上升,以及文化消费品市场需求总量规模的急剧扩大,成为我国文化产业兴起的重要内在动因。

2.科学技术革命推动了文化消费的发展

自20世纪90代以来,在信息技术全球化浪潮的推动下,我国的信息技术产业成为国民经济发展中最为耀眼的增长点。以信息技术产业为主体的产业结构提升为大批与文化产业相关的新兴产业群的生长提供了新的技术基础,并反过来对一些传统文化产业领域产生了延伸影响。近年来,信息技术产业的超前发展在我国文化产业中形成了引人注目的产业关联效应。2000年,信息化突入传媒领域,引发"传媒热",新闻出版、广播电影电视等传统大众传媒部门迅速"触网",出现了信息技术产业与文化产业的"大汇流"的壮观景象。

可以说,新技术革命与文化需求成为推动我国文化产业发展的双轮。新兴产业向需求强劲且技术进步的领域,尤其是负载着高密度文化内容的高新技术产业集聚,已经直接导致了新兴文化产业群的急剧膨胀,并迅速改变着我国传统第三产业的格局。

3.新一轮全球化浪潮拉动了中国文化消费的发展

无论是需求结构变化还是产业结构变化,都已经被证明是经济和社会发展的一种国际性的普遍趋势,但是这种普遍趋势对于处在不同发展阶段的国家却具有全然不同的意义。由于发达国家已经完成了现代化的进程,从整体上进入了"后工业化"发展阶段,在全球经济和社会发展日益一体化的当代,就在总的发展趋势上为后发国家提供了参考。在信息技术产业与文化产业相关的领域,这一点表现得特别明显。在全球化飞速发展的今天,人们的生活习惯受到各种文化的影响,文化消费更加多样化。正是在这个意义上,我们认为,新一轮全球化浪潮拉动了我国文化消费的发展。

在知识经济时代,信息与文化产业是发达国家最具优势的产业,而大量未开发的文化遗产与巨大而增长迅速的居民文化消费能力是不发达国家最具吸引力的资源。当消费逐渐成为人们日常生活的主题时,中国社会的经济结构中心也随之发生转变,即由传统的以生产为主导的社会转向以消费为主导的社会。国际经验表明,当人均GDP(国内生产总值)超过3000美元时,文化消费就会出现较大幅度的增长。根据国家统计局的数据,2019年全年我国GDP为99.0865万亿元,人均GDP首次站上1万美元的新台阶。特别是在北京、上海、广州、深圳等经济相对发达的城市,人均GDP甚至已超过这个数值,城市居民对文化产品和服务的需求出现了一个明显凸起,文化消费的边际增量呈逐渐攀升态势。正因如此,近年来在整体经济增速

放缓的背景下,文化产业作为大消费产业中的重要组成部分却异军突起,成为拉动经济逆势增长的关键。在市场化和全球化的大时代中,高质量的文化产业是满足人民基本文化权益、实现文化繁荣发展的有效市场化发展机制,也是提升我国文化国际传播力、文化产业全球竞争力以及国家综合软实力的重要条件。我国调动一切积极因素,从政策指引、制度建设、基础设施建设等方面为文化产业发展提供了保障,通过制度和政策影响文化产业发展,从宏观的政治、经济、文化背景到微观的企业生产、经营、销售等方面,指导文化产业发展方向,制定文化体制,规范文化市场,拉动文化消费,促进文化生产力的提升和文化产业社会效益、经济效益的协同发展。近年来,中国经济平稳快速的发展态势使之成为全球瞩目的焦点。其中,消费作为我国经济发展的主要推动力对于经济增长的支撑作用显著增强。中国的消费潜力正在以新的方式被激发出来。

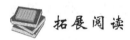 拓展阅读

改革开放以来我国文化消费的变迁逻辑

改革开放以来,我国文化消费经历了一个从匮乏、单一、模仿到丰裕、多样、创新的不断提升的过程。这期间文化消费的变迁并非凭空出现,而是建立在政治制度、经济形态、科学技术和生活方式等综合因素变动之上,有其发展的内在逻辑。

1. 制度创新为文化消费变迁提供了最直接的动力

1978年召开的党的十一届三中全会,拉开了改革开放的伟大序幕。随着计划经济的解体,以及市场经济制度的建立和现代市场体系的日趋完善,人民群众的消费自主性极大提升,压抑已久的文化需求如山洪般爆发,汇聚成了20世纪80年代的"文学热"、90年代的"电视热"、千禧年后的全民狂欢,文化娱乐消费蔚然成风。开放也让封闭的中国进入了四面来风的新时代,特别是"入世"之后,人们有更多机会享受到国外的文化产品,把握全球的文化脉动,消费视野空前开阔。最近几年,供给侧结构性改革和系列消费促进政策的出台,又为文化消费提供了持续发展的强大动能。

2. 经济发展是文化消费变迁的最基本决定面

经济基础决定上层建筑,高品质的文化消费需要坚实繁荣的物质条件。我国GDP从1978年的3679亿元飙升到2017年的827122亿元,增长了令人震惊的223倍,居民恩格尔系数则从60%以上降到29.39%,进入联合国划分的富足区。"仓廪实而知礼节,衣食足而知荣辱",随着人们可花在衣食住行等基本需求之外的钱越来越多,人们对文化消费的要求也不断升级。从最开始的补偿式消费,到炫耀性消费,再到今天的享受性消费,从模仿型、排浪式消费转向如今的个性化、多样化消费,高速的经济发展是我国文化消费变迁的最底层要素。

3. 技术更迭让文化消费方式不断推陈出新

文化消费媒介的迭代更新,一次次重塑着消费的时代特征。"纸媒为王"的时代,读书看报成为主流消费;电视的普及,造就了一个"庶民"狂欢、娱乐至死的年代。而近几年来,移动互联、大数据、虚拟现实以及人工智能等新兴科技的出现与应用,则从根本上颠覆了传统的文化生产和消费模式,线性时序正在解构,文化主阵地正向数字世界转移,虚拟消费、共享消费、小众消费正成为全新趋势。随着"95后""00后"这些"网生"一代的崛起,一个大变革、大创新、大发展的文化消费时代正迎面而来。

4. 城市化浪潮为文化消费扩大了核心主体

城市是文化的容器,也是文化消费的集中地。从1979年党中央、国务院决定创办经济特区以来,我国城市化经历了快速增长的40年,从1978年的17.92%跃升到2017年的58.52%,这意味着中国经济社会发生了历史性变革:一个数千年来以农村为主导的农业大国进入了以城市为核心的工业和服务经济时代。城市化以前所未有的规模和深度催生着消费的发展,增加了文化消费的主体数量。特别是城市新中产阶层的崛起,让我国的文化消费呈现出以往不曾有过的模样。他们具有文化消费能力与强烈的文化消费意愿、文化艺术鉴赏水平高、追求高品质文化体验等需求特征,从根本上而言,今天的品质消费、个性消费、艺术消费,都得益于这个阶层的坚实支撑。

5. 人们对美好生活的不懈追求是文化消费变迁的终极动因

人类数千年的文明发展史,主线就是人们不断追求自我提升的过程——从生存、发展到享受与崇高。当人们解决了生存问题之后,腾出的空间就是不断追求享受与崇高的过程,而填充它的核心就是文化。改革开放以来,人们越来越多地为个人、为高层次精神享受而消费,追求精神愉悦、自我满足和自我价值的提升。随着社会主要矛盾的变化,文化生产与消费将进一步彰显其重要性,正如党的十九大报告所言:"满足人民过上美好生活的新期待,必须提供丰富的精神食粮。"特别是进入未来的人工智能时代,文化消费将成为人之为人的重要象征。

回望改革开放以来,虽然我们在文化消费领域开启了历史上演进最剧烈、内容最多彩的时期之一,但总体而言,我国文化消费还存在整体层次偏低、供需结构性失衡、城乡差距较大等问题,与发达国家相比仍有较大差距,人们的消费潜力远未得到释放。展望未来,推动文化消费的发展与升级,我们仍任重道远。

资料来源:熊海峰. 文化消费四十年的变迁逻辑[EB/OL]. (2018-12-26)[2022-10-15]. https://mp.weixin.qq.com/s/BbaJplLoDrtb0jQ58Q_muQ.

第二节 文化消费学的学科基础

文化消费学是在一定的社会历史背景下产生和发展的。因为文化消费学是一门侧重于应用的交叉性很强的边缘学科,所以它的诞生、创新与发展必然受到心理学和其他相关学科发展的影响。

一、消费者行为学

(一)定义

消费者行为学(consumer behavior)是研究消费者在获取、使用、消费、处置产品和服务过程中所发生的心理活动特征和行为规律的学科。消费者行为学是营销学的重要基础或根基,了解、懂得和洞察消费者非常重要。以消费者的需要为核心,是现代营销理论和实践的精髓。消费者行为学就是解读或破解消费者行为密码的学问,只有了解和掌握消费者行为的相关知识,生产适销对路的产品与服务,才有可能成功地实现价值增值,获得利润回报。消费者行为学旨在解释消费者行为并在理论解释的基础上推动实践应用的提升。消费者行为特征的把握无论对于营销管理人员还是对于公共政策的制定者都具有十分重要的意义。

(二)研究主题

消费者心理与行为作为一种客观存在的经济现象,有其固有的活动方式和内在运行规律。消费者行为学是关于如何改善行为的科学。对什么是消费者行为学,国内外学者从不同角度、不同侧面下过许多定义,可谓是仁者见仁,智者见智。主流观点认为,消费者行为学就是通过对消费者心理活动及其行为过程的观察、记述、分析和预测,探索和把握消费者在各种因素影响下的消费活动心理与行为特点及其规律,以便适应、引导、改善和优化消费行为的一门现代经营管理学科。消费者行为学研究的主题常被概括为3W2H,具体包括:①消费者的特征辨析(who);②消费者的心理行为(what);③如何解释消费者的行为(why);④如何影响消费者(how);⑤消费者行为的变化趋势(how)。

面对这几个基本问题,不同学科流派出现了不同的理论框架和结构体系,涉及消费者个人心理特征、行为方式、消费群体、市场营销、社会文化环境等诸多方面和领域,这也反映出该学科的多元性。对消费者行为规律的探索和把握可以为政府部门制定宏观经济政策、企业制定营销战略和策略提供依据和有益的经验。

消费者行为学作为一门新兴的、应用性较强的边缘学科,它的成熟与发展必须借助和综合心理学、行为学、社会学、经济学、人类学、营销学等各相关学科的研究成果,博采众长、兼收并蓄而又自成体系。同时,管理学、广告学、商品学、生理学、哲学、美学等学科的研究成果都对消费者行为学的研究有借鉴意义。消费者行为学处于许多学科的结合点上,各学科相互间的渗透与交叉又促进了其学科自身的发展与深化。

二、心理学

心理学作为一门科学诞生于1879年。威廉·冯特(Wilhelm Wundt,1832—1920)在德国的莱比锡大学创建了第一个心理学实验室,研究人的有意识体验。从此,心理学从哲学中分离出来成为一门独立的科学。心理学是研究人脑对外界信息的整合及其内隐、外显行为反应的一门科学。心理学以人的心理现象为主要研究对象,具体如图1-1所示。

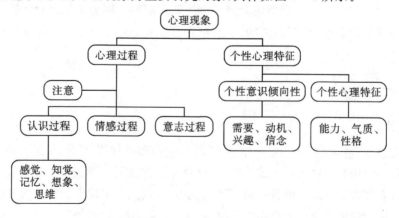

图1-1 心理学研究对象

由于人类的各种实践活动都涉及人的心理问题,因而应用心理学分支尤多,主要有:①教育心理学,是研究教育过程中心理活动规律的科学,并按教育的不同方面,又可进一步细分为品德心理学、教学心理学、学习心理学、学科心理学、教师心理学和学生心理学等;②管理心理学,是研究管理活动中心理活动规律的科学,并按不同的管理领域又可进一步细分为行政管理心理学、教育管理心理学、学校管理心理学、企业管理心理学和领导心理学等;③医学心理学,是研究疾病诊断、治疗、护理和预防中的心理规律的科学,并按不同方面可进一步细分为临床心理学、病理心理学、药理心理学、护理心理学和心理治疗等。此外,还有工程心理学、运动心理学、文艺心理学、司法心理学、政治心理学、军事心理学和消费心理学等。随着社会的发展,心理学还会有许多新的分支出现,这表明人类对于自身了解的兴趣日益浓厚,也表明心理学的研究具有极大的理论价值和应用价值。

三、消费心理学

(一)定义

消费心理学是专门研究消费者在购买活动中心理现象的产生、发展及其变化规律的学科。消费心理学是由心理学与其他学科融合形成的独立学科。

(二)研究对象

消费心理学是心理学原理在消费领域的应用,是一门应用性的交叉学科。以市场活动中消费者心理现象的产生、发展及其规律作为学科的研究对象,最终的目的是试图探寻消费者的购买行为规律,为市场决策提供理论根据。研究对象包括市场营销活动中的消费心理现象、消费者消费行为中的心理现象和消费者心理活动的一般规律。

(三)研究内容

研究内容包括影响消费者购买行为的内在条件和外部条件。其中,内在条件包括消费者的心理活动过程、消费者的个性心理特征、消费者购买过程中的心理活动。而消费者的心理活动及消费行为不仅由消费者自身特点决定,而且还会受到外部条件的影响,因此,消费心理学还研究社会环境、消费者群体、消费态势、商品因素、购物环境及营销沟通等外部环境与条件等因素对消费心理的影响。消费心理学研究的范畴是个人消费,研究的主体是购买者,不是需求者或使用者。

四、文化心理学

文化心理学的主要论点是:来自不同文化的人,其心理特征也不相同。心理过程是由经历塑造的。著名文化心理学家理查德·施韦德(Richard Shweder)认为在许多心理学领域(他称之为普通心理学)存在一个固有的假设:心智是在一套独立于内容和环境的自然规律和普遍规律下运作的。施韦德表示,普通心理学家往往被有关人类普适性的议题吸引,对文化的差异性则不够关心。因为普通心理学家更倾向于将心智作为一个独立于思考的内容和环境而运作的抽象的中央处理器。

相反,文化心理学家认为,心智并不独立于其所加工的内容。人们在思考对这些行为的看法的时候,受到非常具体的、特定的塑造他们对这些行为的理解的文化知识的影响。例如,一个美国大学生去咖啡店喝卡布奇诺的简单行为可能意味着这个学生:想解渴,改变饮食习惯,希望让自己清醒以便继续学习,等等。所以,同一个行为可以具有不同的意义,以及受其发生时的文化背景影响而具有不同的潜在意义。许多文化心理学家主张文化和心智不可分离,因为两者是相辅相成的。文化的形成是生活在其中的人们的各种心智模式相互作用的结果;反过来,文化又塑造着这些心智运作的方式。并且因为文化在规范、习俗、信条、信仰和价值观等方面都有很大的不同,所以来自不同文化的人们的思维、行动和情感等在许多重要的方面都有所不同。

五、文化消费心理学

(一)定义

文化消费心理学以文化消费心理与行为为研究对象,以提升文化产业产品与服务水平为主要目标,以心理学等多学科理论为理论基础,以文化消费发展为实践基础,运用综合研究的方法,构建系统的文化消费心理学理论体系,最终促进文化产品和服务发展与满足消费者文化消费心理的和谐与一致。

(二)研究内容

文化消费心理学的主要研究内容包括:消费心理与文化消费心理,文化消费心理学的理论基础与实践基础,文化消费心理的基本过程,群体文化消费心理,社会环境、文化与文化消费心理,影视文化消费心理,纸质媒体消费心理,网络媒体消费心理,旅游餐饮消费心理,体育文化消费心理,演艺文化消费心理,广告会展消费心理,等等。

第三节 文化消费学的产生与研究内容

一、文化消费学的提出

在商品经济条件下,市场是生产与消费的媒介。文化消费学的研究同市场环境有着直接的关系。大规模的商品"消费",构成当代社会生活的重要特征,改变了人们的日常生活,甚至基础的社会关系与生活方式。这种改变不仅发生在社会经济结构和经济形式层面,同时也是一种整体性的文化转变。在此背景下,"文化消费"因其消费对象——文化产品和服务,有别于一般物质商品的特殊性,成为社会科学如社会学、经济学、管理学等学科与传统人文学科探讨的交汇点。无论从理论观点创建,还是研究方法借用与创新方面,它都显示出"交叉"领域的巨大优势与深厚潜力。

在西方社会学家眼中,文化消费不仅是简单的经济行为,更是一个涉及文化符号和象征意义的表达过程。法兰克福学派的代表人物西奥多·阿多诺和马克斯·霍克海默将文化消费视为一种社会控制的手段。1947年,他们率先提出了"文化工业"的概念,这本质上是一个贬义词。他们认为,大众对于"文化工业"所生产出来的文化产品的消费是一种完全被动的消费。在阿多诺眼中,"文化工业"有计划地制造出专门迎合大众消费的文化产品,表面上看是向大众提供自由选择文化娱乐的机会,实际上却是通过标准化的文化生产控制和规范着文化消费者的需要。"文化工业"成了一种支配大众闲暇时间与幸福的力量。赫伯特·马尔库塞也认为,"文化工业"消解了文化产品的人文价值,不仅导致了文化的单调与平庸,也让大众变得单调与平庸。与法兰克福学派将大众完全视为文化产品的被动接受者不同,丹尼尔·米勒肯定了文化消费中人的能动性作用。他认为,不应该将文化消费的讨论重点放在商品上,文化消费者不仅仅只是文化产品的购买者,对于统一的、标准化的文化产品,文化消费者有能力将其转化为适用于自身的产品。对于文化产品中所蕴含的内涵和文化价值,不同的人会有不同的理解和吸收。著名文化社会学家皮埃尔·布尔迪厄对于文化消费有着自己独到的见解,他的文化消费理论可以总结为一句话:"结构产生惯习,惯习决定实践,实践再生结构。"也就是说,处于不同社会阶层的人会有不同的惯习,这种惯习决定了他们对文化产品的消费取向和水平,统治阶级对高雅的、超功利的艺术品感兴趣,劳动大众则是对通俗的、实用的艺术品表现出兴趣。这一不同的文化消费实践说明文化消费需求是分层的。

以上学者对于文化消费的观点虽说不能代表整个西方社会对于文化消费的理解,但也极具权威代表和广泛影响性。由于受到特定条件的局限,因此,他们对于文化消费的认识难免会有偏颇之处,也会随着文化消费市场的发展而不断得到修正和补充完善。

国内有关文化消费的研究开始于20世纪80年代初,主要是用西方理论诠释中国问题。在1985年的全国消费经济研讨会上,中国学者正式提出"文化消费"这一概念,随后,文化消费逐渐成了文化学和经济学领域的一个重要研究课题。中国学者对于文化消费的研究主要集中在文化消费的含义、内容、分类、功能以及文化消费的影响因素等方面。王宁认为:"对于中国这样一个发展中国家来说,对消费的社会学研究,单单借鉴西方的研究成果是不够的,还必须结合自己的国情做一些本土化研究。为此,就有必要考虑到中国的消费领域所面临的一些独特的情况:第一,社会转型。……第二,人口效应。……第三,文化传统。……第四,全球化效应。……"[①]运用西方理论家的理论考察中国的消费现象时,就要将相关理论进行"语境化"。比如,法兰克福学派对资本主义"文化工业"的批判是以对西方启蒙思想的批判为基础的,但中国是在启蒙任务并没有完成的情况下出现了大规模的文化商品化现象,我们在接受法兰克福学派社会批判理论的时候,必须对其哲学前提做深入的辨析,不能笼统地照搬。

文化消费学是一门涉及消费者行为学、心理学、管理学、社会学等多个学科的交叉研究学科。它研究文化消费发展的现状和升级,以及文化消费者心理、行为及相关市场环境等,探寻和总结文化消费者的购买行为规律,为市场营销和相关部门的决策提供依据。

近年来,随着我国社会经济的发展,人民生活水平得到不断提高,文化消费产品日益丰富,愈来愈多的人意识到文化消费的重要性,文化消费所占比重逐渐增大。尤其近几年,人们对文化消费的需求愈加强烈,文化体验消费的范畴日益变大,更多的人也开始更为积极地参与到文化体验消费的各项活动中,文化消费在消费结构中所占的比例不断提升。因此,文化消费学也将日益受到关注。

---

① 王宁.消费社会学:一个分析的视角[M].北京:社会科学文献出版社,2001.

二、研究对象与研究内容

文化消费是一个十分复杂的问题。工业社会存在的基础是消费,文化工业背景下的文化消费则是一种历史的必然。然而文化毕竟是一种特殊的商品,当文化作为一种商品出现在市场时,文化本身的性质和功能就发生了根本性的变化,也由此引发了一系列文化消费相关的问题。

文化消费学是消费者行为学、心理学和管理学等相关学科的原理在文化领域的应用,以新的视角,主要关注文化、消费、心理和行为管理四个方面的核心内容及其之间的关联。研究对象包括市场活动中的文化消费现象,文化消费者的消费心理和行为现象的产生、发展及其规律,文化消费的环境与趋势,等等。

文化消费学的研究内容包括基本的文化消费现象,文化消费的基础理论,文化消费的内容和形式,文化消费者个体和群体在文化产业具体消费行业和产品中的行为和心理,以及影响文化消费者活动的产生、文化消费选择和心理效果的主客观因素和宏微观环境等。文化消费者是活动的主体,是文化产品购买和服务的主要对象,是文化消费决策者。要想提高服务质量,除了研究文化消费者外,还要研究销售人员心理及二者的关系、跨文化消费等,以为文化消费者提供情感化、个性化、针对性的产品和服务。

三、基本概念

(一)消费

消费是一种行为,是人类社会消耗生产资料、生活资料及精神产品的能动行为。消费即人们在物质资料和劳务的生产与生活中,对物质产品和劳动力的消耗过程。

消费根据职能可以划分为物质消费和劳务消费两种类型。物质消费指人类社会对物质资料的耗用,通常表现为吃、穿、用、住、行等方面的消费,是人类最基本、最直接的消费,属于消费的低层次。劳务消费指通过社会提供的直接劳动服务形式来满足消费者需要,包括人们在个人生活服务、教育培训、医疗保健、家务、文化娱乐、邮电通信等方面的消耗行为与过程。劳务消费不同于实物形态的物质商品消费,它不是消费某种实物,而只是一种服务性的劳务活动,以直接、具体的劳动来满足人们的消费需求。物质消费是消费的基础形式,劳务消费则是物质消费的补充形式。

消费根据性质可以划分为生产消费和生活消费两种类型。生产消费是指在社会再生产过程的生产环节要消耗原材料、燃料、工具设备、人力等。这种生产性消费是在生产领域中实现的,它同生产具有直接同一性,是生产本身的有机组成部分,也是维持生产过程连续进行的基本条件。生活消费(个人生活消费)是指人为了维持生存与发展,需要消耗各种物质资料、劳务和精神产品。个人消费是一种最终消费。生活消费是社会再生产过程的一个重要环节,是人们维持自身生存和发展的必要条件,也是保证社会再生产过程得以继续的前提。研究生活消费可以更好地促进和推动生产,而研究生产消费则可以更好地满足消费者的需要。

(二)文化消费

目前国内学界对于文化消费的界定仍有着许多不同的见解,但对文化消费概念的核心内涵却取得了共识,即满足自身精神的需要是文化消费的最终目的。因此,文化消费可以被定义为对精神文化类产品及精神性劳务的占用、欣赏、享受和使用等,目的是满足自身精神需求,消费的领域包括教育、文化娱乐、旅游观光等。其实质是对他人创造生产的文化产品(物质和非物质形态)的消耗,以及可能存在的继承、积蓄、再造和创新过程。简单来说,文化消费是人类购买、享用或使用文化产品或文化服务的行为。

(三)消费者

消费者是指在不同的时空范围内参与消费活动的个人或集体。从消费过程的角度讲,消费者指各种消费品的需求者、购买者和使用者。从在同一时空范围内对某一消费品的态度来看,消费者可分为现实消费者、潜在消费者和永不消费者。从消费单位的角度讲,消费者可划分为个体消费者、家庭消费者和集团消费者。

(四)文化消费心理

"心理"一般是指"所思所想",是人的一种内心活动。消费心理是指消费者在消费过程中发生的心理活动,即消费者根据自身需要与偏好,选择和评价消费对象的心理活动。人作为消费者,在消费活动中的各种行为无一不受到心理活动的支配。例如,消费者做出购买决策,即是否购买某种商品,购买何种品牌、款式的商品,何时、何处购买,采用何种购买方式,以及怎样使用等,其中的每一个环节、每一个步骤都需要消费者做出相应的心理反应,并进行分析、比较、判断和决策。这一过程中消费者所有的表情、动作和行为,都是复杂的心理活动的自然流露。所以说,消费者的消费行为都是在一定心理活动支配下进行的,消费心理是消费行为的基础。消费者行为学作为系统地研究消费者行为的科学,不能不将消费心理作为其研究对象。

文化消费心理指文化消费者在购买、使用和消费文化商品过程中的一系列心理活动过程。文化消费心理与文化消费行为从学理上和实践上均难以简单区分开来,具有层次性、多样性、弹性和变化性。文化消费偏向文化生活,侧重社会性心理。文化消费是一种文化体验、情感享受和社会存在感的承载。相比于一般的商品消费活动,文化消费者的喜好与选择动机更为复杂,个人的主观心理活动尤为活跃。文化消费心理的重要特征是追求物质和精神的双重满足,典型特征是品牌消费心理(彰显身份地位)。文化产业中的几大主要行业,如影视、出版、广告、会展、旅游等,从选题策划到宣传推广再到会场卖场布置都需要精准把握消费者的心理需要及其影响因素,甚至需要跨界合作。

文化消费心理涉及文化产业细分行业的消费心理和行为,如影视媒体、网络媒体、旅游、体育、演艺、会展等文化消费过程中的心理活动和规律,具体可分为娱乐休闲心理、艺术文化心理、求实心理、便利心理、新奇心理、求名心理、从众心理、习俗心理、流行和时髦心理、偏好心理和社交心理。

(五)消费者行为

行为一般指"所作所为",是人受心理活动支配而表现出的外在的行为。研究消费者行为必须研究消费者心理,一方面由于消费者心理支配消费者行为,另一方面又由于消费者行为受消费者心理的影响。研究消费者心理的目的归根结底是把握消费者行为,所以,目前以后者作为学科名称的做法更加普遍。由于所站角度不同,研究者对于消费者行为的概念也众说纷纭,在这里介绍两个比较典型的消费者行为概念。

恩格尔把消费者行为定义为:"为获取、使用、处置消费物品所采取的各种行动,以及先于且决定这些行动的决策过程。"这一定义强调消费者行为是一个整体,是一个过程,获取或者购买只是这一过程的一个阶段。所以,当前研究消费者行为,既要了解消费者在获取产品和服务之前的需要、评价与选择活动,也应重视在获取产品后对产品的使用和处置活动。因为消费者消费产品或服务的体验,处置产品的方式和感受,均会影响消费者的满意度和是否产生重复购买。

美国市场学会把消费者行为定义为:"感知、认知、行为以及环境因素的动态互动过程,是人类履行生活中交易职能的行为基础。"这一定义至少包含了三层重要的含义:一是消费者行为是动态的。这意味着作为个体的消费者和作为群体的消费者,会随着社会历史的变迁和社会经济的发展变化而发生或大或小、或慢或快的变化。二是它涉及了感知、认知、行为及与环境因素的互动作用。研究消费者行为就必须了解他们的心理活动,他们在想什么(认知),感觉如何(感知),他们要做什么(行为),掌握消费者的感知、认知和行为如何相互影响,与环境因素是如何起到互动作用的。把这些因素孤立起来的研究是片面的、不可取的。三是它涉及了交易。消费者行为包含了人类之间的交易,这一点使消费者行为的定义与市场营销的定义保持了一致性——市场营销就是通过系统地制定和实施营销战略和策略实现交易的。

第四节 文化消费学的研究方法

一、观察法

观察法是指调查者在自然条件下有目的、有计划地观察消费者的语言、行为、表情等,分析其内在的原因,进而研究消费者心理活动规律的方法。观察法简单易行,但对心理活动不能很好地把握。观察法一般在研究广告、商标、包装、橱窗和柜台设计的效果,商品价格对购买的影响,企业的营销状况等方面都能运用。

观察法主要包括以下三种方法:①直接观察是研究人员进入现场对以视和听为主的消费者行为进行观察,此时消费者并未意识到研究者只是观察基本情况并记录备案。②仪器观察是用各种电子仪器设备对消费者进行心理调研。③痕迹观察不是直接观察消费者行为,而是根据消费者痕迹进行观察。如有的饮料公司去垃圾回收站进行统计,看哪种空饮料瓶更多,以分析消费者的口味与爱好。

二、问卷法

问卷法是消费心理学常用的调查方法。问卷法是通过事先设计的调查问卷,向被调查者提出问题,并由其给予回答,从而收集调查结果,以了解消费者心理和行为的方法。运用此方法关键是看问卷设计是否准确、合适,怎样选择合适的样本,怎样才能把想要了解的问题调查出来。一般来说,在走访或电话调查时,应答率要高些;采取邮寄方式时,应答率最低。在这类调查中,调查单位、信件的形式、邮件的种类、使用的信纸、问卷的长短、回答的难易程度、问卷设计是否有趣以及问卷写作的文体等都会影响应答率。

问卷法有以下具体方式。

(1)邮件调查:可以不受地理限制,回答问题比较真实可信,研究对象一般不会产生防御心理,但速度慢,回收率不高,有的回答可能不完整。为了提高回收率,可在信中随附邮票或随附礼物。

(2)电话调查:由研究人员通过电话,依据调查提纲或问卷,向研究对象询问以获得信息的调查方法。

(3)个人调查:可以分为入户调查与拦截调查。入户调查就是研究者挨家挨户进行调查。拦截调查就是在适当地点,如商场出口、入口等地方,拦截研究对象进行问卷调查。

(4)在线调查:要求网络用户在网络上填写调查问卷。互联网的匿名性可以鼓励研究对象更真实地表达自己的想法,但这种方法由于样本的局限性,其结果不能代表总体的观点。

三、实验法

实验法是一种在严格控制的条件下有目的地对被试给予一定的刺激,从而引发其某种反应,进而加以研究,找出有关消费心理活动规律的研究方法。

实验法可分为两种。

(1)实验室实验法:在特设的实验室中借助各种仪器设备来研究消费心理现象的一种方法。如用眼动仪测量被试对广告的精确眼动过程,从而制定广告策略;再如请被试到实验室看电视上的广告节目,然后测量他能记住多少,或者研究能被他记住的广告有什么特征。

(2)自然实验法:在日常的营销环境中,有目的地创造或变更某些条件,给予消费者一定的刺激或诱导,从而观察消费者心理活动的表现的方法。自然实验法适用于企业改变商品的价格、广告、促销、包装设计等变量,通过测量对消费者的吸引力,探讨消费者的消费心理。

实验方法包括对自变量的操纵和对操纵给因变量带来的影响的测量。它使研究人员对于自变量和因变量之间关系的探索更有信心,因为所有其他的无关影响都保持不变。如果实验中唯一变化的是自变量,我们就能够确信因变量的变化一定是由自变量导致的。像这样的实验控制极大地提升了研究的说服力。

在跨文化研究中,一个重要的自变量——文化背景——没有被操纵,因为它不能够被操纵。这就意味着文化间的比较不是真实验,而是准实验。但是,即使这个自变量超越了研究者的控制能力,其他的许多自变量还是能够被操纵,使跨文化研究者在他们的研究中进行大量的实验控制。

心理学研究中会用到两种对自变量的操纵。第一种是组间操纵,即不同组别的被试接受不同的自变量水平。接受一种自变量水平的组别被称作"条件"。组间操纵需要随机分配被试,也就是每个参与者都有相等的机会被安排到任何条件下。随机分配确保了不同条件下的被试在研究开始的时候在统计学上是平等的。他们被观察到的反应或者行为上的任何差异一定是由自变量引起的,因为在不同实验条件之间,只有自变量有系统差异。例如,假设我们要研究人们更容易被语速快的销售员说服，还是被语速慢的销售员说服，在这种情况下，每一个被试都会被随机安排去见语速快的销售员或者语速慢的销售员，然后我们测量他们的购买情况，并在不同条件之间进行比较。

第二种操纵是组内操纵，在这种情况下，每一个被试都要接受自变量的多种水平。组内操纵不需要随机分配被试，因为每一个被试都会接受自变量的所有水平的处理。换句话说，每一个被试都被安排在所有的条件下。让我们回到探索销售员语速快慢的说服效果的例子中。为了操纵自变量，即语速，在组内设计中，我们要先评估面对语速快的销售员时被试的购买情况，然后评估面对语速慢的销售员时被试的购买情况。组内设计的一个很重要的因素是要提供不同的条件顺序。如果我们想确定人们对语速快和语速慢的反应不同，就要排除人们首先遇到何种销售员不会导致被说服的情况不同的可能性。因此，我们需要一组被试先听语速快的，再听语速慢的；另一组先听语速慢的，再听语速快的。然后我们就能够探索条件的顺序是不是会影响人们的反应。因为所有参与者都参加了语速快和语速慢两种情况，我们再一次确信被试在任何条件下的反应差异都是由自变量引起的，而不是因为其他因素。

四、访谈法

访谈法是指通过访问者和受访者面对面的交谈，来了解受访者的心理和行为的基本研究方法。因研究问题的性质、目的或对象的不同，访谈可以分为个人访谈和小组集中访谈。按有无访谈提纲、固定程序，访谈分为结构式访谈（如电话访谈）和非结构式访谈。

五、综合调查法

综合调查法指采取多种手段取得有关材料，从而间接地了解消费者的心理状态、活动特点和一般规律的调查方法。根据不同的目标和条件，研究者可以采用不同的手段和方法。

六、投射测验法

投射测验法是研究者以一种无结构性的测验，引出被试的反应，借以考察其所投射出的人格特征的心理测验方法。这种方法一般具有转移被试注意力和解除其心理防卫的优点，被用作探寻消费者深层动机的有效手段；但技术型很强，实际操作的难度也较大。

七、二手资料收集法

进行文化消费者行为研究，首先要做的事情是二手资料的收集。例如，查阅图书、报刊、网络，政府报告，公司发行的刊物、小册子等，寻找企业需要收集的消费者信息。这样获得信息的方式是方便、简捷的。例如，网上经常公布一些行业的消费者调查报告等，是值得参考的。

八、模型法

文化消费者行为分析可借助一系列有影响力的模型分析，利用数据与模型进行精确的统计分析，如聚类分析、回归分析等。

九、其他方法

(一)情境抽样法

情境抽样法的基本思想是,如果研究人员能够看到人们如何应对另一种文化中的人们经常经历的情境,就可以了解文化如何塑造人的思维方式。情境抽样法包括两个步骤:第一步,要求来自至少两种文化的被试描述他们经历过的特定事件的情境;第二步,要求另外一组被试参与研究,第二组被试拿到了第一组被试生成的情境列表,并且要想象如果身处这些情境,他们会如何感觉。该方法允许研究人员进行几种分析:首先,研究人员可以探究不同文化中的人们对第二步中的情境的反应是否存在差异;其次,研究人员可以探究第一步中的被试所列出的情境的文化起源是否会被第二步中的被试以不同的方式回应。

(二)文化启动法

文化启动法通过让参与者更容易理解某些想法来起作用,并且在一定程度上,那些想法与文化价值体系相关联,因此我们可以研究当人们开始思考某些文化理念时会发生什么。尽管文化在最通常的思维方式上差别极大,但在大多数情况下,这些差异似乎只是程度上的差异,而不是种类上的差异。研究人员假设,如果能够在人们的脑海中激活对人的独特性的思考,就可以引导人们更多地考虑独立型自我;同样,如果激活对人际关系的思考,则可以引导人们更多地考虑依赖型自我。研究人员要求美国和中国的参与者思考他们与他人的不同(独立性启动),或者他们与家人和朋友的相似程度(互依性启动),然后要求参与者在开放式问卷中描述他们自己。

(三)文化水平测量

文化心理学中的许多研究的目标是评估文化如何影响人们的思维,最常见方式是测量人们的思想,企图观察文化的影响。原则上,文化数据在本质上应与心理假设的检验相似,即它们应当是:①客观的,能够被他人复制;②可量化的,以便进行统计分析来确定假设是否得到了支持。在日常生活中,我们会遇到大量各种来源的文化信息。研究这些信息的第一步是将我们的研究重点放在可识别和可量化的子集上。过去的研究探讨了各个方面的文化信息,如杂志广告、法律、报纸文章、童话、儿童故事、体育报道、网页和个人广告。第二步是得出一个要验证的具体假设。第三步,需将原始数据转换为可量化的数据,以验证假设。例如,可以对信息进行编码,以确定它们是否强调与坚韧性(如反抗权威)或独特性(如独特性或天赋)相关的内容。

为了确保编码人员的个人偏见不会过度影响结果,可以引入一些保护措施。首先,让编码人员不知道所要验证的假设,如对编码人员实施盲测。其次,使用多个编码器,并且一些或全部原始数据由不止一个人来编码。最后,实验者可以检查不同的编码人员是否做出了相同的决定。编码人员需要更多关于不同类别的边界的培训。一旦编码人员就他们做出的所有决定达成共识,数据就被认为是可靠的,并且可以进行统计分析。

(四)解包的挑战

文化差异需要解释,"解包"方法允许识别与观察到的文化差异相关的其他心理过程。解包使得文化心理学研究不仅能够显著地推进我们对所研究文化的调查,而且能够为心理过程在特定文化中的运作提供更多层次的解释。许多跨文化心理学研究发现,文化之间存在显著差异。然而,文化在我们看来是"打包的",也就是说,参与一种文化意味着一个人接触到了作为一个整体呈现给他的广泛的实践和意义网络。因为它们总是打包在一起,就像在一个包裹中一样。我们需要"解包"文化差异,以揭示与文化差异相关的特定文化经验或变量。例如,我们考虑日本人在尴尬感受性上得分高于美国人的这一发现。该如何着手解包观察到的关于尴尬感受性的文化差异呢?第一步是让理论指导研究人员寻找可能的潜在文化变量。许多其他的研究显示,日本人对自我的看法往往比美国人更为相互依存。第二步解包过程是证明日本人确实比美国人有更多互依型自我观。这就是研究人员所发现的。因此现在有证据表明日本人在尴尬感受性和相互依存方面的得分高于美国人。第三个必要步骤是证明所观察到的相互依存的文化差异与所观察到的尴尬感受性的差异有关。解包文化差异是一种强大的分析工具。通过它,我们可以利用文化差异自身来揭示潜在过程的本质。

(五)综合运用多种方法

关于研究要认识到的一个关键点是,没有研究是完美的。当采用多种方法来寻找达成共识的发现时,任何科学研究都会得到改善。每项研究都有潜在的方法论缺陷或另一种理论解释。根据奥卡姆剃刀原理,即任何理论都应该做出尽可能少的假设,消除或"削减"任何无关的假设。在其他条件相同的情况下,奥卡姆剃刀原理认为,更简单的理论更有可能是正确的。因此,如果研究人员以一个主题开展了四项研究,每项研究使用不同的方法,并且这些结果都与他的预测一致,那么研究人员自己的解释将比为他的每项研究提供四种独立的替代解释更令人信服。单一的解释比四种不同的解释更简洁,且更有可能是正确的。采用多种方法对于各种科学研究都很重要,但由于涉及方法论的挑战,在文化心理学中就显得尤其重要。

 思考与练习

1. 请概述我国文化消费的发展。
2. 文化消费学的学科基础有哪些?
3. 什么是文化消费学?
4. 文化消费学的研究对象是什么?
5. 文化消费学的研究内容有哪些?
6. 文化消费学的研究方法有哪些?

 案例分析

"名媛"拼单背后,消费者行为的改变

第二章 文化消费概述

 学习要点

1. 文化消费的概念与特征;
2. 文化消费的功能与要素;
3. 文化消费与文化生产的辩证关系;
4. 文化消费的其他基本关系。

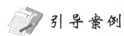 引导案例

北京欢乐谷:消费提升文化软实力

2022年7月22日,文化和旅游部发布《关于第二批国家级夜间文化和旅游消费集聚区名单的公示》,北京欢乐谷入选。深耕北京10余年,作为北京首批文化创意产业基地,2006年开业的北京欢乐谷,秉承华侨城主题旅游公园"三年磨一剑"以及"精品欢乐谷、常看常新"的经营理念,通过产品打造、内容打磨,持续探索"演艺"欢乐谷的创建要素与经营模式,重构文化旅游消费场景,着力提升软实力。

2022年,北京欢乐谷推出"天光夜谭PLUS"升级产品,在"夜游、夜秀、夜赏、夜宴、夜购、夜读"的基础上,增加两大国潮幻影秀、一个亲子无动力游乐区、一处策展型购物中心、一场升级版花车巡游等新业态产品,通过打造若干沉浸式演艺场所和场景,采用"一干多枝"的演艺布局,突出一个演艺主秀、做大若干"枝秀"的办法,让"演艺"欢乐谷常玩常新。

北京欢乐谷的文化演艺,不是简单的机械特效,而是人、物、情、景、动作、环境和故事的共同演绎。同时,该园还积极激励游客通过角色扮演的方式主动参与进来,"找到戏精、过足戏瘾、当回明星",让参与者得到差异化的个性沉浸体验。

从"国潮文化节"开始,北京欢乐谷发力"国潮年"主题,对景区进行系统性升级。随着暑期到来,2022华侨城文化旅游节之北京欢乐谷国潮狂欢节也如约而至,以"演艺为核、游乐为媒、休闲为旨、艺术为能",组合构建暑期欢乐场。夏日限定水枪泡泡节、冰激凌文化节、网红美食节和每周五、周六晚的电音节等轮番上演,为广大游客奉上一场夏日盛宴。

好的场景、好的装置更需要好的内容来活化。北京欢乐谷滚动创新演艺内容,2021年,驻场东方神话秀《金面王朝》升级焕新归来。2022年,天光夜谭PLUS在2021年既有场景装置的基础上实现迭代升级、创新突破。例如,其中的《盖世英雄》城市空间互娱装置体验秀以东方文明展开,打造主题公园IP"齐天",融合武侠精神、中国功夫、盛世鼓韵、飞天胡旋、潮流街舞、跑酷杂技等10余种表演艺术、200余项高科技光影,交互打造沉浸式英雄体验。

依托持续优化日夜产品结构,北京欢乐谷布局日夜精彩的文化演艺矩阵,形成"白天·大秀欢乐,夜晚·欢乐大秀"的发展格局,实现了可以适应"全天候、全季节、全人群、全感官"的产品组合形态,最大限度地满足人民群众对美好生活的向往。

资料来源:鲁娜.北京欢乐谷:消费新场景提升文化软实力[N].中国文化报,2022-08-06(1).

第一节 文化消费的基本概念

文化消费是消费的重要组成部分,它产生在人们的基本生存需求得以满足之后,是为满足精神文化需求,从而采取不同的方式消耗文化产品和劳务的过程,是一种发展性消费,已成为居民消费升级的必然趋势。

一、文化消费的概念

(一)文化消费的概念界定

文化消费的历史在西方可以追溯到20世纪50年代末与60年代初。在这个时期中,欧洲与美国首度出现相对来说足够富裕的劳动大众,有能力不再只是照顾"需要",而可以从"欲望"的观点去进行消费,即劳动大众开始利用文化消费的模式,去关联出他们的认同感。正是在这个时期,"文化消费"开始成为一个重要的文化课题。

"文化消费"的概念在1985年全国消费经济研讨会上被正式提出,并成为我国消费经济学研究领域的一个重要分支。文化消费是一个相对宽泛的概念,有多种概念表述。

(1)文化消费是指用文化产品或服务来满足人们精神需求的一种消费,主要包括教育、文化娱乐、体育健身、旅游观光等方面。

(2)文化消费是人们利用文化产品或服务来满足精神需求的行为,其发展水平是衡量一个国家文化软实力和国民幸福感的重要标尺。

(3)文化消费是指对精神文化类产品及精神文化性劳务的占有、欣赏、享受和使用等。

综上,文化消费是指对人们能带来一定知识积累、认知、文化娱乐、精神满足等文化产品和文化服务的消费行为。精神文化消费主要包括教育消费、文化消费、娱乐消费和体育消费等内容。人们消费的精神文化产品是指科技作品、文艺作品、音像作品、影视片、各种出版物等;精神文化服务是指教育、科技培训、艺术表演、互联网、导游服务以及各种娱乐场所提供的服务等内容。在消费社会中,物质商品很大程度上已经成了满含符号价值的"文化商品",人们进行物质消费的动机由生理需求转变为一种精神需求,对文化消费与物质消费之间的区分边界日益瓦解,满足人们的精神文化需求这一消费的功能和动机已经成为原有文化消费和物质消费的共同属性。

(二)文化消费的内涵解析

从文化消费的概念界定可以判定出文化消费内涵的两个指向:一是消费动机上是为了满足精神文化的需要而非生存或生理的需求;二是消费的对象是精神文化产品和精神文化服务。对文化消费概念内涵的理解,主要涉及三个维度或三种标准。

(1)从公共文化服务保障对象维度来看,文化消费是指微观层面的文化服务,既包括文化内容消费,又包括文化设施消费,同时又融合于教育、科技、体育等公共领域服务类消费。此类消费靠政府主导,以满足服务对象基本文化消费需求,属于文化事业保障行为,参与消费的对象的行为属无偿消费行为。

(2)从文化市场消费主体或对象维度来看,文化消费是指宏观层面的有偿文化服务,指的是人们购买各类以内容为主要消费对象的文化产品或服务来满足其精神需求的一种消费,主要包括电影消费、舞台演出消费、音乐消费、报刊消费等诸多方面。这些文化消费行为主要体现为在货币支出上以购买形式进行消费的行为。

(3)从产业或产品供给渠道维度来看,文化消费是文化产业和公共文化服务的第一资源,是整个文化产业流程的关键因素和文化产业发展的内生动力,需要以目标消费为出发点。文化产业的流变速度很快,如果没有做到重点关注整个产业发展的话,是很难做好文化产业的。同时,文化消费的高低一方面取决于居民的消费能力和消费意愿,另一方面取决于文化产品的供给。事实上,文化消费需求正形成一种"倒逼",促使文化产业以及相关产业的加快发展,推动艺术创作与生产的发展繁荣。

(三)文化消费的前提条件

文化消费在宏观上离不开科技进步、教育和信息产业的发展,离不开社会对高素质消费者的要求,离不开社会文化消费设施的建设;在微观上则是消费者对文化消费支出的迅速增加。进一步分析,文化消费的基本条件有四个。

(1)收入。文化消费以物质消费为依托和前提。文化消费需求总是受制于社会生产力的发展水平。经济越发展,人们越需要文化消费,精神产品在经济总量中所占的比重也将越大,因而文化消费水平能够更直接、更突出地反映出现代物质文明和精神文明的程度。

(2)时间。消费者要有用于文化消费的时间。随着科技的进步和社会的发展,人们的必要劳动时间越来越短,闲暇时间越来越多,从而为进行文化消费在时间上提供了充分的条件。

(3)市场。这里主要指市场发育度和规范化程度。两者是密切联系的不同概念。市场发育度指市场处于发育过程的何种阶段和状态,是初始阶段还是快速增长阶段或较为成熟阶段,供与求双方各自的状态如何——供的方面是粗放还是集约状态,是否对需求有良好的导向而不是"媚俗"或"媚财",需求方面是理性状态还是盲目冲动状态(如攀比或追逐时髦)。市场规范化程度,是指市场的供方处于有序还是无序状态,竞争和发展的手段是否正当和公平,是否杜绝了欺诈和误导行为;需求方面即需求的内容是否健康而非病态。

(4)文化产业充分而迅速的发展和崛起,在数量上、层次(或不同层面)上能满足消费者的多方面需求。

这四个条件的不断完善是文化消费持久发展的重要条件。

二、文化消费的特征

(一)文化消费内容的精神性

文化消费与人们的价值观、审美观及兴趣爱好联系紧密,并与之发生多重的相互影响。与一般消费相比,文化消费受文化价值的影响,内容产业特点鲜明。文化消费是人们根据自己的主观意愿,选择文化产品和服务来满足精神需要的消费活动。它的基本特征体现在两个方面:

一方面它满足的是消费主体的精神需要,使主体感到愉悦、满足;另一方面是满足主体需要的对象主要是精神文化产品或精神文化活动,如美丽的风景和感人的艺术品。

(二)文化消费能力的层次性

精神文化消费是高层次消费,用于满足日益丰富的、高层次的享受和发展的需要,因此文化消费与经济发展、与物质生活和物质消费密切相连,并有某种递进关系,即以经济的一定程度的发展为前提。在饥寒消费阶段,一般谈不上文化消费或者受到极大的局限,在这个阶段只有文化需求。在解决温饱问题之后,文化消费的巨大需求才不断地得到多方面的满足,文化消费在人们生活中的地位才越来越重要,文化消费的比重才日趋增大。

经济水平提升和社会事业进步必然带来文化消费的兴起与发展。居民更多追求精神文化需求以满足其美好生活需要,文化消费已成为判断居民生活质量和国家文化发展的重要指针。因此,文化消费水平,通常是指一定时期内按人口平均实际消费的各种文化产品和服务的数量,可以说明某一时期内劳动者及其家庭的文化生活需要满足的程度,具体包括:①文化消费总额,包括个人文化消费和社会公共文化消费,文化产品消费和文化劳务消费;②参与文化消费的总人口数,包括已就业的人口总数和非就业人口总数的全体劳动者;③文化消费结构,包括社会平均文化消费水平、各类劳动者的文化消费水平、城市文化和农村文化消费水平、地区文化消费水平。

(三)文化消费时间的延伸性

文化消费使得消费不仅仅是因变量,也可以是一个自变量,是导致某种社会结果的原因。例如,阶层在文化消费的质和量上的不同,导致了不同阶层的文化消费体验和消费行为模式的不同。同时,文化消费具有滞后效应,影响个人日后的生活机遇和生活质量。如教育消费投入代际差异,有些内容的文化消费(如大学的专业教育)的结果要经过漫长的时间,在短期内不易显见。文化消费需求的弹性大,消费空间和容量巨大。文化消费具有习惯性、继承性的特点,它在继承传统文化的同时吸收外来文化。文化消费具有某种"模糊性",表现为"提供"和"享受"有时不可分,"继承"和"创造"不可分。在知识经济条件下,文化消费呈现出主流化、高科技化、大众化、全球化等特征。

(四)文化消费行为的社会性

"文化消费",不只是一般意义上的对文化的消费,或者说仅仅是消费某一样被标示为文化的东西,而是一个不断创造与生成的过程。从经典社会学家有关文化消费的理论入手,我们试图表达这样一种观点:文化消费是一个社会行为,永远都受到社会脉络与社会关系的影响。人们在文本与实践的消费中,也在创造文化。因为在文化消费的过程中,进行消费的个体,并不是抽象的单一的个体,他们有着不同的文化背景、消费经验和不同的理解能力,正像马克斯·韦伯所说的:"每个人所看到的都是他自己的心中之物。"因此文化消费绝不是文化创造的终结,而是刚刚开始。从这个角度去理解,文化并不是先制作好,然后被我们"消费";文化是我们在日常生活的各种实践中创制出来的,消费也是其中之一,文化消费就是文化的创制。

三、文化消费的功能

文化消费是最有潜力的消费。扩大文化消费能够优化消费结构,拉动内需,调整产业结构,促进经济高质量发展。

(一)文化消费对人的灵魂的塑造性

(1)启蒙和教化功能。不同时代下不同方式和层次的文化消费,可以不同程度地使人们摆脱和消除原始蒙昧状态,接受起码的历史文化和近代、现代文明及外来文化的教化,使人类的繁衍优于世间的其他任何物种。

(2)社交和繁荣创作的功能。文化消费可以增进人们之间的社会交往和相互了解。我国古时就有"以诗(文)会友""以书(画)会友"之说。现如今的各种"笔会""画展""影展"更是主创人员、同行及爱好者之间彼此交流、增进了解,共同探讨、切磋技艺,推进艺术发展的重要途径。并且,唯有文化需求和文化消费,才是繁荣文化艺术创作的第一推动力。

(3)享受和愉悦身心功能。通过欣赏文学作品或文艺演出,消费者可以得到精神享受和愉悦,汲取丰富的精神营养,陶冶情操,升华审美意识。

(4)益智和发展个性功能。文化消费可以造就高素质的人才,使消费者的智力资源得到充分的开发,使其系统掌握有关专业知识和技能,使其个性得到较为全面的发展,从而符合信息时代对复合型人才的需要。

(二)文化消费对社会文明的促进性

文化消费对个体消费者意味着精神享受、文化知识包括专业知识和文明程度的提高,对社会意味着文明、进步与和谐。文化消费有助于提高国民的整体文化素质,满足文化消费需求才能更有效地推动人的全面发展和社会的全面进步。

(1)促进社会和谐功能。文化消费可以提高人们的文化素养,改善人与人之间的关系,倡导健康、文明、有益的消费,反对低级、庸俗、愚昧和颓废的消费,逐步形成全社会和谐向上的、文明进步的氛围。

(2)扩展消费和启动市场功能。文化消费是消费结构优化、消费水平提高的标志,是消费趋势发展的必然。文化消费将使消费领域进一步扩展,并通过提高消费者的消费技能,引起越来越强烈的新的消费需求。如只有消费者具备一定的专业音乐知识才可能买"发烧音响",这都离不开教育培训即文化消费。因此,文化消费有利于经济的健康、有序发展,对经济运行具有启动和推进作用。

(3)促进人力资本提升与人的全面发展。人必须通过精神文化消费,特别是通过接受教育和技术培训等高层次精神文化消费,才能变成"各方面都有能力的人,即能通晓整个生产系统的人"。同样,人的价值观的构建、思想品质的塑造、科学文化水平的提高、艺术修养的培育等都有赖于高品位的精神文化消费。如读一本好书、看一场好的电影、听一首优美的音乐、欣赏一幅美的图画都会使人与之产生情感共鸣,使人的思想受到良好的熏陶,使人的素质发生潜移默化的良好变化。

(三)文化消费对国民幸福的推进

精神产品价值的最终实现是在与主体的相互作用过程中,对主体产生积极的效应,为主体服务,促进主体发展、完善,使主体更美好,从而不断满足人们对真、善、美价值追求的需要,提升文化消费主体的幸福感和满足感。文化消费实现国民幸福的路径选择如下:文化产品与服务的选择—文化产品的价值实现—人力资本提升与人的全面发展—国民精神愉悦、幸福满足—社会的全面发展。

优秀文化产品不仅可以陶冶消费者的情操,提高消费者的文化素养、道德水平、科学知识水平和生活质量,而且对社会的发展与进步具有积极的意义,从而产生不可低估的外部正效应;而不良的文化消费,不仅危害消费者本人创造美好生活,还会对社会、他人带来消极、不利的影响。文化消费就其总体而言,外部正效应较强于外部负效应。一般的消费品受益者仅仅在于消费者本人,文化消费却不仅是个人获得知识和精神满足的手段,它更具有极为显著的外部正效应,是培育健全人格、提升国民素质的根本因素。个人文化消费支出的增加、个人文化修养和素质的提高,有利于营造良好的社会环境,会使社会中的每个人都受益。

四、文化消费的要素

(一)文化消费的主体——文化消费者

消费者是指在不同的时空范围内参与消费活动的个人或集体。

文化消费者,是指享受文化、娱乐商品获得精神愉悦的一类消费者。它是通过观赏广播电视节目,欣赏电影、音乐、戏曲、舞蹈等文艺作品,或通过阅读图书、报刊等文艺作品,使用游戏、游艺、娱乐器械,或付费购买互联网文化相关信息资源、接受专门的教育、参加特定的会议等消费行为,获得感官享受或精神愉悦等的消费者的总称。

文化消费者是文化消费的主体。文化消费就是文化消费者对有形文化产品和无形文化服务的消耗,消费过程实质上就是对文化的消化、继承、积蓄、再造和创新过程。对文化消费者而言,文化消费的效用是获得教育、娱乐和精神享受。文化消费者的价值观、审美观以及消费观,都会对文化消费产生一定的影响,文化消费者选择什么样的文化消费方式,与其本身的生活习惯、情感意志甚至受教育程度都有直接的关系。

文化消费者作为某个特定群体的成员,会继承和拥有这个群体的文化,即该群体一系列的态度、习俗、信念、价值观、规范以及技能等,至于每个消费者对所属群体的文化拥有状况如何,因人而异,受很多因素影响。我们可以把文化消费者的文化资本定义为消费者拥有的文化存量,这种文化存量会使消费者产生文化消费意愿和消费能力,其中文化消费能力指的是解释、理解和欣赏文化产品的能力。文化消费者的文化资本或者文化存量,体现为两部分——与文化产品有关的文化和文化消费品位。文化消费者具备相应的文化,对相应的文化产品自然产生消费意愿和消费能力。文化消费者经过多次对文化产品的消费而形成的消费意愿和消费能力,则是文化消费品位,这种消费品位使消费者能够识别欣赏文化产品中的文化价值,从而形成对该文化产品的消费偏好。

(二)文化消费的客体——文化产品和文化服务

1. 文化产品

(1)文化产品的含义。文化产品是文化消费的客体。文化产品一般是指传播思想、符号和生活方式的消费品。它能够提供信息和娱乐,进而形成群体认同并影响文化行为。基于个人和集体创作成果的文化商品在产业化和在世界范围内销售的过程中,被不断复制并附加了新的价值。图书、杂志、多媒体产品、软件、录音带、电影、录像带、视听节目、手工艺品和时装设计组成了多种多样的文化产品。

(2)文化产品的特征。文化产品的基本特征就是精神劳动物质化和价值化,取得物的外壳。精神劳动借助于物质载体(如书报杂志、文娱用品、音像制品等),直接为社会提供多姿多态的文化消费品,并构成劳动力再生产所必需的享受资料及发展资料,成为社会总产品的组成部分。人们通过购买这些物质载体获得"精神食粮",陶冶情操,丰富精神生活,实现物质上与精神上的享受和发展的需要。与物质产品相比,文化产品具有以下特征:

①创新性。文化产品的生产具有强烈的创新性。文化产品,不论它是理论型的还是艺术型的,都应该独具匠心,不能雷同。虽然文化产品生产者可以吸收和利用前人的劳动成果,但不能重复前人的劳动,而必须创造前人和他人所没有的新东西,需要投入创作激情才能完成。因此,文化产品的生产是具有自主知识产权的原创性研究和发明的过程,文化产品具有不可重复性、不可替代性和不可再生性。如金庸的武侠小说,许多创作生产机构将它改编成影视剧,有的多达四五个版本,但即便如此,它的每个版本都具有相对独创性,都有一些别的版本所没有的东西。否则不仅没有市场,还会被有关部门追究侵权的法律责任。而物质产品的生产大多具有同一性、标准性及可替代性,产品大都有明显的生命周期,它的重复是普遍的、经常的、大量的。虽然物质产品的更新换代也需要创造性劳动,但在更多的时间里则是重复性劳动。

②广泛性。文化产品的内容带有普遍性,有的甚至是人类共同的价值观念和审美观念的体现。文化产品创造的是无形资本,积累的是品牌效应,它的产品可以被无数次重复生产,而且同一产品被再版、拷贝的次数越多,它所产生的产值就越高,它的影响也就越大。而物质产品相对狭窄,一般情况下,一个物质产品只能满足某个人或者极少数人的需要。

③持久性。文化产品的消费是一种欣赏性的消费。文化产品经过消费,虽然它的物质载体会被损耗,但它的文化价值永远不会被磨损。文化产品通过再版、复制和消费,让更多的人了解和掌握其中的文化价值,使文化价值更具有永恒的意义。《红楼梦》的美学价值在200多年前就得到了人们的认同,现在仍然能够得到人们的认同,再过200年,可能仍然可以得到社会的认同。而物质产品的消费是一种直接占有和直接使用的消费。消费者购买了一件物质产品,通过使用,产品的价值就消耗尽了。例如,即使是最精美的衣服,穿破了也只好丢掉;再高档的汽车,天长日久,它的价值也就不存在了。

④思想性。文化产品具有认知、教育、审美、娱乐等功能,能满足人们的精神需求,它可以消除人们的疲劳,丰富人们的知识,提高人们的劳动技能,这是一种更高层次的消费需求。一般情况下,人们的生活水平越高,文化程度越高,文化消费能力就越强,对文化产品的需求也越强。而物质产品是满足人的生理需求和生产需要的,是一种最基本的需求。社会生产力越低下,对物质产品的依赖程度也越高,需求量也越大;人的文化素质越低,也就越看重物质产品或物质财富。

(3)文化产品的价值与使用价值。价值与使用价值是商品的两个基本属性。马克思说:"一切劳动,从一方面看,是人类劳动力在生理学意义上的耗费;作为相同的或抽象的人类劳动,它形成商品价值。一切劳动,从另一方面看,是人类劳动力在特殊的有一定目的的形式上的耗费;作为具体的有用劳动,它生产使用价值。"文化产品与其他传统意义上的物质产品一样,都有使用价值和价值,因此,在计算文化产品的价格时,不能只看到文化产品的物质外壳的劳动消耗,必须而且有时主要是要看文化艺术工作者的精神劳动消耗。

①文化产品的使用价值。商品是用来交换的劳动产品。文化产品既然可以用来交换,就具有了商品的一切属性。文化产品的使用价值就是它能够满足人们文化生活需要的有用性。它是一种精神产品,能够满足消费者的精神需求,可以使人净化心灵、怡情养性、陶冶情操,获得愉悦的情绪体验,激励工作热情,增强进取精神,这是文化产品的使用价值与其他物质产品不同的地方。

②文化产品的价值。文化产品作为可以与其他商品交换、可以用货币购买的商品,它凝结着一般的无差别的人类劳动。文化产品的生产过程中,其作者花费了一定的劳动,表现为在一定意识形态、思想观念和艺术原则的指导下,作者独立地运用自己创造性的复杂劳动进行创造。这种创造的价值认可与价值补偿是有其特殊性的。一般地,文化产品的生产很难形成社会必要劳动时间,其价值量大小的确定不依据社会必要劳动时间,只能根据个别劳动时间,即文艺工作者个人实际劳动时间来确定,客观上体现为由文化产品所具有的思想性、所携带的文化信息及其文化产品的艺术质量和功能来确定。也有一部分文化产品的价值是由社会必要劳动时间来确定的,如报刊文章等往往是按版面或按每千字来计算稿酬的。

2. 文化服务

文化服务是指满足人们文化兴趣和需要的行为。文化服务行为通常不以货物的形式出现,而是由政府、私人机构和半公共机构为社会文化实践提供的各种各样的文化支持,包括举行各种演出、组织文化活动、推广文化信息以及文化产品的收藏(如图书馆、文献资料中心和博物馆)等。文化服务可以是免费的,也可以有商业目的。

文化服务作为一种体现社会契约或经济契约关系的活动,有以下特殊性:

(1)同一性。文化服务的生产和消费同时发生,既不能储存,也不可以运输,一般都在同时同地完成服务交易,服务提供者与服务消费者如果不在同一场所同时进入服务程序,则服务交易就难以完成。比如演出,对演员来说,演出是生产活动,而对观众来说,看演出是消费,是即时性的,两者必须同时进行,否则,交换就难以进行。当然,出现电视转播和音像制品后,这个情况出现了变化,但这已经属于文化产品的范畴。

(2)品牌性。物质产品的品牌当然也非常重要,但总的来说,顾客购买物质产品时,物质产品的优劣,可以在买前观察、触摸或测试,而且购买后,还可以实行产品维修,甚至可以退货。而文化服务却大相径庭,顾客对文化服务质量的优劣、好坏,一般事先不知道,只能通过广告、别人的介绍才能认知,因而它的品牌效益特别重要,而在享受服务时,也是即时感受的,没有售后服务的问题。比如看一场歌舞演出,作为观众事先不可能知道歌舞质量的好坏,他只能亲身感受才能判别出好坏。

(3)不确定性。一般来说,因为物质产品的生产具有专业化、规范化的特点,因而质量具有一定的稳定性。而文化服务大多数是人的技能表现,而人的技能的发挥受到本身身体的好坏、环境变化等种种客观因素的制约。千里良马尚有失蹄之时,更何况人乎?因此,即使去看一场很著名球队的比赛,也可能看到的是一场很糟糕的比赛;一个很著名演员的表演,也许会失误频频。文化服务质量的不确定性,是导致当前一些演员假唱的重要因素,也是导致文化服务产生概率损失的重要原因,如一些剧院、电影院在演出、放映时,经常出现空座的现象,这种现象在短时间里难以消除。

(4) 个性化。文化服务的个性是由文化服务的生产者和消费者的不同特性决定的。在文化服务中,大多数文化服务是由单个人进行的,因而即使是同一项目,但由于生产者个性、情感、气质等方面的不同,它所形成的结果也不一样。比如,京剧《智取威虎山》,虽然剧中杨子荣的形象是完全一样的,但由于饰演者不同,就可能产生差别很大的艺术形象。而且即使是同一个人饰演杨子荣,但由于欣赏者能力、水平的差异,不同的人所产生的印象也会大相径庭。这种差异现象的存在,决定了消费者对文化服务质量高低的评判有时会产生很大的差异。

(三) 文化消费的环境——文化消费的影响因素

1. 内部影响因素

影响文化消费的内部因素,主要是指消费者的需求、动机、行为。文化消费的行为主体是消费者,理解文化消费首先必须准确认知消费者的基本特征。被认为是消费者行为学奠基之作的美国社会学家凡勃伦的《有闲阶级论》,将消费者定义为"有闲资产""有闲生活""有闲需求"的人群。这意味着,消费者在满足生存需求之外,必须拥有闲余的资产和多样化的生活方式选择,而生活方式选择往往取决于人的多样化需求。

文化消费者与物质商品消费者的主要区别就在于是否拥有激发精神满足感的文化消费需求,这是消费者使用资源和选择生活方式的主要驱动力。需求强化到一定程度,就会对消费者产生一种强烈的内驱力,从而形成消费动机,促使消费行为发生。除了文化消费需求之外,消费动机还要受到消费者的经济状况、时间充裕度、在消费内容方面的知识水平等资源因素的影响,这是消费者行为决策及其方向的重要影响因素。

消费满意度是消费行为的结果,是消费者对产品或服务的消费体验的情感反应状态,也是消费者能否重复消费行为的决定性因素。满意度高会强化消费行为,缩短消费决策时间,产生重复消费,逐渐形成消费习惯;反之则会使消费者产生厌恶、抵制的态度,弱化消费行为,终止对某类产品的消费。从消费者自身角度来看,其行为发生的规律是,需求是动机的根源,动机是行为的原因,行为让需求得到满足,而动机受到消费者所掌握资源的约束,消费满意度决定消费行为的持续性。

2. 外部影响因素

任何消费者都是在一定消费环境中完成产品或服务消费的。相对于其他实物产品消费,文化消费受社会环境的影响要远高于自然环境,尤其是人与人之间的社会关系、社会风气、秩序、社会治安等都影响着消费者需求,在一定程度上决定消费结构、数量、频次、质量。

政策是影响文化消费环境的重要外部力量,一方面可以直接影响文化消费空间的建设和开放,营造社会文化环境、市场环境、法治环境,有效抵御市场本身的盲目性,防止恶性竞争,使文化消费市场实现规范化和秩序化;另一方面可以通过制度化的举措为消费者补给相应的资源,提升文化消费意愿,消除消费者的忧虑,从而进一步激发文化消费动机;更为重要的是,政策有助于为文化产业发展提供有力支撑,引导文化供给的生产方向和方式。

消费者过去的文化消费体验会对其未来的文化消费产生影响,文化供给不仅决定文化消费的内容和方式,其质量标准更直接影响消费者的满意度,是文化消费行为持续性的重要影响因素。从消费者的外部影响因素来看,政策是其中的决定性因素,除了直接影响消费者的资源之外,还决定文化消费环境的形成从而间接影响文化消费需求,并且通过对文化供给的影响在一定程度上决定消费满意度,进而影响文化消费行为。

3.文化消费影响因素的作用机理

影响文化消费的内部因素与消费者的个性特征相关,但任何个体都无法脱离外部因素的影响。消费环境直接影响文化消费需求,政策通过影响消费者的资源而对消费动机产生激励作用,文化供给通过影响消费满意度对消费行为具有强化或弱化作用,其中,消费者的资源与消费满意度为中介因素,如图2-1所示。

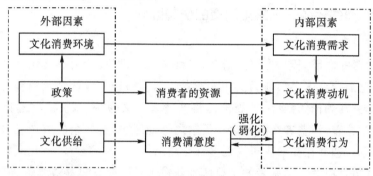

图2-1 文化消费影响因素的作用机理

(1)文化消费环境直接影响文化消费需求。人类生活在一定的社会环境中,他们的习惯通过相互交流而潜移默化地相互影响。文化消费具有非竞争性和外部性,即同一时间和空间可以满足一定数量的消费者完成共同消费。在共同消费的过程中,消费者的情绪会彼此感染,并在互动中强化心理感受。此外,文化消费者很容易受到公众人物、社会潮流趋势、社交网络的其他主体的影响,粉丝效应在文化领域体现得尤为明显。有研究表明,兴趣爱好是文化消费需求的主要诱因,消费者很容易受过去文化消费体验的影响而表现出消费成瘾,消费越活跃则文化消费需求越强烈。消费者对于文化的热情和感知,是其兴趣爱好产生的主要缘由,并由此转化为现实需求。消费需求是消费者所在的特殊文化价值体系的反映,个人融入某一特殊群体的过程中会逐渐形成个人的文化价值观,这直接影响个体的文化消费需求。个体在社会群体活动中与社会成员互动交流的结果,又会进一步影响消费者对于文化消费需求的自我认同。

(2)文化政策环境通过影响消费者的资源而激发消费动机。人的需求通过行为的实施得到满足,但需求并不足以促使人采取行为,资源的限制使人的很多需求存在于意识之中,无法在现实中得到满足。相比需求,动机更容易导向消费行为。人的需求只有在外因的作用下被激活或得到强化才会转化为动机,进而采取相应的行为。而激发消费者需求转化为动机的外因通常是消费者的资源,其中的核心资源是信息、渠道、资金。商家为消费者投放的产品广告,提供的便捷服务,制定的价格策略,针对的都是消费者的资源。我国各城市组织的文化惠民消费活动,基本也是按照发布文化产品促销目录清单,举办产品展销会,实施价格优惠的流程展开。尽管消费成瘾会让部分文化消费者的消费决策变得简单,但对于大部分消费者来说,文化产品并非人们的生活必需品,其弹性系数要远远大于物质消费。消费者在明确产品的品质、真实的获取方式、可接受的价格区间的条件下,才会显著增加文化消费,而这正是消费者自身难以补足的资源短板,文化消费政策的作用就在于补给消费者的资源短板,以此激发消费者需求向动机的转化。

(3)文化供给水平影响消费满意度从而约束消费行为的持续性。生产决定消费,生产为消费提供物质基础,消费实现的前提是供给者生产出产品,产品供给是消费的重要影响变量;否则,无论消费者有多强的消费需求和动机,有多少资源,也买不到产品,有效消费就无法实现。经济学的供求规律强调商品的供求关系与价格变动之间相互制约的必然性,而文化产业的供求规律更偏重于供求内容和质量的适配。真正能够满足文化消费需求的不是产品,而是产品质量;能够激发文化消费者持续消费的不是供给数量,而是供给质量。国家电影局统计数据显示,2022年度全国电影总票房为300.67亿元,其中国产电影票房为255.11亿元,在总票房中占比为84.85%;全年城市院线观影人次为7.12亿。文化产品之间存在质量差别,质量差别的直接体现就是消费满意度,这使得文化产品的收益有天壤之别。文化供给质量影响消费满意度,进而决定了消费者的行为取向。

4.文化消费的促进机制

全方位审视文化消费的影响因素,基于环境优化的前提,以多方和谐共生、互促共荣为原则的文化产业生态理念,制订更具科学性、针对性、系统性的行动方案,推动文化产业发展各利益相关方形成协同效应,尤其是产业链上的内容创造者、产品运营者、中介组织与消费者建立可持续的利益分享机制,才能够形成文化消费的长效促进机制。文化消费的促进机制如图2-2所示。

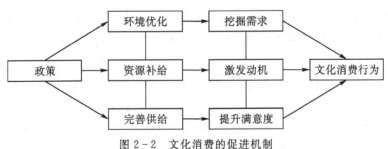

图 2-2 文化消费的促进机制

(1)优化消费环境,释放文化消费需求。政府是文化产业发展环境的创设者,也是各利益相关主体的协调者。我国推动的文化体制改革在放松文化资源约束的同时,激励广大社会成员发挥文化创造力,营造了文化产业繁荣发展的格局;知识产权方面的系列举措,既保护了文化创意工作者的利益,也使消费者的权益得到了必要保障。当前,形成文化消费促进机制,需要政府通过政策工具对制度环境进行优化,为文化供给者与消费者创设良性互动的市场环境,加大消费者权益的保护力度,充分释放文化消费需求。

在文化消费群体迭代与消费需求多样化的背景下,消费者在满足基本需求的基础上对更高品质、更深层次、更广范围的需求逐渐增多,尤其是在文化、旅游、休闲、时尚、个性、运动、健康等方面的诉求日益强烈,更加注重消费场景及其体验感的获得,偏爱能够满足多种需求的复合型产品和服务。与消费需求相对应的文化供给,除了具有基本功能之外,还要有良好的品质、精准的场景定位,满足消费者体验的需求。对于文化供给主体来说,传统的产品形式、生产理念、经营渠道、终端市场营销模式已经难以满足消费者的新需求,必须在不断尝试和创新中探索新供给。这无疑加大了文化供给的经营风险和不确定性,由此导致部分文化供给主体为了快速获取利益而复制成功产品和模式,影响了文化创新动力,也抑制了消费需求的满足和潜在需求的释放,这也是当前文化消费市场难以健康持续发展的症结之一。而改变现状的有效方式,就是政府从保护文化消费者权益的角度来优化消费环境。

美国、欧盟、日本等国家和地区都非常注重保护消费者权益,不仅具有较先进的消费品标准和较为完善的消费法律法规体系,还通过司法和行政手段相结合的方式有效维护了广大消费者的合法权益。我国虽然已经颁布了《中华人民共和国消费者权益保护法》,但由于文化消费的特殊性,除了通过基本法律保护消费者的合法权益之外,还需要制定文化消费的相关行政法规,保护文化消费领域消费者的专门利益,从而优化文化消费环境。

政府优化文化消费环境,要真正树立和贯彻以人为本的理念,体现人文关怀和民主参与。首先,从文化消费需求的实际出发,制定文化消费法律法规和消费政策,确保广大人民群众的基本消费权益得到满足。其次,制订并严格执行文化生产和服务标准,严厉打击扰乱文化市场秩序和盗版侵权行为,建立健全文化市场信用监管机制,支撑起安全可信的消费环境。再次,建立有效的文化消费者利益表达机制,使消费者监督举报渠道更广泛、更便捷,鼓励消费者反映造假贩假、价格欺诈、强买强卖以及不健康文化经营等问题,对文化消费纠纷及时介入、正确处理。最后,做好文化消费统计监测工作,在相关部门间建立文化消费大数据资源共享平台,综合分析宏观数据和微观样本,动态监测文化消费规模和结构的变化情况,为政策的研究制定提供可靠依据,让文化消费政策更趋科学化。

(2)补给消费者资源,激发文化消费动机。潜在的消费需求转化为实际的消费行为,需要激发文化消费动机。激发消费动机,需要消费者有足够的闲钱、休闲时间、知识积累和文化偏好等资源。凯恩斯的绝对收入理论和之后的相对收入理论都强调收入对消费的影响作用,即收入达到一定程度,替代效应大于收入效应后,消费者将倾向于将更多的时间用于闲暇。在文化消费领域也不例外,当人们的收入水平达到一定程度,消费者会有更多的文化消费时间。此外,消费者的文化素养和兴趣爱好是文化消费习惯养成的重要因素。法国社会学家布尔迪厄认为,消费者的文化需求与其受教育程度及所处的社会层级相对应。从我国经济社会发展进程来看,消费者的成熟度和习惯养成尚需培育,这是制约我国文化消费增长的重要原因之一。因此,提高收入总量、增加闲暇时间、提升居民文化素养,都是激发文化消费动机、提升文化消费水平的必然选择,而这些要素都通常在消费者拥有足够的资源基础上才会发生。

我国当前促进文化消费,需要补给消费者的资源不足,消除居民文化消费的后顾之忧。首先,深化收入分配制度改革,完善员工持股制度、技术入股制度,引入剩余收益分享制,给单一要素的劳动者提供生财来源的制度保障,促进居民总体收入增长,从而提高居民消费能力。其次,降低文化消费的时间约束,完善居民休假制度设计,增加家庭一起进行休闲和文化消费可自由支配的时间,为集中文化消费创造条件。再次,加快文化消费空间的打造,建设产品及服务价格适宜、混业经营、特色鲜明的亲民便民的文化消费场所,尤其是为农村、中西部、低收入阶层和弱势群体提供均等化的公共文化服务,将有精神文化需求的民众有效转化为现实的文化消费者。最后,培养文化消费主体,把文化艺术教育融入普通教育和继续教育体系,使其成为各级各类人才培养的必修课,向全民普及文化消费教育;同时加强大众媒体对文化消费观念的教育和宣传,形成观念先进、结构合理、方向正确的文化消费社会风尚。

(3) 改善供给水平,提升文化消费满意度。文化消费者的消费满意度和消费习惯养成有赖于文化消费市场的健康发展,而影响文化消费市场发展的重要因素是文化产品及服务供给。文化产业是典型具有生态化特征的产业,生态系统各成员之间不仅仅是同业竞争关系,更重要的是表现出合作共生关系,通过相互依赖和合作而维系各自的生存及发展,以此促进整个文化产业生态系统演进。文化消费者与文化供给者是文化产业生态系统的核心成员,文化消费者的选择决定文化供给者的绩效,文化供给者的行为影响文化消费者的取舍,尤其是在新媒体迅速崛起的环境下,"粉丝经济"成为文化产业领域一种全新的营销模式,构筑了一个供给与消费双方利益共享且相互制衡的生态系统。"粉丝"代表了强大的购买力与潜在消费行为及忠诚的自营销群体,他们不仅愿意为产品本身的使用价值买单,更加关注文化产品及服务所带来的情感溢价,在很大程度上掌管着文化供给者制胜之门的钥匙。

面对日益多样化和个性化的文化消费需求,通过文化产品和服务的品质革命,提供更多高品质、适销对路的文化供给来释放文化消费潜力,是促进文化消费持续增长的关键。首先,文化供给必须瞄准文化消费的新需求,调动市场力量增加有效供给,促进消费扩大和升级,特别要顺应互联网发展给消费方式带来的变化,改善文化消费条件,构建文化市场信息提供公共平台,进一步提高居民文化消费的便利化水平。其次,供给者需要根据产品的特性对消费群体进行细分,深入洞察和描述真实的消费需求,挖掘和激发潜在的消费需求,准确定位目标消费群体,有的放矢地进行产品开发和市场推广,更有针对性地切中消费需求,将消费需求转化为消费行为,才会形成有效供给。再次,文化供给者需要寻求一个足以打造个性鲜明的"粉丝"品牌的载体,与消费者建立良好的情感沟通,培育忠实的消费群体,为其打造独一无二的消费体验,让消费群体的情感投射到产品与品牌上,使文化供给拥有长尾变现能力。最后,营造文化产业良性循环的生态系统,推动文化事业与文化产业融合,推动文化与各行各业融合,以新供给满足和创造新需求、新消费,形成具有鲜明区域特色和品牌效应的文化供给体系,拓展文化消费空间。

第二节 文化消费与文化生产的关系

一、文化消费的产生与发展

消费是社会再生产过程中的一个重要环节,也是最终环节。它是利用社会产品来满足人们各种需要的过程。消费从本质上是"联结经济与文化的社会活动",消费不仅具有经济意义,而且具有重要的文化和社会意义。消费是人们用社会产品来满足自己需要从而使用和消耗产品的过程,包括生产消费和生活消费。生产消费是指生产过程中劳动力和生产资料的消耗和使用。从该意义上说,生产也是消费。生活消费是指人们在生活中消耗各种消费品(包括精神产品)和劳务,以满足自身需要的一种行为和过程。生活消费是社会生产和再生产劳动力的过程,因此,从该意义上说,消费也是生产。通常所说的消费,是指生活消费,尤其是个人生活消费。它是指个人为满足自己的物质和文化生活需要而消费各种生活资料的过程,既包括吃、穿、住、行、用等物质生活方面的消费活动,也包括接受教育、阅读书刊、文化娱乐、旅行游览等精神生活方面的消费活动。

(一)文化消费的行为与发展

文化消费的出现是必然的。恩格斯指出:"人们必须首先吃、喝、住、穿,然后才能从事政治科学、艺术、宗教等等。"凡勃伦在《有闲阶级论》中指出,人类在基本的生存需求满足后,社会分化出现"有闲阶级",其消费更加注重精神层面的自我实现和社会地位的彰显。不论是恩格斯还是凡勃伦的观点,文化成为消费,是人类需求得到基本满足的体现,也是个体意志和精神选择扩大化的彰显。

1. 经济实力快速增长是文化消费繁荣发展的基础,经济基础决定上层建筑

与40多年前相比,我国国民日常生活方式和消费观念发生了巨变,传统的时空观念随着更为快速便捷的交通工具和无处不在的通信网络而迭代。以购买电视、冰箱和洗衣机等耐用型家用电器为代表的家庭消费追求已经被个性化的服饰装扮、智能化的生活场景与品质化的消费体验等新鲜形式取代,符号化的消费有着明显的融合特征,并且在社会中发挥着越来越重要的作用。

2. 城镇化以及基础设施的完善促进了文化要素的流动

在经济发展和城镇化的大背景下,文化消费基础设施建设在全国各地迅速推进。文化消费的发展,也得益于城镇化过程中人口流动和城市功能的互动愈加频繁。从过去40多年的发展历程可以看出,工业、制造业在文化消费发展中扮演着参与者的角色,它们购买了大量的面向生产者的产品和服务(如广告、管理、法律、咨询等专业的商业服务),知识资本含量较高的文化资本得以融入第一、第二产业当中。

3. 信息获取中数字化手段的加持,拓展了文化消费生产、消费、传播和反馈的渠道

生产和阅读工具的革新、移动互联网和电子商务的发展使得随时随地消费文化内容、获得文化服务和购买文化产品成为可能;网络综艺、电影和文学等多个类型的新兴业态成为文化内容生产的市场新宠;互联网发展中涌现了横向和纵向的信息平台,大众化的信息和分众化的信息都有相对应的传播媒介和传播渠道对相关信息进行分发;文化消费的反馈环节也因为渠道的多元化而变得简单,弹幕、评论、邮件、社交平台,包括部分问卷发放和整合平台,都可以作为信息反馈的渠道投入使用,拉近文化内容、产品和服务的生产与消费者之间的距离,助力文化领域供给侧改革。

4. 由于消费主体的需求不同,文化消费也会产生不同结构层次

一方面,文化消费主体由于自身知识水平、理解能力、经济收入、兴趣爱好和社会经验等方面的不同,形成不同的文化消费需求;另一方面,文化具有符号性,文化消费主体可以在消费过程中实现对文化产品与服务的吸收、转化、再造与创新,并且可能创造出新的文化消费需求与文化风尚,对文化消费结构产生进一步的影响。

(二)文化与消费行为

1. 文化影响消费行为取向

文化的消费实际上分为两个组成部分或两个阶段：外在接受（如购买书籍等）和内在接受（如接受作品的观点等）。文化产品的最终消费，应该是第二个阶段，即内在接受。文化产品的产生，只是给消费者提供了一个消费的对象，只是为文化产品的社会功能提供了一个物质依据，文化产品只有进入流通过程才能成为读者的接受对象，而且只有真正被读者所接受，文化的认识作用、教育作用和美感作用才能最终发挥出来。

(1)家族取向：在认识上，家族延续、家族和谐、家族团结、家族荣耀；在情感上，一体感、归属感、荣辱感、责任感；在意愿上，繁衍子孙、祖先崇拜、相互依赖、长幼有别。

(2)关系取向：角色化，在人与人的社会关系中界定自己的身份；互赖性，关系有很强的依赖关系；和谐性，破坏和谐者在道义上是失败者，要给人面子，避免冲突；决定论。

(3)权威取向：权威敏感，对权威的警觉，注意权威的存在；权威崇拜，无条件地崇拜，范围广（从学术权威泛化到道德权威），时间上绝对化（一日权威，一世权威）；权威依赖，权威是可信的、全能的、永远的。

(4)他人取向：顾虑他人，对他人的意见敏感，花很多时间打听别人对自己的看法；顺从他人，不愿自己表现得与众不同；关注规范，对人际规范的强调永远大于法律；重视名誉，调整自我监控的形式与内容，使自己给别人留下好印象等。

2. 文化影响并反映消费者行为

文化生产与消费过多地注重从外部为文化消费者提供消费对象（文化产品），对于文化消费者在观念上作为内心的意象、作为需要、作为动力和目的为文化生产所提供的信息和发挥的影响则关注不多。如果只是完成了前一阶段，实际上作为文化生产和消费的完整过程还没有完结。因此，在探讨文化生产的特殊规律时，不能仅仅注重于生产者（如作者）生产什么和如何生产，而忽略了接受者（如读者）接受什么和如何接受。

一个社会的价值观影响社会成员的购买和消费模式。例如：

①重成功：奢华和驰名的商品；

②渴望得到有关年轻并充满活力的社会认同：体育锻炼；

③独立思想和自由：极限项目；

④进步：高科技产品；

⑤怀旧：旧相册、唱片；

⑥亚洲文化强调内部和谐："和"文化；

⑦节庆文化：美食、花卉。

3. 文化对消费行为的作用机理体现在文化产品的价值实现过程中

作为客体的文化产品与作为主体的文化消费者相互作用，客体对主体产生一定的作用和影响，对主体产生一定的效应，客体在为主体服务的同时也实现了自己的价值。文化产品由于能够满足主体不断增长的多样化的精神和物质需求而具有价值。文化产品的存在形式有两种：一种是有形的、实在的、物质的；一种是无形的、观念的、精神的。文化产品的价值是多要素的统一：它是主观与客观的统一，是意识与存在的统一，是抽象与具体的统一，是社会价值和经济价值的统一，因而也是精神价值与物质价值的统一。

文化产品的价值体现在文化产品作为客体与作为消费者的主体相互作用的结果。客体通过各种不同的途径在与主体结合的过程中，不断地被主体发现、感知、体会、理解、认识、评价，从而对主体产生积极效应，为主体服务，促进主体发展、完善，使主体更美好，这就是文化产品的价值实现。因此，从社会群体角度来看，我们把握文化产品的价值，不仅要认识它的内在价值，而且要把握文化产品的潜在价值，如审美价值、思想价值、学术价值、道德价值等，向社会实践效益的转化。这种转化就是文化产品的社会价值实现。它具体表现为：促进了社会科学文化水平的提高，推动了人们在思想道德、精神风貌、智育和文明行为方面的发展。

（三）我国文化消费的发展

中华人民共和国成立以来，随着政治制度的创新、经济水平的提升、科学技术的进步以及生活方式的日新月异，我国文化消费也不断变迁与迭代。尤其是近年来伴随着我国经济从高速增长向高质量发展迈进，经济增长的动力格局发生重大变化，消费已经成为拉动我国经济增长的第一动力。

2016年，文化部联合财政部印发《关于开展引导城乡居民扩大文化消费试点工作的通知》。2016和2017年，文化部分两批确定了北京、上海、天津、重庆等45个城市为"国家文化消费试点城市"，旨在鼓励和引导各地发掘优势资源，创新试点模式，采取发放文化惠民卡、举办文化惠民消费季、搭建公共文化服务和文化消费平台以及积分激励等措施促进演艺、动漫、娱乐、文化旅游、文化会展、艺术品与工艺美术、创意设计、数字文化服务、电影电视、图书报刊等文化领域的消费。

2018年9月，中共中央、国务院发布《中共中央 国务院关于完善促进消费体制机制 进一步激发居民消费潜力的若干意见》，强调要"总结推广引导城乡居民扩大文化消费试点工作经验和有效模式"。为进一步落实中央决策部署，国务院办公厅先后出台《完善促进消费体制机制实施方案（2018—2020年）》《国务院办公厅关于进一步激发文化和旅游消费潜力的意见》。

2020年9月，国务院办公厅印发的《国务院办公厅关于以新业态新模式引领新型消费加快发展的意见》指出，要以新业态新模式为引领，加快推动新型消费扩容提质。

为稳步推进文化和旅游消费工作，文化和旅游部、国家发展改革委、财政部决定开展文化和旅游消费试点示范工作，建设国家文化和旅游消费试点城市。第一批国家文化和旅游消费示范城市15个，第一批国家文化和旅游消费试点城市60个；第二批国家文化和旅游消费试点城市55个。

2022年8月，中共中央办公厅、国务院办公厅印发了《"十四五"文化发展规划》，强调要"全面促进文化消费，加快发展新型文化消费模式"。

在国家政策推动和5G、云计算、人工智能等网络信息技术加速应用背景下，新业态、新模式的健康发展将进一步激发数字经济的活力和韧性，更多领域将成为数字新技术的"试验场"、新模式的"练兵场"、新业态的"培育场"。我国消费市场发展呈现出以下趋势。

1. 新消费引领消费增长

随着互联网、云计算、人工智能等新技术的深度应用和居民生活水平的提升,以新的消费内容、新的消费方式和模式、新的消费结构和新的消费制度为内涵的新消费不断创新发展。在国家政策推动以及数字经济发展趋势之下,我国线上消费、无人零售、智慧消费、共享消费、信息消费、体验式消费等新业态、新模式快速发展,大型商业综合体、商业超市加快数字化转型,现代城市商圈加速智能化改造提升,服务超越商品成为主要消费内容,聚焦新消费模式的新电商企业与传统制造企业深度合作促进消费产业双升级,新消费成为引领国内大循环、促进形成国内国际双循环相互促进新格局的重要力量。尤其是2020年新冠疫情以来,在线视频、短视频、网络直播、在线阅读、网络新闻这些新媒体行业保持了良好的增长态势。"云旅游""云连展""云音乐"等众多新消费场景的出现,不仅在一定程度上对冲了疫情带来的损失,而且有效推动了国民经济转型升级,对提升国民幸福感具有重要意义。

2. "Z世代"渐成主力消费群体

根据联合国人口调查统计,"Z世代"人口在2019年占据全球总人口的32%,在中国这一数字约为22%。截至2022年6月,"Z世代"线上活跃用户规模已达3.42亿。随着"Z世代"迅速融入主流社会,他们正逐渐成为社交媒体上最活跃的力量和国内消费市场的主要群体。在互联网环境中成长的数字化原住民"Z世代",其独有的时代特征和群体特性将形成新需求、新文化,从而催生出与之相匹配的新经济趋势,或将成为国内文化消费的未来导向。2022年,移动视频、移动社交及手机游戏行业为"Z世代"总使用时长占比前三行业,且占比均高于全网平均水平。

3. "银发"消费市场不断扩大

我国人口老龄化趋势的影响逐渐显现,银发消费市场规模将不断扩大。我国国家统计局官方统计数据显示:2022年末我国60周岁及以上人口达到2.80亿,65岁及以上人口达到2.09亿,养老机构4.0万个,养老服务床位822.3万张。未来,我国人口老龄化趋势将进一步加强,同时,人口增速将进一步放缓。面对人口老龄化的严峻形势,党的十九届五中全会提出,实施积极应对人口老龄化国家战略。预计未来与颐养休闲、医疗用品、健康保健、文化娱乐等相关的养老性服务产业迎来发展机遇,老年用品、看护料理等消费需求迅速增加。

4. 社交互动消费需求凸显

随着人工智能等现代技术的发展,消费多样化、个性化、小众化发展趋势显著,同时消费者之间的信息交流显著增强,社交互动消费需求逐渐凸显。直播带货、社交拼团模式在我国率先发展,为促进社交互动消费贡献活力。直播电商模式具有直观、参与感强、互动性强等特点,通过直播主持人的详细解说介绍,统一解答、满足具有同一需求的消费群体诉求,使得品牌商与消费者以及消费者之间的社交互动更加顺畅,消费者购物体验得到极大提升。例如,2020年双十一期间,拼多多联合湖南卫视邀请多位明星打造"11.11超拼夜"晚会,受到消费者热捧,实现6网同时段收视率第一。社交拼团模式通过减价让利等方式,鼓励用户主动在微信群、朋友圈等渠道进行分享,为商品品牌进行推广宣传,自发邀请亲友拼团,商家的广告成本得到节约,用户的需求得以更加精准地满足。

5. 绿色健康消费备受关注

人们健康意识增强,促进绿色健康消费增长,未来相关消费需求将进一步得到释放。从食品行业来看,以高品质、高安全性著称的进口食品消费热度不减,例如近年来我国食品进口金额持续保持两位数的高速增长。另外麦肯锡研究报告指出,新冠疫情期间居民对于生鲜食品和健康食品的需求大幅增加,疫情过后持续关注绿色食品。从家电行业来看,虽然新冠疫情对我国家电市场产生了一些负面影响,然而具有消毒杀菌等功能的健康型家电产品获得消费者青睐,迎来逆势增长。诸如空气净化器、烘干消毒机、蒸汽拖把等健康家电产品销量持续走高。以新电商平台拼多多为例,2020年上半年平台健康产品的销售额较上年同期上涨了224%。随着人们对生态保护和身体健康的重视度提升,未来绿色健康消费仍将是消费热点。

6. 个性定制消费加速普及

在新一轮技术革命和产业变革推动下,随着互联网、云计算、人工智能等新技术深度应用和居民生活水平提升,消费市场呈现三方面趋势:第一,消费方式不断创新,智慧消费、共享消费、信息消费、体验消费等方式快速发展。第二,消费内容提质扩容,商品消费更加注重品质,服务逐步超越商品成为主要消费内容。第三,消费供给更加多元,实体零售加快数字化转型,电商与传统制造业深度合作步伐加快,个性化、多样化供给日益丰富。消费者的个性需求将进一步被挖掘,多元化、个性定制化消费将持续成为消费热点。我国"90后""00后"等年轻消费者愿意分享自己的数据,企业以此为依据提供更加个性化、针对性强的产品和服务,定制化订单数量显著增加。如拼多多利用其海量的销售数据,与包括百雀羚、蜂花等老字号在内的众多国产品牌合作,通过销售终端反馈的产品功能、包装、规格、售价等相关数据,研发、生产出一系列定制化的产品,有力地推动个性定制消费增长。

7. 文化消费日益成为时尚

文化消费与人均GDP紧密相关。2001年我国人均GDP达到1000美元;2022年我国人均GDP达到85698元,比上年实际增长3%,按年平均汇率折算,达到12741美元,连续两年保持在1.2万美元以上。这一期间的人均GDP快速增长带动了产业结构的快速升级和文化消费的规模增加。一是宏观层面,文化消费从无到有再转向丰富;二是微观层面,文化产品的丰富和大众媒介的推波助澜使文化消费选择呈现分众化、个性化和多元化趋势;三是精神内涵方面,分众化、个性化和多元化的文化消费产品不断升级,透射出强烈的时代特征;四是体验式、娱乐化的大众文化消费逐步成为市场主流。

2020年5月14日,习近平总书记在中共中央政治局常务委员会会议上首次指出,构建国内国际双循环相互促进的新发展格局。党的十九届五中全会提出,要加快构建以国内大循环为主体、国内国际双循环相互促进的新发展格局。在双循环新发展格局理论指导下,我国将立足国内循环,深挖内需潜力,以促进形成强大国内市场为导向,增强消费对经济增长的基础性作用,发挥投资对经济增长的关键作用,着力打通生产、分配、流通、消费各个环节,畅通国内大循环。党的十九届五中全会提出坚持扩大内需这个战略基点,加快培育完整内需体系,以创新驱动、高质量供给引领和创造新需求。与1998年、2008年不同,当前我国"扩内需"重点将从投资领域转向消费领域,立足超大规模市场优势,围绕消费这一最终需求,统筹推进消费、投资、贸易等政策举措。在新发展格局下,消费特别是居民消费成为我国经济增长的主要驱动力。

二、文化的生产与再生产

(一)文化生产

文化是一个非常广泛的概念。文化是一种社会现象,是人们长期创造形成的产物,同时又是一种历史现象,是社会历史的积淀物。文化是凝结在物质之中又游离于物质之外的,能够被传承的国家或民族的历史、地理、风土人情、传统习俗、生活方式、文学艺术、行为规范、思维方式、价值观念等,是人类进行交流的普遍认可的一种能够传承的意识形态。文化是知识、信念、艺术、法律、伦理、风俗和其他由一个社会的大多数成员所共有的习惯、能力等构成的复合体。

文化生产,是指把人类自身的思想、意志和情感作为文化资源,生产文化产品、提供文化服务和创造社会财富。文化是与政治、经济和社会相并列的环节。一定的文化是一定社会的政治和经济在观念形态上的反映。同时,在文化生产中,生产者将自身强烈的思想、意志、情感、愿望渗透于一定的生产过程,表现为一个物化的过程,具有明显的物质性。文化生产由原创态到商品化,由个体手工操作走向社会化生产,新技术革命给文化商品带来的文化价值的增值,使文化生产具备了现代产业的性质。从供给的角度看,影响文化生产的因素主要有以下几方面。

1. 原创能力

作品是产品的基础。创作本质上属于个体行为,但其最终成果是属于全社会乃至全人类的。从这个意义上讲,激励创作、保护原创应成为社会行为、国家行为,需要采取设立文化发展基金、建立文化艺术荣誉制度、健全版权保护制度等举措。

2. 公共投入

在不断增加公共财政投入的基础上,转变投入方式,通过政府购买服务等方式,推动公共文化服务社会化,引导社会力量积极投入公益性文化事业。此外,对于公共文化体系中的硬件建设,国家应在土地供应、建设资金等方面予以保障。

3. 市场主体

推动文化产业发展,一方面应培育市场占有率较高的骨干企业,促进文化资源和要素向优势企业适度集中,提高产业集中度;另一方面应大力发展中小企业,不断拓展文化产业的广度和深度。随着文化产业的分工越来越细,"小而全"的文化小生产格局被打破,专业性强、比较优势明显的中小文化企业会越来越多。

4. 市场体系

打破地区封锁、行业壁垒、城乡分割,鼓励文化企业跨地区、跨行业、跨所有制发展,建立统一开放、竞争有序的现代文化市场体系。尤其应把文化传播渠道建设放在更加突出的位置,建成全国互联互通的文化传播"高速公路"。文化企业有形资产较少,但拥有创意、品牌等无形资产。完善文化资产评估体系,培育文化市场中介机构,推动文化产权交易、版权交易,对于建立和完善文化要素市场意义重大。

5. 融资能力

资本积累是文化企业增强竞争力的"内功",但文化企业单靠自身积累是很难迅速做大做强的。应鼓励文化企业加快建立现代企业制度,通过上市融资、并购重组迅速做大做强。破解中小企业融资难问题,需要鼓励和引导银行等金融机构开发适合文化产业的信贷品种,鼓励和引导担保和再担保机构面向文化企业开拓业务。

6. 科技支撑

依靠科技进步和创新,既可以丰富文化的表现力、提高文化的感染力、提升文化的传播力,又可以带给人们全新的消费体验,增强文化消费力。应大力促进文化与科技融合,催生文化的新业态、新载体,创造新的文化消费终端,推动文化产业转型升级。

(二)文化再生产

文化的传承和创新是周而复始的连续过程。文化无论以什么样的形态存在,它一经形成就会凭借其极强的渗透力、借助多种方式进行传承和延续,从而影响人们的思维方式、生活方式以至于生存方式。经济学上把循环往复的生产过程称为物质再生产,文化传承这种周而复始的延续过程也可比作一种再生产,即文化再生产。与物质再生产各环节有所不同,文化再生产可分为创作、生产、传播和消费四个环节。

1. 文化的创作

文化作为一种观念形态,是人类在适应自然、改造社会以及丰富主观世界过程中进行智力创造的成果,是精神财富的总和。因此,文化创作既包括科学研究上的学术创作,也包括文化"创意"创作。文化内容的创意和创作,是以文化为元素、融合多元文化、利用不同载体而构建的再造与创新的文化现象,是依靠文化创作者的智慧、技能和天赋,借助高科技对文化资源进行创造与提升,通过知识产权的开发和运用,产生出高附加值产品的解读与创造、创意转化的行为过程与相关产物。例如,"故宫猫"主题品牌文创,以皇帝与猫的形象进行重构,以国际流行的配色设计IP形象,进而以此IP形象形成"文创内容"的公仔、文具、手机壳等。

2. 文化的生产

创作和生产往往不能截然分开。文化作品是创作的成果,而要把各类作品转化为产品,必须经过生产环节。一方面,文化作品和创意作品一般要借助报纸、期刊、图书、网络等印刷品以及互联网、移动终端等数字化、网络化平台转化为文化产品;另一方面,作品经过展览、展示、装裱等再加工,借助媒体等平台转化为新的文化产品和服务。从本质上讲,文化生产是一种特殊生产形态,所创造的精神产品是用于满足人们精神文化需求的,应始终把社会效益放在第一位。

3. 文化的传播

文化产品只有经过市场交换或流通才能成为商品,文化产品再生产离不开市场交换。但不同于物质产品,文化产品经过市场交换而成为特殊商品。其外壳是文化载体,具有物的形式,内核则是精神文化;其外在形式是市场交换,而实质上是文化的传播。基于此,把传播而不是交换作为文化再生产的一个环节,更能体现文化再生产的内涵及其特殊性。

4. 文化的消费

文化消费包括基本文化消费和非基本文化消费两个层次。基本文化消费即公共文化消费,是人们的基本文化权益,具有公益性、基本性、均等性和便利性等基本属性,政府是责任主体。人民群众的精神需求是多层次的,在基本文化消费以外还存在差异性、多样性的文化消费,发展文化产业是满足人民群众多方面、多层次、多样性文化消费需求的重要途径。

综上,文化再生产的四个环节是相互依存、互为条件的。创作的成果是作品,作品经过生产环节转化为产品,通过传播成为一种特殊商品,最终进入文化消费。文化消费不仅能够影响人们的价值取向和行为,从而对社会实践产生影响,而且能够激发创作者的创作灵感,同社会实践的源头活水一起成为创作的丰富资源,使创作者创作出更多原创性作品,从而使文化再生产周而复始、延绵不断。

三、文化消费与文化生产的辩证关系

在一定社会经济条件下,消费者同消费资料相结合的方式即消费方式,包括消费者以什么身份、采用什么形式、运用什么方法来消费消费资料,以满足其需要。消费方式是生活方式的重要内容。广义的生活方式是指人们生存和活动的方式;狭义的生活方式是人们与消费资料结合的方式,即消费方式。

一方面,消费方式是由生产方式决定的。生产决定消费对象,消费对象必须生产出来,否则就谈不上消费。生产方式的社会性质决定消费方式的社会性质,生产方式的自然形式决定消费方式的自然形式。生产方式改变了,消费方式也要相应改变。

另一方面,消费方式反作用于生产方式。与生产方式相适应的消费方式,为生产开拓市场,促进生产力的发展和生产关系的完善,落后或超越生产方式的消费方式,会妨碍生产力的发展,破坏或损害生产关系的完善。消费的发展促进生产的发展,消费所形成的新的需要对生产的调整和升级起着导向作用。一个新的消费热点的出现,往往能带动一个产业的出现和成长。消费为生产创造新的劳动力。随着科学技术的进步和生产力的发展,消费方式也日趋发展,如方便食品、家用电器、现代交通信息工具的出现,又创造了前所未有的消费方法,改变着人们以前的消费方式。两者的关系是辩证统一的。

(一)生产和消费之间的"直接同一性"

马克思在《〈政治经济学批判〉导言》中,对生产与消费的辩证关系进行了精辟的论述。他指出,消费和生产之间有"直接的同一性:生产是消费,消费是生产","每一方表现为对方的手段"。它们之间相互依存,在一个运动过程(生产过程和消费过程)中"彼此发生关系,表现为互不可缺,但又各自处于对方之外。生产为消费创造作为外在对象的材料;消费为生产创造作为内在对象,作为目的的需要。没有生产就没有消费,没有消费就没有生产"。"每一方都为对方提供对象,生产为消费提供外在的对象,消费为生产提供想象的对象","两者的每一方当自己实现时也就创造对方,把自己当作对方创造出来"。生产对于消费的依赖,不仅表现在产品只有"在消费中才证实自己是产品,才成为产品",而且还表现在消费是生产的前提。"消费创造出新的生产的需要,因而创造出生产的观念上的内在动机",也就是说,"消费在观念上提出生产的对象,作为内心的意象,作为需要,作为动力和目的。消费创造出还是在主观形式上的生产对象。没有需要,就没有生产。而消费则把需要再生产出来"。

(1)生产决定消费。生产决定消费的对象,生产决定消费的质量和水平,生产是消费的动力。发展文化产业有利于促进文化消费,满足消费需求。

(2)消费对生产具有重要的反作用。消费是生产的动力,消费拉动生产的发展。一个新的消费热点的出现往往能带动一个产业的发展。发展文化产业有助于拉动经济发展,有利于推动产业结构的优化升级。

(3)消费是生产的目的。发展文化产业有利于满足人民的消费目的,提高人民的文化消费水平,推动居民消费结构的改善。

(二)文化生产和文化消费的相互依存性

文化生产与文化消费,二者之间相互依存、互为媒介而存在。文化生产直接也是消费,是劳动主体的消费和劳动资料的消费过程。

在精神文化产品的创作中,创作者在自己的感悟、体验和思考的基础上,在不断进行感性与理性交织的、抽象的思考过程中,最终创作出不同形式的文化作品。对于作品的创作者来说,这无疑是一个繁重而且高强度的脑力和体力耗费过程。精神文化生产必须借助于一定的生产资料和生产工具才能进行,因此,文化产品的生产过程也是文化生产资料的耗费过程:从最古老的纸、墨、笔、砚,到现代广播电视、多媒体、互联网,以及演出业的灯光音响设备、出版印刷业的激光照排、音像生产中的复制手段等。

同时,文化产品的消费直接也是生产。文化消费是人们为了满足自己的精神文化需求而采取不同的方式来消费精神文化产品和享受精神文化服务的过程。其实质是对社会及他人提供的精神财富(物质形态和非物质形态)的消耗,同时这种消费过程又是精神财富的消化、继承、积蓄、再造和创造的过程。精神文化产品满足的是人的精神需求。文化产品只是文化的载体,是传播文化信息、符号的媒介,文化产品的核心不是载体本身,而是载体所承载的内容,内容才是消费者最终消费的目标和核心。因此,衡量文化生产力水平的直接标准是其是否具有创造经济价值的能力,而最终标准则是精神文化产品对人们树立世界观、价值观是否具有正确的引领作用和导向作用,对于塑造人的灵魂、提升人的精神境界是否起到了积极作用。这正是我们强调文化生产要坚持把社会效益放在首位、社会效益与经济效益相统一的缘由所在。文化产品的消费具有"一般商品消费与精神享受以及意识形态再生产的二重性"。人们对精神文化产品的消费过程,实质是人的人生观、价值观、世界观的重构过程和知识体系的自我生产过程。这种"生产",在本质上是文化消费者自身精神世界的生产和再生产。

文化产品的生产与消费"直接同一性"的特点更为突出。文化生产不仅生产出可供消费的文化产品,而且也生产出消费文化产品的主体。这就是马克思所说的"艺术对象创造出懂得艺术和能够欣赏美的大众"。"懂得艺术和能够欣赏美的大众"一旦形成,必然会影响"艺术对象的创造"。在文化生产与文化消费中,文化消费对文化生产的依赖显得更为重要。不仅是文学生产产生接受,接受也产生文学生产;不只是作者创造读者,读者也创造作家;不只是作品影响读者,读者也影响作家的创作。

第三节 文化消费的其他基本关系

一、文化消费供给侧与需求侧的关系

文化消费的供给和需求与物质消费一样,遵循商品经济中供求关系的一般规律。供给和需求是市场的两个基本方面,存在着既对立又统一的辩证关系,二者的变化和相互作用导致市场关系的变化,影响市场价值的最终实现。一方面,文化产品作为一种商品,其生产、交易和消费仍然建立在市场规律的基础之上,文化消费需求同样受到消费品的质量、价格,相关产品的价格,以及消费者的收入水平等因素的影响。但由于文化消费需求不是刚性需求,文化消费品并非生活必需品,因此需求弹性较大。人们大多在基本生存需要和物质生活需求得到满足的

前提下才会进行文化消费,并且对文化产品的价格敏感度较高,在消费能力不足、收入预期不佳或不稳定的情况下往往首先选择抑制非必需的文化消费。这一点在我国当前文化消费水平层次偏低、居民文化消费习惯尚未充分形成的现状之下表现得尤为显著。另一方面,文化产品又具有特殊的精神属性,在受到客观条件影响的同时,又受到消费主体的文化素养和审美偏好以及社会文化氛围、文化传统等内在、主观因素的制约。

文化产业供给侧的着力点是文化产业要素端和生产端的优化,重点在于文化产业发展方式的优化配置和行进序列的创新升级。在需求侧,拉动经济增长的"三驾马车",即投资、出口和消费,也是拉动文化产业发展的主要动力。其中,文化消费为文化产业发展提供了动力和空间。文化消费是文化生产的最终目的,文化产品和服务的价值只有通过消费才能真正得到实现,也只有消费才能产生新的生产需要,推动再生产。文化产业的发展依赖文化市场所提供的环境,而文化市场建立在一定量的持续性文化消费之上。文化供给的数量和质量决定了文化消费的数量和质量,其类型、内容、形式和层次限定了文化消费的可选择范围,影响着消费需求的实现程度。

文化消费需求数量的增长刺激着供给数量的增长,需求层次的提升倒逼供给水平的提升,需求变化的方向决定了供给调整的方向。我国居民的精神文化消费需求随着经济社会的不断发展而逐步增长,且呈现出品质化、个性化、多元化的趋势;而需求的升级会刺激供给内容、形式和渠道上的创新,推动产业结构的调整和产业链的延伸,不断产生新的消费热点。与此同时,供给也从单纯地适应需求转变为引导和创造需求。科技的进步更新了文化消费的载体、形式和渠道,创意设计水平的提升更好地实现了内涵、外观、功能与创意的统一,商业模式、服务模式和品牌理念的创新提升了消费体验和品牌附加值,塑造了新的消费方式和消费文化,激发了新的消费需求。供给创造需求的意图,是基于对需求变化趋势的灵活反应而主动进行的供给侧结构调整,进而改变需求端的消费习惯、消费偏好、消费潮流和消费模式,以期推动供求关系整体的结构性均衡。

我国当前的经济形势面临着供给不足与供给过剩并存的双重困境,文化产业与文化消费领域同样存在着这样的问题。同时,文化市场上充斥着大量的低端供给、低俗供给、僵尸供给和呆滞供给,存在部分文化产品粗制滥造、原创力不足,某些文化服务混乱、无序,许多公共文化资源长期闲置、利用率极低等问题。由于文化供给没有及时适应文化消费需求的升级和转变,文化产品和服务有数量缺质量,有"高原"缺"高峰",造成大量需求无法释放,潜在需求无法转化成有效需求,部分行业领域甚至出现了需求下降。文化市场上供给与需求未能有效对接,二者的脱节导致海量的文化产品无法全部转化为有效的文化消费,出现严重的结构性失衡。

推动文化消费的发展绝不能仅从需求侧入手,而是必须协调好供给侧与需求侧的关系。既要通过教育手段和文化氛围的营造培育文化消费理念和习惯,运用有效的消费政策引导和刺激文化消费需求,又要深入推进供给侧结构性改革,通过提高供给质量与效率,优化供给结构,推动产业融合与产业链延伸,培育新兴业态,在满足和适应不断变化的消费需求的同时,以新供给创造新需求,实现供给水平提升与需求层次升级的协同共进。

二、文化消费与文化惠民的关系

文化惠民这个概念经常与文化消费同时出现,地方政府在开展文化消费相关活动时也容易将二者混淆,甚至简单地将文化消费等同于文化惠民,将实施各种补贴、优惠政策和举办惠民文化活动等文化惠民政策和措施作为扩大文化消费的唯一手段,没有厘清文化消费与文化惠民的关系。

(一)文化消费与文化惠民是两个不同的概念

文化消费是消费主体以精神文化产品或服务为消费对象的一种消费活动,属于消费的一个类型,是居民生活消费的一个方面。而文化惠民的核心是"文化惠民工程",即党的十七大提出来的一项惠及全国人民、普及大众文化的工程,包括广播电视村村通工程、全国文化信息资源共享工程、农村电影放映工程、农家书屋工程、西部开发助学工程和电视进万家工程等重点项目。此外,文化惠民也包括中央和地方各级政府制定和实施的各项文化惠民政策,举办的各种文化惠民活动。可见,文化惠民是政府改善文化民生、提高全民文化素质、丰富人民群众精神文化生活的一项普惠性举措。

文化消费以需求为出发点,是消费主体为满足自身精神文化需要而自发进行的活动,消费者可以自由选择消费的对象、渠道和方式。文化消费是一种经济行为、市场行为,符合供求关系和市场配置资源的一般规律,受到文化产品和服务的价格与供给水平等市场因素的影响。文化惠民则是政府从文化治理的角度出发,自上而下、有计划地推进的一种政策性活动。文化惠民是一项政府行为,其主要受到政府财政和行政计划的制约,而不受市场因素的影响。例如,即使在经济发展水平偏低、文化供给不足的地区,人们也可以通过惠民演出以免费或低票价的形式欣赏到高质量的艺术表演。同时,由于政府在文化惠民活动中的主导性,消费主体处于一种相对被动和依赖的状态。

(二)文化消费与文化惠民的联系

文化消费与文化惠民的联系主要体现在消费政策和消费环境对消费行为的影响上。由于我国现阶段文化消费的市场化程度仍然偏低,消费动力和积极性不足,文化消费的增长很大程度上是由文化消费政策和措施所拉动的。其中,文化惠民通过发放文化消费卡、举办文化惠民消费季活动、推出低价演出和公益性文化活动等方式,以价格补贴、积分奖励等消费激励措施以及消费氛围的营造充分调动人们参与文化消费的热情和积极性。

文化惠民是现阶段引导和带动文化消费的一项重要措施。但是,扩大文化消费不等于文化惠民。单纯的"惠民"虽然有利于保障人民群众的基本文化权益,但无法真正地拉动消费,还可能使群众产生图便宜、不花钱的依赖心理。如果没有形成良好的消费理念和消费习惯,一旦价格优惠消失,人们的消费积极性也会随之减弱,从长远来看,不利于扩大文化消费。扩大文化消费不是做公益,既要实现社会价值,也要产生经济效益,关注财政资金对文化消费的实际拉动比例。只有建立长期有效的模式,培育消费主体的文化消费理念和消费习惯,引导和刺激文化消费行为,并构建起有利于消费的氛围和机制,才能从根本上推动文化消费的良性增长。

三、文化消费与公共文化服务的关系

《中华人民共和国公共文化服务保障法》指出,公共文化服务是指由政府主导、社会力量参与,以满足公民基本文化需求为主要目的而提供的公共文化设施、文化产品、文化活动以及其他相关服务。公共文化服务是以政府部门为主的公共部门所提供的,是政府公共服务的重要组成部分,以保障公民的基本文化生活权利为目的。政府作为公共文化服务的提供主体,在公共文化服务体系和制度建设中发挥着主导作用,决定着公共文化基础设施的数量、种类和分布,公共文化资源和服务的具体内容及形式,以及人才、资金、技术等方面的相关政策和保障机制。因此,公共文化服务也有很强的政策性和计划性,带有明显的行政色彩。

公共文化服务为文化消费提供消费设施、文化产品和文化服务的供给。公共文化基础设施的建设和完善为人们提供覆盖范围更广、更加先进、丰富和多样化的消费场所和消费设施,公共文化服务水平的提升为文化消费营造更加优质的消费环境和良好的消费氛围。农村基本公共文化服务标准化、均等化建设,如农家书屋、广播电视村村通工程等,有助于培育农村居民的文化消费意识和消费习惯,为农村文化消费创造良好的基础条件和积极的文化氛围;公共文化服务向现代化、数字化、智能化方向发展,如掌上图书馆、数字博物馆、文博单位文创产品开发等,为消费者提供了更加便捷的消费方式和消费渠道,带动新兴文化消费。

公共文化服务具有"公共"属性,以公共文化资源和设施为基础,以社会全体公众为服务对象,满足的是基本的、共同的文化需求,提供的是基础性、标准化、均等化的文化产品和服务。文化企业的生产活动主要由市场决定,并根据消费需求的变化进行调整。而公共文化服务则由政府主导、统一计划和配置公共文化资源,不能覆盖和满足所有的文化消费需求。文化消费活动既包括公共活动,如去图书馆借阅书籍,参观博物馆、美术馆,参加群众文艺活动等;也包括私人活动,如看电影,玩网络游戏,购买图书、动漫、音像制品等。在大众基本的、共同的文化需求之外,不同年龄、职业和收入群体的需求又呈现出多层次、多样化的特点,不同个体的消费习惯和审美偏好也存在着个性化的差异,而这些往往是公共文化服务所无法满足的。市场上的文化消费品种类繁多,尤其是一些个性化、定制化、精细化的产品和服务,绝大多数是由文化企业所生产和提供的。此外,公共文化服务是普惠性、公益性的,是所有公民都可以无偿(或低价)且无差别地获得的,而文化企业所生产的文化消费品大多数都是有偿的,并且分为不同的价格层次,消费对象的选择受制于消费主体的消费能力。

公共文化服务体系的健全为文化消费提供了完善的基础设施以及优质的公共文化产品和服务,是营造文化消费氛围、培育文化消费习惯的重要基础条件,能够在一定程度上刺激文化消费行为。尤其是随着公共文化服务体系的现代化、社会化,政府也通过鼓励和引导社会力量的参与,引入市场机制,更好地适应和满足新的、多元化的文化消费需求。居民参与公共文化活动的热情并不完全等同于进行文化消费的积极性,推进公共文化服务体系建设也不能与引导和扩大文化消费画等号。只有建立扩大和引导文化消费的长效机制,最大限度地激发消费意愿,从供给侧和需求侧同时发力,才能从根本上推动文化消费长期、稳定的增长。

四、文化消费与消费文化的关系

(一)消费文化与文化消费是属于两个不同范畴的概念

消费文化的内涵至少包括以下几个层面:一是核心层,即消费者的思想观念、目标追求和价值取向等内在精神文化;二是外围层,即消费品(作为消费对象的各种产品和服务)的类型、结构和层次等消费载体所体现的物质文化;三是关联层,即消费的行为模式、组织形式、市场环境和制度规范等制度文化和外在环境。

文化消费是以文化产品或服务为消费对象的消费活动,与物质消费、生态消费一样,属于消费的一个类型和维度。消费文化从广义上来说，是消费理念、消费方式、消费行为和消费环境等的总和，其核心是消费实践中形成并通过消费活动表现出来的意识形态、价值取向、审美观念和风俗习惯等。文化消费本质是一种消费行为，而消费文化的本质是文化。文化消费属于精神消费，其对象限于精神文化产品；而消费文化中的消费则包括物质消费、精神消费和生态消费等各种消费活动。

(二)消费文化与文化消费之间又存在着十分密切的联系

消费文化与消费之间是相互影响、相互作用的关系；文化消费属于消费的一种，符合消费文化与消费之间关系的一般规律。文化消费与一般的物质消费相比，与消费文化之间存在着更为密切的内在联系。

一方面，消费实践决定消费文化，消费文化是对消费实践的反映。不同社会发展阶段、不同民族和地区、不同阶层和群体的消费活动方式和行为特征是不一样的，从而形成了不同的消费文化，消费需求的转变、消费层次的提升和消费结构的升级推动消费文化不断地发展演化。

另一方面，消费文化影响消费实践。消费的影响因素有很多，除了收入水平、供给条件、市场环境的外在因素外，消费文化，尤其是消费观念也是影响消费决策、引导和制约消费行为的重要因素。消费文化的差异表现为消费理念、消费倾向、消费习惯和消费价值取向的不同，在消费客观条件相同的情况下，消费行为和决策上的差异主要由消费文化的不同所决定。

在消费主义的语境下，消费的自然性和物质性被弱化，象征性和炫耀性增强，消费的文化含义和精神需求越来越受到关注。在消费社会中"人们消费的不是商品和服务的使用价值，而是它们在一种文化中的符号象征价值"，消费过程中的感官体验、内心的愉悦和精神上的满足已经超越了商品本身的效用。同时，休闲、娱乐等享受型消费大大增加，以满足人们不断膨胀的消费欲求。消费主义指向的并不仅仅是一种消费的观念或行为方式，而是一整套生活方式，一种意识形态。消费主义文化使消费本身变成了一种精神需要。这种消费功能的变化，消费需求和价值观的转向，一定程度上为文化消费的发展奠定了基础。

思考与练习

1. 文化生产与文化消费是什么关系？
2. 如何理解文化消费的概念和特征？
3. 文化消费的作用和功能是什么？
4. 文化消费的影响因素有哪些？
5. 试梳理我国文化消费的发展脉络与演变趋势。

以高品质电影赢得好口碑

第三章 文化消费理论

 学习要点

1. 现代文化消费主义；
2. 后现代文化消费主义；
3. 消费社会与符号消费理论；
4. 文化资本与阶层消费理论；
5. 消费文化理论。

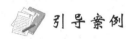 **引导案例**

资本与"蒸汽朋克"亚文化圈

网络上贩售的"蒸汽朋克"周边产品通常有一个固定主题，例如，"爱迪生朋克"（Edison Punk）、"西部朋克"（Western Punk）、"维多利亚"（Victoriana）等。每个固定主题下会涵盖不同的产品组合，特定主题组合中的单个产品都只承担部分功能，传递有限的意义。若想要获得完整的消费体验，只能集齐所有产品。当符号和元素的底层内涵被刻意忽视而只追求形式和造型的新奇感时，新的符号组合并不具备任何表意功能。从消费文化理论来看，符号和视觉化图像的过度生产造成"记号的过度生产和图像与仿真的再生产，导致固定意义的丧失"。

资料来源：金冰，孙苏宁.共同体想象、消费主义与后现代文化逻辑：网络"蒸汽朋克"亚文化研究[J].西安外国语大学学报，2022，30(2)：114-118.

第一节 文化消费主义

一、消费主义和文化消费主义

20世纪美国社会实用主义思想的盛行，使美国人对金钱及物质利益的追逐到了疯狂的程度，消费主义即为重要表现。消费主义是指一种一切以消费为中心的价值观构建，认为所有的快乐都是建立在消费之上的消费观和价值观。其实质是"拜物主义"，即是指人们通过对物的消费和占有来体现自己的生活方式、身份地位以及优越感。消费主义及它所表现出来的社会文化现象在第一次世界大战后开始向西欧传播，第二次世界大战后成为几乎在所有发达国家都存在的一种社会现象。20世纪80年代后，随着全球化趋势的加强，各国、各地区间政治、经济和文化交流的日益频繁，消费主义已经传播到地球的每个角落，并逐渐成为一种全球性的大

众消费模式和生活方式。

文化消费是指对精神文化类产品及精神文化性劳务的占有、欣赏、享受和使用。文化消费主义可以简单地理解为一切以文化产品或其服务消费为中心的价值观和消费观。文化消费主义是经济发展与社会进步的一个表现。唯有等到某种程度的物质条件能被满足,否则消费将被局限在基本或与文化无关的需求;只有在超越某个程度之上时,社会才能在所需的产品中,维持标志着消费文化意义的"文化选择"。当文化作为一种商品出现在市场时,文化本身的性质和功能就发生了根本性的变化。文化作为消费说明了经济的发展,文化消费主义已经全面而深刻地改变了我们面对文化产品或其服务的方式、心理与态度。

二、文化消费主义的表现

文化消费主义在当前社会的主要表现是文化的商品化。文化领域渐渐改变了传统的个体化、手工化、小生产化的生产特点和在狭小的圈子中传播的特点,进而表现出了集约化、高科技化和大批量生产以及大众传媒广泛扩散的态势。文化产品被作为和其他商品一样的批量生产的工业产品投入文化市场。对文化的消费不再单纯是个人自娱自乐的事,在文化消费的内容与方式上,个人受到了文化消费主义的深刻影响。

在文化消费主义的语境下,一切对于文化的消费都贴上了商品的标签,受众对于文化的欣赏,不只是心灵的愉悦,还有精神需求的满足。文化消费受制于消费文化的个体的欲望需求情况。而个体的欲望,在当前的市场经济条件下,首先受制于其经济状况。中国目前进行的这种大转型、大发展,不仅是一种在经济上追赶发达国家的快跑,也是对民众心理的一种极大的考验。在这种情况下,他们对于文化的欣赏、接受和使用,很难再像过去一样保持着单纯的愉悦心态,使疲惫的精神放松和追求快乐,成为他们在欣赏和使用文化时的一种潜在的意识。受众的这种心理需求很快被市场捕捉,市场相应地对文化的商品表现形态做出了调整,于是,文化的消费产生了。

在市场经济发展的过程中,消费的结果引导着文化生产的进行,文化生产的手段也会在一定程度上影响消费的选择。在一切走向市场的环境中,消费并不是一件单纯的事情,文化消费不再单纯是精神产品的消费,它介入了太多物质的因素。包装、炒作,各种促销手段使文化本身自足的品质模糊,广告、媒体的介入使文化消费不再是为了需要,而是为了欲望。消费主义"与众不同的特征是,它所满足的不是需要,而是欲求。欲求超过了生理本能,进入心理层次,它因而是无限的要求"[①]。如果说过去的消费来源于人们真实的生理需要,今天的文化消费则更多地倡导一种精神上的愉悦与满足。这种愉悦与满足不完全指向文化本身,更多指向由文化消费主义引导的文化之外的东西,如身份的标识、自尊心的满足、社会的评价等。

正是因为文化消费主义的本质是文化的商品化,而文化消费是一种不同于物质消费的精神消费,文化消费主义对于中国这个有着五千年文化的国家的文化而言,最大的影响就是:市场看到的是利益,而精神却有一定的坚硬内核,这种内核是传统文化非常珍贵的一些东西,比如意义、崇高、正义、真理、英雄主义等。但当这种内核遭到市场利益的阻截,遭到受众疲惫心

---

① 贝尔.资本主义文化矛盾[M].赵一凡,蒲隆,任晓晋,译.北京:生活·读书·新知三联书店,1989.

态的漠视,精神内核就被文化消费主义屏蔽了。虽然在某些时期,这种珍贵的精神内核因为偶然符合了市场与受众双方面的需求而在一定程度上得以宣扬,但在多数情况下,文化消费主义对于文化的生产、传播、欣赏和使用是以市场为法则,以受众为上帝,文化的精神内核表现多少,如何表现,接受多少,如何接受不再是文化自身的事情。当然,文化消费主义因为以受众为中心,在一定程度上提高了受众的地位。为了得到市场,文化生产者会从多种渠道开发文化,客观上使受众有了多种文化欣赏模式。

第二节 现代文化消费主义

一、现代文化消费主义的主要观点

现代文化消费主义是伴随着现代消费主义的产生而产生的。而现代消费主义真正出现的时间是 20 世纪 20 年代,伴随着资本主义的迅速发展,大规模生产和高消费开始改造中产阶级的生活,享乐主义代替了新教伦理,心理学的幸福说代替了清教精神。而这一时期的文化消费主义的理论代表是法兰克福学派对于文化工业的批判。他们认为文化消费是一种社会控制的手段。该理论的主要代表人物是霍克海默、马尔库塞、阿多诺等。理论的产生和形成时期是 20 世纪 30 年代。理论的演变及发展时期是 20 世纪 40—60 年代,而在这期间,霍克海默、阿多诺和马尔库塞等主要理论批评家在美国的时间是该理论最繁荣的时期。

但是从 20 世纪 60 年代末开始,学派内部的分歧日益加深,该理论学派解体。法兰克福学派对于文化工业的批判理论最能体现其文化消费是一种社会控制的手段的现代文化消费主义观。他们将大众文化称作"文化工业",对其进行了批判。

二、文化工业与消费文化批判理论

文化工业与消费文化批判理论是现代文化消费主义的主要代表理论。20 世纪 30—60 年代是西方工业社会迅速崛起的时代。在工业生产与经济腾飞极大地刺激了社会消费、大众文化逐渐兴起的同时,资本主义社会矛盾不断凸显。众多资本主义批判学派出现,法兰克福学派就是其中具有较高影响力的一支,其社会研究所对法西斯和政治极权展开了持久深入的批判。20 世纪 40 年代至 50 年代亲历美国发展的学派成员发现美国并非是公认的具有实质意义的自由与民主的国家,而是一个发达的垄断资本主义国家。与之相对应的是完备的流行文化网状系统,且具有更强的意识操纵性。自此,法兰克福学派的核心学者,从各自的角度展开了对大众文化及其文化操控的批判。

例如,霍克海默和阿多诺在《启蒙辩证法》中提出了"文化工业论",认为文化工业人为策划出迎合大众趣味的文化产品进行生产、传播与销售。以需求为导向的表象的背后是工业化对文化及意识的标准化、同一化操控。以自由想象与个体作为核心的文化被工业标准抹杀,其本质是对自由的亵渎。该学派旨在阐释大众文化的本质是一种欺骗大众的意识形态。霍克海默在《现代艺术与大众文化》中,论证了个人时间如何为充斥其中的大众文化所挟持。同时,法兰克福学派的一些理论家敏锐地察觉到商品社会的影响力正逐步渗入人类精神文化领域,以消费为主要手段的垄断资本主义正在左右着人们的社会决策与行为。他们认为，资本主义社会的生产关系与社会阶级意识正是通过消费得以淋漓尽致地体现出来。而资本主义统治者也是通过消费一方面灌输诸如表面阶级平等、相对自由的意识形态，另一方面操纵大众在以上意识形态框架内的行为。也就是说，消费成为消除阶级差异、维护资本主义稳定性的工具。法兰克福学派提出的诸如"虚假需求""消费异化""单向度"等概念，为研究消费文化开辟了新的路径，引发了崭新的讨论。

在法兰克福学派对文化工业的批判方面，首先，其认为文化工业造成文化生产与消费的标准化。文化工业的生产是一种批量标准化生产。大规模复制使文化产品不再具备原创作品的独一无二的特征，这样的直接后果就是个性的消失，以及消费者自主性和自发性的扼杀。当工业本身代替消费者思考，消费者的接受能力最终会退化，或始终在社会接受范围内。其次，其认为文化工业造成文化商品化，这进一步使消费者不再注重于文化产品的使用价值而沉迷于购买文化产品的消费过程，单纯追求消费的意义。消费成了目的，而非手段。人们为消费而消费，最终造成消费异化。

消费通过创造"虚假需求"操纵人类。顾名思义，虚假需求本身不是人的需求，而是由"特殊的社会利益"强加于个人的需求。最为关键的是，强加不是通过暴力相向而是柔性策略潜移默化地实现，是"由于传媒自身的夸大性造成物在其中被附加了意义……从而遮蔽了必要的需求"。以这样的标准划分，大众趋之若鹜的娱乐休闲、尽信广告的消费活动、工业生产下的品牌爱憎与潮流等都属于虚假的需要这一范畴。大量大规模、强制性的产品代替人最真实的感性体验与理性判断。原本以人为核心，以人与人的社交、人与物的互动为内容的消费被一些虚假的需求替代。消费不再是人原本的真实需求之下的行为，由此造成了人的需求与行为的消费异化。

当个人被虚假需求指引，参与整合到特定的社会中时，社会就成了"单向度"的消费社会。马尔库塞将这种社会和追逐虚假需求的人称为"单向度的社会"与"单向度的人"。科学技术的迅猛发展带来科技理性与实证主义的勃兴，随之一个新型的集权主义工业社会也就诞生了。它成功地利用科学技术代替暴力去征服社会的那些离心力，征服大众心理的批判性、否定性和试图超越的维度，造就了发达工业社会大众思想的单向维度，因此，统治集团可利用文化工业对单向度思维的人们进行意识形态的控制。对物虚假需求的盲目追求，集体意识的同一性将加剧行动的"单向度"。消费将不再可能是人们根据真实意愿选择的结果。这种资本主义社会的消费控制就是马尔库塞指出的"资本主义控制的新形式"。显然，文化生产在这个过程中扮演着主导甚至是霸权的作用。

总之，法兰克福学派是从商品生产及其对人产生的消费异化作用研究消费文化的。

第三节　后现代文化消费主义

一、后现代文化消费主义的主要观点

文化消费理论的发展是一个交叉、融合和创新的过程。后现代文化消费主义主要出现于20世纪60年代左右。

后现代文化消费主义包含的主要观点有：一是文化消费是一种标示社会区分的方式；二是文化消费是一种模仿性质的消费形式；三是文化消费是一种创制文化的实践。虽然其理论主要产生于20世纪60年代，但是早在19世纪末就已经有理论家涉及这些问题。文化消费具有双重的角色，一方面满足了精神和物质需要，另一方面界定了社会关系。文化消费的基本功能在于能够创造意义，从而制造与维系了社会关系。任何对商品的文化消费，都是文化的结果，文化是一种仪式活动，文化传播更是一种仪式。

二、炫耀性消费理论

19世纪末20世纪初，西方资本主义进入垄断资本主义阶段。随着工业化发展的推进，旧秩序正在瓦解，新秩序逐渐建立，社会充满着无序，随着中产阶级的出现，产生了庞杂的社会阶层，并衍生出特有的制度文化。美国著名的经济学家、制度学派的创始人凡勃伦敏锐地洞察到社会存在两种制度，一种是围绕物质生活的技术制度，另一种是围绕经济关系的礼仪制度。他以社会制度分析为基础，对当时社会生活中出现的"炫耀性消费"现象进行了深入分析，首次突破消费作为生产过程的静态研究的藩篱，形成了其独具特色的消费思想。

在1899年出版的《有闲阶级论》书中，凡勃伦主要对当时美国新兴上流阶层崇尚消费的趋势进行了考察，尤其是"新兴富豪"等群体特有的消费模式以及由此形成的相关社会和文化机制。这类人群的文化消费模式，被凡勃伦概括为"炫耀性休闲"与"炫耀性消费"。

首先，有闲阶级兴起。这是一些在某方面拥有特权和能力的人，他们最初靠掠夺或剥削将私有财产据为己有，逐渐不参加实质性的生产性劳动。随着所掠夺的财产逐渐增加，其权力也就逐渐扩大，其据有的财产便成为荣耀的象征。因此，在有闲阶级内部，人们相互攀比，进行金钱竞赛，看谁拥有更多的财富。精神满足感与自豪感产生的来源就是拥有比他人更多的财富。与此同时，底层人民形成了对有闲阶级的向往与憧憬，想方设法晋升为有闲阶级成为大多数人的追求。其次，有闲阶级总是设法通过某种方式展现其财力，以获得荣誉感与自豪感。显示财富有两种典型途径：一种是炫耀性休闲，另一种是炫耀性消费，两者共同构成了炫耀性挥霍浪费。炫耀性休闲是指通过炫耀自己无须终日劳作且有大量时间进行娱乐，以此来传达自己的优越。这些人以及他们的代理人（仆人、侍从、女人）的大量时间用以进行休闲活动，这是普通劳动者可望不可求的。但由于在新的都市文化中，"暴发户"与"新兴富豪"的新面孔不断出现，造成阶层的不断扩充，单纯的炫耀性休闲不够展示权力与地位，因此，炫耀性消费成为都市中产阶级的新的展示途径。凡勃伦在书中以在服装方面追求高价与奢靡指出炫耀性消费所追求的是"高一层"或精神上的需要，而非商品本身的机械效用。值得注意的是，由于炫耀财富的需要，消费者往往愿意为功能相同的商品支付更高的价格，而当商品的价格下降时，消费者将其等同为商品品质下降，或稀缺特性的稀释，从而终止或放弃对其消费。这种现象被称为"凡勃伦效应"。这种特殊的价格与需求量之间的关系是炫耀性消费的主要特点。显然凡勃伦有闲阶级的消费理论并非针对大众消费，而是对工业社会中某些阶级的消费实践研究，但其从日常生活的角度研究消费文化着实开启了新的研究视角。

三、消费社会与符号消费理论

从 20 世纪初开始,以美国为代表的西方国家逐渐进入"消费社会"。西方学者不断聚焦这一"社会转型"现象,并从社会学的角度深刻研究变革现象与原因。到 20 世纪 70 年代,"消费社会"进入后工业情境下新的发展阶段,投资逐渐被持续的消费扩张取代,尤其是在美国、日本、欧洲一些发达的经济体,这种趋势尤为明显。

法国后现代主义大师鲍德里亚敏锐地察觉到社会的新变化,认为一个由消费主导的社会正取代着传统的工业社会,人们从物的生产者转变成物的消费者。鲍德里亚在《消费社会》开篇写道:"今天,在我们的周围,存在着一种由不断增长的物、服务和物质财富所构成的惊人的消费和丰盛现象。它构成了人类自然环境中的一种根本变化。恰当地说,富裕的人们不再像过去那样受到人的包围,而是受到物的包围。人们生活在物所包围的时代下,我们用物记载时代的变迁,而看到物产生、发展灭亡的却是我们自己。"大规模流水线式生产造成社会物质过剩,大众媒体与广告的大肆渲染,呈指数效应地制造着"需要",使人们更加盲目地追求物质生活消费。一方面,消费主义造成了人思想的异化;另一方面,符号文化大为盛行,人们急切希望手中的商品具有独特的象征意义。正是在这样的社会基础上,鲍德里亚提出了著名的符号消费理论。

鲍德里亚认为,在现代社会中,消费是一种"能动的关系结构"。传统意义上与生产意义相对的消费是指对产品的吸收和占有,但消费社会中,消费的对象不仅包括消费的物品,更包括物品所承载的针对消费者集体和周边的世界的意义。他说:"从一开始就必须明确指出,消费是一种积极的关系方式(不仅于物,而且于集体和世界),是一种系统的行为和总体反应的方式。我们的整个文化体系就是建立在这个基础之上的。"这个论断建立在对物的符号化与消费符号化分析的基础上。关于物的符号化,《物体系》一书指出,物走向了功能的零度化。它超越日常功能,进入"人的行为和关系系统",即物以联系人的行为与关系的符号意义存在,以被赋予意义的符号而存在。正是由于物向符号发生转变,消费社会成为可能。消费的符号化是指在消费社会中,符号化的物自成一个文化系统,有独立的规律和运行机制,并对生活各方面产生辐射影响。这个系统的本质是一个完整的意识形态系统。

首先,自主化是符号物体系的特征之一。自主化是一种人类欲望,即人类把个人形象与意识上的自主性和人格意念附着到消费物之上,"自主化不过是个性化在物品层次上的梦想实现"。在这样的情况下,物完全被形象投射所左右。"在每件真实的物品背后,都有一件梦想中的物品。"这也是时尚流行的原因。

其次,示范效应与纵向更新是另一个特征。人们希望对模范的追求产生权利的超越感与身份地位的提升,这使符号物比普通物更具有示范效应。同时,"模范也不再固守于种姓式的存在,而是被整合于工业生产之中,朝着系列性的流通开放"。这使模范在不断扩大的消费中不断泛化,进而形成对模范的否定,不断形成商品流通及消费的渠道。

最后,广告是该系统的第三个特征。广告通过各种方式,强化人们心中各种物的特征与差异,并形成统一的物形象,完成符号物转化的同时,也使人们自动进入符号物的文化系统中,进而成为生活规范的一部分。

正因为有了以上一套完整的文化意识形态体系,鲍德里亚将后现代意义上的消费定义为

"一种操纵符号的系统性行为"。

消费作为一种文化意义上的符号系统,也要遵循符号运作的一般规律。根据符号学大家皮尔斯(Peirce)的理论,一个完整的符号由三个部分构成,即对象(object)、表象或符号(sign)和解释项(interpretant)。对象或指代对象是符号所再现的那种东西,它可以是被人讨论或思考的东西,"这个东西可以是一件事、一种关系、一种性质,可以是法律,可以是争辩,也可以是虚构出的东西,如作品中的人或事物"。表象或符号通常是标记、语言、图片、声音或其他任何能用来代表、指代对象的东西。因此,符号和指代对象总是处于一种指代和被指代的关系中,失去了被指代的对象,符号也就不具有任何意义。解释项是符号接收者对该符号意义进行解释所得出的相关产物。任何符号,无论它与对象的关联是自然的还是人为约定的,都以具有解释项作为必要条件。根据皮尔斯的说法,解释项所包含的内容相当丰富,它既可以指符号接收者根据符号所引发的思想,也可以指接收者所进行的解释或翻译,还可以指接收者因为符号所具体做出的生理上或心理上的反应。

如果把"茅台"看作一个符号,那么"茅台"所代表的"对象"就是茅台酒,"解释项"则是围绕茅台酒所产生的各种联想、情感和反应。对茅台酒的诠释,既和信息发送者的符号编码有关,也和信息接收者对中国酒文化、对茅台酒的相关知识理解有关。这大部分属于某个社会或群体的共享知识。导致对"茅台"这一符号的最终解释并不是完全意义上的主观发挥。另外,茅台酒不仅代表白酒,它还代表"高档""奢侈"。从这些符号对象出发,符号接收者会做出更多关于"茅台"的诠释,所有这些便成了"茅台"这一符号的解释项。

不管是消费品还是消费行为均可以视为具有某种象征或指示的符号,带有为消费者和整个社会所关注和重视的意义。这些意义部分来源于我们浸润其中的文化。比如,我们有关于男性、女性的文化概念或文化范畴,如女性与温柔、感性、多变有关,男性与阳刚、坚毅、理性有关,设计女性和男性用的商品如服装时,很自然地会把这些关于男女性别的文化范畴折射到商品设计中,并赋予男性服装和女性服装不同的意义。图3-1描述了特定的文化意义是如何转移到商品和用户身上的。应当指出,消费者并不是完全被动地接受文化赋予商品的意义,而会主动选择、加工和诠释商品在特定情境下的含义或意义,并据此采取合适的行动。

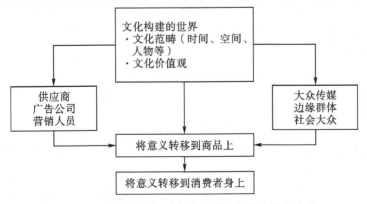

图3-1 意义从文化到商品再到消费者的转移过程

(资料来源:霍伊尔,麦金尼斯.消费者行为学(第5版)[M].崔楠,徐岚,译.北京:北京大学出版社,2011.)

基于商品的意义是来源于文化还是来源于消费者本身,以及商品使用是与群体成员还是与个体相关,符号消费的功能可以划分为四种类型,即标记功能、联系功能、角色获取功能、表达功能(见表3-1)。消费者基于上述功能使用商品,从而获得关于自己和群体关系的意义,这些意义综合起来将帮助消费者界定自我。

表3-1 符号消费的功能

商品	意义来源于文化	意义来源于个体
商品将使用者界定为群体成员	标记功能	联系功能
商品将使用者界定为个体	角色获取功能	表达功能

1. 标记功能

标记功能是指用商品来象征或指示消费者在社会群体中的成员身份。如在我国文化里,旗袍和连衣裙与女性有关,中山装则与男性有关;开进口跑车、出入高级会所,与富裕阶层的身份有关。

2. 联系功能

联系功能是指将商品用作联系消费者与重要的人、事件或经历的符号。如你参加了奥运会开幕式,或者参加了马拉松比赛,或者获得了某个重要的奖项,你很可能会把能够表明你参与经历的一些物件如门票、奖章等保存起来,留待以后回忆和纪念。在结婚、毕业、父母大寿等家庭重要节点,我们通常会举办庆祝活动,并通过照相摄像把这些美好的时光记录下来,以此增加家庭成员之间的联系。

3. 角色获取功能

角色获取功能指通过商品的获取和使用使消费者更好地适应新的角色或角色转换。在升学、结婚、生小孩等人生重大节点,个体会面临角色的转换,为此会通过各种仪式活动,建立角色自信或者向社会宣示自己的角色转换。比如,无论在哪个社会,结婚都是人生大事,通常会举办婚礼,在遵循主流文化仪式的基础上,向亲朋好友宣示夫妻关系的确立。婚礼仪式包括交换戒指、新郎新娘喝交杯酒、证婚人讲话、双方父母致辞等环节,这些仪式一方面宣示新郎新娘告别单身,同时也传递某些象征意义,如夫妻责任、新的家庭诞生等。

4. 表达功能

表达功能指将商品作为表明消费者独特性,即自己与他人有多么不同的象征。如一些消费者通过独特的发型、与众不同的服饰,甚至通过文身、身体穿刺等来体现个性和进行自我表达。

当商品的符号意义被作为消费对象,符号消费就产生了。符号消费包含多个消费层次。首先,消费品作为外观上的示异符号,其造型、色彩、包装等,传达了产品本身的格调、档次和美感,本身就是消费的对象。其次,消费品作为地位象征符号被消费。别人的钦羡、赞美,以及想象的他人对自己的评价,均可以成为消费对象。再次,消费环境作为消费的空间符号,同样是消费的内容。高档餐厅豪华的包间、舒缓的音乐、友善的服务人员，昭示着你不是在简单地享用这里的饮料和食物。最后，消费的仪式，如泡茶的程序、服务人员的姿势、讲解等，均作为符号被消费。

时尚系统被认为是将文化世界的意义转移到商品上的另一种重要方式。通常认为，时尚系统通过三种途径实现这种意义转移：一是通过时尚杂志、模特走秀等方式传播何为时尚的信息，这种作用方式类似于广告；二是通过意见领袖或时尚领导者进行产品或样式创新，赋予时尚商品以特定的文化意义；三是一些社会边缘人物或反叛者以极端的方式创造商品的文化意义。比如嘻哈音乐最初于20世纪60年代产生于美国纽约贫民区，先是在非裔和拉丁裔青年中间兴起，继而传播到美国各大城市，最终形成席卷全球的嘻哈流行文化。

把文化意义转移到商品中，只完成了符号意义转移的第一个步骤；意义转移的第二个步骤是将商品上的符号意义转移到消费者身上。通常，实现符号意义到消费者的转移，需借助各种仪式，包括交换仪式、占有仪式、修饰仪式和剥夺仪式。婚庆典礼上新郎新娘交换戒指，朋友之间在节庆日赠送礼物，均属于交换仪式。在礼物的赠送与接收过程中，赠送方通过礼品传递的"意义"被收礼者全部或部分地"领受"。占有仪式则是通过某些个性化行为，帮助消费者宣称或实际占有某件商品。比如，买了新车后，消费者会通过贴膜、购买座套、内部个性化装饰等来实现"心理占有"。修饰仪式是指对物品加以维护和修饰，延续商品的文化意义。比如，在客人来访之前打扫房间和庭院，上班前精心打扮和化妆，定期给爱车清洗和打蜡，均可视为修饰仪式活动。剥夺仪式指在商品处置阶段，去除产品中的个人痕迹，如把用过的电脑或手机捐赠或转卖给他人时，会删除里面的个人文件。当消费者购买二手产品时，他们也会通过剥夺仪式去除二手产品的原有意义，如改变二手房的装修风格，或改变二手车的颜色。

商品的符号意义并非一成不变，它会随着具体的社会和文化环境的变动而变化。我们把商品符号意义随情境而变动的过程，称为商品符号的转换。通常，转换的方式大致可以分为四种情况。第一种情况是从没有文化生命的原材料到有文化生命的商品。商品生产的目的是交换，由此使其纳入某种社会关系中，其制造和交换方式反映了特定社会的技术水平、市场化程度，因而具有文化意义或符号意义。第二种情况是世俗商品的神圣化。对很多人来说，物的使用过程同时也是物的情感化过程。通过情感的投入和某种仪式，很多世俗之物可以变成神圣之物。比如，名人签名的T恤，祖辈曾经使用过的物品，个人收藏品或通过特定拍卖途径获得的物品，对特定的个体都可以成为神圣物品。第三种情况是物的个性化。社会化大生产会使某类商品适合某种类型的消费者，这类商品可能具有某种客观或模式化意义，但不具有"适合于我"的特殊意义。比如，某些手工制品，刻有拥有者名字、图像的产品，或完全按用户需求定制的产品，均属于这种情况。第四种情况是商品原有意义和符号功能的削弱或丧失。如麦当劳刚进入中国市场时，不少家庭把它作为请客的场所，但现在家庭请客，鲜有把麦当劳当作一种选择，麦当劳不再具有"宴请客人场所"的意义。

四、文化资本与阶层消费理论

20世纪60—70年代,世界大部分国家都在经历社会转型。这个时期内,新殖民主义、绿色革命以及计算机和电子信息开始影响社会的方方面面,这种崭新的社会阶段与文化秩序经常被称为消费社会、媒介社会或景观社会。一方面,科技对商品生产与消费的影响,使西方陷入消费的狂潮与躁动中;另一方面,文化成为其他消费品的同等物,逐渐世俗化与感官化,成为消费经济的附属物。社会通过消费实现阶层区分。

为研究消费实践引起的阶层区隔与社会分化,法国社会学家布尔迪厄把消费过程中消费者的文化品位和身份区隔这两种符号作为自己的研究重点,提出文化资本与阶层消费。文化资本是布尔迪厄提出的划分社会阶层的一个因素。其内涵是与文化和文化活动相关的,承载着文化意义和文化价值的财富积累。

文化资本的财富形式既包含自身文化价值,也蕴含经济价值。文化资本包括具体化文化资本(如个体通过长期教育将知识、教养和技能内化成的一种文化能力)、客观形态文化资本(如物化的文化产品及文化实践活动物化结果)、制度化文化资本和文化资本价值等的社会认证。文化资本具有与经济资本和社会资本同样的重要性。文化消费与经济资本和文化资本有着紧密关联。

在《区隔:品味判断的社会批判》中,布尔迪厄认为,不同消费者根据自身的资本(主要是经济资本与文化资本)比例,选择不同的对象进行消费,以改变自身的社会空间位置,从而实现同他人的区隔。消费者多元消费行为的最终结果则逐渐固化并加深各自阶层与阶层的区分,这就是阶层消费理论。在此理论下,人们通过消费不断找寻与自身具有相同习惯的社群,从而形成特定阶层的特定消费品位。文化消费也就解释了不同阶层之间文化消费与品位的差异,以及同一阶层内部之间的品位趋同与差异。值得注意的是,就整个社会而言,作为消费者而参与文化构建的机会取决于资本的多少。也就是说,在消费社会中,资本拥有量少的群体,其文化资本的拥有量也少,此群体便会受到歧视与逼迫。这种情况在地区间与城乡间造成了文化资本鸿沟,也造成了巨大的社会差别。布尔迪厄的文化资本理论警示,尽管在表面来看,消费社会各个社会阶层的界限逐渐变得模糊不清,但文化资本担当着催生新社会阶层、社会群体的能动与场域作用,进而推动社会发生新的阶层变革与群体区隔。可以说,布尔迪厄的分析有效诠释了种族间不平等与不同区域之间文化差别现象背后的原因。但要指出的是,"文化资本理论"强调的个人与群体文化造成的社会差别,忽略抑或是掩盖了由政治制度和社会体制造成的阶层区分,这也是需要我们注意的。

五、消费文化理论

20世纪60年代之后的社会被多数社会学家称为后现代社会。随着20世纪80年代早期后现代主义思潮的兴起,对现代化过程中剥夺人的主体性和感觉丰富性的集体性、权威性、同一性等思维方式的批判与反叛充斥于学界。英国著名文化研究学者迈克·费瑟斯通,作为最具影响力的后现代主义与文化全球论倡导者,将其研究焦点放在后现代文化变迁语境下的消费实践研究上,形成了独特的后现代主义消费文化研究体系,对我们当前社会消费文化的研究产生了深远的影响。

费瑟斯通的消费文化是在后现代消费社会的语境下展开的。首先,后现代消费社会的典型特征之一是符号消费。人们已经习惯被连篇累牍、无穷无尽的符号包围,并以此产生消费行为,最终成为一种系统,使人们从既有的良好社会关系中脱离,形成对象征符号性产品的无节制追逐,这就是符号主宰的消费文化。

其次,后现代消费社会形成了具有个性化、风格化等特征的消费文化。后现代主义的一个典型特征就是对"现代"理性之上的批判。因此,消费不再是理性决策的结果,而是对个性的追逐与多元的感情释放。消费习惯体现着文化意识与精神追求。同时,媒介科技的迅猛发展为主体个性化传播提供强有力的保障,使消费者迅速进入信息社会网络,成为个性符号的信息传播者。在此基础上,费瑟斯通提出日常生活审美化理论。

其理论主要有以下三大核心观点:

一是亚文化的勃兴,尤其是波普艺术、行为艺术、观念艺术等的兴起。其本质上体现了原有艺术的生活化或商业化,这由艺术家试图打破原来的艺术藩篱走向中心的种种原因所致,这一点被消费文化中的广告和大众传媒所利用与扩大。

二是生活转化为艺术作品的策动。在文化媒介与知识权威的引导作用下,消费大众试图将生活转化为艺术品。这种方式在现代社会很普遍。正如费瑟斯通曾经举出的例子,身体的艺术化,比如文身、穿鼻、美甲、美眉、美容、瘦身等都是具体的表现。而那些在日常生活中创造时尚的人被费瑟斯通称为"消费文化英雄",他们在各个消费时期有各种个性化呈现。

三是商品符号化。费瑟斯通主要强调在社会各个空间内充斥着的符号商品和影像具有社会区隔以及社会结构的整合功能。符号的审美化呈现促使消费文化走向了从商品消费到审美消费的转变之路。在此基础上,费瑟斯通着重研究了中产阶级的文化实践。他指出后现代社会中,中产阶级通过消费追寻的是精神上的快感。他们通过实践文化专家与文化媒介人的文化主张,寻找心灵的归属与激情的释放,通过采取狂欢化的文化旅游消费方式如参加交易会、展览,体验主题乐园,旅游度假,构建文化渴望,创造浪漫型文化消费。这里需要指出的是,费瑟斯通并没有像批判学派那样,得出中产阶级被文化符号消费控制了意识形态的结论,而是认为中产阶级在消费过程中,将广告等其他文化符号控制转化为一种自我审美化表达的方式。不得不说,这是费瑟斯通消费文化理念的一大亮点。

思考与练习

1. 什么是文化消费主义?
2. 现代文化消费主义的主要观点是什么?
3. 后现代文化消费主义的主要观点是什么?
4. 如何理解消费社会?
5. 什么是文化工业与消费文化批判理论?
6. 什么是文化资本与阶层消费理论?

案例分析

面子文化与炫耀性消费

第二篇

文化消费的内容与形式

第四章 文化消费内容及载体

 学习要点

1. 文化消费的内容；
2. 文化消费的结构；
3. 文化消费的影响因素；
4. 文化消费的载体。

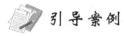 引导案例

数字阅读为文化消费提供新选择

2023年4月24日，在第二届全民阅读大会上，数字阅读分论坛暨第九届数字阅读年会举行。会上，中国音像与数字出版协会发布了《2022年度中国数字阅读报告》（以下简称《报告》），来自业内的专家对数字阅读出版服务前沿问题进行了探讨。

数字阅读产业总体规模稳步增长

《报告》显示，2022年我国数字阅读市场总体营收规模达463.52亿元，同比增长11.5%。从三大细分板块看，大众阅读市场营收335.91亿元，占比72.47%；有声阅读95.68亿元，占比20.64%；专业阅读31.93亿元，占比6.89%。大众阅读市场规模占比逾七成，是产业发展的主导力量。

"虽然与前些年比，我国数字阅读产业规模增速有所放缓。但其内在原因，一方面在于降速、提质、增效成为行业发展内在需求，另一方面缘于多元共生的产业生态使规模扩张的动能降低。"《报告》发布人、中国音像与数字出版协会第一副理事长张毅君阐释。

截至2022年12月，我国数字阅读平台上架作品总量为5271.86万部，较2021年的3446.86万部增长52.95%。其中，网络文学作品约3458.84万部，有声阅读作品1518.62万部。重点主题阅读类作品上架总量约为102744种，较2021年增长4.91%。

"数字阅读产品为深化主题教育提供了更多元的平台。下一步需持续提高数字阅读产品的品位，让更多体现思想分量、富有文化内涵的产品进入大众阅读视野和数字生活。"业内专家评价。

《报告》显示，2022年我国数字阅读出海作品总量为61.81万部（种），相比2021年增长超过50%。数字阅读作品已成为新时代展现中国形象、提升中华文化影响力的一种新符号和表现形式，成为提升中华文化海外传播力的重要力量。

数字阅读覆盖年龄段更为广泛

在用户规模方面,2022年我国数字阅读用户达5.3亿,较上年增加2400万,增长率为4.75%。在数字阅读用户群体中,人均电子阅读量为11.88本(部),有声阅读量为7.44本(部)。

在用户年龄方面,19~45岁人群依然是数字阅读主力军,占比达67.15%。在主要群体保持稳定情况下,数字阅读也不断向银发族和青少年延伸。60岁以上群体占数字阅读用户比例为2.74%,"这个数字看起来少,但较上年增长超一倍,成为亮点之一",张毅君说。阅文集团总裁侯晓楠则佐证,2022年阅文新增用户中,66%为"90后""95后"作者与读者。

数字阅读发展迅猛,形成了多元内容题材格局。《报告》显示,2022年电子书阅读用户题材偏好前五位分别为文学小说、漫画绘本、历史社科、搞笑幽默和人物传记。

《报告》指出,2022年数字阅读市场呈现出优质内容供给扩大、多种盈利模式齐头并进、产业链上游深度融合、"走出去"战略进一步深化等特征,但也存在市场秩序需进一步规范、精品化意识有待完善、内容同质化未根本扭转、商业模式和价值实现途径有待检验等问题。

新技术为数字阅读带来沉浸式体验

从"看见书"到"听见书"再到"感受到书",业界普遍感叹——技术发展不仅为数字内容生产和传播带来多重变革,也为数字文化消费带来更具沉浸感、更加多元化的体验。

阅文集团发现,年轻读者群体除喜欢玄幻、科幻作品外,对传统文化读物《论语》《红楼梦》《西游记》的喜爱度也在升温,《资治通鉴》被40多万读者加入了书架。

在大数据、云计算、AR(增强现实)、VR(虚拟现实)、区块链和AI(人工智能)等技术应用不断创新前提下,人们的阅读互动方式越来越多元化、场景化。AI技术已能让一部电子书生成分角色、声音多元的音频产品,在多角色对话模式下配备不同音色,大力提高了出行人群、视障和老年人等群体的阅读便利程度。针对视障群体的线上无障碍影院频道,已将《我不是药神》《大鱼海棠》等152部影片重新制作脚本、配音,加入大量旁白解说。

"随着技术的发展,人们不但可以通过各种终端设备看电子书、听有声读物,还能在智能穿戴设备支持下走进数字出版产品的场景里,真正跟各类知识进行交互。数字阅读,将不断为人们精神文化消费提供新选择。"中国音像与数字出版协会理事长孙寿山说。

资料来源:韩寒.多元技术助力出版服务创新发展:数字阅读为文化消费提供新选择[N].光明日报,2023-04-25(9).

第一节 文化消费的内容和结构

文化消费作为现代社会的一项重要活动,不仅为人们提供了休闲娱乐的方式,而且对文化产业和经济社会发展起到重要推动作用。文化消费作为文化传承和传播的重要方式,能够将中华民族的价值观融入人们喜闻乐见的文化产品中,增强国人的文化认同感,也能够促进文化的传承和发展,使传统文化焕发新的生命力。推进高品质文化消费内容和文化消费方式的健康发展能够在满足人们美好生活需要的同时,更好地弘扬中华优秀传统文化、增强文化自信、提升国际影响力。

一、文化消费的内容和形态

(一)文化消费的内容

文化消费的内容十分广泛,不仅包括专门的精神、理论和其他文化产品的消费,也包括文化消费工具和手段的消费;既包括对文化产品的直接消费,如电影电视节目、电子游戏软件、书籍、杂志的消费,也包括为了消费文化产品而消费各种物质消费品,如电视机、照相机、影碟机、计算机等,此外也需要各种各样的文化设施,如图书馆、展览馆、影剧院等。

文化消费包括用于文化、娱乐、休闲等方面的消费,也包括用于学习和智力方面的投资。知识智能性消费与娱乐消遣性消费并存,是时下中国城市文化消费的鲜明特征。现代商业社会产生并流行的文化类型,以现代信息传播和复制技术为手段,以工业化、模式化为生产方式,以大众传媒为主要载体,以都市消费大众为对象,是一种娱乐性、休闲性的消费文化。如娱乐影视、流行音乐、通俗文艺、时尚报刊、商品广告、时装表演、电脑游戏等。它是一种经济型的消费文化,它的生产、流通、传播、消费都受市场规律的支配。

(二)文化消费的形态

文化消费从地域范围讲既包括本地、本民族、本文化体系(如东方文化)的文化产品和劳务,又包括世界范围的、外民族的、他文化体系(如西方文化)的文化产品及劳务。文化消费的形态包括物质形态(如音像制品、文化用品、"文房四宝"、学习用具及娱乐设施等)、劳务形态(如杂技表演、音乐演奏、综合文艺晚会等),以及文化新业态(网络消费、手机等移动平台消费等)。文化消费的具体内容包括文化教育、绘画、雕塑、书法、影视、戏剧、音乐、舞蹈、杂技及手工艺品,以及烹饪、中医保健、文物、出版、音像、休闲、娱乐等,广义的还包括健身、体育表演和赛事观赏等。

文化消费是分层次的,这主要是由于文化消费的主体的素质和文化修养、价值取向、兴趣爱好及收入水平不同。一般来说,有普及型或大众化的文化消费和提高型或高品位的文化消费;有自娱型的文化消费,也有专业型的文化消费;有基于生存需要的文化消费(如为谋生学习必需的基础文化知识和基本技能),也有基于发展的文化消费(如适应时代对高素质复合型人才的需要,在某些方面深入学习)。此外,有消遣型文化消费、娱乐型文化消费、享受型文化消费、社交型文化消费、发展型文化消费和智力型文化消费等,这其中消遣型、娱乐型文化消费属较低层次,享受型、社交型、发展型和智力型文化消费属较高层次。

二、文化消费的结构分类

不同内容、形式的文化消费支出占各类文化商品和服务的比例不同,分类方法也不同。根据不同的分类方法,可以划分不同的消费结构。划分文化消费结构的标准是多方面的,可以从不同侧面进行分类。

(一)按消费层次划分

按满足人们需要的程度或层次来看,文化消费(含服务文化消费)可分为基本文化消费、享受文化消费、发展文化消费。一般情况下,基本文化消费主要包括看、听中的低层次的消费品和服务,如思想性、艺术性一般的书刊、报纸、画报、地方戏等。没有这些基本文化消费品,人们就难以生存和发展。享受文化消费主要包括看、听、玩、旅游、娱乐性饲养和种植(如养花、草、鸟、鱼等)中的较高层次的消费品和服务。这些消费品和服务能给人们带来极大的愉悦感,有利于较快地恢复劳动力的再生产。发展文化消费主要内容包括阅读哲理较深、艺术性很强的小说,看电影、电视、戏曲,收听高雅的音乐、歌曲等高层次的消费,从长远来看它是人们消费的方向。以上三个层次消费类型的划分不应是绝对的,因为有时它们之间是很难分开的,不容易找出一条精确的划分标准。

(二)按不同消费形式划分

按人们消费形式的不同,并根据消费对象的区别,应在各种专项文化消费结构中细分许多种类。如看的结构中,可包括小说、影视片、戏剧、画展、体育比赛等;如听的结构中,可包括各种音乐、歌曲、曲艺、广播剧等;如玩的结构中,可包括各类球及棋牌;如娱乐性种植结构中,可包括各种花、草等;如娱乐性饲养结构中,可包括各种鸟、鱼等;如旅游结构中,可包括不同范围、不同形式的旅游等;其他文化消费结构中,还有自给性娱乐消费和参加性娱乐消费等。

(三)按消费的表现形态划分

按表现形态来划分,文化消费可分为实物形态和服务形态两大类。实物形态的消费是对物质文化消费对象的消费;服务形态的消费是对文化服务对象的消费,即通过服务文化活动提供一种使用价值,满足人们的某种特殊需要。在现实生活中,实物形态方面的消费比例很小,服务形态消费的比例很大。就后者来说,人们的消费活动是与文化消费品的生产或加工制作统一在一个过程中的,即生产与消费同时进行,二者不可脱节。如人们看电影、电视、舞蹈演出、戏剧表演,听音乐、歌曲等,欣赏性消费与文化生产或加工制作者的行为相连而存在,电影、电视放映或演出一旦停止或结束,就表明这种文化服务完结了,人们的消费也就告一段落。因此,这种文化消费对象不是永远存在的实物,而是一种文化服务过程,表现为无形的形态,它是人们生活中的一个重要内容。

此外,文化消费结构还可以从不同的角度进行分类,如按满足消费需要的组织形式,即家庭文化消费、社会公共文化消费来划分的文化消费结构,按文化消费品的经济属性如商品性文化消费和自给性文化消费划分的文化消费结构,等等。

三、文化消费内容和结构的影响因素

由于人们经济收入、文化素质、知识层次不同,传统的和现代的、高档化和普及型的消费形态会同时存在,相互渗透,相互补充。

(一)产业结构和产品结构对文化消费结构的影响

这里所说的产业结构是指轻工生产结构和文化生产结构,产品结构是指文化产品的构成比例。在现实生活中,这种产业结构和产品结构直接决定着人们的文化消费结构。

1. 轻工业生产结构和文化生产结构直接制约着文化消费结构

文化消费品主要是由某些轻工业生产部门和文化生产单位提供的,从而为人们的文化消费创造一定的条件。因此,轻工业生产结构和文化生产结构是否合理,对文化消费结构的形成必然有着很大的影响。

2.文化生产部门和服务文化单位的内部结构对文化消费结构的影响

这两类产业虽然都属于文化产业领域,但它们分别通过不同的形式为人们提供文化消费品。前者表现为产品的静态形式,后者表现为产品的动态即服务过程形式。从现实来看,这两类产业部门内部的各项生产或加工制作以及服务,都在客观上引导着人们的文化消费行为,使之形成不同的消费比例,从而产生一定的消费结构。一般来讲,文化生产部门和服务文化单位的内部结构是人们文化消费结构形成的客观基础,它将直接促使人们文化消费结构的变化,并紧紧依据其发展而进行。

3.新文化产业部门的出现是文化消费结构变化的一个重要原因

近些年来,随着我国的对外开放和科学技术的不断进步,逐步出现了新兴的文化产业,如旅游产业、网络游戏产业等,这就必然要进一步丰富人们的文化精神生活,影响其消费结构的变化。如最近一些年,我国参加国内空中旅游、水上旅游、徒步旅游的人较多,玩网络游戏的人已由未成年人逐渐波及青年或中老年等人群,都充分证明了这一点。

(二)消费结构对文化消费的刚性制约

文化消费作为一种精神性消费,随着收入的增加,在消费结构中的占比日益提升,但会受到食品、居住、交通、医疗等刚性消费的挤压。2022年,全国居民人均消费支出24538元,比上年增长1.8%,扣除价格因素,实际下降0.2%。其中,人均服务性消费支出10590元,比上年下降0.5%,占居民人均消费支出的比重为43.2%。按常住地分,城镇居民人均消费支出30391元,增长0.3%,扣除价格因素,实际下降1.7%;农村居民人均消费支出16632元,增长4.5%,扣除价格因素,实际增长2.5%。

2022年,居民食品烟酒、居住、交通通信三项刚性支出占消费总支出的比重已达67.5%。教育文化娱乐占消费总支出的比重为10.1%,达到第四位。这表明文化消费与刚性消费有较大的差距,且消费结构这一系统在未来很长一段时间内,不会出现某一消费突然消失等根本性变化。因此,文化消费会受到消费结构的一定制约。

(三)文化消费品价格高低对文化消费结构的影响

价格的高低影响人们对某些文化消费品的选用。在人们收入一定的情况下,某些文化消费品价格的高低直接制约着人们的选购,价格的高低与人们的选购数量、方向成反比例变化。

1.某些文化消费品价格的高昂意味着人们总收入的减少

消费理论告诉我们,人们的生活消费是由物质生活消费、文化消费和劳务消费三部分组成的。然而,在商品经济条件下,这三种消费类型的实现,必须有一定数量的货币,可是人们的收入又有一定的限度,为了维持自己的正常生活,首先要实现物质生活消费,其次是低层次的文化消费。这就是说,在人们的收入水平较低时,只能把文化消费的重点放在价格较低的消费品上,减少或暂时不去享用价格较高的文化消费品,这就必然会影响文化消费结构向较高层次方面发展,并朝着低层次方向变化。

2.某些消费品之间的差价会导致文化消费结构的不合理

从客观上看,文化消费的内容很多,反映在文化消费层次方面,则主要是基本文化消费、享受文化消费和发展文化消费。不同收入的人对这三种类型的文化消费的消费比例不应该也不可能完全一样。然而,这些方面消费品的价格状况对人们文化消费结构的形成和变化都起着较大的作用。如果价格结构不合理,就有可能造成人们文化消费结构的不合理。即本不应该大量享用的大量享用,而应该享用的却未能或较少享用,导致了文化消费结构的失衡。

(四)文化消费心理对文化消费结构的制约

人们的文化消费结构如何,除了取决于自己的经济条件即收入水平的高低以外,还受其文化消费心理的影响。

1. 文化消费心理制约着某些消费品的购买数量

在人们的文化消费中,确定哪些消费品为享用对象,与自己的文化消费心理有着直接的关系,即受其兴趣、情趣或指导思想所决定。比如,当电影、小说、歌曲、音乐能吸引人们时,他们就会经常去享用;当球类运动或下棋、打牌能给人们带来乐趣时,人们便常常去做这类消费;当娱乐性种植和饲养给人们带来愉快时,人们就会时常去侍弄;等等。这些人一旦专心去享用某种消费品,这些消费品的消费量就会增多,而其他消费品的消费就会被忽视或受到影响。

2. 文化消费心理影响着某些消费的类型

从科学的文化消费方面来讲,人们的文化消费结构必须合理,即在知识型消费、娱乐型消费与闲暇型消费之间确定正确的比例。要做到这一点,除了要具备一定的经济条件外,还必须形成正确的文化消费心理。事实表明,科学合理的文化消费心理,有利于人们形成正确的消费结构,并向着较高的文化消费阶段发展。然而,在人们的许多文化消费行为中,由于存在着某些偏好,使文化消费心理趋向单一,忽视了消费的全面性和科学性,只限于某些方面的消费,从而形成了专项文化消费。如不是经常进行知识型消费,就是一直参与娱乐性消费,或者只参加闲暇型消费,等等。这就必然会导致片面消费的形成,使文化消费结构不平衡,最终影响自己的全面发展和获得必要的乐趣。

(五)消费方式对文化消费结构的柔性影响

文化与科技的融合,让居民的文化消费模式发生了重大改变,文化消费的网络化等成为重要的消费方式。据麦肯锡研究,网上销售商品价格比实体店低6%~16%,这在很大程度上促进了居民的网上消费。以阅读为例,在传统买书读书的同时,数字阅读已成为互联网时代人们的阅读习惯。《2022年度中国数字阅读报告》显示,2022年,我国数字阅读用户规模达5.3亿,同比增长4.75%,用户规模带动市场繁荣发展。我国数字阅读市场总体营收规模达463.52亿元,同比增长11.50%。在用户年龄方面,19~45岁的人群是数字阅读的主力军,占比达67.15%。数字阅读不断向银发族和青少年延伸。60岁以上群体占数字阅读用户比例为2.74%,较上年增长超一倍。在数字阅读用户群体中,人均电子阅读量为11.88本(部),有声阅读量为7.44本(部)。可见,消费方式的改变满足了居民文化需求,文化消费的内容多了,消费活力得到了充分的释放。

(六)自由支配时间多少对文化消费结构的影响

现实生活表明,人们除了要有一定的必要工作时间(或劳动时间)和生活时间以外,还应有较多的可供自由支配的时间,它能够在某种程度上影响或改变人们的消费行为,进而决定其文化消费结构的变化。

1. 自由支配时间的多少影响着文化消费结构的层次

一般来说,自由支配时间较少,知识型消费的比重就相对大一些,而娱乐型消费和闲暇型消费的比重则必然小一些;自由支配时间较少,则只能把文化生活主要限于家庭,难以较多地参加社会公共文化消费。反之,自由支配时间较多,娱乐型消费和闲暇型消费就会增多,公共场所的文化消费比例也会逐渐超过家庭的消费比例,出现较高层次的消费现象。

2. 自由支配时间的多少制约着文化消费结构变化的方向

自由支配时间的存在,是人们进行文化消费活动的一个重要前提条件。有了自由支配的时间,人们的文化消费行为才能表现出连续存在,充分满足自己丰富多彩的文化生活需要。因而不论在数量还是文化消费的品种等方面,其变化方向才可呈现出一定的扩展型,并较好地满足人们的文化生活需要。

3. 闲暇时间对文化消费的弹性约束

西方学者的统计显示:人们用于休闲的时间从农耕时代的10%,增长为20世纪90年代的41%。相比国外,我国尚处于发展阶段,居民尚处于事业拼搏期,生活节奏的加快导致闲暇时间相对要少一些。为了从时间利用角度了解我国国民的生活模式与生活质量,国家统计局于2018年进行了第二次全国时间利用调查,结果显示,居民一天中自由支配活动(包括健身锻炼、听广播或音乐、看电视、阅读书报期刊、休闲娱乐、社会交往)平均用时3小时56分钟,约占全天时间的16.4%。

四、文化消费的长效促进机制

随着经济社会发展,人们的消费需求、消费动机、消费行为不断发生变化。促进文化消费,既是增强消费对经济发展基础性作用的必要途径,又是满足人民群众美好生活新期待的应有之义。促进文化消费,需要从改善文化消费的外部影响因素入手,释放文化消费需求,激发文化消费动机,提升文化消费满意度。

(一)优化消费环境,释放文化消费需求

在文化消费群体迭代与消费需求多样化的背景下,消费者在满足基本需求的基础上对更高品质、更深层次、更广范围的需求逐渐增多。这无疑加大了文化供给的难度、经营风险和不确定性。调节供求关系,需要政府从保护文化消费者权益的角度来优化消费环境。首先,从文化消费需求的实际出发,制定文化消费法律法规和消费政策,确保广大人民群众的基本消费权益得到满足。其次,制订并严格执行文化生产和服务标准,严厉打击扰乱文化市场秩序和盗版侵权行为,建立健全文化市场信用监管机制,支撑起安全可信的消费环境。再次,建立有效的文化消费者利益表达机制,使消费者监督举报渠道更广泛、更便捷,鼓励消费者反映造假贩假、价格欺诈、强买强卖以及不健康文化经营等问题,对文化消费纠纷及时介入、正确处理。最后,做好文化消费统计监测工作,在相关部门间建立文化消费大数据资源共享平台,综合分析宏观数据和微观样本,动态监测文化消费规模和结构的变化情况,为决策的研究制订提供可靠依据,让文化消费政策更趋于科学化。

(二)补给消费者资源,激发文化消费动机

文化消费者的潜在需求转化为实际的消费行为,需要激发其消费动机。制约消费者需求

转化为行为的原因,往往是消费者的资金、休闲时间、知识积累和文化偏好等资源不足。从提高收入总量、增加闲暇时间、提升居民文化素养三个方面制定相应策略,消除文化消费者的后顾之忧,是激发消费动机、促进文化消费的必然选择。首先,深化收入分配制度改革,完善员工持股制度、技术入股制度,引入剩余收益分享制,促进劳动者总体收入增长。其次,降低文化消费的时间约束,完善居民休假制度设计,增加家庭成员一起进行休闲可自由支配的时间,为集中文化消费创造条件。再次,加快文化消费空间的打造,建设产品及服务价格适宜、混业经营、特色鲜明的亲民便民的文化消费场所。最后,培养文化消费主体,把文化艺术教育融入国民教育体系,同时加强大众媒体对文化消费观念的教育和宣传,形成观念先进、结构合理、方向正确的文化消费社会风尚。

(三)改善供给水平,提升文化消费满意度

面对日益多样化和个性化的文化消费需求,通过文化产品和服务的品质革命,提供更多高品质、适销对路的文化供给来释放文化消费潜力,是促进文化消费持续增长的关键。首先,文化供给必须瞄准文化消费的新需求,调动市场力量增加有效供给,顺应互联网发展给消费方式带来的变化,构建文化市场信息提供公共平台,提高居民文化消费的便利化水平。其次,供给者需要根据产品的特性对消费群体进行细分,深入洞察和描述真实的消费需求,挖掘和激发潜在的消费需求,准确定位目标消费群体,有的放矢地进行产品开发和市场推广,更有针对性地切中消费需求,将消费需求转化为消费行为。再次,文化供给者需要与消费者建立良好的情感沟通,培育忠实的消费群体,为其打造独一无二的消费体验,让消费群体的情感投射到产品与品牌上,使文化供给拥有长尾变现能力。最后,营造文化产业良性循环的生态系统,推动文化事业与文化产业融合,推动文化与各行各业融合,以新供给满足和创造新需求、新消费,形成具有鲜明区域特色和品牌效应的文化供给体系,拓展文化消费空间。

文化供给方与文化消费者之间的关系不再是遥遥相对的供求两端,而是通过更加频繁及形式多样的互动联结,形成了利益共享的伙伴关系。消费者、供给者、政府、相关组织共同构筑了文化产业生态系统。基于环境优化的前提,以多方和谐共生、互促共荣为原则的文化产业生态理念,制订更具科学性、针对性、系统性的行动方案,推动文化产业发展各利益相关方形成协同效应,形成文化消费的长效促进机制。

第二节　文化消费的产品与服务

党的二十大报告指出,"中国式现代化是物质文明和精神文明相协调的现代化",并要求发展面向现代化、面向世界、面向未来的,民族的科学的大众的社会主义文化,激发全民族文化创新创造活力,增强实现中华民族伟大复兴的精神力量。文化产品和服务具备天然的精神特质,旅游、演艺、影视、娱乐等文化产品和服务在精神文明建设中发挥重要作用,不仅能够促进教育、科学、文学艺术、新闻出版、广播电视、图书馆、博物馆等各项文化事业发展,也能够引领文化市场的改革创新,滋养大众的精神和心灵,全面提升民众精神文化素质,推动中国式现代化建设。

一、影视文化消费

当前国家宏观层面实行积极的影视产业政策,技术层面影视新媒体迅速发展,内容载体层面影视新业态不断出现。2022年,我国人均GDP达到了85698元,比2012年的38354元增加了一倍多。城镇居民恩格尔系数从2012年的32.0%下降至2022年的29.5%;农村居民恩格尔系数从2012年的35.9%下降至2022年的33.0%。城乡居民恩格尔系数显著降低。在上述因素的共同作用下,我国的影视文化消费需求呈现前所未有的增长态势。消费者的消费需求与消费心理紧密相关,因此研究文化消费心理有助于理解消费者行为发生的动因,有助于生产者有针对性地生产文化产品,有助于提升文化产业发展的质量。

影视消费心理是指消费者在对影视内容的消费过程中所表现出的心理特征与心理活动过程。消费者的心理特征包括消费者的兴趣、消费习惯、价值观、性格、气质等,消费者的心理活动过程主要有产生需要、形成动机、搜集商品信息、做好购买准备、选择商品、使用商品、对商品使用的评价和反馈等。消费者的影视消费行为不仅受到消费者个体心理因素的影响,还受到一定条件下社会环境、经济环境、文化传统,甚至是种族等因素的影响。在这些因素的共同作用下,影视消费心理表现出复杂性特征。综合分析影响影视消费心理的内外部因素,可将影响影视消费心理的因素归纳为娱乐心理、时尚心理、从众心理、品牌消费心理、消费者群体、营销手段和文化心理等七个方面。

(一)娱乐心理因素

马斯洛需要理论将人的需要分为五种,五种需要分别对应不同的生活水平发展阶段,即生理需要和安全需要对应温饱阶段,社会需要和尊重需要对应小康生活阶段,自我实现需要对应富裕生活阶段。影视消费心理属于较高层次的需求,对应的是小康生活阶段或者是富裕生活阶段层次的需求。根据国际经济社会发展经验,一个地区的人均GDP超过3000美元,城镇化、工业化的进程将出现加速发展,而产业结构、消费类型也将发生重大转变,社会对文化产品的消费需求开始增强,文化产业在强有力的需求下迅速成长。我国居民的消费需求也呈现高层次需求,情感需求、归属需求和尊重需求逐渐凸显,影视娱乐需求正是经济发展到较高阶段的产物。

快速发展的中国经济给公众带来了另一弊端,那就是公众普遍感受到无形的精神压力,这种压力或来自自身,或来自社会外界。人们迫切地需要寻求一种精神抚慰和心理治疗,以便暂时逃离喧嚣的现实世界;或以间接的方式宣泄平时被压抑的欲望和焦虑,以幻想的方式实现日常生活中可望而不可即的愿望,同时虚幻地获得成功感、荣誉感和社会归属感。根据弗洛伊德的理论,压力可以通过移情的方式在非现实的虚拟空间得以释放,影视媒体提供的娱乐内容可以很好地解决这一问题,它能够实现以下四种功能:一是获得快感,通过影视媒体获得审美的、愉悦的与情感的体验;二是获得信息,通过影视媒体获得信息、知识,提高理解能力;三是获得逃避,通过影视媒体减轻由个人职业或社会问题带来的压力;四是获得陪伴,通过影视媒体解除孤独,寻求陪伴。

经济基础的改善和释放压力追求娱乐的渴望,构成影视文化消费的基本动因。无论是影视媒体发挥固有的娱乐功能,还是影视媒体对于大众的迎合,其最终的结果是影视媒体生产出了娱乐产品,大众消费产品的同时获得了精神上的满足。人们欣赏情节曲折、画面唯美的电影,消费不同类型的电视剧和电视节目,都是在放松自我,享受休闲,从根本上满足娱乐的心理需求。以电影《人再囧途之泰囧》(以下简称《泰囧》)为例,《泰囧》被媒体广泛评论为接地气,接地气就是观众在消费电影故事的过程中享受娱乐,用简单直接的喜剧故事让电影回归到最初的娱乐形态上。清华大学影视传播研究中心主任尹鸿教授说:"《泰囧》在制作上节奏掌握得比较好,全片笑点特别密集,是一个笑点堆砌的喜剧片,这是对当下人们追求物质金钱的浮躁情绪进行的一种宣泄和治疗,可以释放观众的压抑。"

(二)时尚心理因素

时尚是一段时期内社会所崇尚的流行风尚,涉及生活的各个方面,如衣着打扮、饮食、行为、居住,甚至是情感表达与思考方式等。时尚具有即时性、人为性、新奇性、变异性、模仿性等特征,具有社会分层的功能。20世纪以来,时尚出现了新的发展趋势,越来越趋向大众化、产业化、实用化。时尚对普通民众的影响力越来越大。时尚是一种社会现象,也是一种历史现象。其社会性表现在它是社会生活的重要组成部分,本身是一种社会需要的产物;其历史性表现在对时尚的追逐在任何时代、任何地域、任何民族都无一例外,时尚具有历史传统性。

时尚也是一种群众性的社会心理现象,是消费者受社会流行所驱使,而追求产品和服务的时尚、新颖,注重商品的款式、色泽、流行性的动机和购买行为。追求时尚的购买动机与行为并不是由个体内在因素刺激引起的,而是社会文化的产物,是群体消费者审美观念的共同心理反应。时尚心理是影响影视消费的重要因素之一。时尚与影视二者之间有内在的、天然的联系,提供时尚元素是影视媒体的天然使命,通过影视来传达时尚元素是一种绝佳的表现手段。电影、电视剧和电视节目不断向社会传递一些时尚气息,如电影电视的语言、服饰、珠宝,甚至明星主持人的言谈举止等,均可能会引起大众模仿,形成潮流,从而成就时尚。与此同时,人们追逐时尚的心理刺激着人们进行影视文化消费。事实上,某些领域与时尚确实有很大关联,时尚对普通民众发挥作用需要借助媒介的力量。20世纪以来,电影、电视的发明以及影视业的空前繁荣,使得时尚业有了突飞猛进的发展。目前学者将时尚产业分为核心时尚产业、拓展时尚产业、外围时尚产业和边缘时尚产业,其中将"动漫、影视"归入边缘时尚产业的范畴,这说明时尚与影视之间的高度相关性,尤其是随着新媒体影视技术的不断发展,时尚与影视将会有更高的关联度,时尚心理对于影视媒体消费的影响将更加凸显。

(三)从众心理因素

从众心理是指个体在群体的影响或压力下,放弃自己的意见或违背自己的观点使自己的言论、行为保持与群体一致的现象,即通常所说的"随大流"。此种意见更多地说明从众心理的被动性。其实现实中的从众心理并非完全出于被动,很多情况下也是主动选择的结果,如有学者认为"从众是在客观或心理上模糊的情境中,人们自觉不自觉以他人的行为为准则,做出的与他人一致的行为或行为反应倾向"。社会心理学研究认为,群体对个体的影响主要是由于"感染"的结果。个体在受到群体精神感染式的暗示时,就会产生与他人行为相类似的模仿行为。与此同时,个体之间又会相互刺激、相互作用,形成循环反应,从而使个体行为与大多数人的行为趋向一致。暗示—模仿—循环反应的过程,就是心理学研究证实的求同心理过程。正是这种求同心理,构成了从众行为的心理基础。从众心理是人类社会普遍存在的一种心理,而由从众心理引发的从众行为则是一种普遍的社会现象。

从众行为可以发生在人类生活的各个领域,影视文化消费领域同样如此。以影视文化产业为例,从众心理对于影视文化消费的影响主要表现在从众心理不断引领着一定社会的影视消费时尚。一部电影取得较高的票房收益,一部电视剧引起各电视频道和视频网站争相购买版权,一档电视节目因观众喝彩赚取巨额广告费,这是目前影视领域司空见惯的事情。每部作品或电视节目的成功,根本上源于作品本身过硬的质量水准,并迎合了当下受众的消费需求,但受到从众心理因素的影响,也是不容忽视的。如电视剧《甄嬛传》的持续热播,就有从众消费的身影。《甄嬛传》最初播出的一段时间并未达到全民热议的地步,也只是在个别电视台播放,随着时间的推移,这部电视剧不断成为受众议论的焦点。在这种情况下,很多人开始关注这部电视剧,也加入了消费的潮流之中,以致《甄嬛传》成为消费时尚。不可否认,从众消费具有一定的盲目性,但它很多时候是消费者自动选择的结果,是自发的市场行为,因而总体上有利于产业内部诸要素进行适时的自我调整,应当视之为积极的市场行为因素。

(四)品牌消费心理因素

品牌是产品质量的重要标志。美国市场营销协会对于品牌的定义被经济学和管理学领域广泛采纳,其表述为:"品牌是一个名称、专有名词、标记、符号或设计,或是上述元素的组合,用于识别一个销售商或销售商群体的商品与服务,并且使它们与其竞争者的商品和服务区别开来。"品牌的显著特征是质量可靠,即使品牌商品的价格高出一般同类产品,消费者也会自愿主动消费。

品牌消费心理是指消费者在对物质或精神产品进行消费的过程中,注重考虑产品的品牌因素,并将其作为是否实现有效消费的一种心理特征。品牌消费心理是普遍的心理需求,能够满足消费者实现自我认同和他人认可的高层次需求。品牌消费是消费者实现个人社会定位的一种手段。品牌消费不仅关注品牌商品的传统物质形态意义上的使用价值,而且更关注商品品牌在文化意义上的象征价值,即符号价值,这日益成为人们"自我表达"的主要形式和"身份认同"的主要来源。品牌消费心理很大程度上就是社会环境作用的产物,消费者消费的是品牌的象征意义,目的在于自我个性的实现和自我价值的实现。一般来说,某一特定社会群体一般有其相应的消费标准,但是也有些消费者购买品牌并非完全出于欣赏的高品位和足够的经济支付能力,而是出于所谓的"面子心理"进行炫耀性消费。品牌消费心理普遍存在于消费者的潜意识之中,普遍存在于经济生活的诸多方面。

(1)对于特定"人"的消费。在对品牌概念的延伸理解中,"人本身就是一种品牌"。例如,在影视文化产业领域,制片人、编剧、导演、演员、投资人、节目主持人、电视台台长、影视企业领军人物等,都可以成为受众消费的品牌。

(2)对于品牌作品改编的消费。以影视文化产业为例,这主要指对于名篇佳作的影视改编。影视改编的对象是有广泛知名度和美誉度的精品力作,受众由于对原有作品本身已经有一定的认知,对其相应影视作品的消费也在情理之中。例如,电视剧《红楼梦》(1987年版)和《西游记》(1986年版)已经成为经典,几十年来无数次在各级电视频道播出;《赵氏孤儿》是中国家喻户晓的故事,其电影版和电视剧版改编均有良好的收视率;《花木兰》在中国妇孺皆知,美国好莱坞将其搬上荧屏,在世界范围内取得很好的票房收入;《笑傲江湖》《射雕英雄传》已被拍摄成多种电影、电视剧版本。

(3)对于品牌电视节目的消费。自电视在中国普及以来,各级电视台诞生了一些品牌栏目,这些栏目有的已经伴随观众走过无数个春夏秋冬。例如,中央电视台的《新闻联播》《焦点访谈》《东方时空》《今日说法》《星光大道》《新闻30分》《春节联欢晚会》《百家讲坛》《天气预报》等,东方卫视的《中国达人秀》,河南卫视的《梨园春》,江苏卫视的《非诚勿扰》等,这些品牌栏目因高质量、前瞻性、时效性和娱乐性等已经成为国民性的节目。

(五)消费者群体因素

消费者群体是指某些具有共同消费特征的消费者所组成的群体。同一消费者群体内部的消费者在购买行为、消费心理及习惯等方面有许多共同之处,不同消费者群体之间则存在诸多差异。根据不同标准,消费者群体有若干划分,如:依据自然地理划分,可分为国内消费者群体、国外消费者群体及个别地区消费者群体;依据性别划分,可分为男性消费者群体、女性消费者群体;依据年龄划分,可分为少年儿童消费者群体、青年消费者群体、中年消费者群体和老年消费者群体;依据受教育程度划分,可分为小学文化消费者群体、中学文化消费者群体和大学及以上文化消费者群体;依据收入水平划分,可分为高收入、中等收入和低收入消费者群体;依据家庭类型划分,可分为多代家庭、核心家庭、单亲家庭、单身等消费者群体;依据民族划分,可分为汉族、回族、满族、苗族、壮族等消费者群体;按生活方式划分,可分为紧追潮流的消费者、趋于保守的消费者、不同风俗的消费者;按对商品品牌的偏好划分,可分为非常偏好、比较偏好、一般偏好、无偏好和反感等消费者群体。上述因素相互关联、相互作用,共同对消费者群体心理与行为发生影响。

例如,我国电影的受众群体集中在16~28周岁,如果电影不能有效满足这部分消费群体的心理需求,院线方会考虑票房问题不再安排或者少安排放映场次,这样动辄耗资几千万甚至上亿元电影将会亏得一败涂地。就电视剧来说,一般情况下受众年龄是中老年群体,特别是以居家中老年女性消费为主,尽管不排除其他年龄层次人员消费,但这部分群体对电视剧收视率的影响是决定性的。手机电视和网络视频的受众群体大部分是年轻人,他们对新事物敏感,接纳能力强,消费力旺盛。因此,影视企业需要充分考虑消费者群体特征,生产适应自身受众群体需求的影视产品,否则即使付出高昂的经济成本,也有可能血本无归。每档电视节目都会确立自身的栏目定位,依据消费者群体特点,做好每期内容选题、策划工作至关重要。

(六)营销手段因素

营销是指个人或集体通过交易创造的产品或价值,以获得所需之物,实现双赢或多赢的过程。企业通过营销手段把产品提供给需要的客户,一般商品如此,文化产品也是如此。以影视产品为例,比较重要的营销方式有内容营销、新媒体营销、整合营销、衍生品营销、植入式营销和版权营销等。

1.内容营销

内容营销是指以图片、文字、动画等介质传达有关企业或产品的相关内容来吸引用户关注,给用户以信心,从而达到促进销售的一种营销方式。内容营销是通过各种形式来传达企业或产品内容,以满足客户对信息消费的需求,带给客户下单的信心,从而促进销售的行为。

2.新媒体营销

新媒体营销是指利用与互联网相关的各类传播载体,如门户网站、网络杂志、微博、SNS

（社交网络）等对影视产品进行营销。与传统营销相比，新媒体营销具有传播路径广泛、信息量大、企业可直接与受众建立双向沟通渠道、网民可以自由表达声音、传播速度快等特点。

3. 整合营销

整合营销就是把各个独立的营销综合成一个整体，以产生协同效应，助推营销。如充分利用电视、网络、报刊、手机短信等多种媒体，通过新闻发布会、制作专题等方式进行多侧面、全方位的立体传播，并与企业合作进行联合营销，达到双赢。换句话说，整合营销是一种对各种营销工具和手段的系统化结合，根据环境进行即时性的动态修正，以使交换双方在交互中实现价值增值的营销理念与方法。

4. 植入式营销

植入式营销是指把产品或具有代表性的品牌符号融入电影、电视、音乐、舞台剧等文化产品中，使观众对其产生深刻的印象，以此来达到传递广告信息的目的，人们俗称为"软广告"。植入式营销的具体方式包括对白植入、情节植入、形象植入、场景植入等，其优势在于商业企业以大众喜闻乐见的文艺形式作为桥梁，通过灵活、迅速、直接、主动的方式在不经意间传递出产品信息，使受众对产品和品牌产生好感和信任，潜移默化转移观众注意力，将观众转化为消费者。植入式营销对影视文化消费的影响有积极的一面，也有消极的一面。在影视产业链前端注入资金，这对于保证影视作品的质量无疑会产生积极影响。其不利方面在于有些广告植入不是有效融合于情节之中，发挥"润物细无声"的功效，而是植入得太过直白，以致引起消费者的反感和抵触。因此，运用植入式营销手段重要的是考虑方式方法，巧妙植入，以实现预期目的。

5. 衍生品营销

衍生品营销是指对于影视原创产品派生的文化产品的营销，目的在于使原创影视产品发挥更大的艺术影响力，并获得经济上的收益。有资料表明，美国电影业总收入约20%是从影院的票房收入中获得的，约80%则由非银幕营销所得。一部电影的利润，大致可分为三部分：电影和相关广告本身构成第一轮收入；直接衍生的副产品，如原声唱片、家庭DVD构成第二轮收入；与电影相关的后电影衍生产品，如服装、玩具等构成第三轮收入。其中，第三轮收入的利润最大。

6. 版权营销

版权营销是指对于影视产品版权进行销售以获取利益的商业活动，包括电影、电视剧等影视产品版权的电视台出售、网络视频出售、改编授权、各类衍生品开发授权等。目前衍生品营销在国内已经开始风生水起，如国产动漫《喜羊羊与灰太狼》的衍生品营销比较成功，衍生品收入占总收入的70%。

（七）文化心理因素

文化心理是指某一群体对文化环境的长期刺激所形成的反应，是在某个文化背景下拥有相同价值观的群体的共同的心理反应。文化反应由对外部习俗的反应构成，习俗的刺激协调了各种人对共同行为采取的不同方式。文化心理具有历史性、延续性、集体无意识性、相对稳定性、群体性、强制性等特点。文化心理决定了消费者的消费偏好，影响消费者的需要和动机、感觉和知觉,也影响消费者的购买态度和行为模式。

文化心理对影视文化消费具有重要影响。影视产品是否迎合消费者群体的文化心理需求,对于影视产品的市场表现具有决定性的影响,近年来中国国内影视市场已经很好地证明了这一点。如《汉武大帝》《康熙王朝》《雍正王朝》《武则天》《大秦帝国》《神探狄仁杰》《少年包青天》等历史剧,有效地满足了中国观众浓厚的历史情节,让观众在熟悉的文化语境中感悟中国历史。《水浒传》《红楼梦》《西游记》《三国演义》等经典作品的影视改编,迎合了大部分中国人追寻古典文化的心理需求。《射雕英雄传》《神雕侠侣》《天龙八部》《笑傲江湖》等武侠剧,多以侠客和义士为主人公,描写他们身怀绝技、行侠仗义和锄强扶弱等行为,切中了中国人心目中正直、正义、勇敢、威武的文化心理。《宝莲灯》《白蛇传》《封神榜》等神话剧塑造了一个个神话世界,反映了中国自古以来对爱情和幸福的追求。因此,充分尊重并了解各国的文化心理,是影视工作者需要认真面对的问题。

总之,影视文化消费在文化消费中居于核心地位,影视文化消费程度直接关系到文化产业的总体发展水平。因此,影视产品的生产者、经营者如何把握影视文化的消费特点和消费规律,并将其运用于产品前期策划、中期拍摄制作、后期营销等产业链各环节,就成为问题解决的关键。影视文化的消费特点和消费规律受制于多方面因素,其中心理学因素是影响影视文化消费的根本性因素,因为影视消费心理决定着影视文化消费的外在表现,是影视文化消费的内在动力。从这个意义上说,学术界加强影视文化消费心理方面的理论研究,不仅有利于指导影视市场行为,而且对发展影视文化产业具有重要意义。

二、旅游文化消费

旅游的本质是一种文化活动。首先,作为旅游主体的旅游者都是某种文化的负载者;其次,作为旅游吸引物的旅游客体大部分是人类文化的遗存或产物;最后,在旅游服务机构等媒介的介入和推动下,旅游主体实现对旅游客体的游览、访问或考察的同时,也实现了一种跨文化的交流。因此,旅游消费实质上也是一种文化消费。旅游文化消费的主体是旅游者,旅游文化消费心理研究的主要内容是分析旅游者在旅游文化消费过程中的心理特点以及影响旅游文化消费的心理因素。

(一)旅游文化消费的概念和特点

从行为分析的角度,旅游文化消费可以定义为:人们在旅行游览过程中,通过购买旅游文化产品来满足个人发展和享受需要的系列行为和活动。旅游文化消费具有以下特点:

(1)旅游文化消费的对象为旅游文化产品。旅游文化产品是个综合概念,是旅游者在旅游文化活动过程中所购买的商品和服务的总和。具体来说,它包括对旅游餐饮(食)、旅游住宿(住)、旅游交通(行)、旅游吸引物(游)、旅游产品(购)、旅游娱乐(娱)等产品和服务的购买与消费。

(2)旅游文化消费的过程体现在旅游互动体验中。旅游文化消费的完成必须借助于游客对旅游活动的参与,以及游客与旅游产品和服务人员之间的互动。旅游文化消费体现的就是旅游者与服务提供者之间的一种文化体验互动过程。

(二)旅游文化消费的心理分析

在旅游文化消费过程的不同阶段,旅游者心理需求的侧重点有所不同,需要旅游服务者有针对性地服务。旅游者普遍的心理需求包括安全、快速、舒适和愉快。

1.旅游活动初始阶段

在旅游活动初始阶段,旅游者由于初到一个陌生的环境,虽然兴奋激动,但人地生疏,语言不通,环境不同,会产生茫然无助的不安全感,存在拘谨心理和戒备心理,求安全的心态表现得特别突出。此时最急需的是消除这种不安全感,消除其陌生的心理状态,使之与新的环境相适应。在此阶段,旅游者的另一个突出心理特征是"探新求奇"。一般来说,闻所未闻或见所未见的新奇事物对人们总是具有相当大的吸引力。旅游过程中,旅游者的注意力非常集中,兴趣非常广泛,他们对看到的、听到的、感觉到的一切都感到新奇,即使是当地人司空见惯的平常事对他们来说也都可能是新鲜事。这一阶段是旅游服务工作人员工作的关键阶段,如何给旅游者留下良好的第一印象,对后面旅游活动的开展意义重大。

2.旅游活动中间阶段

旅游活动中间阶段,即游览活动阶段,是旅游者个性表露阶段。在这一阶段,旅游者之间、旅游者与导游之间逐渐熟悉了,旅游者对环境也熟悉了,起初的拘谨和戒备心理慢慢消除,开始感到轻松、愉快,产生平缓、悠闲、放松的心理。此时旅游者一方面对自己的控制力有所减弱,思考力减退,个性暴露,自由散漫,时间和团队观念差,有时甚至出现反常、傲慢、无理的言行;另一方面又产生求全心理,把旅游活动过分理想化,希望在异国他乡享受到在家里享受不到的服务,希望一切都是美好的,要求服务人员提供主动、热情、周到、舒适的服务,一旦要求得不到满足,就会反应强烈,甚至出现过火言行。这一阶段是旅游服务人员工作的重点阶段,不仅要提供高质量服务,还要有能力对旅游者行为进行正面、积极的诱导。

3.旅游活动结束阶段

旅游活动结束阶段,是指旅游者即将返程、旅游者与旅游服务人员的交往即将结束阶段。这一阶段旅游者的心理非常复杂:一方面思乡之情开始产生,急切想与家人团聚,讲述自己的旅游经历;另一方面,离开前还有许多事情要做、许多东西要买、行李要收拾,情绪会有一些焦躁和不安,希望有时间处理自己的个人事务。同时,旅游者在心理上会对整个旅游消费过程中享受的服务、付出的费用、得到的愉悦等进行综合评价以替代物质的奖励和衡量。

三、演艺文化消费

演艺业又称作舞台表演艺术业,以产品的创作、生产、表演、销售、消费及经纪代理、艺术表演场所等配套服务机构共同构成的产业体系。其类型主要包括音乐、舞蹈、话剧、哑剧、说唱、曲艺、杂技等,是文化产业核心门类之一。从总体来看,我国演艺文化消费的特点集中表现在强调现场演出效果且不易复制、互动性强、极富艺术感染力、文化消费市场相对集中、产业链薄弱和潜力巨大等方面。

(一)强调现场效果,具有不易复制的特点

追求现场效果是演艺文化消费的最大特色,也是其区别于其他文化消费形式的最大亮点。

作为一种以现场表演为依托的艺术形态,无论音乐、话剧、演唱还是曲艺、杂技,其演出的传播媒介都是真人生动的现场表演;任何一种机械化的复制或者其他传播媒介,都会使现场表演艺术作品的韵味消散或者变味。

演艺文化消费的基本要素转变为其他的如电视、电影、网络等文化消费形式,严格来说不再归属于演艺文化消费的基本范畴。由于演出的不可复制性,即使是同一演出内容,如某一音乐会进行全球的巡回演出,在不同的国度、时间和空间所展现的艺术表现形式也多有差异,这是由演艺文化消费的基本特点所决定的。而简单的复制和机械性演出是不具有生命力的,不具备演艺文化消费所追求的现场效果。

(二)演员与观众互动性强,更富艺术感染力

演艺文化消费不同于其他文化消费的另一特点,就是表演过程中演员与观众的交流互动能够带给人们更加直观的艺术震撼。相较其他文化消费类型来说,演艺文化消费更具娱乐性、互动性和艺术感染力,这也是演艺文化消费的最大魅力所在。一般来说,由于演出过程中表演艺术家与现场观众直接面对面接触,演出内容和形式可以根据现场观众的要求和气氛的变化情况进行交流互动和及时调整。演艺文化消费的整个过程不是消费者对演出节目的单方面接受,而是双向互动的,这既能够调动现场观众的积极性,也能极大激发演员的表演热情,使得演出效果更加完美。而其他文化消费形式如电视、网络、杂志等媒体所带给观众的,大多仅是单一的信息传递,不能有效实现创作者与文化消费者的情感交流和沟通互动,因此相较演艺文化消费其艺术感染力会大打折扣。

(三)地域性强,市场集中,城乡差异明显

电影、电视、网络、报刊等文化消费媒介的传播不受时间和空间限制(或限制较少),全国甚至全世界的文化消费者都可以在相同或不同时间空间享有共同的文化消费产品。而演艺文化消费则不同于以上消费形式,受到场地、设施、舞台布景的特殊要求,以及区域文化消费能力和观众人数等方面因素的制约。国内各种演出活动特别是具有较高文化品位的演出活动主要集中在北京、上海、广州、深圳、天津、成都、杭州等大城市,而中小城市特别是乡镇农村各种文艺演出活动,无论演出场次、层次、种类还是规模都要少得多、小得多。由于演出市场的相对集中,为了观赏到自己喜欢的演出,中小城市和农村的广大消费者只能不顾路途遥远甚至跋山涉水到市场集中的一线城市去观看演出,而其他文化消费形式此方面制约则少得多。

(四)演艺文化消费产业链薄弱,收益模式相对单一

当前,演艺文化消费相对于其他文化消费形态来说,其产业链较为薄弱,市场运作和收益模式仍显单一。目前我国演艺文化消费市场在收益模式方面还存在过度依赖票房收入和赞助的情况,衍生产品收益、版权收益等虽然有一定程度的发展,但也仅限于拥有较高知名度或具有明星品牌的演出(如一线歌星演唱会),一般演出活动很难从其他渠道获得高额收益,这既是我国当前演艺市场的特点,也在一定程度上制约了演艺文化市场的良性发展。许多演出活动主办方为了确保演出收益甚至只是为保住成本,往往在签订正式演出合同之前很早就投入招商活动,寻找赞助和冠名单位。也有一些演出商因为拉不到赞助或赞助经费不足,而售票情况又不乐观,就不得不在演出中偷工减料,导致演出品质和水准大打折扣,影响了演艺文化消费

者的合法消费权益。

(五)我国演艺文化消费仍处于初级发展阶段

我国演艺文化消费潜力巨大、前景广阔,但在相当长的一段时间内,各种文化演出活动都是在计划经济条件下的政府"办文化"范畴里运作,属于文化事业的范围,消费者何时何地消费何种演艺文化产品,都是由当地政府统一安排、免费观看,基本上没有选择权。改革开放以来,我国演出市场获得了一定程度的发展,但总体来看其产业化进程还较为缓慢,相对于其他文化消费形式来说整体上是滞后的。

四、网络文化消费

(一)网络文化消费的含义

网络,是继书写媒体、印刷媒体、电子媒体之后出现的,是"第四媒体"即新媒体的重要成员。网络媒体涵盖了电脑、手机、数字电视、平板、数字摄影机等一切基于网络技术相互连接的终端。

网络文化是以互联网为载体、以互动交流为特质的文化形态,通常指网络中以文字、声音、图像等为样态的精神文化成果。

网络文化消费是指在网络上进行的文化消费,主要包括对网络视频、网络文学、网络音乐、网络直播、网络游戏等的消费。

(二)网络文化消费的特点

近年来,网络文化消费发展迅猛,成为消费的潮流。网络文化消费具有以下主要特点。

1. 互动与分享

网络文化消费从单向的信息消费到互动、创造、分享。网络游戏、互动电视、手机电视、IPTV(互联网电视)等网络文化产品,注重用户互动体验。

2. 即时性

网络文化消费随时随地发生,又通过互动启动新一轮消费,消费热点潮涌不断。

3. 内容呈现新样态

(1)二次元文化。其包括由 ACGN(动画、漫画、游戏、小说)派生的一系列文化形态。创造性地挪用、拼贴或再造原有的符号体系,发掘出手办、手游、声优、立绘、舞台剧、cosplay(角色扮演)服饰、玩具周边等泛娱乐形态,甚至突破次元壁延伸到现实世界。

(2)"粉丝"文化。如爱豆、网红、流量明星,以及"粉圈""饭团"。

(3)短视频文化。从抖音、秒拍、美拍到快手直播,体现另类的审美、独特的创意。

(4)弹幕文化。视频、音频 UP 主(上传者)与消费者双向互动。

4. 大众化与个性化

(1)大众化:但也导致泛化的审美和自由个性的消泯。

(2)分众化:原来集中于少数阅听选项上的受众分散到越来越多的文化消费项目中。

(3)极化:受众分化为忠诚者和不接触者两个极端部分的倾向。

(4)个性化:需求不确定的风险增加。

大众化和差异性共同形成了"长尾效应",即大多数流行需求集中在需求曲线的头部,而个性化的零散需求则形成一条长长的尾巴。

五、餐饮文化消费

餐饮消费者与旅游者一样，都是某种文化的负载者，而饮食文化自古至今都被看作是文化的一部分，因此，餐饮消费本质上也是一种文化消费活动。餐饮文化消费心理研究是借鉴消费者心理学和消费者行为学的研究方法来研究餐饮消费者在消费活动中的心理和行为的科学。餐饮文化消费者是指为满足个人需要而购买和消费餐饮产品或服务的人。对餐饮文化消费心理进行研究，有利于充分理解餐饮文化消费者的心理需求，从而为餐饮企业开展更优质的、有针对性的服务提供借鉴，促进我国餐饮行业的良性发展。

在餐饮文化消费活动中，消费者对餐厅服务有哪些心理需求？不同群体消费者的餐饮文化消费心理各是怎样的？影响餐饮文化消费的心理因素有哪些？这些都是下面要研究的问题。

(一)餐饮文化消费者的心理特点

美国旅游基金会与宝洁公司对美国旅游者的调查研究结果显示，影响餐饮消费者初次和再次选择一家餐饮消费地的前五个因素依次是清洁、味道、合理的价格、便利的位置与舒适的环境、良好的服务。这一结果具有普遍意义。一般而言，消费者对餐厅服务的心理需求主要表现在以下几个方面：

(1)餐食安全、卫生的心理需求。消费者希望餐厅内环境整洁、地面洁净、空气清新、温度适宜、没有蚊蝇，使用经过了严格消毒的餐具、台布和口布，食物新鲜、卫生。尽管餐厅档次有高低之分，但消费者对餐食安全、卫生的要求是共同的，这也是对餐饮消费的基本要求。餐食是否安全、卫生对消费者情绪的好坏会产生直接影响。

(2)食物有营养、有风味的心理需求。消费者希望餐厅提供的菜肴能够符合他们的科学营养要求，并且希望了解食物的营养成分及含量。风味是用餐者对所品尝到的口味、嗅味和质地等的综合感觉。用餐者对风味的期望和要求各不相同，有的喜爱清凉爽口，有的喜欢色浓味香，有的倾向于原汁原味。

(3)价格合理的心理需求。消费者购买餐饮产品时，除了要有对餐饮产品潜在的购买兴趣和愿望外，还必须有一定的购买能力。人们进行餐饮文化消费时，一般会有一种担心食品的价质不符而上当受骗的心理，因此，他们往往会"货比三家"，希望用一定量的货币，买到功能更全、菜品质量更高、餐厅服务更好的餐饮食品，最终他们会选择适合自己消费档次和消费能力、物有所值的场所进行消费。当然，一部分消费能力强的用餐者，相信"一分钱一分货""价高必质优"，会有按质论价、认同高价的文化消费心理，以此来满足自己的精神需求或提高自己的身价。

(4)餐饮地点便利、环境优美的心理需求。餐饮地点交通的便利，餐饮环境的优美、舒适，都可以使消费者产生感官上的愉悦，甚至直接刺激其消费。餐饮环境既包括餐饮建筑物的外观风格和艺术形象，也包括餐厅内部的环境布置、色彩及背景音乐等。消费者只有处在便利、洁净、优美的就餐环境中，才能产生安全感和舒适感，才能满足对方便性、身份感和美感的需求。

(5)服务热情周到的心理需求。首先,消费者要求在餐厅能够享受到快速便捷的服务:到餐厅后希望能马上找到合适的餐桌和座位,希望餐厅服务员能尽快提供点菜、沏茶等服务;点菜后希望餐厅快速上菜,而不愿长久等待;在用餐过程中,消费者如果有新的需求,希望打个招呼服务员就能快速来到面前,提供相应的服务;用餐结束,消费者希望快速准确地办完结账手续。其次,消费者要求在餐厅享受到公平合理的服务。消费者认为在接待上、价格上以及服务规格上是公平合理的时候,才会产生心理上的平衡,感到没有受到歧视和欺骗。消费者在就餐过程中,如果没有因为外表、财势或消费金额上的不同而受到不同的接待,在价格上没有吃亏上当的感觉,他就会感到满意。最后,消费者要求在餐厅受到尊重。尊重需要是人类的一种高层次的需要,贯穿于餐饮活动始终。"宁喝顺气汤,不吃受气饭",是消费者尊重需要在餐饮中的生动写照。尊重消费者体现在用餐消费的各个环节。

(二)影响餐饮文化消费心理的因素

1. 餐饮文化消费者的感知觉

感知觉是直接作用于感觉器官(眼、鼻、舌、口、耳)的客观事物的属性在人脑中的反映。视觉、嗅觉、味觉、触觉、听觉等感知觉在人的餐饮文化消费活动中具有突出作用。

(1)视觉。在餐饮文化消费活动中,视觉主要是指一道风味菜肴上桌时所带给人的视觉冲击。比如,多种颜色材料的适当搭配会带给人五彩缤纷的视觉感受,新颖、独特的造型设计也同样会给人带来美的享受。中国菜肴向来讲究色香味形俱全,其中对菜肴色彩的配置和使用以及对菜肴造型的设计都是为了满足人们对餐食的视觉要求。

(2)嗅觉。在餐饮文化消费中,嗅觉往往先于味觉,有时甚至先于视觉。在菜肴上桌前,有可能鼻子已嗅到香味,从而引起食欲。反之,如果先闻到异味、臭味,再好看味美的食物也不一定受欢迎。人类的嗅觉具有很高的感受性,比味觉灵敏得多,但容易疲劳,具有适应性,即嗅觉刺激超过一定时间后,嗅觉就会变得迟钝。古语所说"入芝兰之室,久而不闻其香;入鲍鱼之肆,久而不闻其臭"就是指嗅觉的适应现象。

(3)味觉。评价食品的质量,要看色、香、味、形,但其中味是决定性的因素。味觉具有适应性,"少吃多滋味,多吃无滋味",即刺激超过一定时间后味觉会变得迟钝。味觉的灵敏度会随着年龄的增长而下降,人到中老年,味觉灵敏度下降,喜欢食用香料多、口味重和含糖量高的食物。受水土、气候等生活环境和地方习俗的影响,人们的味觉也表现出较为明显的地域性,如我国就有"南甜北咸、东辣西酸"的说法。

(4)触觉。触觉即口感,它能感觉食物的质地、涩味、黏稠度以及辛痛感等。痛感是对神经纤维的一种刺激,刺激量适当时会使人产生愉快的感觉。例如,胡椒和辣椒的调味作用,实际上是对口腔引起辛痛感的刺激。柠檬汁、苹果酸等产生的涩味反而会令人喜爱。

(5)听觉。现代医学、心理学的大量研究结果表明,适宜的音乐能够提高消化系统自主神经的兴奋性,起到增强食欲、帮助消化的作用。适宜的音乐可以使人心情舒畅、轻松愉快,从而影响人们的食欲。

2. 餐饮文化消费者的需要与动机

(1)餐饮文化消费需要。在实际生活中,餐饮文化消费者的需要表现十分复杂,它受消费者自身各种因素的影响,又受各种外界因素的影响。每个消费者的需要多种多样,但还是有一些共同的特征：

一是餐饮文化消费需要的对象性。人的任何餐饮文化消费需要有具体的对象，消费行为按一定的指向和要求去满足它。这种具体的对象是随着餐饮文化消费者认知的加深而由一般刺激转化为具体的消费行为目标。

二是餐饮文化消费需要的多层次性。由于餐饮文化消费者在民族习俗、收入水平、文化程度、审美情趣、性别年龄、消费目的、气质性格、能力素质等方面存在多层次性，因此餐饮消费需要呈现出多层次性和因人而异的现象。

三是餐饮文化消费需要的可变性。内外部各种因素对餐饮文化消费需要的产生和发展起着重要的作用。例如，人在感到饥饿时，如受到外界刺激（广告等）的影响可能产生相应的餐饮需要；而当某种餐饮价格偏高、自己无力支付时，会抑制需要，找其他低价品代替。

四是需要的无限性。在餐饮文化消费活动中，消费者的需要是不会因暂时的满足而停滞或消失的。因为人类新陈代谢的需要，当旧的需要得到了满足时，新的需要就会随之产生，如此周而复始，延续不断。

五是餐饮文化消费需要的可诱导性。消费观念的更新、社会时尚的变化、工作环境的改变、文化艺术的熏陶、广告宣传的诱导、消费现场的刺激、服务态度的感召，都可能诱导潜在的需要变成现实行为、未来的消费提前寻找实现途径、微弱的愿望转化为强烈欲求。

六是餐饮文化消费需要的受制约性。餐饮文化消费者的需要会受到生活条件、思想意识观念和伦理道德的制约。

（2）餐饮文化消费动机。餐饮文化消费行为总是受一定动机支配的。餐饮文化消费者的某种需要被主体意识到后，就会转化为明确的消费动机，促使消费者采取具体行动，寻找有效的途径去满足消费需要。我们一般把餐饮文化消费动机概括为两大类。

一是生理性消费动机。餐饮文化消费者为了保证身体健康、精力充沛，维持生命的延续，以便从事正常的社会活动，都会本能地产生衣、食、住、行等生理需要。在生理性消费动机支配下的消费行为具有经常性、重复性、习惯性和相对稳定性等特点。生理性消费动机在餐饮文化消费行为中所起作用的大小，与消费者收入水平及消费结构有直接关系。当收入水平较低时，生理性消费动机占主导地位；当消费水平随着收入水平的提高而达到一定的程度时，生理性消费动机的作用才会逐渐减弱。

二是心理性消费动机。心理性消费动机是指由餐饮文化消费者的认识、情感、意志等心理活动过程引起的消费动机。餐饮文化消费者在决定就餐前，常常有着复杂的心理活动。心理活动的结果，往往成为决定消费什么、什么时候消费的重要因素。与生理性消费动机相比，心理性消费动机对推动餐饮文化消费者的消费行为所起的作用有日益增强并逐渐占据主导地位的趋势。

3.餐饮文化消费者的个性心理特征

餐饮文化消费者的消费行为，在某种程度上是他们个性的反映。与餐饮文化消费有关的个性心理特征包括兴趣、能力、气质、性格等。

（1）兴趣。餐饮文化消费者兴趣的形成受多种因素影响。年龄、性别、职业、知识水平、社会实践经验、社会环境、家庭环境及教育背景不同的消费者会形成不同的餐饮兴趣。

（2）能力。在餐饮文化消费活动中，消费者表现出的能力有很大差异，主要表现在对食物感知分析评价能力的差异、购买决策能力的差异、与他人接触时交际能力的差异等。

（3）气质。心理学中一般把人的气质划分为多血质、胆汁质、黏液质和抑郁质四种类型，这四种气质类型的餐饮文化消费者的消费行为有很大的差异。活泼型餐饮文化消费者具有多血质的气质特征，消费独立，果断做出选择，喜欢与服务人员接触，希望消费品种花样翻新；急躁型餐饮文化消费者具有胆汁质气质特征，消费时能独立、果断地做出选择，常显得心急火燎，如果服务员服务动作不熟练或稍慢一点儿，他们就会显得很不耐烦；稳定型餐饮文化消费者具有黏液质的气质特征，消费时认真考虑、仔细挑选、表现谨慎，消费决策花费的时间相对较多；忧郁型餐饮文化消费者具有抑郁质气质特征，不愿意去热闹的场合，沉默寡言，吃饭点菜时犹豫不决，常受别人选择的影响。

（4）性格。性格具有可塑性，是在生活过程中逐渐形成发展起来的。从性格的角度出发，依据不同的分类标准，餐饮文化消费者有不同的类型。一是按理智、情绪、意志三种心理机能何种占优势，可把餐饮文化消费者划分为理智型餐饮文化消费者、情绪型餐饮文化消费者和意志型餐饮文化消费者。理智型餐饮文化消费者不盲从，习惯根据获得的信息进行冷静分析，然后做出餐饮决策；情绪型餐饮文化消费者极易受情绪的控制；意志型餐饮文化消费者有自己的具体目标，如果遇到妨碍目标实现的困难，能自觉行动，克服困难，直到达到目的为止。二是按心理活动的倾向性，可把餐饮文化消费者划分为外倾型餐饮文化消费者和内倾型餐饮文化消费者。外倾型餐饮文化消费者开朗外向、善于交际，很容易与同伴或服务员打成一片，愿意发表意见，情绪易受他人和环境的影响；内倾型餐饮文化消费者沉静、内向，喜欢安静的环境，不愿意发表意见，愿意服从他人的安排。三是按个体活动的独立性，可把餐饮文化消费者划分为独立型餐饮文化消费者和顺从型餐饮文化消费者。独立型餐饮文化消费者有主见，不易受外界因素的影响，意志坚定，处理问题也比较果断；顺从型餐饮文化消费者缺乏独立性和主见，易受暗示，消费决策中往往犹豫不决，很愿意倾听别人的意见。

经济、年龄、性别、家庭、社会阶层及文化等社会因素也对餐饮文化消费者的消费心理和消费行为有很强的影响。如：食物价格和餐饮文化消费者的收入水平是影响餐饮文化消费者消费心理的经济因素。不同年龄的餐饮文化消费者在消费心理方面有诸多差异。随着年龄的增长，消费者的餐饮文化消费动机逐渐由生理动机转为心理动机，餐饮文化消费情绪逐步取代消费的模仿行为特点。老年阶段，餐饮文化消费者在消费心理上逐步趋于保守，对价格敏感，求廉、节约动机较强烈。在消费心理上，女性餐饮文化消费者具有明显的求美和从众心理，而男性消费者普遍显示出求新、求异的心理；在消费行为上，女性挑选菜肴时细腻谨慎，男性则粗略迅速。不同阶层的消费者由于收入水平、受教育程度及职业的不同，也会有不同的餐饮文化消费习惯和消费心理。

六、文化消费服务

文化既是凝聚力量的精神纽带、推动发展的重要支撑，又直接关系民生福祉、关系人的全面发展。没有文化大繁荣，就没有现代化强国；没有文化幸福感，就没有高品质生活。党的十八大以来，党中央始终把发展公共文化服务摆在重要位置，习近平总书记反复强调"加快构建现代公共文化服务体系，促进基本公共文化服务标准化均等化"。我们要深入学习领会党中央精神，充分认识提升公共文化服务水平的重要性紧迫性。

更好保障人民文化权益，迫切要求提升公共文化服务水平。实现好、维护好、发展好人民文化权益，是社会主义文化建设的根本目的，是推动我国文化发展的出发点和落脚点。践行党的初心使命、根本宗旨、执政理念，在文化领域最重要的体现就是担当起保障人民文化权益的责任。改革开放以来，我们党坚持把加强公共文化服务作为实现人民基本文化权益的主要途径，加快建设和完善公共文化服务体系，文化民生得到显著改善，人民群众的文化获得感、满足感不断增强。同时也应当看到，随着时代进步和实践发展，人们的平等意识、公平意识、权利意识日益增强，对实现包括文化权益在内的各方面权益的要求越来越高。这就需要牢牢坚持以人民为中心的发展思想，始终做到文化发展为了人民、文化发展依靠人民、文化发展成果由人民共享，不断提升公共文化服务水平，着力增进人民文化福祉，使人民文化权益得到更充分、更切实的保障。

更好适应人民改善生活品质新期待，迫切要求提升公共文化服务水平。经济社会发展水平越提高，人民群众物质生活越丰富，人们精神文化需求就越突出。我们已开启全面建设社会主义现代化国家新征程，我国已转向高质量发展阶段，人民改善生活品质的愿望更加强烈，享有更丰富、高品位文化生活的期盼日益高涨。可以说，文化已经成为衡量人民幸福指数的重要尺度，成为提高人民生活质量的关键因素。同时也应当看到，我国文化需求和文化供给之间的结构性矛盾还比较突出，"缺不缺、够不够"问题总体上得到解决，"好不好、精不精"问题越来越凸显，高水平文化服务相对缺乏。这就需要适应我国社会主要矛盾变化，着眼不断实现人民对美好生活的向往，努力提供更多优质公共文化产品和服务，更好满足人民多样化、多层次、多方面的文化需求，丰富人民精神世界，增强人民精神力量。

更好补齐文化发展短板弱项，迫切要求提升公共文化服务水平。推动文化事业和文化产业同发展、城乡区域文化共繁荣，是我国文化建设的实践要求和重要目标。近年来，我国公益性文化事业取得长足进步，面向基层的文化惠民工程深入推进，公共文化服务整体水平明显提高。但是，我国城乡、区域公共文化服务发展的差距依然较大，公共文化资源配置不合理、基层文化设施利用不充分、文化服务效能不够高等问题仍然突出。这就需要坚持政府主导、社会参与、重心下移、共建共享，统筹推进公共文化服务"硬件"和"软件"建设，不断扩大覆盖面、增强实效性，加快建立现代公共文化服务体系。

（一）着力推出更多文艺精品

人民需要文艺，文艺更需要人民。满足人民精神文化需求，文艺发挥着特殊重要的作用。党的十八大以来，在习近平总书记关于文艺工作的一系列重要讲话和重要指示精神指引下，我国文艺事业呈现出积极向上、欣欣向荣的生动局面，文艺创作生产能力明显提升，优秀文艺作品持续涌现，特别是围绕一些重要时间节点，推出了许多质量上乘、脍炙人口的好作品。

随着物质生活的改善，人民群众对文艺的需求越来越高，文艺对人民群众生活的影响越来越大。这要求我们始终坚持以人民为中心的创作导向，聚焦弘扬中国精神、构筑中国价值、凝聚中国力量,更加自觉地为人民抒写、抒情、抒怀,努力提供更多群众喜爱的精神食粮。提高质量是文艺作品的生命线,要坚持把创作生产优秀作品作为中心环节,实施文艺作品质量提升工程,大力推进文艺创新,营造良好文艺生态,着力打造思想精深、艺术精湛、制作精良的经典佳作,不断筑就新的文艺高峰。文艺越贴近现实、观照现实,就越充满生机活力,越广受群众欢迎。要切实加强现实题材创作生产,引导广大文艺工作者把准新的历史方位和时代坐标,更加主动地深入生活、扎根人民,从当代中国伟大实践、人民群众火热生活中开阔艺术视野、开掘创作题材,不断推出反映时代新气象、讴歌人民新创造的文艺精品。

(二)推进媒体深度融合

媒体是宣传党的主张、反映人民呼声的主要渠道,也是提供公共文化服务、丰富人民文化生活的重要平台。随着互联网的迅猛发展和广泛应用,全程媒体、全息媒体、全员媒体、全效媒体应运而生,媒体领域正在发生前所未有的深刻变革,给新闻舆论工作、人民生产生活带来深远影响。

媒体格局和舆论生态的深刻变化,要求我们深入把握信息化社会和全媒体时代发展新趋势,坚持正能量是总要求、管得住是硬道理、用得好是真本事的方针,以更坚定的决心、更有力的举措推进媒体深度融合,加大统筹指导和组织协调力度,不断做强新型主流媒体,努力构建网上网下一体、内宣外宣联动的主流舆论格局。要实施全媒体传播工程,坚持移动优先,加快建立以内容建设为根本、先进技术为支撑、创新管理为保障的全媒体传播体系,牢牢占据舆论引导、思想引领、文化传承、服务人民的传播制高点。建设县级融媒体中心是推动基层媒体融合发展的主要抓手,截至2022年8月,全国已经建成2285个,要建强用好县级融媒体中心,使之成为面向基层的主流舆论阵地、综合服务平台和社区信息枢纽,更好地引导群众、凝聚群众、服务群众。

(三)推进城乡公共文化服务体系一体建设

推进城乡公共文化服务体系一体建设,是建立新型工农城乡关系的必然要求,也是解决城乡文化发展不平衡、农村文化发展不充分问题的迫切需要。

有效衔接农村文化建设、乡村振兴战略和新型城镇化战略,优化城乡文化资源配置,增加农村公共文化服务总量供给,缩小城乡公共文化服务差距,促进城乡文化协调发展。要继续发挥"文化扶志""文化扶智"的重要作用,保持对脱贫地区文化建设投入力度总体稳定,不断提高脱贫地区公共文化服务质量。要创新实施文化惠民工程,引导优质文化资源和文化服务更多地向农村倾斜,向革命老区、民族地区、边疆地区倾斜,向特殊群体倾斜。同时,要改进完善运行机制,推动"群众点单"和"政府买单"更好对接,鼓励社会力量积极参与,着力提升公共文化服务效能。要广泛开展群众性文化活动,健全机制、搭建平台,把"送"文化和"种"文化结合起来,增强农村的文化"造血"功能。文化设施是公共文化服务体系的基础,要统筹城乡文化设施建设,促进互联互通、共建共享,实现农村文化基础设施网络有效覆盖。要加强国家重大文化设施和文化项目建设,强基础、利长远、惠民生,带动城乡公共文化服务不断达到新水平。

(四)推动公共文化数字化建设

推动公共文化数字化建设,是促进公共文化服务提质升级的必然选择,也是在更大范围让人民共享文化发展成果的有效途径。近年来,随着数字中国建设的深入推进,公共文化数字平台和多种基础资源库、数据库建设成效明显,数字图书馆、数字文化馆、数字博物馆、数字文化长廊、数字艺术展示厅等大量涌现,为广大群众提供越来越多便捷高效的文化服务。

新一代信息技术多点突破、快速发展,正在广泛渗透到经济社会各个领域,数字化、网络化、智能化发展势头日益强劲,特别是我国数字社会、数字政府建设步伐加快,新型基础设施网络不断完善,互联网普及率和用户规模大幅攀升,公共文化数字化建设面临着极好机遇,具备许多有利条件。要紧紧抓住这一重要契机,更加重视推动公共文化数字化,坚持建设和管理并重,加强规划引导和政策指导,促进公共文化服务模式不断创新,努力形成线上线下融合互动、立体覆盖的文化服务供给体系。要打通各层级公共文化数字平台,打造公共文化数字资源库群,构建互联互通、资源共享的服务网络。要统筹推进公共文化数字化重点工程建设,把服务城乡基层特别是农村作为着力点,不断缩小城乡之间的数字鸿沟,让人们更有效、更公平地分享公共文化服务。

(五)传承弘扬中华优秀传统文化

中华优秀传统文化源远流长、历久弥新,是中华民族赖以生存发展的精神命脉,是滋养中国人民精神世界的深厚源泉。传承弘扬中华优秀传统文化,要坚持创造性转化、创新性发展,推动中华优秀传统文化不断发扬光大,使之展现出永久魅力和时代风采。文物、古籍承载着中华民族的历史记忆,记录着中华文明的发展脉络。切实加强文物古籍保护、研究、利用,厘清"源"与"流",讲清"古"与"今",特别是要紧密结合时代条件和实践要求进行开掘深挖,真正让收藏在博物馆里的文物和书写在古籍里的文字活起来,不断增强中华文化的生命力和影响力。我国拥有丰富的文化遗产,截至2021年7月列入世界遗产名录的就有56个,截至2022年12月列入人类非物质文化遗产名录的达43项。强化重要文化和自然遗产、非物质文化遗产系统性保护,坚持保护为主、合理利用,做到在保护中发展、在发展中保护,更好地传承和延续历史文脉。加强各民族优秀传统手工艺保护和传承,推动传统工艺振兴。建设国家文化公园是继承发展历史文化、弘扬伟大民族精神的一项创造性举措,要坚持高标准、高质量,统筹推动建设长城、大运河、长征、黄河等国家文化公园,着力挖掘和展示其中蕴含的文化内涵、文化精神,为推动中华文化走向新辉煌不断注入新动力。

思考与练习

1. 文化消费包括哪些内容?
2. 文化消费结构如何划分?
3. 文化消费结构受哪些因素的影响?
4. 如何有效促进文化消费?
5. 不同类型文化产品消费各有什么特点?
6. 如何有效提升文化消费服务质量?

案例分析

文旅局长花式"出圈"的背后

第五章 文化消费的形态及升级

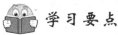 **学习要点**

1. 文化消费的变化趋势；
2. 文化消费升级的内涵；
3. 文化消费的新内容；
4. 文化消费的新模式；
5. 文化消费的新场景。

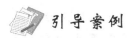 **引导案例**

短视频全民化助推数字文化消费升级

从刘畊宏的"健身操"到董宇辉的"双语带货"，从各地文旅局长竞相为家乡代言到火遍全网的淄博烧烤，在直播间里云健身、云购物、云演艺，在短视频里"种草""打卡"，新阶段下，直播、短视频进一步在平台经济中发挥着重要作用，在促进消费复苏、带动稳定就业、助力乡村振兴等方面做出了积极贡献。尤其在传递正确价值导向、凸显行业社会责任方面，直播、短视频平台结合自身特色，创新宣传形式，开拓多元、健康的正能量直播内容矩阵，将传递正向价值、践行社会责任融入自身发展。

短视频激发数字文化内容不断"破圈"

中国演出行业协会发布的《中国网络表演（直播与短视频）行业发展报告（2022—2023）》中的数据显示：截至2022年12月，我国短视频用户规模为10.12亿人，较2021年12月增长了7770万人，增长率为8.3%，短视频用户占网民整体的94.8%。直播用户整体增速放缓，短视频全民化特征进一步凸显，逐渐渗透至用户生活全场景。根据报告调研分析2022年短视频行业用户人群画像，从性别结构看，男性用户占52.2%，女性用户占47.7%；从年龄分布来看，18岁至29岁及50岁以上年龄段用户最多，两类人群占全部用户的60%。

数字技术深刻改变着文化产品的生产方式和传播格局，借助直播、短视频，不同的文化消费资源和要素得以流动、重组。《中国网络表演（直播与短视频）行业发展报告（2022—2023）》显示，2022年以来，文娱行业借助直播与短视频开发具有创意性、体验性的文化产品，积极发展在线文娱、数字艺术、沉浸式体验等消费新业态，云演艺、云健身、泛知识等新型文化业态和文化消费模式快速发展。

2022年以来，短视频平台与长视频平台从博弈转向合作，围绕版权资源、内容创作等方面展开了一系列探索，自2022年初起，腾讯视频多次向短视频创作者授权多部剧集内容，到抖音与腾讯视频的牵手,各平台"二次创作"的合作也日益增多。从长久以来的版权纷争到如今握手言和、合作共赢,衍生创作和版权保护得以平衡和兼顾,从而撬动了精品化内容的"破圈"传播。

"短视频正在激发高品质文化消费活力。"在"2023中国网络表演(直播与短视频)行业年会"上,清华大学新闻与传播学院副院长、清华大学文化创意发展研究院副院长张铮以"云荣百业·助推数字文化消费升级"为主题分享了他的观点。在张铮看来,短视频能够促进文化的传承与新消费的迭代。在碎片化、沉浸化、社交化成为文化消费新形态的环境中,短视频以其独特的优势助力新时代文化的弘扬与承继,能引导用户亲身参与并唤醒对日常生活的文化记忆,还可以激活传统文化消费并助力特色文化出圈,让异彩纷呈的新时代文化力量在新媒体得到彰显,同时也能促进文化与商业的融合与共生。《中国网络表演(直播与短视频)行业发展报告(2022—2023)》认为,数字经济领域更为明晰的监管方向及发展路径,将加速稳定市场预期,提振行业信心,催动新一轮的创新与机会。

视频号扩大主流媒体声量、强化主旋律声音

走出微信好友的小圈子,进入更大的公共区域的舞台,成为每个机构及个人的社交名片……视频号拥有庞大的微信用户基础,便于访问,可通过创造内容,持续保持互动,可以了解现实中熟人关注的文化内容,也更加符合真实社群和地域文化的生产逻辑,能够满足民众对文化消费的多样化、个性化需求。在由"青峰计划"、清华大学文化创意发展研究院和中国演出行业协会联合出品并发布的《后疫情时代数字文化产业的高质量发展——以微信视频号助推数字文化消费升级》的调研报告中,细致分析了微信视频号自2020年开启内测,2021年完成功能迭代,2022年持续发展,推动数字文化产品在高品质升级中的引领作用。

视频号基于微信社交生态,形成了公私域互动、跨功能跳转等优势,也引领了数字文化消费。调研发现,九成以上的用户使用过视频号,且经常使用的受访者占比接近六成,过半数的用户使用频率较高,而调研发现视频号的使用目的以自我增值休闲为主,其次是社交功能。受众不再是被动接收者,而是由"受"变成了"用",由"众"变成了"户",甚至成为参与内容呈现的"共创者",由消费者变成了生产与消费融合的"产消者"。

值得关注的是,政府机构与官方媒体的视频号带来了公共传播的新路径,一方面是视频号中短视频和直播的功能优势,政务机构与官方媒体在视频号中发布的短视频内容一般较为短小,也往往是最关键的核心画面,而在碎片化时代,这样"精简化""轻量化"的内容往往更受人们喜爱,更容易出"爆款"。另一方面,政务机构与官方媒体的视频号内容更容易在微信群、朋友圈或一对一微信发送过程中传播,经调研发现,八成以上的被调查者表示认同与"主流媒体视频号价值"相关的系列观点。同时多个官方机构协同共存于视频号生态中,在快速传播、多路径传播的过程中,多个媒体路径联动,扩大报道覆盖面,使主流价值观在连续、重复、多样的传播方式下达到累积、共鸣、遍在的效果。这种公共传播的新方式,扩大了主流媒体的声量,强化了主旋律内容的声音。

资料来源:张悦.短视频全民化助推数字文化消费升级[N].中国艺术报,2023-05-19(4).

第一节 文化消费的变迁

随着生活水平的不断提高,文化消费需求的高端化、个性化、定制化特征日趋明显,消费品质由中低端向中高端转变,消费形态由物质型向服务型转变,消费方式由线下向线上线下融合转变,消费行为由从众模仿型向个性体验型转变,消费人群的分众化趋势愈发明显。一方面,1995年以后出生的"Z世代",对互联网的发展和变化有着更强的感知及适应能力。"Z世代"是个庞大消费群体,其独有特征和群体特性所形成的新需求、新文化,催生出与之相匹配的新经济趋势,网络文学、网络游戏、网络直播、动漫、盲盒等新兴产业业态,将抢占未来主体文化消费市场。另一方面,随着我国老龄化加快,老年文化消费日益增长,而我国老年文化消费市场尚未全面打开,老年文化消费也将成为文化消费的主要目标群体之一。"文化+消费"正在通过创新模式连接,带来更多精准流量和变现,线上线下文化消费数字化交融,重新定义文化消费新常态。

一、新中产阶层的崛起

从当前的社会结构来看,我国尚未形成发达国家那种以中产阶层为主体的"橄榄型"社会。但伴随着经济社会的快速发展和商业化的推进,一个新的社会群体——新中产阶层正在崛起。这一群体在观念和行为方式上都更加充满活力,不仅重视事业上的成就和家庭生活的幸福美满,还关注自我的提升和满足。他们重视效率和品质,偏好富有格调的产品,热衷于创意和各种新奇的点子。人们不再简单地用消费品的数量和价格,尤其是对高端消费品和奢侈品的购买力来衡量个人的社会地位和消费层次,生活方式、消费品质和审美品位成为鉴别社会阶层、标榜身份和地位的符号与隐性标准。

(一)新中产阶层的概念

新中产阶层并不是一个严格意义上的学术概念,目前并无准确、统一的定义,但其大致具备教育背景良好、中等以上收入和财富水平、追求生活品质等几个标签。从年龄分布来看,新中产阶层中数量最多的是"80后"群体,其次是"70后"和"90后";从城市分布来看,他们大多来自一二线城市;从收入与资产水平来看,净收入(除去各项开支的家庭净收入)在10万~50万元或可投资资产在20万~500万元;从受教育程度来看,他们普遍接受过高等教育。

中产阶层的认定标准主要是收入水平和资产的多少,而新中产阶层的界定则更加看重生活方式和价值观。新中产阶层与中产阶层相比一个重要的区别就是,"在拥有一定的时间、财富和社会资源的基础上,他们对于这些资源更为多元化的支配方式"。与处在相同或相近财富水平上的其他群体相比,"新中产"们往往更注重内心体验、自我表达、精神上的满足以及健康的生活方式,他们的审美观念、消费方式以及与世界的连接方式都更为时尚和现代。

(二)新中产阶层的消费特点

新中产阶层的消费符合新一轮消费升级下居民消费的基本特征,但在追求消费品质、体验以及个性化和自我价值的表达方面表现得更为突出,对生活方式类消费和新兴消费形态表现出更强烈的兴趣,成为消费趋势和消费潮流的引领者。从总体上看,新中产阶层在消费方面已经超越了物质上的"小康",处于富裕型消费阶段并逐步向现代型消费过渡,在消费模式上从"外向型炫耀消费"向"内向型自我享受消费"转变,"品质""体验""个性""创意""智能""艺术和设计感"等是新中产阶层消费的关键词。他们具有独立、清晰且符合当代商业美学的审美趣味,不盲目崇洋或追求名牌;服务性、体验型消费增加,将更多时间和金钱投入享受生活和自我修养提升方面;移动互联网成为他们重要的生活方式,通过网络连接线上线下的社交圈。具体来说,这一群体的消费特点主要表现在以下两个方面。

1. 消费更加理性,重视消费的品质、内涵和价值观的表达

一方面,新中产阶层具有较为充足的财富和社会资源,因此在生活方式和消费对象的选择上也更加自由。比起价格和数量,他们更看重的是产品的整体品质,包括外观、功能、服务以及设计上的一些细节。另一方面,他们倾向于表达自己的个性、价值观和审美喜好,更多地关注内心的感受,而不太在乎别人的看法;在品牌的选择上,不再执着于奢侈品,而将更多的注意力放在了品牌文化与品牌价值观的契合度上。例如,在选择服装时,他们会考虑的是:质地是否传递高级感,设计是否简洁大方,以及品牌背后的故事是否打动人。牛津学者詹姆斯·哈金在《小众行为学:为什么主流的不再受市场喜爱》中谈到消费升级时说,持有这种消费观的消费者不甘于普通大众消费品的平庸,又不可能也不愿意全部换成高档奢侈品,他们热爱的是一些工艺和设计等比传统消费品高一点、价格高两点的升级消费品。新中产阶层追求的是一种"好,但又不是最好;贵,但又不是太贵"的消费方式,实现了从物质满足到精神愉悦,从盲目追求名牌到向往"美好事物"的转变。

2. 生活方式类消费增加,重视消费的体验性和参与感

与过去单纯重视实物消费和功能性消费不同,生活方式类和符号性消费在新中产阶层的生活中所占的比重越来越大。他们热衷于旅行、艺术活动,享受美食和健康生活,乐于把时间和精力投入"无用的美好事物"上。他们消费的不仅仅是产品或服务本身,而是消费行为和消费过程中所体现的生活理念和所象征的生活方式。愉悦感和生活方式的认同度成为衡量消费对象价值的重要指标。新中产阶层将更多的财富、时间和社会资源用于服务类消费,更加重视消费的体验性,并且极力追求个性、自由、精神愉悦和人生意义。上绘画、插花、茶道或手工课程,参加创意市集、集体户外活动,或者带孩子参加亲子类互动体验和游乐项目,成为越来越多都市白领周末解压放松、提升自我和社交互动的生活方式。

(三)新中产阶层的文化消费

新一轮消费升级的一个重要特点就是精神性消费在消费结构中的比重大幅增加,文化消费持续增长。新中产阶层升级在消费升级中表现得十分活跃,尤其是在文化消费领域。新中产阶层有较稳定的收入,教育背景良好,追求有品质、有态度、个性化的生活,而文化生活是展现生活方式、提升生活品质、满足精神需求、实现自我价值的重要载体。因此,该群体的文化消费需求呈现出显著增长且日益多元化的趋势,推动文化消费市场的不断扩大,成为文化消费增长新的动力。同时,新中产阶层的消费需求层次相对较高。虽然我国的文化消费结构整体上仍然相对落后,传统的休闲娱乐消费仍然占很大的比重,但新中产阶层的消费观念和消费习惯都更加时尚,青睐知识性消费、生活方式类消费以及高文化附加值和创意含量的产品和服务。其中"80后""90后"的年轻群体,对于新的文化消费方式和消费形态表现出极大的热情。

1. 教育和自我提升类消费显著增加

随着现代生活节奏的不断加快,知识更新的周期越来越短,信息量也呈爆炸式增长,从产品、技术到观念都在高速发展和迭代,对人的知识水平和综合素质提出了更高的要求。因此,学习和自我提升成为迫切的需要。同时,获取知识的渠道更加多元化,知识获取更加便利,交流互动的方式也更加新颖和具有趣味性,这些大大提升了人们对知识性消费的兴趣。新中产阶层极高的学习热情和自我提升意识,使其在学习提升方面的开支显著增加。值得注意的是,新中产阶层正在成为知识付费的主要用户群体,知乎、得到、扇贝英语、薄荷阅读、网易公开课等学习和知识分享类应用平台在该群体中广受欢迎,不仅体现了新中产阶层对知识的强烈需求、不断提升自我的紧迫感以及更强的付费意识和习惯,还反映出这种新的消费方式所具有的象征个体身份、地位和自我价值的"符号"意义。

2. 高雅艺术类消费逐步提升

尽管大众文化、流行文化类消费仍然是我国文化消费的主流,但新中产阶层正在崛起为歌剧、音乐会、艺术展览、艺术品博览会等高雅艺术类消费的主力军。高雅艺术类消费不仅要求较高的支付能力,而且必须建立在一定的艺术品位和艺术理解能力的基础上。新中产阶层不仅具备较强的购买力,而且接受过良好的教育和一定的艺术熏陶,具备艺术欣赏所需要的基本知识结构和美学素养。同时,他们在消费观念上也更加开放,愿意尝试更高层次的消费类型和消费内容,尤其是精神性的消费。因此,新中产阶层的艺术消费需求正在快速增长,剧院、音乐厅、美术馆等艺术场馆已经成为他们生活的一部分,同时许多人开始介入艺术品收藏领域。京东针对艺术品消费进行用户调研的结果显示,超过四分之一的用户对艺术品相关领域感兴趣,会逛线下的艺术场馆,关注艺术领域的资讯。新中产阶层作为新成长起来的艺术品消费群体具有明显的消费偏好,尽管对艺术品的品质有较高的要求,但并不热衷于投资天价艺术品,而是青睐更加年轻化的现当代原创作品,包括油画、版画、当代水墨和雕塑作品等,以及艺术与生活相融合的创意衍生品。

3. "文化＋生活"类新兴消费形态受到关注

新中产阶层对生活方式类消费的偏好也渗透到文化消费领域,在时尚、运动、饮食、旅游等领域积极实践生活化的文化活动。他们热爱旅游,并且倾向于主题旅游、定制旅游,比如工业旅游、博物馆游、特色小镇游和一些相对小众的旅游目的地。比起价格、住宿条件等硬性要素,他们更加看重旅游目的地的文化特色和旅游过程中的深度体验。他们既关注新型的智能文创产品,如快速变温水杯、智能音箱、VR眼镜等,同时又向往内涵式的"慢生活"以及融入中国传统美学元素的"新中式"设计,生活美学空间、手作体验、传统文化体验以及以"慢生活"、田园生活为主题的特色民宿等尤其受到新中产阶层的欢迎。

二、文化消费与消费文化的变迁

互联网带来的数字化、社交化、服务型的消费变革在文化消费方面体现得极为深刻。数字化带动了文化内容生产与传播方式的变革,进一步引发消费习惯与渠道的丰富,激发了更多个性化文化需求与社群的喷涌;社交化消费进一步加速了大众文化的传播速度,并孕育和滋养出更多亚文化,使文化呈现百花齐放的多元态势,带动了阶段性与现象级的消费热点;文化消费

本身具有的精神性、知识性、娱乐性特征,在服务性消费诉求大增的互联网时代,发展出知识付费、体验价值等新消费观念,进一步彰显了互联网背景下文化消费的独特之处。

(一)消费习惯与消费方式的重塑

互联网重塑了文化消费内容与方式,创新了消费载体与渠道,并更新和深化了消费者的文化观念。2023年3月2日,中国互联网络信息中心(CNNIC)第51次《中国互联网络发展状况统计报告》发布。该报告显示,截至2022年12月,我国网民规模达10.67亿,较2021年12月增长3549万,互联网普及率达75.6%。该报告指出,2022年,我国产业数字化发展进程提速,互联网相关技术与应用创新加速向工业、交通、医疗、教育等领域拓展深化。"5G+工业互联网"加速赋能实体经济,推动人、机、物全面连接的新型生产方式落地普及,成为制造业高端化、智能化、绿色化发展的重要支撑。数字产业化稳中有进,互联网新业态、新模式、新应用、新场景融合发展,为数字经济注入强劲动能。

截至2022年12月,全国网上零售额达13.79万亿元,同比增长4.0%。短视频、线上办公、互联网医疗等互联网应用加速普及。截至2022年12月,我国短视频用户规模达10.12亿,同比增长8.3%;线上办公用户规模达5.40亿,同比增长15.1%;互联网医疗用户规模达3.63亿,同比增长21.7%。线下场景为数字生活凝聚"新潜力"。2022年,我国线下场景加快拓展,促进相关线上业务进一步发展,形成线下线上互促共融的良好态势。其中,在线旅行预订、线上健身等领域持续发展,为广大网民创造更加丰富多彩的数字生活。截至2022年12月,我国在线旅行预订用户规模达4.23亿,占网民整体的39.6%;线上健身用户规模达3.80亿,占网民整体的35.6%。特别值得关注的是短视频用户规模快速增长,成全民化应用。短视频用户规模首次突破10亿,用户使用率高达94.8%。2018—2022年,短视频用户规模从6.48亿增长至10.12亿;用户使用率从78.2%增长至94.8%,增长了16.6个百分点;与第一大互联网应用(即时通信)使用率间的差距由17.4个百分点缩小至2.4个百分点。短视频内容不断丰富,成为移动互联网时长和流量增量的主要来源。短视频与直播、电商、教育、旅游等行业相互支撑,数字化的强势发展改变了文化消费的方式和习惯。

(二)消费热点与消费文化的创新

文化的本质在于内容,价值在于意义。互联网背景下,文化内容与意义均转化为信息与标签,成为社交要素与社群基础。具有相同文化认知与理念的人们,通过消费得以将其所代表的文化进行彰显与巩固,进一步形成个体差异化表达和群体归属性强调并通过互联网等传播渠道传播和扩散,形成群体效应。可以说,社交既是文化消费的重要诱因,也是文化消费持续发酵的主要方向,由此催生了众多文化消费现象与消费热点。

1."宅文化"消费

"宅文化"是指对动画、漫画、游戏(ACG)等文化产品和服务极尽痴迷的社群所形成的亚文化生活方式。随着数字网络的发展,ACG等原本数字内容范围不断扩大,网生方式已然普遍。"宅文化"演化为因痴迷于某种数字内容,热衷待在家里的"宅"的亚文化现象,这是目前在"90后""00后"群体中较为流行的新型社会关系。

与传统社会关系构建相比,"宅文化"不受血缘、地缘因素限制,表现出高度的自由度与个

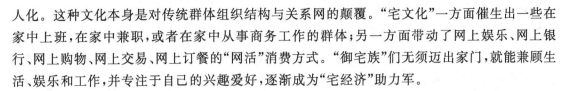

人化。这种文化本身是对传统群体组织结构与关系网的颠覆。"宅文化"一方面催生出一些在家中上班,在家中兼职,或者在家中从事商务工作的群体;另一方面带动了网上娱乐、网上银行、网上购物、网上交易、网上订餐的"网活"消费方式。"御宅族"们无须迈出家门,就能兼顾生活、娱乐和工作,并专注于自己的兴趣爱好,逐渐成为"宅经济"助力军。

2."丧文化"消费

"丧文化"是指一些"90后"的年轻人面对现实,因迷茫与颓废而丧失目标,从而漫无目的地踽踽前行与生活。"丧文化"最初通过表情包的方式实现集体发声与病毒式传播蔓延。在社交信息中加入表达"丧"情绪的表情包成为该文化社群的标志。诸如懒蛋蛋、马男波杰克、悲伤蛙等表情包在多条传播渠道与国内外各大社交平台迅速蹿红。"丧文化"以表情包的方式迅速切入年轻人与网生代生活,成为亚文化的语言表达工具,这是文化借互联网与数字社交媒介传播的典例。

2017年4月,网易新闻和饿了么联手推出一间只营业4天的快闪店——"丧茶"。"丧茶"原本只是网上的一个段子,是某网友因为"喜茶"火爆而以玩笑的方式写的小文,却没想到受到不少人注意。"丧文化"内容加以商业化发酵。"丧茶"的文案负能量满满:"你的人生就是个乌龙玛奇朵""你不是一无所有你还有病啊乌龙茶""碌碌无为红茶,依旧单身绿茶"。这样的商业文化在信息共享时代毋庸置疑地成为话题热点与圈子标志,随之而来的"丧茶"爆款消费不过是观点与想法的行动佐证。持续的"丧文化"消费随着文化产品的丰富而延伸。随着奥斯卡获奖影片《海边的曼彻斯特》上映,"丧文化"以鲜活完整的剧情与典型的形象呈现在人们面前:颓废的基调,丧气的男主,无力的话语。正如台词所讲:"不是所有人都能和过去和解,人生苦长,走不出来就是走不出来,我们每个人都是无能为力的。"这部没有大团圆反转与屌丝逆袭的扎心电影,将"丧文化"提升到艺术的高度,引发了新一轮"丧文化"消费,发出亚文化集体式呐喊。

3."佛系"消费

如果说"宅文化"与"丧文化"消费是互联网背景下文化消费的社交孤独性表达,那么,如《跳一跳》《旅行青蛙》等小游戏则是文化消费社交化的集中体现。

《跳一跳》是腾讯开发的小程序游戏,推出之初瞬间达到了1.7亿的月活指数,创下了现象级游戏的顶峰,并迅速引发了小程序游戏的消费热潮,这背后的原因在于隐藏其后的亚文化社交渴望。首先,小游戏内容本身是社群区分的方式之一,小程序游戏排行即是相同兴趣分类的直观体现。其次,游戏内设的成绩排行,成为社群互动的活动区域。人气越高的小游戏,游戏排行流动越频繁,这样会激励玩家不断刷新排行。小程序或社交平台小游戏有专属平台不具有的特征,那就是排行榜本身就担任了传播中的一环。此外,内置的分享按钮会让小游戏的传播直接在微信内部消化,社群化分享也使小游戏的分享复活机制有了大量出口。全民游戏消费成为社交圈的话题与标志,使文化消费成为社交赋能的重要手段。

另一款放置类手游则延续了游戏消费的一贯风格——虚拟消费,只不过玩家不是为了竞技动作或智力比拼砸钱,而是通过"无所作为"的"佛系"消费,引发消费热潮。如《旅行青蛙》的佛系游戏中,游戏场景极为简单,只有家里的院子与房间。玩家的任务易完成,只需收一收草,为青蛙准备出门的干粮,这样的任务基本不需要用户花费时间和金钱。佛系游戏的另一个特点在于其静态互动。青蛙在旅行过程中会不定时地给"父母"寄回明信片,用户静态收取并拆封明信片是唯一互动。所以,整个游戏闭环就是收割、劳动、挣钱,给青蛙买生活用品,吃饱喝足的青蛙可以去旅行,旅行过程中会结交朋友,也会给"父母"带纪念品,青蛙因此会得到更为丰厚的回报,并逐渐提升生活质量。如此真实的生活场景,基本不存在接受成本,更为关键的是,它去掉真实生活粗鄙的一面,将"养娃"艺术化。在触动了玩家心底那颗"父母心"的同时,保留了付出与回报、牵挂与担心、自由与约束这些人类共同的亲子情感,准确地把握住了玩家的"牵挂心理",以及由此产生的"操心"与"碎碎念"心理,而这为玩家间交流提供了主要话题,使游戏者对其欲罢不能。同时,青蛙带给玩家们的"回报",又进一步激发了玩家的炫耀心理,话题内容通过微信、微博等社交渠道互相传递,最终成为文化消费的新热点。

三、文化消费形态的更新

中国经济正在迈入以国内大循环为主体、国内国际双循环相互促进的新发展格局。消费作为拉动经济增长的首位驱动因素,在"内循环"体系中扮演的角色愈发重要。消费是一个快速发展、演变并迭代的市场,不断推陈出新的消费触点、消费内容、消费载体和消费场景都能看出消费市场演进的时限性。

(一)文化消费 3.0 时代

在消费力转化为最终消费的过程中,影响消费力的因素由两方面构成:其一是消费能力,其二是消费意愿。消费能力的形成由城市经济发展水平、居民收入水平、财富积累程度、人口基数、人口导入能力及城市辐射力等多方面因素决定;而消费意愿要在消费能力基础上转化为消费力,需要的是消费触点。网红经济、首店经济等消费热词都是一个城市最具 IP 效应的消费触点,能够激发消费者的消费意愿。消费最终形成后,对市场而言,消费支出与投资和净出口形成拉动经济增长的"三驾马车";对消费者而言,消费支出转化成消费者个人的消费效用,刺激未来消费需求。至此,消费最终形成一条完整的闭合产业链条(见图 5-1),不断循环往复拉动经济发展,提升消费者的生活幸福感。在这条闭合的消费循环链条中,"消费触点""消费内容""消费载体""消费场景"每一个环节都不断推陈出新、快速迭代,让首店经济、网红经济、夜间经济、社区经济登上社交媒体热搜榜,这便是消费 3.0 时代的消费市场主要特征。

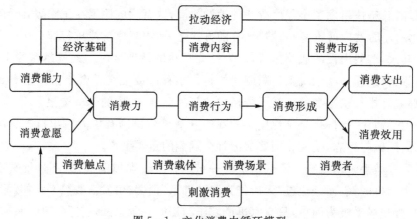

图 5-1 文化消费内循环模型

(1)文化消费1.0时代。消费处于最早期的雏形阶段,消费的功能主要是满足消费者的基本生活及物质需求,因此消费的内容以购物为主,消费体验在这一时期并非消费者关切。

(2)文化消费2.0时代。随着消费需求快速迭代,消费不再局限于满足人民的基础生活,不再局限于购物,更加注重消费体验,品牌与业态的快速进入让消费的内容更加丰富、多元,购物与体验紧密结合,消费体验成为竞争关键。

(3)文化消费3.0时代。消费载体不再局限于百货、购物中心、街区商业等传统零售商业载体,消费与体育、演艺、电竞、文旅等满足消费者更高层级精神需求的社会活动共融共生,载体多元创新、内容迭代升级,线上消费改变消费者行为。因此,消费在流量、内容、场景、科技等多个维度不断创新扩容,进而形成一条完整的产业链,驱动零售商业市场进入快速演变时期。

(二)文化消费的多元化形态

经济技术的发展、社会需求的变化和社会生活方式的变革导致消费形态的不断更迭,尤其是互联网时代的到来,使生产、流通和消费领域均发生了革命性的变化。新技术产品涌现,传统零售向电子商务、"新零售"的方向发展,产业融合与业态创新使消费形态变得更加丰富和多元化。互联网改变了文化内容生产和传播的方式,重新定义了生产者与消费者的关系,硬件升级以及内容、技术和渠道上的创新为文化消费提供了更加多样化的选择。同时,新的消费需求也催生了新的供给,文化产品及服务的内容和形式都发生了深刻的变化。

《文化及相关产业分类(2018)》相对于上一版分类标准的新变化也反映了消费形态的变化。例如,新标准中增加了"休闲观光游览服务"种类,体现了文化与旅游的密切关系,文化旅游已经成为主要文化消费形态之一;增加"互联网文化娱乐平台",是对网络文学、网络影视、网络动漫、电子竞技等网络文娱消费快速增长的回应;将原"文化用品的生产"和"文化专用设备的生产"两大类修订为"文化装备生产"和"文化消费终端生产",新增"可穿戴智能文化设备制造""其他智能文化消费设备制造"小类,则说明文化消费终端的类型越来越多样化,尤其是数字化、智能化的文化消费设备。

文化消费形态的更新,突出表现为文化消费的数字化,以及从满足单一需求到满足复合型需求的转变,同时也包括新的技术和消费终端所带来的功能性和体验性的升级。尽管新的文化消费形态并没有完全取代旧的文化消费形态,但却在很大程度上改变了人们的消费心理和消费习惯,为文化消费提供了更多新的选择。伴随着互联网和移动互联网的普及,数字阅读、数字音乐、网络视频、网络直播、电子竞技等在很大程度上取代了读报纸、看电视新闻、玩单机游戏等传统的文化消费形态。这种消费形态的转变不仅是简单的"从线下到线上""从实体媒介到数字媒介"的消费渠道和消费载体创新,还意味着信息交流和社交互动方式的变革,以及用户界面的创新和消费体验的全面优化升级。QQ音乐和网易云音乐等网络音乐平台不仅仅是音乐播放器,而是以数字音乐产品和服务为核心的网上音乐社区,能够基于大数据、云计算等技术提供个性化、定制化服务。它们除了播放音乐,还具有收藏、评论、分享、推荐等功能,并根据用户反馈数据分析其偏好和使用习惯,进行消息推送和歌曲推荐。人们在观看电视节目时也不再只是电视机前的"观看者",而是可以通过网络视频发送实时"弹幕",随时随地地发表自己的评论并与认识或不认识的网友交流、分享,个体的休闲娱乐行为融入巨大的网络社群中。

(三)文化消费方式的更新

新技术的应用和硬件设备的升级不仅提升了产品的功能性,也为消费者提供了更佳的感官体验以及深度的参与和互动。人工智能技术通过语音识别、人脸识别、自然语言处理、智能搜索和深度学习能够更好地识别信息和需求并进行实时反馈和互动。"文化+人工智能"意在通过科学技术满足用户的精神文化需求,从而创造一种全新的文化消费体验与符号解码历程。全息投影、VR和AR技术打破了虚拟与现实的边界,营造了"身临其境"的代入感和沉浸感。可穿戴娱乐设备通过传感、虚拟显示、无限通信等技术手段创新了人机交互方式,使数字化娱乐体验更加真实、立体和富于动感。《精灵宝可梦GO》是一款通过智能手机在现实世界里发现精灵并进行抓捕和战斗的AR游戏,使电子游戏不再局限在电子设备的虚拟场景里,而是可以发生在家、公园、城市街道等各种现实场景中,颠覆了传统的游戏模式。体感游戏则通过游戏手柄和可穿戴设备让玩家通过身体动作来控制游戏,将平面游戏三维化、立体化,增强了游戏的参与性和趣味性。3D展览、VR眼镜和更多数字化的展览方式打破了传统的展览形式,通过超越时空的场景模拟和复原以及全景展示、虚拟漫游等给用户带来了更加丰富和深入的观展体验。

随着消费需求的不断更新和升级,单一的文化产品和服务已经满足不了人们的文化消费需求,更多定制化且多样化的文化消费需求倒推文化产业进行更新调整。在文化产业与其他产业、文化产业内部不同行业之间相互融合的过程中,越来越多新的消费形态正在不断涌现。例如,康养旅游以"文化+康养+旅游"的新模式,同时满足人们健康、养老、养生和旅游休闲的复合型消费需求,并结合饮食文化、茶酒文化、中医药文化、国学文化和禅文化等多种文化元素,通过文化创意提升了康养和旅游消费的内涵,既养身又养心,使游客在休养生息、观光娱乐的同时获得精神上的满足,丰富和充实了消费体验。例如,《西游记之大圣归来》电影众筹的成功,掀起一股影视众筹的热潮。文化众筹是"文化+金融"的创新发展形式,既是一种投资行为,也是一种消费行为。文化众筹实际上销售的是故事、情怀、创意和梦想,并通过对粉丝经济的把握,让消费者(投资人)参与到文化产品生产制作的过程中,使消费者在项目分红之外,还能够获得强烈的参与感、体验感和满足感。众筹版昆曲《玉簪记》把传统的戏曲演出变成了由一个讲座、一台演出、一次众筹、一场红毯秀和一席家宴组成的产品群,并通过对"场外赞助"观众、"核心"观众和"致敬昆曲"观众的人群细分和差别定价,以及提供参观后台、与演员交流、与大师共进晚餐等不同的活动内容满足了不同层次的心理和情感需求,是对"互联网+戏曲+众筹"的新消费形态的一次成功实践。

(四)文化消费观念的发展

消费心理是消费主体在消费过程中的心理特征和各种心理活动,与消费形态之间有着十分密切的联系。一方面,消费心理影响消费形态。消费心理建立在性格、气质、兴趣、价值观和生活方式等因素的基础上,对消费对象的选择和消费中的具体行为产生直接影响,并集中反映在消费形态上。例如,"80后""90后"的消费观念相对时尚,乐于尝试新鲜事物,是VR游戏、网络直播、知识付费等新的消费形态的主要消费群体;而"95后""00后"则更加崇尚独立与个性,热衷于二次元文化,对网络动漫、动漫周边产品和二次元手游情有独钟。不仅如此,消费观念的发展和消费心理的变化也会影响人们的消费选择,导致消费形态的变化。生活节奏的加快、信息爆炸和碎片化的时间使人们变得越来越功利化,倾向于快餐式的文化消费形态,于是出现了短视频、小游戏和各种碎片化的阅读方式以满足这种消费需求。定制化旅游、私人定制的文创产品,以及新闻客户端、网络音乐平台和生活方式类应用所推出的智能筛选和推荐功能也都是对人们更加追求个性化、差异化和精细化的消费心理的响应。另一方面,消费形态在反映消费心理的同时,也会对消费心理产生影响。这一点突出表现在互联网和数字技术对消费心理与消费习惯的重塑上。

1. 互联网的开放性与去中心化改变了内容生产和消费的模式,也重新定义了社会关系以及社会参与和交往的方式

在互联网平台上,人们的角色从"消费者"变成了"用户",任何人都可以成为信息发布者和内容生产者,成为他(她)所在的社群网络的中心。网络文化消费具有平民化、草根性的特征,因此用户的消费心理也更加积极和开放,主导性更强,由被动接受变为主动参与,由单纯消费变为价值共创,并积极寻求认同与关注。例如,网络直播这种消费形态的出现,给了普通人一个成为主播甚至"网红"的机会,也为观众提供了释放压力、缓解孤独的新方式,满足他们的猎奇、窥私和情感投射的心理需求。然而,在全民娱乐、全民狂欢的背后,隐藏着过度娱乐化的"娱乐陷阱"。网络娱乐消费的爆发式增长和五花八门的数字娱乐产品存在低俗化、泛娱乐化的倾向,人们在获得了虚拟的、短暂的快感和满足之后,面临的是更大范围和更深层次的"群体性孤独"。

2. 网购、外卖、生鲜速递、上门服务以及在线教育和网络娱乐平台使人们足不出户就能满足生活、购物、社交、学习和娱乐等各种日常需求

互联网提供的海量产品和信息使人们有了更多的选择,因而对产品和服务提出了更精细化的要求并抱有更高的期待。与此同时,丰富多样的网络消费形态,也令人产生了强烈的网络依赖,尤其是手机依赖心理,许多人尤其是年轻人不愿意出门,习惯于"线上生活"和虚拟社交,变得越来越慵懒,并逐渐形成一种"宅文化"。

3. 新的消费形态可以培养新的消费习惯,引导和创造新的消费需求

共享单车、共享充电宝、共享住宿等共享型消费形态的出现,推动了共享理念的传播。人们开始习惯于共享的消费方式,这种倡导分享、经济、绿色、可持续的文化和价值观对消费者的消费心理产生了重要的影响。在线教育的普及打破了传统课堂的限制,人们可以通过互联网随时获取所需的知识技能和全球各地不同专业、不同领域的课程资源。其改变了人们对于教育和学习的认知,使人们更加主动且有选择性、针对性地去寻求知识和进行自我提升,消费理念更加积极和灵活。过去,人们对博物馆、传统文化、文物和非物质文化遗产存在一种古老、严肃、高高在上的刻板印象,认为它们离日常生活和消费很远。而近几年来,故宫的"萌"系文创、非遗技艺体验活动以及《国家宝藏》《中国诗词大会》等电视节目的出现,通过科技、创意设计和新的展现与互动形式活化了文物与传统文化,激发了人们尤其是年轻一代的消费热情,创造出新的消费需求。

(五)文化消费的新形态

1. 技术驱动,跨界融合,实现消费"数字双生"

新一轮信息科技革命催生了许多新业态、新模式,成了扩大消费的重要引擎。此次新冠疫

情期间,传统的线下消费受到抑制,而以数字技术为支撑的线上消费模式成为推动经济社会运行的重要力量。许多传统业态积极开展线上业务新模块,一些原有的新兴业态实现了优化升级,线上线下的消费边界正在逐渐模糊。在新消费形态下,技术的驱动力量将得到充分显现,通过拓展技术服务边界推动线上线下、不同行业跨界融合的力度将持续增大,"数字双生"的消费模式将成为现实。

推动消费实现"数字双生"的步骤主要包括"消费场景迁移—消费体验复原—消费内容创新—线上线下消费模式共生"。长期以来,线上消费常被视为线下消费市场的"第二消费空间",是具有伴生性的"补充消费模式",其消费潜力并未被有效挖掘。而在5G时代全面开启的背景下,大数据、物联网、虚拟技术、人工智能等技术的日趋成熟将推动线下消费场景向线上完整迁移,进而高度复原线下的消费体验。以此为基础,结合线上场景与业态模式特点,通过产品创新与服务优化有效提升契合线上消费模式的内容供给能力,使线上空间逐渐形成更加独立的消费场景,让线上和线下消费实现同质供应、共生发展。

2. 资源重组,供给提质,实现垂直化、品质化升级

在疫情冲击下,许多消费形态受到阶段性抑制,一些行业迎来洗牌,而伴随这个过程的将是优质市场资源的重新整合。新消费形态主要体现为依托新平台,适应新变化,满足新需求,形成新习惯。

首先,随着线上线下消费场景被逐步打通,数字技术将推动搭建高效率、一体化的平台,内容供给也需要与之高度契合。其次,消费理念与消费群体构成正在发生关键性转变。一方面,疫情促使人们更加关注健康养生,"大健康"等新型消费理念将带动相关产业上下游的众多行业迎来机遇。另一方面,不同代际的消费能力差异由于技术支撑而逐步减小,青少年、老年等群体的消费能力将被充分释放。再次,面对大量优质内容供给,人们对于垂直化、品质化内容的消费需求将被充分开发,细分领域的市场竞争将给诸多行业带来又一次风口。最后,从资源整合到产品、服务优化,最终都将培育大众消费习惯完成升级,实现供给与消费端的共同发展。

3. 市场下沉,模式创新,以广覆盖培育新需求

新冠疫情期间,电子商务模式的优势与重要性被充分体现,人们的消费习惯得到了一定程度的重塑。智能仓储、智能物流配送等产业链上下游行业也在此背景下加速进入了智慧发展时代,这无疑将有效推进消费市场实现下沉。与此同时,"云娱乐""云教育"等商业模式创新也成为维持市场热情、引领消费反弹的重要动能。数字技术赋权消费水平进一步均等化、消费选择进一步多元化,市场下沉与模式创新的长期意义已经不局限于对市场增量的争夺,而是在于通过推动优质内容覆盖更广大范围的消费群体,培育新的消费需求与消费习惯。新消费形态的创新不仅开辟了新的市场,更降低了优质内容的消费门槛与消费成本,发展了新的消费群体,从而在一定程度上弥合了城乡发展的现实差异。

四、数字文化消费成为主流

(一)数字化内容制作与传播成为文化消费主流

数字消费极大地推动了数字文化消费的发展,以数字化内容制作方式与传播手段为核心的电竞游戏、网络文学、数字图书、网络综艺消费正在成为文化消费的主流。

(1)游戏消费方面。2017年我国游戏市场的年度总营业收入达2036.1亿元,同比增长23%。2017年,我国成为全球最大的移动游戏市场,呈现爆发增长的移动电竞市场规模达146.36亿美元,几乎是排名第二的美国市场的两倍,形成了压倒性优势。2022年,中国游戏市场实际销售收入2658.84亿元,同比下降10.33%。游戏用户规模达6.64亿,同比下降0.33%。美、日、韩依然是我国游戏企业主要目标市场。在自研移动游戏海外市场收入分布中,美、日、韩分别占比32.31%、17.12%和6.97%。其他地区占比也在逐年提升,表明我国出海企业对新兴市场的拓展力度仍在持续加大。

(2)网络文学消费方面。《2022中国网络文学发展研究报告》指出,2022年,我国网络文学市场规模达389.3亿元,同比实现了8.8%的高速增长;网络文学用户规模达4.92亿。内容题材层面,随着网络文学"题材转向",现实、科幻、玄幻、历史、古言成为"中国故事"五大标杆题材;现实题材作品以37.2%的高复合增长率,迈入"黄金时代";科幻题材作品在高速增长;玄幻题材照出强国奋斗的"现实品格",富民、强国、科技、工业、奋斗成为网文作品的常用标签;超5万阅文作家在历史、古言等题材网文中运用非遗元素,传统文化深入内容题材,引发了"红楼"等国风热潮。内容格局的变化也传递到了消费生态。2022年,网络文学付费与免费模式呈现共荣局面,付费内容质量、收入双增,付费重回高增长。同时,腾讯视频、优酷、爱奇艺等主流视频平台2022年度前十名热门剧集中,付费网文改编影视剧整体占比近50%,已经成为影视化改编的重要来源。

(3)动漫方面。网络漫画阅读App(应用程序)成为新的消费方式。网络漫画阅读应用以即时更新、碎片阅读、题材多样、存储便捷、方便切换连载等特点,在既有社群的基础上,通过移动端入口有效扩大增量。"有妖气漫画""布卡漫画""快看漫画"应用的成功开发,极大地丰富了用户的精神消费内容。众多用户选择网读漫画内容,动漫App旨在构建一个多元并存的平台。从故事情节构建、故事类型选取,到人物角色塑造,动漫设计、创意效果、理念,世界观与价值观,共同形成动漫资源的多样集聚,成为数字文化消费的新方式。

(二)数字文化消费实现了规模扩大和内容拓展

1.数字文化消费规模不断扩大

《数字中国发展报告(2022年)》显示,2022年,我国网络音乐用户规模达6.84亿,网民使用率64.1%。动漫、互联网文化娱乐平台等文化新业态特征较为明显的16个行业实现营业收入43860亿元,同比增长5.3%。我国网文出海吸引约1.5亿用户,成为传播中国文化的重要力量。2017年以来,我国数字阅读用户规模不断增长,从3.78亿增长到5.3亿,5年来增长了40.2%。全国重点网络文学企业作品超过3000万部,网络文学用户超过5亿,发展势头稳健。截至2022年底,我国网络视频用户规模近10.31亿,网民使用率达96.5%,其中短视频用户规模首次突破10亿,网民使用率达94.8%。网络直播用户规模达7.51亿,同比增长6.7%。网络游戏用户规模超过6亿,占网民整体的六成以上。

2.数字文化消费在内容方面实现了新拓展

在内容拓展方面,芒果TV的大型真人秀推理节目《明星大侦探第二季》将烧脑推理、知识演绎、娱乐表演结合,并将文化内容与元素整合至节目中,获得了第三位20.6亿播放量的好成绩。网络综艺倾向于用新颖的方式反映小众文化,用调侃的方式剖析社会热点,以此来贴近年轻受众的文化消费个性化需求,同时视频网站发布的多样的自制内容,适应了移动端碎片化、即时性的消费习惯。值得注意的是,网络文化消费的一个重要特征就是消费者同时是内容的生产者。网络平台上出现了越来越多的用户生成内容,网络用户在浏览网上内容的同时,也可以将自己原创的内容通过网络平台进行展示或者提供给其他用户,网络的交互作用得以充分体现。

(三)互联网数字化的传播方式满足了消费者个性的表达

网络直播的出现让"草根"成为"主角",重新定义消费与被消费的关系。以直播旅游为例,主播消费者不仅通过直播将自身的消费场景与乐趣分享给观众,更成为旅游地的文化传播者,激发更多的个性化消费。

2016年被称为"中国网络直播的元年"。2016年6月,一些网络红人齐聚上海,直播迪士尼开园,此举更是将直播旅游推向高潮。各大线上旅行社随之纷纷打造直播旅游平台,为售卖其旅游产品奠定基础,进一步激发了实际消费者个性化展示需求与潜在消费机会。《中国网络表演(直播与短视频)行业发展报告(2022—2023)》显示,我国网络表演(直播与短视频)行业已有超1.5亿个网络主播账号、超10亿个内容创作者账号、近2000亿元市场营收和7.51亿的网络直播用户。网络直播行业的扩张态势将持续,新颖的"互动直播+在线点播"模式将成为未来网络直播行业发展的一大亮点。随着网络技术继续不断进步,网络直播将朝着稳定、高清、流畅的方向发展,从而将直播用户的满意度推向更高的水平,满足更多文化消费者个性化的表达需求。

(四)数字化终端载体丰富并创新了消费渠道

互联网的发展,尤其是移动互联网的迅速普及为数字文化消费异军突起奠定了基础。互联网平台具备资讯发布、动态展示、在线营销、线上交易等功能,尤其是线上支付、线下消费的形式便利了商家和消费者,实现了线上线下一体化。消费者可以通过手机App、公众号等多种渠道购买图书、电影票、演出票等,而企业则可以通过大数据和云计算对消费者需求进行精准定位,文化消费领域呈现出极强的"互联网+"趋向。资讯发布、购票、补贴、积分等都可以在线上平台进行,而实际消费则往往发生在线下,通过线上辐射线下,形成文化消费资讯流通、资源获取、企业展示与传播平台,从而形成广泛、良好的社会文化互动。

以湖州市为例,其线上文化消费模式可以辐射市区近200万人口、40万个家庭,市民除了利用手机、电脑以外,还可以通过数字电视大屏等多种交互方式参与文化消费活动,形成了"政府专项+多屏互动+电商平台+文化消费"一体化长效运营模式。电视端、电脑端、手机端等都可以使用线上文化消费平台,提高了市民接触和使用平台的频率。而线上模式中的数字文化现实展示、手机实时兑现支付等功能的深度开发,适应当下线上文化消费趋势。杭州市在线上利用国家文化消费服务平台,发挥资源优化与信息甄选的文化消费优势,同时在线下建立和完善了文化类消费信用体系,通过市民卡优惠、信用卡积分、打折等方式探索文化消费新模式。其以"文化共享"为主题,联合杭州文广集团、推出了五个"一":一个微信服务号、一张文化通卡、一份电子版文化消费指南、一个文化消费节和一份文化消费大数据;与《杭州日报》合作,推出月度纸质版的《杭州文化消费指南》,以实现文化消费宣传渠道的多端融合。

(五)传统文化消费在互联网影响下的华丽回归

1."博物馆文创"热

从杯子、本子、钥匙扣,到考古盲盒、数字藏品、原创动漫、舞台演出等衍生形态……近年来,博物馆等文化文物单位依托馆藏资源开发各种文化创意产品,引起社会广大反响,受到人们特别是年轻人的青睐。一个个文创爆款的诞生,在推动中华优秀传统文化创造性转化、创新性发展的同时,满足着人们高品质的文化消费需求。

以"故宫文创"为例,2013年故宫文创产品的销售额仅为6亿元。2014年,故宫淘宝一改往日"画风",其官方微信平台发布了文章《雍正:感觉自己萌萌哒》后引起广泛关注。2016年,《穿越故宫来看你》在微信朋友圈中刷屏,故宫同样通过"反差萌"的人设使其品牌形象变得更加生动化、年轻化,让大众接受并且爱上了这样一个"返老还童"的"古董级"大IP。到了2017年,文创的销售额超15亿元,在售文创产品种类超过1万种,北京故宫同时拥有多达17家公司的实际控制权,其业绩超过了1500家上市公司。2018年,故宫参观人数创新高,达1700万人次,其中30岁以下游客占40%。到2023年故宫淘宝已是相当成熟的大IP。

2."传统文化类综艺节目"热

近年来,《中国诗词大会》《经典咏流传》《非遗里的中国》《典籍里的中国》等多档传统文化类综艺节目亮点频出、持续"出圈",聚焦非遗、诗词、戏曲等多元领域,探寻文化传承发展中的新想法、新路径,赢得观众好评。

例如,《中国诗词大会》使得唐诗宋词如一股古韵清流汇入喧闹的互联网生活。节目以电视与舞台艺术的呈现方式,营造诗与美学的艺术效果。同时选择"会诗""通诗""解诗"的方式,保留与创新诗词歌韵的仪式感,成功地将线上与线下观众、参赛者、品评人纳入古典诗词的极美意境中,发起现世今朝与古人历史的灵魂对话,在传统与现代的解读中,激活了中华诗词文化艺术符号。更重要的是,这种文化节目的社会与商业效应潜力巨大。《中国诗词大会》节目播出后在全国刮起的诗词热潮,甚至渗透到服装、饰品、酒店、建筑等传统消费领域。例如,很多酒店、餐厅的折扣消费活动,是以诗词"飞花令"的方式实现的。文化消费的持续性与社会效益不可小觑。

3."考古、文博"热

近几年,伴随以中央广播电视总台《国家宝藏》《我在故宫修文物》《如果国宝会说话》等为代表的文博类节目火遍全网,三星堆遗址每次"上新"必成热议。一大批文物的发掘者、研究者、修复者、传播者跃入公众视野,他们自称是看门人、面壁人、守陵人……考古、文博不再以高高在上的、学究气的姿态出现,而是注意到了文物背后的"人",不仅揭开文物神秘的面纱,并善于使用轻松活泼、平易近人的表达方式,拉近了与年轻人之间的距离。

例如,《国家宝藏》将传统文化的"高大上"和"接地气"融合起来,将文物和故事相结合,用"小剧场"的形式讲述文物,用轻松的语态进行交流,使文化感与综艺感无缝对接。中央广播电视总台以文化综艺、文化竞技、文化探索的形式将国宝、诗词和成语等别具匠心地传递给观众,让观众对传统文化产生了浓厚的兴趣。传统文化消费的华丽回归,是中国人文化自信的直接体现,由此引发的传统文化的现代化生产,将改变人们的消费心理和消费观念,也将成为传承

中华优秀传统文化最有力的方式。

4."内容付费"热

知识付费成为互联网背景下文化消费的重要特征。随着互联网用户的不断增加以及知识付费消费习惯的养成,购买知识付费产品的人也在不断增加。企鹅智酷的抽样调查显示,34.9%的智能手机用户有过线上内容付费行为。内容付费诞生的条件是高知识生产效率带来的信息大爆炸下的信息筛选。因此,"为知识付费""为内容付费"从某种意义上来讲,也是一种"被代购",用户付费给平台,平台替用户做好内容的筛选和分类,然后整合并输出。付费电视、付费问答都是如此,其本质是知识与内容筛选后的优质消费。同时,这也是共享经济下知识交易产生的内在背景。

互联网模式下,传统信息交换模式将被"去中介化",借助网络平台将直接连接"供应商"和"消费者"。当买卖双方的界限被打通,人们通过共享平台各取所需,按需交易。在这种模式下,知识的流动将更加高效,但共享经济并不等于"免费",从其定义中也能看出,一是"有偿",二是"回报"。用户付费"购买"知识和内容,换取回报,但与传统商业模式相比,这种回报更多倾向于个体的福利。对"供方"而言,获得个体满足,激发出继续创造价值的欲望;对"需方"而言,则是一种被满足。对内容的有偿付费释放了粉丝与被关注者之间的红利,利用粉丝效应赚取眼球就等于赚取了流量,就等于赚取了市场。内容分享平台通过制造关注,不断保持用户黏度,又通过其有偿付费机制,保证了对内容提供者的激励;同时用户为收回成本也会提供高质量的使用反馈,并做出更引人共鸣、引发大众关注的行为,进而促进优质内容的火爆传播。

第二节 文化消费的升级

随着居民收入水平的整体提升、生活方式的改变以及消费观念的转变,消费结构逐步优化,呈现出从实物消费到服务消费,从物质产品向精神产品的转变。人们不再单纯地追求消费品的数量,而是更加关注消费体验、消费品质的提升和无形价值的实现。单趋同的模仿型、排浪式消费逐渐被多样化、多层次、分众化、个性化的消费取代,新技术、新业态、新趋势和新的消费热点不断涌现。文化消费的快速发展反映出我国居民精神消费需求的增长和消费层次的整体提升,是消费升级的一个重要趋势。

一、消费升级与文化消费增长

(一)消费升级

世界主要国家人均 GDP 达到 800 美元标准后,都出现了消费升级的趋势,消费产品和服务向中高端升级,消费内容由基础性消费向娱乐性消费转移。当前,中国正处在新一轮消费升级的热潮中,消费模式革新,消费形态更加多元化,消费主体的消费习惯与消费理念也在发生着革命性的变化。一般意义上的消费升级是指消费结构的升级,即各类消费支出在消费总支出中占比结构的优化和整体消费层次的提高。实际上,消费升级是一个消费品质、消费方式和消费理念升级的综合过程,它直接反映了消费的总体水平和发展趋势。从总体上看,消费升表现为:需求层次的逐步提升,从有形产品为主到服务性消费的显著增长,以及从满足物质需求、保障基本生活需要向满足精神需求、追求生活品质的转变。

在《第4消费时代》一书中,日本学者三浦展根据日本社会消费发展和演化的进程,将日本的消费变迁划分为四个主要阶段。第一个阶段是20世纪初,只有少数人能追求西洋化的现代生活;第二阶段是20世纪中叶,大规模生产化开始出现,以家庭为中心的消费势如破竹,人们买房、买车、买家电,追求量的增长;第三阶段为20世纪下半叶至21世纪初,消费的个性化趋势越来越突出,人们看重品牌,追求差别化和多样化;第四阶段,即21世纪上半叶,人们又开始出现无品牌倾向和朴素倾向。中国的消费发展也基本遵循这个逻辑——在经历过物质急速增长的第二消费时代之后,越来越多的人已进入第三消费时代,部分富裕人群,尤其是新中产阶层逐步向第四消费时代过渡,更加追求品质和内在的精神满足。

消费升级不是一个单一的线性过程,也不能简单地理解为从生存型消费向发展型消费再到享受型消费的转变,除了居民收入水平和需求层次的提高之外,消费升级还受到其他许多因素的综合影响。我国的消费升级既符合消费升级的一般规律,又呈现出一些不同于发达国家的特殊性:一是消费升级过程中的技术和文化引领力量大多来自外部;二是消费者群体分层特征不同导致消费升级内部路径也有所不同。

(二)消费升级背景下的文化消费增长

1. 消费群体的迭代与文化消费需求的多样化

时代变迁让人类的生产和生活方式不断变化,人的理念、意识、能力都随之变化,越来越多的消费者的消费方式也逐渐变化。近年来,文化产业的发展备受瞩目,文化产品内容和形式日益丰富,消费群体及其需求、动机、行为都呈现出持续变化。

任何长期消费品都有特定的消费群体,而且消费群体有不断迭代的特性。在文化消费领域,"90后""00后"更是当前最为活跃的消费群体,电影院的主要观影人群、明星演唱会的拥趸、网络游戏的玩家、音视频网站的注册用户、娱乐场所的消费数据都充分证明了这一点。

伴随互联网成长起来的"90后""00后",目前虽然不是社会财富创造的主力,但是在特殊的社会背景中,他们已成为消费的主要群体,他们的消费观念更加开放,对娱乐内容的需求更加多元化、个性化,更愿意接受新事物、新型消费模式,消费方式更加多样化,更喜欢量身定制满足自己独特需求的文化产品,更偏爱以互联网为载体的文化产品及便捷服务。相比上一代消费群体,当前的文化消费主要群体实现了从满足"基本需求"到"个性化需求"、从"买便宜的"到"买优质的"、从买"大众的"到买"小众的"、从买"产品"到买"产品+服务"、从"拥有"物品到"共享"物品的演变。主要消费群体迭代与消费需求多样化,在一定程度上推动了文化产业生产经营方向和方式的转变。

2. 消费群体的互动升级与消费动机复杂化

互联网与数字技术的发展推动了各行各业的创新,改变了人们的交互方式。就个体消费者而言,手机已经成为人们和外部世界交互的最重要的媒介,消费以及与其他消费者和品牌交互的过程都可以在手机终端完成,这使得交互贯穿消费者决策的全过程,提升了消费者交互的频次，但也缩短了每一次互动的时长，即手机终端的消费者大都以短暂高频互动为主。消费者在互联网上的信息交换，获得大量自愿者的帮助，相互交流产品体验，商家也倾向与消费者建立密切联系，以更好地理解市场需求，获取产品开发的新创意，进而改善新产品开发的绩效。消费群体之间短暂、高频、快速的"瞬间互动"，让消费者由需求向动机的转化趋向即兴化和快速化，也让消费动机的形成变得更加复杂。

全球市场调研机构欧睿国际调研显示，全球范围内，45%的人每周在社交媒体上分享照片或视频，互联网环境下的网红、意见领袖、自媒体、社群、直播的社会影响越来越大，追求效率的消费者数量越来越多，约53.7%的中国受访者愿意花钱购买能节省时间的产品或服务。数字技术的提升与创新，使消费者能够更熟练地使用技术，消费行为不再受到时空限制，消费从一种购物任务演变成人们的日常活动，由此带来了消费场景的拓展和消费行为的"日常化"。以前不太会发生消费的时间或地点，比如在看网络剧或课间休息时、在交通工具上，都可以让消费者借助手机终端完成消费以及远程参与或体验。人们变得越来越不愿"等待"，更希望获得即时满足，得到更加便捷的消费服务，这对于消费动机的形成产生了深刻和持续的影响。

3. 消费者成熟度的提升与消费行为理性化

互联网的快速发展，使人们获取信息的途径从报纸、电视、广播转换成了电脑、手机以及其他智能设备，获取信息的方式从文字、图片转换成了视频、直播。多元内容载体的蓬勃发展，见证并推动了网民内容消费习惯和偏好的不断升级。成长于互联网时代的消费者，在收集与挖掘信息方面更有经验，也拥有更广阔的视野，他们不再轻信商家的广告或咨询所谓的专业人士，而更依赖于互联网获取更多的学习资源和即时信息。他们会更相信自己的选择与判断，在购买决策时会更加"以自我为中心"，更理性地进行消费决策。发达国家经历了由"大众消费时期"到"品质化消费时期"再到"理性消费时期"的演化，随着环境变化和生活水平的提高，我国消费者的成熟度显著提升，消费行为更加理性化。

消费行为理性化的主要原因是，在信息媒介越发多元的背景下，越来越多的消费者建立了品牌意识，并在逐步形成个性化的品牌偏好。人们对生活格调和品质的重视程度显著提升，更加重视对商品的软性需求和性价比，并不是保有以前的那种"便宜没好货"的观念，而是在自己认可的合理价格区间内，愿意为高品质付出更多，也更重视品牌所象征的商品特性。从本质上讲，消费者越来越不愿意低价购买品质不佳的商品，但也不愿意轻易为商品高昂的溢价买单，而是更倾心于价格合理、具有品牌效应的高品质商品，这种日渐"成熟"的表现，被不少业内人士视为"在消费升级道路上的消费理性修正"。这在文化消费领域，体现得更加明显，单纯依靠制造噱头、让"粉丝"买单的质量低劣的文化产品已经越来越没有市场，拥有好口碑的文化产品的市场回报率越来越高。

(三)文化消费增长成为消费升级的重要特征

精神性消费的增长是当前消费升级的一个重要特征。"美好生活"是生活品质的全面提升，不仅建立在充实的物质生活的基础上，更离不开完善的社会保障和公共服务体系，以及丰富的文化生活与高品质的文化产品和服务。随着收入水平和知识水平的提高，物质需求日益得到满足，人们的消费观念开始发生变化，更多地关注和追求内在的、精神层面的充实。

一方面，以网络文学、影视、音乐、动漫、游戏和衍生品共同构成的泛娱乐产业的崛起折射出休闲娱乐消费需求的爆发式增长，娱乐化的大众文化消费渐成主流。从《捉妖记》《三生三世十里桃花》到《王者荣耀》《荒野生存》《旅行青蛙》等"文漫影游"联动掀起了全民娱乐的风潮。另一方面，高端、创意类文化产品和服务的受众群体正在逐步扩大，高雅文化、精英文化在文化消费中的地位得到了提升。更多的人走进了剧院、音乐厅、博物馆，以朝珠耳机、《故宫日历》、"顶戴花翎"为代表的故宫文创受到追捧，《中国诗词大会》《国家宝藏》等传统文化创新传承与复兴类综艺节目广受好评。与此同时，文化与旅游深度融合，以文化为内涵、以旅游为载体、以科技为手段的文化旅游成为文化消费的一种主要形式，也成为文化消费的重要增长点。

随着"文化＋""互联网＋"催生的文化经济形态演进，文化消费已不再局限于传统意义上的文艺演出、购书、看电影等，不论衣食住行用，只要是以文化内容为核心的消费形式，都可以构成文化消费。随着生活方式多样化选择和互联网的广泛应用，消费者更热衷于高品质的文化产品和便捷的服务方式，并且养成了借助新媒介表达消费体验的习惯。这使得文化供给方与文化消费者之间的关系不再是遥遥相对的供求两端，而是通过更加频繁及形式多样的互动联结，建立了利益共享的伙伴关系。一些忠实的消费者既是内容创意的参与者，也是产品营销的推动者。消费者、供给者、政府、相关组织及个体共同构筑了文化产业生态系统。

二、文化消费的新内容

（一）互联网催生数字文化产业，不断突破天花板

相对于传统线下文化产业，以互联网原生内容为主的数字文化产业迅猛发展，截至2023年6月，中国已经拥有10.44亿的网络视频（含短视频）用户，7.81亿的网络新闻用户，7.26亿的网络音乐用户，7.65亿的网络直播用户，以及5.28亿的网络文学用户，在网民中占比均过半。

数字化的内容消费已经成为大众文化消费的主流形态，影响着大众的生活方式、社交方式和表达方式。而且随着科技创新不断推动数字文化产业裂变发展，内容形态边界融合，长短视频、直播、游戏、影视、文学等不同内容形态IP联动成为主流，融合多形态元素的内容新物种涌现。例如，云游戏的升温扩展，网络电影的精品化发展，虚拟主播等形态的虚拟文娱，叠加IP元素的竖屏短剧等网络视听新现象，不断创造文化消费新热点和增长动力。

（二）线下文化机构数字化转型，"云上文化"成标配

在新冠疫情期间，大众对于线下文化娱乐服务的需求线上化，倒逼线下供给侧转型，推动逆向O2O（线下到线上）发展，多元扩充线上数字化的文化供给品类，引发"云上文化"热议。例如，长短视频平台纷纷联合线下文化机构推出"云演出""云看展""云旅游"等新型文化消费场景，包括传统剧团、乐队等线下演出行业，将舞台艺术作品向视频平台迁移，开启付费直播新模式。"云游敦煌"小程序在线接待游客超1200万人次，该平台还同步提供购票、导览等智慧文旅服务。

（三）线上线下文化消费数字化交融，重新定义文化消费新常态

从线上线下消费行为对比来看，新冠疫情期间，传统的线下文化消费受到抑制，而线上数

字文化消费需求明显提升,普及度和用户黏性均有所增加。诚然,疫情下的"云上文化"新消费具有阶段性特点,但促进了线上文化消费习惯的培育,从更长远来看,甚至会成为生活方式改变的开始。这将加速数字文化产业积累的巨大势能向消费新动能转化,加速文化消费结构的改变。

1. 线上线下文化消费双轨并行

对于线下传统文化产业而言,线上消费常被视为"第二消费空间",是具有伴生性的"补充消费模式",其消费潜力并未被有效挖掘。未来,随着线上消费体验的日益完善和新基建的发展,有望产生更贴近于线下的体验。例如VR提供沉浸感体验、竖屏直拍等。线上文化消费将有望作为更加独立的场景,与线下双轨并行,良性互动,互为补充和促进,也进一步推动文化产业的数字化转型升级,促进提质增效发展。

2. 云上文化,并非简单搬移线下内容,而是重构业务场景

由于线上和线下文化服务的生产模式截然不同,云上文化对线下文化机构而言,是新的业务场景拓展,包括新的内容生产、用户连接和商业模式等,需要挖掘临场体验所不同的价值点和体验点,才能在有限注意力经济下实现线上化的突围。比如社交互动、增强现实等线下难以体验的创新性。正如综艺节目"云录制"凭借跨屏互动的新鲜感收获一波热潮,未来是否成为常态化的节目形态,取决于是否有更多现场录制不具备的创新元素注入。

三、文化消费的新模式

(一)新的消费方式

消费方式是消费心理的体现和外化,表现为具体的行为模式和习惯,受到收入水平、技术条件、消费环境和消费政策等因素的影响。在新一轮消费升级的背景之下,我国居民的消费模式呈现出以下一些突出特点。

1. 消费的数字化

计算机、信息和通信技术的高速发展和迭代,尤其是互联网的普及,全面而深刻地改变着人们的生活。互联网不仅为消费提供了新的载体和渠道,更为产业融合与业态创新提供了天然的媒介,为新的消费形态的出现提供了技术支撑。甚至可以说,互联网重新定义了消费。

通过互联网,人们可以实现线上购物、线上支付,以及O2O(线上到线下)模式下的线上线下互动。网银、支付宝、微信支付这些支付工具使支付更加便捷,支付方式的转变在很大程度上刺激和带动了文化消费。通过大麦网、淘票票、猫眼等在线购票平台,以及众多文化机构的微信公众号或文化消费综合服务平台,人们可以足不出户地获得最新的电影、演出和展览以及其他文化活动资讯并随时随地轻松购票,还可以进行在线点评与互动交流。网络不仅提供了更加快捷便利的消费渠道和低廉的价格,互联网与旅游、娱乐、医疗、交通等不同领域的融合,提供了新的、更加丰富的产品(服务)类型和形态,拓展了消费领域。

互联网作为内容平台,不仅丰富了内容的呈现形式和传播方式,还改变了内容生产与消费的模式。互联网用户既是网络平台上各种文化产品的消费者,也可以成为内容生产者和创意

提供者,生产与消费的传统定义被打破,形成新的动态关系。数字文化产业异军突起,数字文化消费的比例大幅增长,数字阅读、数字音乐、网络游戏、在线教育等一系列数字文化产品和服务的市场规模及用户规模迅速扩大。此外,网络直播这一新形式的出现充分体现了网络文化的平民化与去中心化,为娱乐、社交与商业的整合提供了新的可能性。

2. 消费的个性化

现代消费文化的一个重要特征和表现就是消费的个性化。个性化的消费需求和消费方式反映出人们对于自我表达和自我价值实现的强烈诉求,以及喜欢与众不同、渴望"独特"和"唯一"的心理特征。人们取得身份认同和表现个人品位的方式不再只是追求名牌和奢侈品,而是更多地强调个性化、差异化和定制化。在文化消费领域,消费的精神属性以及内容产品的原创性使个性化这一特征表现得更加突出。

网络平台使用便利且门槛很低,其开放、平等的特性为人们提供了一个表达观点和展现个性的自由空间。不同领域、不同类型的自媒体如雨后春笋般密集地出现,信息传播平台更加多元化,五花八门的网络文化产品为人们提供了更加多样化的消费选择。同时,依托互联网、大数据和云计算技术对用户消费习惯和消费偏好进行跟踪、收集和分析,能够精准定位用户需求,为不同群体提供符合他们需求和特点的定制化、差异化的内容。

例如,今日头条、网易新闻、ZAKER等移动客户端为读者提供定制化的资讯内容和阅读体验,QQ音乐、网易云音乐等音乐类应用则根据用户喜好自动推荐和匹配歌曲,并提供互动和社交功能。此外,在文创产品的设计和文化旅游类产品的主题和服务内容方面,个性化、定制化的趋势也越来越明显。NONOO占座杯以学生时代奇思妙想的占座方式为设计灵感,融入了"90后"群体追求自由、彰显个性、乐于调侃和寻求认同的思维模式与生活态度,为"90后"们打造专属智慧生活符号。

3. 消费的体验性

物质产品的极大丰富使人们不再满足于产品功能本身,而是开始重视伴随产品提供的各项服务以及产品的整体品质感受。这就对产品从营销、交易、使用到售后保障的全过程提出了更高的要求。在这种背景下,"体验式消费"应运而生。

"体验式消费",区别于主要关注产品本身和购买行为的传统零售业消费模式,更注重消费全过程的参与、体验和整体感受。一方面,服装、电子产品、家居用品等零售行业将服务品质与用户体验放到了与产品本身同等重要的位置上;另一方面,餐饮、娱乐、健康等服务行业越来越注重场景和氛围的营造,希望通过经营模式、服务流程的创新以及空间设计和文化元素的融入提升整体品质。对于体验式消费的巨大需求催生了许多文化、娱乐、商业相融合的新业态。音乐餐厅、咖啡书屋、生活美学空间和各种文化综合体的出现回应了复合型的消费诉求。文化产业本身就有很强的关联性与融合性,通过与餐饮、旅游、体育康养等产业的融合以及与科技和创意设计的嫁接,不仅使文化消费本身具有了很强的体验性、参与性和互动性,也赋予了传统消费形式新的文化活力。

4. 消费的可持续化

理性、健康、绿色、可持续的消费观念和消费方式是当下社会倡导的,也是消费发展的重要

方向。在消费升级的趋势之下,越来越多的人,尤其是年轻一代和新中产阶层,倾向于选择更加低碳和健康的生活方式,这不仅表现在行为方式和消费对象的选择上,如食用无污染、无添加的健康食品,使用节能型或工艺和材质更加环保的产品,选择自行车、公共交通工具等更加绿色的出行方式等;也表现为更加理性和务实的消费观念,以及健康和可持续的生活理念本身。单纯为满足虚荣心的炫耀性消费、"面子"消费减少了,合理、适度并倡导健康价值的消费方式越来越受欢迎。从共享单车、用废旧材料做的服装箱包,到不提供一次性包装的环保超市,人与环境的关系以及人们对于价值的认知正在发生深刻的变化。

从文化消费的角度来看,文化产业本身低能耗、低污染、高附加值的特性,使文化消费天然地具有"绿色"的属性。当物欲的过度膨胀转化为对精神需求的关注时,产品和服务的内在品质和所承载的价值观念显得更加重要。文创产品的创意设计,通过使用环保型的材质和工艺赋予产品绿色和可持续的特性,例如用稻壳研磨成粉压制成的"稻壳筷",用衍生纸制作的书签、笔记本、工艺品等。各种倡导环保与美好生活的创意市集和公益性文化活动正在通过人们的参与和互动,不仅传播了环保的理念,还增进了人与人之间的关系,营造了更加积极健康的社区氛围。同时,以慢生活、健康生活为特色的民宿、农庄,各种养生会馆、禅修会所,倡导绿色、健康的健身步道、骑行路线,以及以可持续生活为主题的体验项目也越来越受到市场的青睐。

(二)新的消费渠道

消费载体是实现产品或服务功能的物质载体,而消费渠道是连接用户与产品的通道和媒介。消费载体与消费渠道的更新是消费升级、消费模式更新的重要支撑。

1. 在线消费的普及

互联网大大拓展了全社会沟通活动的空间,拓展了信息获取、传播和交换的渠道,改变了人机之间、人与物之间以及人与人之间的交互方式。尤其是移动互联网的迅猛发展,使台式电脑、笔记本电脑、平板电脑等其他个人上网设备的使用率均出现下降,手机成为人们通信、社交、购物、娱乐的"主阵地"。

一方面,网络成为重要的内容平台。人们获取新闻资讯、音频和视频资源,进行知识分享和社交互动的行为已经有很大一部分从线下转移到了线上。网易新闻、今日头条等新闻资讯类手机应用,QQ音乐、网易云音乐等网络音乐平台,以及爱奇艺、优酷等视频网站已经成为人们日常生活的重要组成部分。信息技术和互联网、移动互联网技术的发展极大地刺激了新兴媒体的发展以及新兴媒体和传统媒体的融合。由此所产生的消费渠道、消费方式以及消费产品和服务的变革极大地扩展了文化消费的领域。

另一方面,在线支付成为人们日常消费的主要支付手段。移动支付用户规模持续扩大,用户使用习惯进一步巩固,网民在线下消费时使用手机网络支付的比例由2017年底的65.5%提升至2022年的67.2%。消费者可以通过手机App、公众号等多种渠道购买图书、电影票、演出票等,而企业则可以通过大数据和云计算对消费者需求进行精准定位,移动互联网为生产者和消费者搭起了新的桥梁和更加便捷的通道。

2.消费渠道的分散化和多元化

在互联网推动商业模式变革的背景之下,传统的商场和超市被电商平台、便利店、社区超市等多元化的分销渠道分流。"新零售"概念的出现又在传统电商的基础上进一步发展,链接和整合各种商业渠道,推动线上线下一体化。

例如,天猫、京东等大型电子商务平台的垄断被打破,微商、自媒体平台、垂直电商平台等构成的多渠道、分散化的销售模式为消费者提供了多元化的消费渠道。在文化消费领域,电视频道和电影院不再是人们看电视、电影的唯一选择,视频网站、网络电视、手机应用提供了丰富的影视资源,缴纳会员费、付费点播成为新的用户付费模式。网络直播技术的应用和直播平台的崛起,不仅孕育了新的消费形态,也为用户观看和参与体育竞技、游戏竞技、论坛、演唱会等多种文化及相关活动提供了全新的渠道和方式。资讯和阅读服务不再单一地局限于传统纸媒的介质和载体之上,而是分布在微信公众号、手机新闻客户端、阅读软件、听书软件等不同的终端和平台上,满足用户多样化的需求。从桌游吧、VR体验馆、真人密室逃脱到私人影院、迷你KTV,休闲娱乐的场所和设施也在不断丰富和完善。

(三)新的消费模式

在时代发展的背景之下,经济水平的提升、科学技术的进步以及社会文化观念和生活方式的变革重塑了消费模式。广义的消费模式可以理解为一定时期消费的主要特征,涉及消费水平、消费结构、消费内容、消费方式、消费偏好、消费趋势等不同维度。狭义的消费模式既可以理解为居民消费活动中所形成的社会关系的总和,即人们在消费领域里应该遵循的规范和准则;也可以聚焦于消费制度,主要包括消费体制、消费发展、消费结构和消费运行机制等内容。

消费是日常生活的重要组成部分,消费模式在很大程度上反映了人们的行为习惯、生活方式和文化观念。受到生产力水平、收入水平、教育水平、社会文化(包括传统文化和流行文化)等因素的综合作用,消费方式不断发生变化,同时伴随着消费载体和消费场景的更新。以经济发展水平的提高为主要动力,我国消费模式的变迁遵循"生存—发展—享受"的基本发展逻辑,经历了从贫困型、温饱型、小康型、富裕型到现代型的转变。现代消费模式是物质与非物质形态消费的结合,是在国内经济制度与消费政策指导下,在西方发达国家消费观念影响下,在经济全球化大背景中形成的消费体验和消费选择。一方面,消费观念更加开放和时尚,享受性与精神性消费显著增加;另一方面,消费心态更加理性,在达到富裕的基础上,人们不再片面追求名牌和奢侈消费,而是倾向于以人为本、可持续的绿色消费。

1.从信息流到服务流,内容平台边界扩展

数字经济时代,人们进行线上内容消费的主渠道是互联网平台。当前多个数字文化领域的头部产品,均已发展成为国民级应用,成为人们日常生活的重要组成部分。这些数字内容平台为个体创意者提供创作、分发和变现的基本通道,成为推动文化消费新模式繁荣的基础。从信息流、商品流到服务流,数字内容平台也正在开拓线下服务向线上迁移的新消费。

例如,短视频平台通过直播带货,促进实体经济消费,加速新消费业态发展。2020年,快手发起"超级品牌日"活动,前7场成交额达到6.2亿元。同时随着视频成为社会主流表达方式,短视频+直播也成为泛内容行业标配,不仅长短视频形态融合,走向综合型视频平台,社交平台生态进化,而且电商平台、生活服务平台等泛行业平台也重点布局,增加用户黏性,挖掘消费潜力,内容消费的载体呈现泛化发展。《2022年度中国直播电商市场数据报告》显示,2022年直播电商用户规模达4.73亿人,同比增长10%。如何突破天花板,成为各大数字互联网平台的关注点,因此行业玩家往往多角色扮演,竞争普遍呈现出跨界格局。

2.终端智能升级,带动"前端"创新发展

文化消费的嬗变与终端载体形态的不断迭代密不可分。20年前购买CD(激光唱盘)、DVD(数字激光视盘)的场景,早已被数字音乐下载、影视点播付费所取代。终端的升级也推动内容生产和传播方式的进化。

例如,600岁的故宫正在探索以"5G+4K超高清+互动多结局+场景沉浸"的创新形式制作剧集,并尝试5G、VR电影和多屏互动的可能性。国家统计局数据显示,2022年可穿戴智能文化设备制造行业的营业收入实现两位数增长。国家发展改革委在2020年5月的新闻发布会上指出,"要加快培育新型消费,积极发展中高端移动通信终端、可穿戴设备、超高清视频终端等新型信息产品,促进信息消费更新升级"。在国家推进文化与科技深度融合的政策引导和新基建的政策红利下,借助"万物连接+万物智能"的泛智能终端体系,将推动内容消费场景走向泛在多元化,智能眼镜、智能家居、智能车载屏等,将突破屏幕限制,连接内容的硬件和设备将更加"透明"。5G、AR/VR、AI等现代技术拓展文化生产内容与形式,为文化消费提供了新的终端载体和创新引擎。

四、文化消费的新场景

(一)新的消费场景

人们的消费行为总是发生在特定的空间和场域中,空间、场域中的元素及元素之间的相互关系所共同构成的场景会对消费心理和消费行为产生重要的影响。"场景"一词最初是指戏剧、电影中的场面,而后逐步为社会学、传播学等学科所应用。其释义逐步由单纯的空间偏向转为描述人与周围景物的关系的总和,其最为核心的要素是场所与景物等硬要素,以及与此相关联的空间与氛围等软要素。在城市中,场景的构成是"城市便利设施"的组合,这些组合不仅蕴含了功能,也传递着文化和价值观,并形成抽象的符号感和信息传递给不同的人群。文化消费具有精神属性,强调消费过程中的体验与感知,对于消费的空间、氛围和情境本身就有着较高的要求。在消费升级的背景下,新的消费场景的出现对文化消费产生了重要的影响。

1.综合型消费空间的出现

消费理念的进步和消费层次的提升对消费的空间环境提出了更高的要求,消费者更加关注消费的品质、体验和参与感。人们不再满足于在书店看书、在电影院看电影这样单一的消费场景,而是寻求一种融合多种元素、提供复合型体验的新的消费场景。

例如,360°全沉浸式投影餐厅将美食与影像、音乐、全息投影、现场演出相结合,多角度刺激消费者的感官,创造更加丰富和立体的消费体验,并根据影像主题和文化元素搭配菜色,营造独特的情趣和氛围。以国内的诚品书店、西西弗书店、方所书店、单向空间和国外的日本茑屋书店为代表的新型书店,分析和把握场景化消费的需求和心理特征,依照主题和生活场景进行空间设计和书籍分类,并将文创产品有机融入书店布局中,同时开设各类体验课程和主题文化活动,构建开放式的生活美学空间,推动消费升级和生活方式的改变。此外,迅速崛起的城市文化综合体也为消费者提供了"文化+娱乐+商业"的一体化消费空间和消费场景。例如,北京的侨福芳草地,将包括零售、餐饮、娱乐、酒店、办公、画廊、会展、会所等多种功能要素在内的功能群落,全部整合在一个巨大的"环保罩"之下,并通过倾斜式结构的主体建筑形态,营造富于活力和张力的视觉风格和都市空间感。

2.消费场景的虚拟化和智能化

随着互联网向物联网的进一步发展,无线延展的网络空间和以手机为中心的智能硬件设备,逐步构建起前所未有的虚拟化、智能化应用场景。网络,尤其是移动网络,前所未有地改变了人们对时间和空间的感受和认知,赋予了人与人之间新的连接和交互方式。

如果说传统的场景体验是基于世界状态、地理环境的感知,那么移动互联网时代的场景则是"以人为本",但是是被智能的移动终端所重新赋能的"人"。微信"朋友圈"通过信息的发布、分享与交流,将不同时间不同地点的人、事件和环境联系起来,在现实时空之外创造了一个基于社交网络的虚拟场域。可穿戴智能设备通过虚拟现实、增强现实、人工智能等技术实现虚拟世界与现实空间的连接与融合并通过人体数据的反馈形成即时性的互动,在互动娱乐、虚拟展馆、模拟安全体验等文化消费领域的运用越来越广泛。此外,网络社群通过将具有共同目标、兴趣和价值认同的用户聚集和连接起来,建立了新型的社交关系和互动场景。例如,视频网站哔哩哔哩(bilibili)基于"弹幕"(实时评论)功能,构建出一种奇妙的共时性的关系,形成一种虚拟的部落式观影氛围。

(二)多元素复合,线下文化消费场景的升级

以 IP 为核心,推动"文化+"相关产业发展,能够为制造、旅游、零售、农业等相关行业赋予新的文化内涵和附加价值,助力"文化+相关产业"的消费空间释放。

例如,通过线上 IP 为传统商业赋能,以消费新场景激活消费潜力。2019 年 10 月、11 月,腾讯的数字游戏 IP 联动豫园灯会和洛阳宫灯等国家级非遗项目推出"王者千灯会",在项目启动和运行的 12 天里,有超过 45 万人次的线下参与,线上直播观看量超 3000 万,洛阳应天门、豫园华宝楼的客流量环比增长逾 500%。2022 年,在兴趣消费影响下,线下消费场景持续创新,IP 主题、跨界联营、城市概念等多元兴趣文化的创新融合,为品牌线下店注入新的空间内涵,提升年轻人的消费体验。通过将数字文化 IP 与地缘禀赋结合,实现线上 IP 的线下反哺,推动线上线下文化消费的双向互动和融合共生,成为激活文化新消费活力的有效路径。

(三)从消费到生产,实体文化产业链的数字化转型

从服务业到制造业,企业数字化转型势不可挡。在实体文化产业的生产、营销、服务等产业链条中,也正在呈现数字化转型趋势。在推动产业运作模式升级的同时,通过服务能力和水平的提升,进一步促进消费扩容提质。

例如对于院线而言,网络购票已经常态化发展,超过80%的院线电影购票来自线上。在发行环节,通过数字化工具,影院能够分析会员偏好和观影习惯,实现智能排片管理。

再如对于文旅行业而言,2020年3月,国家发展改革委等23个部门联合印发的《关于促进消费扩容提质加快形成强大国内市场的实施意见》指出,"重点推进文旅休闲消费提质升级",要"提升'智慧景区'服务水平,利用互联网、大数据、云计算、人工智能等新技术做好客流疏导和景区服务"。在旅游景区现场,智慧文旅的数字化解决方案也正在打通导览、支付、营销等环节,例如微信支付的产品能力助力旅游发展线上化、服务智慧化,如实名快填及实名校验等能力帮助景区落实实名登记、分时预约,智慧商圈、支付分等产品能促进景区二次消费。

(四)体验型、场景式的文化消费越来越普遍

互联网不断推进趋优消费。在这样的背景下,服务与体验成为消费者甄选文化消费的重要标准。

1.数字信息技术的应用创造新的文化消费场域

通过智能设备的使用,全息投影、VR、AR等技术手段的综合运用,实现虚拟与现实的结合,增强多维度感官刺激,带来了更丰富的视听感受和"身临其境"的现场感,也创造出众多文化消费场域。

例如,由秦始皇帝陵博物院推出的VR互动游戏《复活的军团》,将兵马俑遗址的珍贵场景以VR方式呈现。与之相关的文化产品也适时地出现在游戏中,为文化产品消费埋下伏笔。再比如,北京指触文化传媒集团与国内多家博物馆合作推出的文博类VR卡片,以博物馆馆藏资源为主要创意来源,其产品包括兵马俑VR卡片、恭王府VR卡片、圆明园VR卡片、陕西历史博物馆VR卡片和半坡博物馆VR卡片等,基本涵盖了国内大小主流博物馆。互联网为文化消费拓展了纵贯古今的文化消费场域,真正让消费有主题、有内涵。

2.互联网的便捷化消费理念,深入文化消费的全过程

互联网的便捷化消费理念表现在人们追求文化旅游消费过程中的便捷性、人性化服务与极致体验感上。

例如,国庆黄金周期间,苏州景区推出"旅游厕所移动服务与管理平台",市区及周边全景区开展厕所革命与数字化管理。旅游者通过手机定位或二维码扫码定位,即可获得最近厕所的位置。"支付宝支付""微信支付"成为各大景区无现金消费的首发阵地。此类配置在一些少数民族及偏远地区的景区管理中尤为重要,云南丽江打造的中国第一座"无现金"古城就走在了智慧景区的前列。互联网带来的便捷消费不仅局限于旅游景区,更体现在旅游的全过程配套中。例如,自驾旅行加油站、便利店、营地休息区、停车场、户外运动补给站等通过网络配给与移动端AI调度,顺应了新一轮旅游消费升级的发展趋势,也加深了文化体验。

再例如,不同于传统剧场的"固定观影",《又见平遥》将剧场设置为迷宫般的"流动观影"空间:在90分钟的演出时间里,观众可以"穿越"到清末的平遥城,捡拾祖先生活的片段。整个剧场不是固定的,而是需要观众自行游走在不同内容情节与场景的空间中,并且需要在这些生活片段中,串联想象与自主还原事件和历史全部。在《又见平遥》中,观众既是观赏者,又是亲历

者。像这样由用户体验甚至是用户生产内容的文化消费观念的改变,不得不说是互联网思维的有力实践。

五、文化消费的新体验

(一)数据成为新生产力,助力个性化、圈层化消费升级

线上文化消费的常态化发展,加速数据在内容生产中的战略地位。例如,数据和算法已成为文化产业的"新生产要素"和"新流水线"。网络视听节目在策划和创制环节,就通过用户数据分析,助力创作者更懂用户。通过人工智能技术建立用户和内容的匹配机制,能够帮助内容更加精准地呈现在用户面前,实现去中心化内容推荐,达到千人千面的个性化分发。

随着线上内容爆发,内容创作的垂直细分成为内容创新和差异化的关键。平台的私域流量积累社群和社交媒体去中心化的传播,使得更多的细分圈层不断裂变壮大,获得更多的情感认同和群体归属感,成为独特的圈层文化消费模式。

(二)泛众表达激活内容生态活力,共创式互动体验升级

互联网降低内容创作和消费的门槛,平台型生态出现,推动数千万普通的产消者释放创意潜力,也提供了个体价值变现的新路径,促进UGC(用户生成内容)和PUGC(专业用户生产内容)的大爆发。尤其是以短视频为代表的泛众表达,缩小了数字表达鸿沟。网文稿费、直播收益等成为一类较为稳定的收入来源,数字内容就业价值凸显,加速数字文化内容创作生态的繁荣。

区别于传统文化消费的单向传播,用户观看长短视频形成独特的"弹幕文化",在社交平台上的话题分享和交流,叠加H5、小程序等工具应用的跨界创新,使得互动、共创、分享为线上内容消费的独特价值。随着技术推动产品形态不断更迭,涌现出互动短视频、互动影视剧、互动小说等交互体验升级,通过剧情参与的沉浸式体验,参与内容生产,进一步推动共创式互动形态升级。

(三)从"娱乐"向"价值"的需求升级

数字文化传播的社会效应进一步凸显,加速用户内容消费升级需求,推动数字文化内容从"娱乐有趣"向"知识增量"等价值型进阶。

调研数据显示,短视频用户对于"知识性"和"实用性"的需求明显上升,在短视频内容消费的流量成熟期,用户对于时间成本的付出具有更高的期望。知识功能型垂类的逐步崛起,带动除传统的电商、广告、打赏之外,知识付费的变现模式覆盖广度和深度继续加强。通过免费内容积累私域流量,进一步带动付费内容转化,正在成为知识功能型内容商业化创新的突破口。

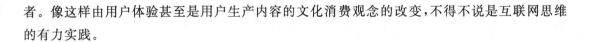
思考与练习

1. 文化消费的发展趋势是怎样的?
2. 什么是文化消费升级?
3. 什么是文化消费的新模式?

4. 文化消费的新场景具有什么特点？

5. 消费者需求的文化消费新体验是什么？

案例分析

"云端"打开文化消费新场景

第三篇

文化消费心理与行为

第六章 个体文化消费

 学习要点

1. 文化消费者的认识过程；
2. 文化消费者的情绪和意志过程；
3. 性格的含义与消费者性格类型；
4. 气质的分类及对文化消费心理的影响；
5. 文化消费者需要的含义；
6. 文化消费者动机形成的机制。

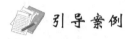 **引导案例**

直播间里书香四溢 文化消费再现风口

直播开始,主播董宇辉用近一分钟的时间介绍了某科普丛书的内容,随后设想了一个亲子游的场景,将话锋转向"好奇心"这个主题。当天,该丛书以单价 148 元的价格卖出 3 万余本,很快成为一本"话题书"。

过去一段时间,新东方旗下直播间"东方甄选"火了,粉丝量从不到 100 万飙升至近 2000 万。"好口才＋好书品＋好故事"造就好销量,其单日过万册的图书销售量立刻引发业界广泛关注,连网友也表示,希望董宇辉专职卖书。

当传统图书行业与新型销售业态碰撞,直播间里书香四溢,将带来怎样的行业嬗变？

资料来源:王彬.直播间里书香四溢 文化消费再现风口[N].中国文化报,2022-07-26(7).

第一节 文化消费者的认识过程

伴随着文化产业如火如荼的发展,文化消费心理学成为新兴的研究热点,其重要价值不言而喻。文化消费心理是消费者在购买、应用和消费文化商品或文化服务过程中伴随的一系列的心理活动。相比于一般商品消费活动,文化消费者在文化消费过程中的喜好与选择动机更为复杂,个人的主观心理活动尤为活跃。消费者在文化消费行为中的心理过程和心理状态是一个发生、发展和完成的过程:激活消费主体的情感,产生消费需求,确定消费目标导向,选择以不同的方式和手段实施文化消费,评估本次文化消费的体验和感受,进而形成新的消费倾向或者从此排斥回避。

文化产业中的几大主要行业,像影视、出版、广告、会展、旅游业等,从选题策划到宣传推广,从会场布置到卖场布局都是一场场攻心战,都需要精准把握消费者的心理需要,要熟知能够影响文化消费者心理的各项社会因素,甚至需要跨界合作,全方位与消费者心理契合。

消费者购买商品的心理活动,是从对商品的认识过程开始的。什么是对商品的认识过程呢? 通常情况下,人们往往是先对某一商品有笼统的印象,接着去收集各种有关此商品的信息,然后调动自己原有的知识和经验,进行初步分析,最后综合地加以理解。因此,从一般意义上讲,对商品的认识过程,即指消费者对商品信息的接收、分析和理解过程。从心理学角度看,这个过程包括了消费者对商品的感觉、知觉、记忆、注意、想象、思维等心理过程。

一、感觉与文化消费

(一)感觉的含义

消费者要认识周围的客观世界,要分辨商品的颜色、气味、软硬、粗细、温度、重量等各种具体特性,就要用眼睛看,用耳朵听,用鼻子闻,用口尝,用手摸,并通过神经系统将信息从感觉器官传递到大脑,产生对商品个别的、表面的心理反应,形成印象。所谓感觉,是一种最简单的心理现象,消费者通过感觉获得对商品属性的第一认识。感觉是人脑对直接作用于感觉器官的客观事物个别属性的反映。个体通过眼、鼻、耳、舌等感觉器官对事物的外形、色彩、气味、粗糙程度等个别属性做出反应。消费者对商品的认识过程,始于对商品的感觉。人不仅能感觉自身以外的客观事物的个别属性,即外部感觉;还能感觉到自己身体所发生的变化,如感觉四肢屈伸,饥饿、饱胀等,即内部感觉。这里所探讨的感觉,主要是消费者对商品的外部感觉。虽然感觉是我们对客观事物的简单认识,它反映的并不是客观事物的全貌,但一切较高级、较复杂的心理现象都是在感觉的基础上产生的。

人的感觉器官的灵敏度通过锻炼是能够得到提高的。如有些经验丰富的品酒员根据酒的味道,不仅能辨出酒的品种,而且能指出该酒已大概存放了多少年。有时消费者对商品的感觉,不仅源于其属性,而且还会蒙上主观的色彩。如对两种饮料,在蒙眼测试时并不感觉到味道的不同,而去掉眼罩,了解了各自是什么饮料后再品尝,则能感觉到味道的不同。

感觉不仅是人们获得外界信息的来源,也是人们对待客观事物情感的依据。因为客观事物给予主体感觉的差异,会引起不同的情绪感受。例如,商场环境布置的好坏,商品包装的不同色彩,营业员仪表的优劣,等等,都会给消费者以不同的感觉,从而产生不同的情绪。

感觉是各种复杂心理过程的基础,没有感觉就不能有知觉,没有知觉就不能形成一系列复杂的心理过程;感觉越丰富,知觉越完整,记忆才有内容,才能进行准确的抽象概括。因此我们探索商业经营活动中人的心理过程,就必须从感觉开始研究。

(二)感觉的分类

客观事物千差万别的不同属性作用于人的感觉器官,便产生了不同的感觉。根据感觉的性质可以把感觉分为两类,即外部感觉和内部感觉。

1. 外部感觉

外部感觉指外部刺激,反映外界事物个别属性的感觉,包括视觉、听觉、味觉、嗅觉和肤觉。肤觉又可分为温觉、冷觉、触觉和痛觉。在外部感觉中,视觉是人们获得信息的最主要渠道。

2. 内部感觉

内部感觉指接受机体本身的刺激，反映机体的位置、运动和内部器官的不同状态的感觉，包括运动觉、平衡觉和机体觉三种。

(三)感受性和感觉阈限

1. 感受性

感受性是指感受器官对刺激物的感官能力。它是消费者对商品、广告、价格等消费刺激有无感觉及感觉强弱的重要标志。感受性也可分为绝对感受性和差别感受性。绝对感受性是觉察出最小刺激的能力。刺激物的刺激强度达到了一定的范围界限，人才能够感觉到，而不同刺激之间有着不同的反应刺激底线，人能够从中发现这里面的细微差别，这种细微的差别就叫作差别感受性。

2. 感觉阈限

阈限，是界限门槛的意思。感觉阈限是用于测量感觉系统感受性大小的指标，是指能够引起感觉并持续一定时间的刺激量。

感觉阈限可分为绝对感觉阈限和差别感觉阈限。绝对感觉阈限测量感觉系统的绝对感受性。那种刚刚能引起感觉的最小刺激量称为绝对感觉阈限。绝对感觉阈限要解决的问题是确定从无感觉到感觉产生，例如从看不见到看见、从听不到到听到、从尝不出味道到尝出味道两者之间刺激强度的精确数值。例如，把一个非常轻的物体慢慢地放在被试的手掌上，被试不会有感觉，但如果一次次地稍稍增加其重量，并达到一定数量时，就会引起被试的感觉反应。这个刚能引起感觉的最小刺激量称为刺激阈限或感觉的下绝对阈限。当引起感觉的刺激量继续增加，并超过一定限度时，就会使该感觉受到破坏，引起痛觉。能够引起感觉的最大刺激量为上绝对阈限。从下绝对阈限到上绝对阈限之间的距离是有关感觉性的整个范围。绝对感受性和绝对感受阈限之间是反比关系，绝对感受阈限的值越低，绝对感受性就越高，反之亦然。

刚刚能引起两个同类性质刺激物最小差异量称为差别感觉阈限，与之相应的感受性称为差别感受性。在已有感觉的基础上，为引起一个差别感觉，刺激必须增加或减少到一定的数量。不同感觉通道或不同人之间，对差别的感觉能力是不同的。

比如，100克的重量，当增加1克时，一般没有比刚才重了的感觉，但增加3克时，就会有比刚才重了的感觉。这一规律清楚地解释了一个带有普遍性的消费心理现象，即各种商品因效用、价格等特性不同而有不同的差别阈限值，消费者对它们有不同的差别感受性。例如，一件艺术品降价5000元，往往不为消费者所注意，而一瓶洗洁精提价5元，就会引起消费者的高度注意。了解消费者对不同商品质量、数量、价格等方面的差别感受性，对合理调节消费刺激量、促进商品销售有重要意义。

(四)感觉对文化消费的影响

文化消费心理不仅受到个人主观因素的影响，还受到社会诸要素的影响，如文化观念、消费观念、价值取向等。文化消费如今已成为人们生活中很重要的部分，在某种程度上，文化消费已是一种存在方式，一种获取认同的方式。我们对外部世界的印象，主要是从我们的感觉而来,并通过知觉的辅佐判断,从而实现自我对外界的认知。感知觉是文化消费心理的第一个过程。

在文化消费活动中,当消费者与文化商品或者文化服务发生接触时,眼、耳、鼻、舌、皮肤等感觉器官会受到一定的刺激,并通过神经系统传递至大脑,从而引发对消费对象的各种感觉。除了对文化商品本身的感觉外,文化消费者还特别重视营销活动中的其他刺激,注重各种感觉的相互作用,如宣传文字、图片、观赏环境等个人体验。

二、知觉与文化消费

(一)知觉的含义和特征

所谓知觉,是指直接作用于感觉器官的客观事物在人脑中的整体反映,是人对感觉信息的组织和解释的过程。在实际生活中,人很少有纯粹的感觉。人总是以知觉的形式直接反映客观事物的。知觉和感觉是不可分离的,感觉信息通过感觉器官传递到大脑,知觉也就随之产生。因此,在心理学中,感觉和知觉常被称为"感知"。

感觉和知觉同属于认识过程的感性阶段,但它们又是不同的心理过程。知觉比感觉复杂得多,它不是感觉的机械总和,知觉中还包含有心理成分,如过去的经验、思维和言语活动等。

知觉具有以下特征。

1. 主观性

消费者在知觉事物和商品的过程中,经常把知觉到和观察到的客观事实与他们本人的自我想象、猜测及其一定的信念、态度和偏好等混淆在一起,使知觉的结果带有很多不真实的成分,这就是主观的知觉。如有些消费者在选购商品之前就表现为事先倾向于接受某些信息而抵制另外一些信息,在选购中易从主观意志出发评价商品的优劣。

2. 选择性

在任何场合,知觉客体都是有主有次的。消费者不可能在一个特定时间内同时接受所有刺激感官的感觉,而只能有一部分刺激作为信息被接收、加工、储存或引起行动,这就是知觉的选择性。知觉的这种选择性功能告诉我们:商业广告不仅要注意商品的整体形象,而且要突出商品的主要特点,使之具有新奇、独特、醒目的特征,赢得消费者的瞩目。

3. 连贯性

消费者容易根据原有的信息来解释新的信息,凭借以往的经验确认当前的事物,把有相似特征的事物看作是相同的。

4. 整体性

一般说来,消费者不会孤立地认识事物,他们总是把一种商品的名称、颜色、包装、价格、质量、经验等综合在一起,形成商品的知觉;把营业员的姿势、表情、动作、语言、服饰等综合在一起,形成对其服务态度的知觉。

5. 防御性

防御性会使消费者对某些信息做出反应的程度降低,会使消费者只看见他们所要见的东西,只听见他们所要听的声音。如,一台制冷性能很好的电冰箱仅因为外壳某处不够光洁而被拒绝购买,因为这时,消费者先要求得到外观的完美,面对其他信息,他此时还无法吸收进去。

(二)文化消费者的知觉过程

消费者的知觉过程包括三个相互联系的阶段,即展露、注意和理解。在信息处理过程中,如果一则信息不能依次在这几个阶段生存下来,它就很难储存到消费者的记忆中,从而也无法有效地对消费者行为产生影响。人在感觉的基础上,形成知觉,知觉过程如图6-1所示。

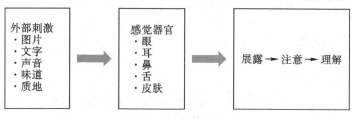

图6-1 知觉过程

1.刺激物的展露

展露或刺激物的展露是指将刺激物展现在消费者的感觉神经范围内使其感官有机会被激活。展露只需把刺激对象置于个人相关环境之内,并不一定要个人接收到刺激信息。比如,电视里正在播放一则广告,而你正在和家人或朋友聊天没有注意到,但广告展露在你面前则是事实。

对于消费者来说,展露并不完全是一种被动的行为,很多情况下是主动选择的结果。一段时间里,电视台不断地推出一些引人注目的事件或节目,如热门运动赛事、大型流行音乐会等。这些节目的收视率固然较高,但研究表明,在广告插播期间,家庭用水量骤然升高,由此说明很多人已不在电视机旁和主动避开广告节目。选择性地避开广告同样发生在电台节目收听及印刷材料阅读领域。

消费者之所以主动避开广告,有多方面原因。一是因为现在大众媒体上的广告实在太多;二是很多消费者并不使用广告中的产品类别,展露在这些消费者面前的广告与他们没有关联;三是消费者已经多次遇到过这些广告,知道广告要说的内容,等等。

目前,对展露水平的衡量,依媒体的不同而异。对于印刷媒体,通常以发行量来衡量展露水平。西方国家有各种专业公司提供有关报纸、杂志的发行数量。由于发行量通常以家庭为单位来统计,家庭成员中到底哪些人阅读某一杂志或报纸并不清楚。另外,发行量数据不一定适合按市场细分的要求进行数据整理。对于电台或广播,通常以收听率来反映展露水平。计算收听率常用的方法有两种:一是用电话访问方式了解被访者正在收听哪一个节目;二是用日记报告法由被访者将其每天收听节目的情况记录下来。对于电视收视情况,一般是用观众人数或特定时间段收视率来反映。伴随智能电视的发展,电视收视率等的监测日益客观和准确。

为了提高产品和营销信息的展露水平,企业需要了解影响展露的因素。首先,广告等营销信息在媒体中的位置会影响展露。《新闻联播》节目开始前和结束后播出的广告,价格最贵,原因是此时广告的展露水平最高。杂志封面广告、报纸的首版或末版广告,或与文章临近的广告,都更可能展露在消费者的视线范围。其次,产品分销范围以及产品在零售店的货架位置会影响展露。产品分销范围越广,在零售店占的货架空间越大,产品展露的机会就越多。同样,产品如果置于消费者腰部到与视线平行的货架位置,也将获得更多的展露机会。最后,将产品放在消费者必须经过或必须花时间逗留的位置,展露水平会相应增加。一些即兴购的产品,如口香糖、小包装休闲食品等常被放在零售点的收银处,目的就是提高产品展露水平。

除了运用大众媒体、增加产品陈列空间、利用更好的陈列位置等方式提高展露水平外,现在很多企业开始用一些非传统的手段增加产品或营销信息的展露。在互联网上,营销人员设计了不能被删除的弹出式广告;在电影院,电影正式放映前会播放广告。研究发现,这类广告的效果比较好,然而,很多受众对这类强制性展露十分反感,因此,企业在运用这类广告时应当格外谨慎。

2. 注意及其特征

由于认识能力的限制,在某一特定时点,消费者不可能同时注意和处理所有展露在他面前的信息,而只是部分地对某些信息予以注意。注意是指个体对展露于其感觉神经系统面前的刺激物做出进一步加工和处理,实际上是对刺激物分配某种处理能力。也有学者将注意理解为意识的指向性和集中性。指向性是指消费者将意识指向某一营销对象,而离开其他对象。集中性则指消费者对特定营销对象倾注比较多的心理资源。

(1)注意的选择性。当你走进一家大型超市,展露在你面前的产品成千上万,但你对大部分产品视而不见,只把目光投向你想要购买或有兴趣的产品上,并对其进行信息加工和处理,这就是所谓注意的选择性。选择性注意的系统研究始于谢里(Cherry)对鸡尾酒会问题的探讨。在鸡尾酒会上,人们被各种声音所包围,但他们通常只听到与之交谈者的话语,或自己有兴趣的话语,而"听不见"旁边其他的谈话。对这一问题的深入探究,产生了诸如过滤器模型、衰减模型、记忆选择模型、中枢能量模型等多种关于注意的理论。

(2)注意的可分割性。这是指可以将心理资源分割成小的单元,并将它们同时分配到几项任务中。比如,人们边看电视,边和旁边的人交谈;边看书,边听音乐。这说明,注意力的分配具有一定的弹性,人们在注意某件事情的时候,也可以把部分注意力放在周边发生的其他事情上。但在这种分心的条件下,注意的集中性将减弱。比如,你在听课时不停地收发手机信息,那么你对老师讲的内容的掌握程度就会降低。

(3)注意的有限性。虽然人们可以同时将注意力放在几件事情上,但要做到"不顾此失彼",前提是这几件事的"作业"是自动的或者不需要太多的认知努力。固然你可以边看电视,边与朋友交谈,但当讨论一个很重要、很严肃的问题时,你可能需要把电视机音量放小甚至把电视机关掉。注意的有限性也有助于解释为什么当人们来到一个新的商店更不容易注意到新产品。原因是,消费者试图将注意力分散在多个不熟悉的事情上,很容易漏掉这些产品。

消费者注意具有选择性,同时可以将注意力分配在几项任务上,这自然引申出一个问题:当注意力高度集中时,如深深投入某篇文章的阅读中时,人们的眼角余光会在多大程度上同时注意并处理旁边的广告内容?同样,当人们集中精力开车时,是否会注意到道路两旁一闪而过的路牌广告?这种对刺激物的无意识处理,被称为"前注意加工"(preattentive processing),或称为"非中心注意"。此时,由于人们的主要注意力集中在别的事情上,对营销信息的关注非常有限,甚至没有意识到是否对这些信息进行了处理。

现有研究表明,人们在非中心注意状态下对信息的处理能力取决于两个方面:①边缘视野下的刺激物是文字还是图片;②刺激物是放置在人们视野的左侧还是右侧。这两个因素之所以重要,主要是由于对信息的处理上左右脑分工存在不同。人的左脑更适宜对数字、文字和与逻辑、分析相关的信息进行处理,而右脑更适合处理空间、位置关系、音乐、图像等整体性信息。有趣的是,置于视野右侧的信息由左脑处理,而置于视野左侧的信息由右脑处理。这些发现意味着,如果一则图片广告被置于消费者的左侧,更可能被他做无意识处理,因为此时该图片信息刚好进入适宜处理这类信息的右脑。同样,如果是品牌名或文字材料,放在消费者正常视线的右侧,则更可能被进行无意识加工和处理,因为此时该文字信息刚好进入适宜处理这类信息的左脑。

也有学者探讨了在非中心注意状态下的信息处理,是否会影响我们对产品和广告的好感,甚至有学者探讨这种信息处理是否和在多大程度上影响我们对特定品牌的选择。确实有证据表明,相对于没有展露的情况,这类信息处理会增加消费者对特定品牌的偏好,也会影响对品牌的选择。原因是,虽然消费者没有意识到,但非中心注意状态下的展露,同样可以增加消费者对品牌的熟悉程度,而对熟悉的事物人们通常偏爱有加。当然,如果消费者能在"中心注意"状态下关注企业的产品与信息,企业营销活动的效果会更好。遗憾的是,大多数情况下,消费者只会把非常有限的注意力放在企业提供的刺激物上。这就要求企业了解影响消费者注意的因素,并在此基础上采取措施,来吸引消费者的注意力。

3. 对刺激物的理解

知觉的最后一个阶段,是个体对刺激物的理解或解释,它是个体赋予刺激物以某种含义或意义的过程。对新刺激物,人们通常要根据储存在头脑中的既有概念对其归类。刺激物被归入哪一类别的事物中,对消费者行为将产生重要影响。例如,西洋参与人参在功用和效能上可能差别很大,但大多数人将其归入同一类别,即补品或滋补品类别,而且将对有关人参的感知评价自动移入对西洋参的评价中。由于消费者将企业或其产品归入哪一既有类别中会极大地影响他对企业及其产品的看法,因此很多企业试图影响消费者的分类。

首先,理解具有相对性。在看了高档奢侈品后,你也许会觉得商店里的其他商品并没有你想象得那么贵,这也能部分解释为什么一些百货店会把珠宝、高档化妆品等高价商品放在第一层。其次,理解具有主观性且容易伴随心理偏见或偏差。一些高品质新产品定价比同类竞争品低,但有时会被消费者错误地解读为品质也低于竞争产品。再次,理解既是认知思考过程,也是情感或情绪性过程。认知性理解是将刺激物置于某个具有意义的类别的过程。比如,山地车刚推出时,你可能把它归入"自行车"类别,但随着了解的深入,你会发展起"山地自行车"这一新的品类概念。对于不连续创新产品,消费者通常会遇到不知如何归类的困境。此时,需要企业提供帮助,使之更好地理解并消除可能的接受阻碍。情感性理解则是指营销刺激所激起的情感或情绪性反应。比如,当看到广告中可爱的小孩或宠物时,很多人会产生非常正面的情感。理解涉及个体依据现有知识对刺激物进行组织分类和描述,它同样受到个体因素、刺激物因素和情境因素的制约和影响。

(三)知觉的信息加工理论

外部刺激或信息经由感觉器官进入人的大脑,大脑根据感觉材料的性质及储存在记忆中

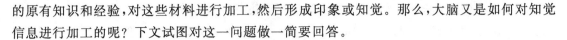

的原有知识和经验,对这些材料进行加工,然后形成印象或知觉。那么,大脑又是如何对知觉信息进行加工的呢?下文试图对这一问题做一简要回答。

1. 数据驱动加工与概念驱动加工

现代心理学认为,过去的知识、经验和现实刺激都是产生知觉所必需的。一些心理学家进一步认为,总体上说,过去的知识和经验主要是以假设、期望、图式的形式在知觉中起作用的。人在知觉时,接受感觉信息的输入,在已有经验的基础上,形成关于当前刺激是什么的假设和期待。知觉就是在这些假设、期待的引导和规划下进行的。

人的大脑对外部信息的知觉,包含相互联系的两种加工:数据驱动的加工和概念驱动的加工。数据驱动的加工又叫自下而上的加工,它是指知觉加工开始于外部刺激,通常是先对较小的知觉单元进行分析,然后再转向较大的知觉单元,经过一系列连续阶段的加工而达到对感觉刺激的解释。例如,当看一个英文单词时,视觉系统先确认诸字母的各个特征如垂直线、水平线、斜线等,然后将这些特征加以结合来确认一些字母,再结合起来形成单词。在这种形式的加工过程中,信息是从构成知觉基础的较小的知觉单元流向较大的知觉单元的,或者说,加工是从较低水平迈向较高水平的。由于较高阶段依赖较低阶段的输入信息,因此这种加工特别强调外界刺激的作用,强调外部输入信息对加工过程的驱动。同时,较低阶段加工后的信息交由较高阶段进一步加工和处理,较低阶段如何输入信息似乎并不受后续阶段的影响。

与数据驱动的加工不同,概念驱动的加工或称自上而下的加工,是从有关知觉对象的一般知识开始的。在输入有关外部信息之后,人脑即形成对知觉对象的期待与假设。这种期待、假设制约着加工的每一阶段,同时也影响着加工的程度和水平。这种形式的加工,强调的是较高阶段的加工制约着较低阶段的加工,强调人的原有知识利用已有概念对组织、解释新的输入信息的影响。

现在一般都承认,知觉过程中既有数据驱动的加工,又有概念驱动的加工。因为如果只有前者,加工负担必将太重,甚至使人无法承受;同样,如果只有后者,没有刺激的作用,信息加工所产生的只能是幻觉。应当指出的是,在不同情况下,知觉过程对这两种加工形式也可能有不同的侧重,即在有的情况下更依赖数据驱动的加工,而在另外的情况下更多地采用概念驱动的加工。关于这两种加工形式及其联系,目前仍有不少细节没有弄清楚。例如,现在一般设想数据驱动的加工和概念驱动的加工似乎是同时进行的,但也不排除两者在启动时存在先后。在概念驱动的加工中,人的期望、假设可能在开始时是一般的、粗略的,但随着更多的刺激信息的获得,期望可能会变得更加具体。这些问题均有待进一步研究。

2. 图式与知觉

图式通常涉及对于事件、情景或物体的已经组织好了的知识单位。它也是一种心理结构,用以表示我们对于外部世界已经内化了的知识。图式的作用主要表现在以下两个方面。

第一,图式是一种信息接收系统。环境中的信息只有与个体具有的图式发生联系时,才算是有意义的。

第二,图式提供了从环境中提取信息的计划,也就是说,当某种图式被激活后,人们将预测环境中的某种信息的出现,并且积极探索所需要的信息,图式将产生一系列的知觉期待。图式的这种作用,限定了我们该从何处去寻找信息,并且告诉我们可能有什么信息在其中。于是,减少了要知觉的外部刺激的复杂性,使知觉加工更快、更准确。当然,图式有时亦会有消极作用。当环境中的刺激与我们头脑中的图式不相符合时,它将延缓或阻碍我们对外界刺激信息的加工。

现代认知心理学认为,人采用两种方式激活图式,即前面所述的自上而下和自下而上的加工。当记忆中的图式是完全依靠对外界刺激信息的分析而被激活时,便是数据驱动的加工;而当它被另外的图式激活时,便是概念驱动的加工。在实际的知觉过程中,这两种图式激活的方式通常是同时出现的且是相互补偿的。

当我们的知觉更多依赖于感觉输入的直接作用时,自上而下的加工作用就减弱;相反,如果知觉更多地依赖于自上而下的加工,那么对物体直接作用的依赖程度就下降了。如果只有数据驱动的加工,那么因为需要识别的特征总量太大、噪声干扰以及来自环境资料的不可靠性,知觉会不能实现。反之,如果只有概念驱动的加工也是不行的。

3. 分类与分类系统

分类是人们认识外部事物的主要方式,它是按照客体的主要特征将其归入相应类或范畴的过程,比如消费者将可乐归入碳酸饮料,又将碳酸饮料归到饮料类之下,人们可以快捷地认识和理解新上市的或已经在市场上流通的可乐品牌。分类系统则是基于特定目的或按某些标准将具有内在联系的类别或范畴置于某种层级结构中。图6-2显示了各种饮料的层级结构,形成了饮料的分类系统。

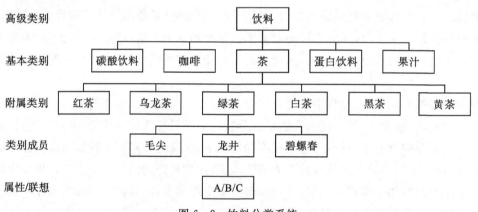

图6-2 饮料分类系统

(1)类别结构与类别成员。类别结构指类别或范畴按从高到低的层级结构分为最高类别、基本类别、附属类别等依序套入的体系中。如果把饮料置于最高等级的类别,则茶属于基本类别,绿茶属于附属类别。通常,更低层级的类别共享高层级类别的主要特征,同时又具有本层级的独特类别属性。比如,茶具有饮料的基本特征,如可以喝、能够解渴,但同时茶也具有其他饮料不具有的特征,如茶的口感、色泽、加工方法等有其独特性。类别成员则是指构成某一类别的具体对象。同一层级或同一类别里,各具体范畴或同一类别里的成员具有更多的相似性,不同类别的成员之间相似性降低。如龙井和碧螺春同属绿茶,彼此类似,可替代性高,但大红袍则属乌龙茶,因此,龙井和大红袍的相似性比龙井和碧螺春的相似性低。一个喝惯了绿茶的消费者,可能不愿意长期改喝大红袍,反之亦然。

(2) 类别成员的典型性与联想。典型性是用来反映某一类别成员与该类别联系的紧密程度。有些文献用"范例""原型"或"原型性"这样的术语来表达,但其含义与"典型性"大体相同。消费者是否将某一品牌或产品看成特定类别的成员或典型成员,首先取决于该品牌产品与同一类别里的其他成员共有的联想。通常,某一类别或范畴里的典型成员,会为同一类别里的其他成员设定比较标准。如可口可乐是可乐类产品的典型成员,其他任何自称是可乐类的产品均需拥有"解渴""深色""冒气泡"等基本特征,否则将不会归类到可乐类产品里。

在同一个类别里,比如"凉茶"这一类别,其典型成员是王老吉或加多宝。类别结构里的每一类别,以及同一类别里的成员尤其是典型成员,均会激发消费者的联想。比如,提到茶,我们会马上产生茶的图式,激活大脑中与茶相联系的场景、信念、情感等,如喝茶的益处、茶的味道、哪些人喜欢喝茶、茶和咖啡的区别等。正因为我们平时积累了某些产品类别如绿茶、红茶的很多信息和联想,一旦我们判定某个品牌如西湖龙井属于绿茶的典型成员,就会自动把关于绿茶的好的或不好的联想,赋予到西湖龙井这个品牌上。

(3) 基于目标的分类。人们对事物或客体的分类,并不是一成不变的。同样的产品或服务在不同情境下,基于不同的购买目的,分类也可能不同。基于目标的分类是指根据目标来调整组织先前的知识,并在此基础上确定产品或品牌所属类别。比如,在平时你会把高档白酒和高档红酒看成同属"酒精饮料"这一类别,但当你购买高档白酒如茅台来送礼时,你会将其与高档茶、高档烟等产品归到"送礼产品"的类别。

如果你经常为某种特定目标购买产品,你可能会将他人视为彼此不相关的产品看成同一类别。比如,电影、毛毯、花生通常不会被归到同一类别,但如果你经常乘坐飞机,很可能把它们视为同一类产品,因为它们共同服务于"让航空旅行更愉快"这一目标。

(4) 解释水平理论。解释水平理论认为,我们对外部刺激的理解,随着解释水平的高低或者思考问题的抽象程度的不同而发生改变。越是在抽象层次上思考问题,则更可能脱离情境,并与更长远、更高级的目标相联系;越是在具体层次上思考问题,则越可能与当前某种特定情境下的目标或行为相联系。你学习本课程时,如果主要基于获取高分的考虑,则更可能在"较低解释水平"下解释你的行为动机,此时,你可能对老师的讲解方式、是否划重点、如何记住课程要点等有更多的关注,而对与考试无关的学习如阅读额外资料、参加小组讨论等兴趣不大。相反,如果是在较抽象的层次上诠释你的行为动机,如"提升自己的能力和素质",此时你的行为与仅仅"追求高分"时会截然不同。

消费者到底根据哪种解释水平做决策或做选择,取决于选择是马上做出还是将来做出,如果我们在为下周全家旅游做决定,我们更可能在较低的解释水平上考虑问题,如费用是否超预算,飞机或火车的到达时间是否合适;如果我们是为明年全家旅游做安排,则考虑更多的可能是哪个目的地更有乐趣,如何使全家人更加开心等。

(四) 知觉对文化消费的影响

文化消费者对产品质量的知觉或认识,既和产品本身内在的特性与品质相联系,又受到很多主观因素的影响。我们把消费者对产品适用性和其他功能特性适合其使用目的的主观理解叫知觉质量或认知质量(perceived quality)。认知质量以产品内在质量为基础,但又不与后者相等同。两种产品的内在质量可以完全一样,但消费者对它们的质量认知则可能相去很远。

我国一些产品在使用外国著名品牌之后,在国际市场以数倍甚至数十倍于制造成本的价格出售,就反映了这一事实。

一种观点认为,消费者根据产品的内在特性或内在线索(intrinsic cues)形成对产品质量的认知,或形成对产品质量的总体印象。产品的内在线索对不同的产品可能是不同的。一般而言,产品的特征,如外形、所用原料或材料、光洁度等都可作为形成认知质量的内在线索。以服装为例,消费者可能根据所用的布料、烫工、剪裁、车工、扣子等判断服装的优劣,并形成总体质量感受。上述这些产品特征有的对决定服装的内在质量有很大影响,有的则具有相对较小的重要性。但消费者在形成对产品质量认知的过程中,可能透过那些对决定内在质量只具有较小重要性的线索来评价产品质量。

另一种观念认为,消费者主要根据产品的外在线索(extrinsic cues),如价格原产地、品牌或企业声誉等形成对产品质量的整体认知。彼得森(Peterson)的研究表明:当购买低价产品面临很大的质量风险时,消费者倾向用价格高低作为认知质量的线索;当购买低价产品质量风险较小时,消费者不一定以价格高低作为质量好坏的指示器。斯托克斯(Stokes)的研究发现,当购买风险比较高,消费者对所购买产品的品牌不太熟悉时,消费者倾向于用价格作为质量判断的线索。同样,产品包装和品牌熟悉程度也和价格一样,常常被消费者作为质量感知的依据。该研究还进一步发现,品牌熟悉程度对购买意向具有直接影响,而包装和价格不具有这一影响。该研究得出的结论是,认知质量和价格的相对比例而不是更高的认知质量水平决定消费者的选择意向。比尔登(Bearden)和辛普(Shimp)运用外部线索分析新产品的采用,结果发现,产品外部线索,尤其是保证条款方面的信息对消费者减少质量方面的认知风险具有重大影响。

知觉的理解性的特点在文化消费中尤为重要。人在知觉事物的过程中,不是被动地把知觉对象记录下来,而是以过去的知识经验为依据,力求对知觉对象做出某种解释,使它有一定的意义,这就是知觉的理解性。这很好地解释了文化问题在文化营销中的强大作用。在文化消费市场,这种描写人类共同的情感、共同的人性的作品可以在全世界的市场寻求到共鸣。

感觉并不一定都是不可靠的,知觉也并非一定都是可靠的,就像我们说第一感觉往往是对的,眼见不一定为实,等等。知觉有可能是对的,也有可能是模糊的或者是错的。当你的大脑以不正确的方式来解释某种刺激进而欺骗你的时候,你就会体验到错觉。一些现代艺术家巧妙运用视觉的模糊性和欺骗性,创作出了很有艺术价值和人生体验的作品。如网络上常见的巫婆和少女的组合画像、马头和青蛙的组合画像等,打眼一看是女巫换个角度看是少女,既有趣又给人以启发,乃所谓"换个角度看待问题,一切皆有可能"。

三、记忆与文化消费

(一)记忆的含义

人在生活和活动中,对感知过的、思考过的事物的映象总是或多或少地、不同程度地保留在头脑中,即使这些事物不在眼前,它还会重新显现出来,这个过程就是记忆。记忆是人脑对过去经历过的事物的反映。记忆中所保留的映象就是人的经验。人的记忆力十分惊人,据专家估计,人脑可容纳 10 的 15 次方比特的记忆单位。

凡是人们感知过的事物、体验过的情感以及练习过的动作，都可以通过映象的形式保留在人的头脑中，在必要的时候又可再现出来。记忆作为一种基本的心理过程，是和其他心理活动密切联系的。记忆联结着人的心理活动，是人们学习、工作和生活的基础。记忆既不同于感觉，又不同于知觉。

感觉和知觉反映的是当前作用的感官事物，离开当前的客观事物，感觉和知觉均不复存在。记忆总是指向过去，它出现在感觉和知觉之后，是人脑对过去经历过的事物的反映。

记忆是一个复杂的心理过程，它包括识记、保持、再认和回忆三个基本环节。识记是记忆的开端，它是主体识别和记住事物从而积累知识和经验的过程。保持是巩固已获得的知识和经验的过程。再认和回忆是主体从头脑中提取知识和经验的过程；经历过的事物再度出现时，能把它认出来称为再认；经历过的事物不在面前，能把它重新回想起来，则称为回忆或再现。记忆过程中的这三个环节是相互联系、相互制约的。识记是保持的前提，没有保持也就没有回忆和再认，而回忆和再认又是检验识记和保持效果好坏的指标。由此看来，记忆的这三个环节缺一不可。

虽然从理论上讲，消费者的记忆容量很大，对信息保持的时间也可以很长，但在市场条件下，消费者接触的信息实在太多了，能够进入其记忆并被长期保持的实际上只有很小的一部分。正因为如此，企业才需要对消费者的记忆予以特别的重视。一方面，要了解消费者的记忆机制，即信息如何进入消费者的长时记忆，有哪些因素影响消费者的记忆，进入消费者记忆中的信息是如何贮存和提取的；另一方面，要了解已经进入消费者长时记忆的信息为什么和在什么条件下可能被遗忘，企业在防止或阻止消费者遗忘方面能否有所作为。

记忆过程通常被认为是对输入信息的编码、存储和提取过程。只有经过编码的信息才能被记住，编码就是对已输入的信息进行加工、改造的过程，编码是整个记忆过程的关键阶段。其中，对信息的编码相当于识记过程，信息的存贮相当于保持过程，信息的提取则相当于再认和回忆过程。

（二）记忆的分类

传统上，人们一直把记忆看成是某种单一的东西，实习上记忆往往伴随着效果。当一种商品展示在消费者面前时，随着刺激物的展现，通过企业不同的营销强化，产品在消费者大脑中的记忆效果会有所不同。根据记忆效果的强弱，记忆可分为感觉记忆、短时记忆和长时记忆（见图6-3）。

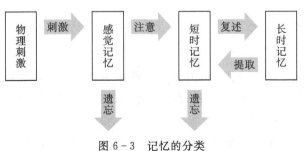

图6-3 记忆的分类

1. 感觉记忆

感觉记忆,又称瞬时记忆,是指个体凭借感觉器官感应到刺激时所引起的短暂记忆。其持续时间往往按秒计算。感觉记忆只留存在感官层面,如不加注意,转瞬便会消失。乘车经过街道,对街道旁的店铺、标牌、广告和其他景物,除非有注意,否则,大多是即看即忘,此类现象属于感觉记忆。感觉记忆按感觉信息原有形式贮存,它反映的内容是外界刺激的简单复制,尚未经加工和处理,因此,感觉记忆的内容最接近于原来的刺激。

2. 短时记忆

短时记忆是指信息保持的时间在1分钟以内的记忆。例如,我们从电话簿上查一个电话号码,然后立刻就能根据记忆去拨号,但事过之后,再问这个号码是什么,就记不起来了。此类记忆就是短时记忆。

感觉记忆中的信息如果被注意和处理,就会进入短时记忆,而且这些信息可以保持在一种随时被进一步处理的状态。也就是说,短时记忆中的信息可以自动而迅速地被提取,一旦需要对新输入的信息予以解释,长时记忆中的信息也可带入短时记忆中来。实际上,短时记忆是这样一种即时的信息处理状态,从感觉记忆和长时记忆中获取的信息被带到一起同时处理。短时记忆中的信息经适当处理,一部分会转移到长时记忆系统,另一部分则会被遗忘。

3. 长时记忆

长时记忆是指信息保持在1分钟以上,直到数年乃至终身的记忆。人们日常生活中随时表现出的动作、技能、语言、文字、态度、观念,以至有组织有系统的知识等,均属于长时记忆。

长时记忆系统被认为是语意和视听信息的永久贮存所。各种事件、物体、处理规则、事物的属性、感觉方式、背景资料等,均可贮存在长时记忆中。与短时记忆相比,长时记忆的容量是相当大的,甚至被认为是无限的。不仅如此,长时记忆中的信息是以类似于网络结构的方式有组织地贮存的。

人的记忆系统中,外部信息首先进入感觉记忆系统,信息在感觉记忆系统保持的时间极其短暂,通常在1秒左右。其中,一部分信息受到特别注意进入短时记忆系统,若信息给人的刺激极为强烈、深刻,也可能直接进入长时记忆系统;那些没有受到注意的信息则很快变弱直至消失。短时记忆中的信息一部分来自感觉记忆,另一部分则取自长时记忆。短时记忆的信息保持时间一般不超过1分钟,受到干扰就会消失。短时记忆中的信息一部分经复述进入长时记忆,另一部分则被遗忘。

(三)文化消费者的遗忘

1. 遗忘的定义

遗忘是对识记过的内容不能再认和回忆,或者表现为错误的再认和回忆。从信息加工的角度看,遗忘就是信息提取不出来,或提取出现错误。最早对遗忘现象进行实验研究的是德国心理学家艾宾浩斯(Ebbinghaus)。

艾宾浩斯曲线(见图6-4)表明了遗忘变量与时间变量之间的关系:遗忘进程不是均衡的,在识记的最初一段时间遗忘很快,以后逐渐缓慢,过了一段时间后,几乎不再遗忘。可以说,遗忘的发展历程是先快后慢,呈负加速型。

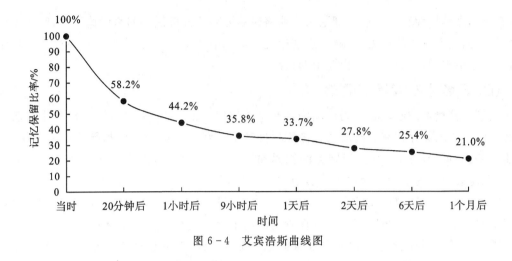

图 6-4 艾宾浩斯曲线图

2. 遗忘的特征

(1)不重要和未经复习的内容容易遗忘。

(2)瞬时记忆比短时记忆、短时记忆比长时记忆易遗忘。

(3)遗忘有"先快后慢"的特点。

(4)痕迹衰退说认为不经复习强化的内容,会逐渐完全遗忘;干扰抑制说认为主要由前摄抑制、倒摄抑制引起遗忘。

(5)遗忘还受动机和情绪的影响。被动性的记忆比主动性的记忆易遗忘;情绪差时的记忆比情绪好时的记忆易于遗忘,所谓好了伤疤忘了痛。

3. 遗忘的学说

(1)痕迹衰退说。这种学说认为,遗忘是由于记忆痕迹得不到强化而逐渐减弱,以致最后消退而造成的。完形心理学派的学者们认为,学习时的神经活动会在大脑中留下各种痕迹,即记忆痕迹。如果学习后一直保持练习,已有的记忆痕迹将得到强化;反之,如果学习后长期不再练习,既有记忆痕迹将随时间的流逝而衰退。痕迹衰退说强调的是生理机制对记忆痕迹的影响,这一解释虽然合乎一般常识,而且能说明很多遗忘现象,但未必符合所有事实和进行普遍推广。因为人的有些经历,即使是在几十年以后,仍然历历在目,并不随时间流逝而淡忘。

(2)干扰抑制说。该学说认为,遗忘是由于记忆材料之间的干扰,产生相互抑制,使所需要的材料不能提取。为这一学说提供有力支持证据的是前摄抑制和倒摄抑制。所谓前摄抑制是指先学习的材料对后学习的材料所产生的干扰作用。安德伍德(Underwood)发现,在学习字表以前有过大量练习的人,24小时后,只记住字表的25%;以前没有做这种练习的人,能记住同一字表的70%,由此说明前摄抑制的存在。所谓倒摄抑制,是指新学习的材料对原来学习的材料的提取所产生的干扰与抑制作用。1990年,德国学者穆勒(Muller)和皮尔策克(Pilzecker)首先发现倒摄抑制。他们观察发现,被试在识记无意义音节之后,经过6分钟休息,可以回忆起50%的音节;如在间隔时间内从事其他活动,只能回忆起26%的音节。

(3)压抑说。这一学说认为,遗忘既不是痕迹的消退造成的,也不是记忆材料之间的干扰造成的,而是由于人们对某些经验的压抑使然。压抑引起的遗忘,是由某种动机所引起的,故

此,它又称为动机性遗忘。这一理论出自弗洛伊德的精神分析说。弗洛伊德认为,回忆痛苦经验将使人回到不愉快的过去,为避免痛苦感受在记忆中复现,人们常常对这些感受和经验加以压抑,使之不出现在意识之中,由此引起遗忘。

(四)记忆对文化消费的影响

记忆在消费者的心理和行为活动中具有重要作用。正因为有了记忆,消费者才能把过去的经验作为表象保存起来。经验的逐渐积累推动了消费者心理的发展和行为的复杂化,最终做出消费选择。反之,离开记忆则无法积累和形成经验,也不可能有消费心理活动的高度发展,甚至连最简单的消费行为也难以实现。

文化消费者一般都有比较高的学识素养,怀旧情怀浓重。在文化消费中,大打回忆牌的营销战术向来屡试不爽。怀旧营销就是在营销活动中给予消费者一定的怀旧元素刺激,激发消费者的怀旧情怀,勾起他们记忆深处的共同记忆符号,以此来引发购买倾向。怀旧是寻找一种精神安慰,尤其是在危机之下或社会动荡的时代,能给人以舒适、亲切等情感,成为人们内心的庇护所。怀旧的消费者群体是一种拥有共同的情感记忆和记忆符号,而且会通过怀旧唤起共同兴趣、社团成员间的亲密感并获得群体性认同的集合。在这种群体的集合中,共同的记忆可以带来大量的认同,从而形成集体回忆。集体回忆是在一个群体中,大家对曾经一起共享、构建以及传承的事物的共同回忆。在经历了一段时间后,在特定环境与行为的指引下,这段记忆被唤醒,当事人则会产生强烈的共鸣、认同与超乎想象的热情。如果把这种热情应用在市场中,则是一股强大的销售推动力。自2010年中央电视台春节联欢晚会成功策划小虎队聚首之后,"怀旧"引发了连锁反应,引爆一种生活方式,并强烈刺激一条明晰且充满趣味的经济链条。怀旧元素也成为众多电视台综艺节目的收视撒手锏,老艺人纷纷现身,经典案例如江苏卫视的蛇年春晚促成了《新白娘子传奇》三大主演20年再聚首。

怀旧营销首先必须有怀旧元素刺激消费者。南方黑芝麻糊广告就是个非常成功的怀旧型广告,当小男孩的舔碗行为映入消费者眼帘时,勾起了消费者的童年回忆,使消费者很想回到童年,重温当年的感受和体验当年那种小小的幸福。即便我国北方地区没有吃黑芝麻糊记忆的观众,看到了那种温馨的场景同样会想起自己儿时所听到的胡同的叫卖声,想起家乡的爷爷奶奶。在我国不少大中城市以复古或创意市集为卖点的街区,怀旧商品已经成为销售主力。北京南锣鼓巷、重庆磁器口、南京夫子庙等地,过去家庭常见的搪瓷缸、红双喜脸盆、画鲤鱼跳龙门的痰盂、牛皮纸封面的练习簿、国民床单等,都一一亮相,且售价颇高。

近些年来,怀旧风在中国的产品包装中也逐渐流行起来。出色的商品包装,既基于成功的艺术设计,又有赖于对消费者心理策略的运用。面对当今市场的激烈竞争,为使产品更有吸引力,企业必须讲究产品包装的设计,并结合消费者的心理特征进行设计修改。在怀旧包装设计中,最主要的是抓住消费者的共同记忆符号进行设计,把这种记忆符号通过包装有形地展示在消费者面前,以达到刺激其购买的目的。

四、学习与文化消费

(一)消费者学习的定义

消费者学习是指消费者行为或心理过程经历的持久改变的过程。通过正式与非正式的途径,消费者在消费活动中不断积累经验,获得商品知识与消费技能,形成消费观念。

学习是由经验引起的相对较长久的行为改变。学习者不一定直接获得经验,也可以通过观察那些对人产生影响的事件而获得经验,有时甚至不做任何尝试也在学习。例如,消费者即使没有使用过某些产品,但也可以识别出这些产品的品牌并熟悉其广告语。这种随意的、无意识的知识获取过程就是无意识学习。学习是一个不断前进的过程。随着我们不断面对新的刺激和随之接收到的反馈,我们会不断地修正自己对这个世界的认识。正是这种认识,使得以后当我们处于相似情境时,可以调节我们的行为。学习的概念包括很多方面的内容,从消费者对产品标志的刺激与反应的简单联想,一直到复杂的认知活动,都属于学习的范畴。

从营销观点看,消费者学习是指消费者在购买和使用商品的活动中,不断地获取知识、经验与技能,通过积累经验、掌握知识,不断地提高自身能力,完善自身的购买行为的过程。这个定义中有几点值得注意。首先,消费者学习是一个过程,这由于新得的知识在不断发展变化,或者说实际经验、新得知识或个人实践都会得到反馈,并为未来相似情况下的行为提供基础。其次,经验在学习中起到作用并不意味着所有的学习都是有意获得的。尽管很多学习都是有意的,但很大数量的学习是偶然的,是意外获得的。

消费者学习的内容比较复杂,因人而异,但消费者知识是消费者学习的重要内容之一。知识是指储存在人们头脑中的信息,反映人们对某个或某些事物的熟悉程度,一般包括事实、信息描述或在教育和实践中获得的技能等。消费者知识一般包含产品知识、购买知识以及使用知识三个方面。产品知识的范围很广,涉及很多方面。例如,关于产品类型及每类产品中各种品牌的知识,关于产品术语、产品特征与属性的知识,关于具体产品或品牌信息的知识等,都属于产品知识的范畴。购买知识主要涉及在哪里买和何时买两个方面。使用知识主要是指关于产品如何使用、适合在什么场合使用、使用时应注意哪些事项和要求等方面的知识。企业在进行市场营销活动时,使消费者拥有足够的产品知识、购买知识和使用知识是非常重要的。

(二)消费者学习的常见方法

消费者购买活动的每一步都是在学习,从感知商品到做出购买决策及使用体验,都是学习的过程,可见学习对消费者的重要性。消费者通常采用以下几种方法进行学习。

1. 模仿法

模仿就是仿效和重复别人的趋向。模仿可以是有意的、主动的,也可以是无意或被动的;可以是机械性的,也可以是创造性的。它是消费者学习的一种重要方法。一些演艺明星和体育明星的发型、服饰,甚至生活方式,之所以能很快在一些人群中流行开来,就是模仿心理的作用。当被模仿行为具有榜样作用,社会或团体又加以提倡时,这种模仿就是自觉进行的。社会生活中还有很多模仿是无意识的。例如,小孩模仿大人的行为,经常接触某个群体的成员会不自觉地带有该群体的行为特征等。

2. 试误法

试误法又叫尝试错误法,指消费者通过尝试与错误,从而在一定的情境和一定的反应之间建立起联结。消费者渴了的时候,可以喝茶、咖啡、可乐或者矿泉水等,也就是说可以做出许多不同的反应,但经过多次尝试,发现做出某种特定反应能获得最满意的效果,于是此种反应与这一情境的联结就会得以保存。如果在今后的行为练习中,做出此种反应之后总是伴随着满足,则联结的力量会增强;反之,若做出反应之后伴随的是不满和烦恼,联结的力量将减弱。

3. 观察法

消费者通过观察他人的行为,获得示范性行为的象征性表象,并做出或避免做出与之相似的过程。在消费过程中消费者自觉或不自觉地观察他人的消费行为,并以此指导自己的消费实践。例如,当发现同事买的某种品牌的笔记本电脑质量好,效果也好,就可能在头脑中留下印象,在自己需要购置笔记本电脑时,就会不自觉地想到同事的那台笔记本电脑,并形成购买意向。反之,如果经过观察发现同事所买的那台笔记本电脑不那么理想,则在购买笔记本电脑时,可能会避免选择该品牌的产品。观察学习使个体突破直接经验的限制,获得很多来自间接经验的知识、观念和技能,它是消费者普遍采用的学习方法。

4. 发现法

发现法是指消费者对消费对象的认识、发现以及主动进行思维、记忆等获得一切知识的方法。例如,某消费者在对某种商品发生兴趣后,积极主动收集有关信息,从而获得对该商品的深入认识。消费者购买价值较大或重要的产品时,通常采用发现法进行学习。

5. 对比法

对比是人们认识事物常用的一种方法。消费者在消费活动中可以对消费对象、消费内容、消费经验等方面进行对比,并从中得出属于自己的认知,而这种认知通常是可以找到统计规律的。

(三)消费者学习的理论

研究学习的心理学家们发展了很多解释学习过程的理论。代表性的理论包括行为主义学习理论(包括经典条件反射、操作条件反射)、认知学习理论、卷入理论等。其中,行为主义学习理论认为学习是外部事件引起的反应。认同这一观点的心理学家们并不关注人的内部思维过程,相反,他们提议将大脑看成一个"黑箱",强调可观察的行为。行为主义学习理论主要通过研究行为来反映个体的心理现象。行为主义学习理论认为行为的多次愉快或痛苦的后果改变了个体的行为。

1. 经典条件反射理论

(1)经典条件反射的内容。巴甫洛夫是苏联著名的生理学家,曾因为对动物消化腺的创造性研究而获得1904年诺贝尔生理学或医学奖。巴甫洛夫对动物消化腺的研究主要以狗为研究对象。他与助手在对狗的研究中发现,当助手给狗食物时,狗吃到食物,会分泌很多唾液;此后又发现狗只要看到食物,就开始分泌唾液;再后来,只要听到助手的脚步声,狗似乎知道马上就可以吃到食物,唾液的分泌也开始增加。巴甫洛夫系统研究了这种现象,提出了"条件反射"的概念,后人称之为"经典条件反射"。巴甫洛夫认为,条件反射形成的基础是无条件反射:食物吃到嘴里,引起唾液分泌增加,这是自然的生理反应,形成后不需要学习,这种反应叫作非条件反射;此时引发反应的刺激是食物,为非条件刺激,做出的反应是非条件反应。另外一种是条件反射:研究助手的脚步声与狗的唾液分泌增加本来没有必然的联系,是一种无关刺激,或称中性刺激;当脚步声与食物同时、多次重复后,狗听到脚步声,唾液分泌就开始增加,这时中性刺激由于与非条件刺激联结而变成了条件刺激,由此引起的唾液分泌就是条件反射。

(2)经典条件反射的特征。

①获得:将条件刺激与非条件刺激多次结合呈现,可以获得条件反射和加强条件反射。例如,将声音刺激与喂食结合呈现给狗,狗便会获得对声音的唾液分泌反射。

②消退:对条件刺激反射不再重复呈现非条件刺激,即不予强化,反复多次后,已习惯的反射就会逐渐消失。例如,学会对铃声产生唾液分泌的狗,在一段时间听到铃声而不喂食之后,可能对铃声不再产生唾液分泌反射。

③恢复:消退了的条件反射,即使不再给予强化训练,也可能重新被激发,再次出现,这被称为自然恢复作用。

④泛化:某种特定条件刺激反射形成后,与之类似的刺激也能激发相同的条件反射。例如,狗对铃声产生唾液分泌反应后,对近似铃声的声音也会产生反射。

(3)认知关联学习。当代行为科学家将经典条件反射看作那些允许生物体预测和"陈述"环境中事件间联系的学习。根据这个观点,条件刺激和非条件刺激(铃声与肉)的联系影响了狗的期望,这时反过来影响了它的行为(分泌唾液)。经典条件反射作用被看作认识关联学习——不是获得新的反射作用,而是获得关于世界的新知识,这不仅仅是一种条件反射行为。根据一些研究人员的观点,乐观的条件作用是在条件刺激和非条件刺激之间创造一种强烈联系。

(4)经典条件反射在营销上的应用。许多营销策略都集中在如何建立刺激和反应之间的联结上。

①重复的应用。有广告研究者认为,营销信息原则上只要见到三次就够了,超过了就是多余的。第一次会引起消费者对产品的知觉,第二次会引起消费者与产品之间的某种联系,第三次则会提醒消费者有关该产品的益处。这个非常直接的方法表明,至少要重复三次才能确保消费者获得(并加工)这个信息。人们倾向于拒绝或者曲解许多营销信息,所以没办法确保传播出去的信息能够到达消费者。如果试图将某种联结变成消费者的条件反射,就必须确保目标消费者能够收到足够多次的刺激,从而使那个刺激对消费者产生"黏性"。

②条件下产品联结的应用。通常,为了创造出一种理想的联结,广告会把某个产品与一个正确的刺激相配对。市场信息的各个方面,例如,音乐、幽默或者比喻都能影响到条件反射。例如,在一项研究中,让被试观看关于钢笔的幻灯片,同时播放愉快或者不愉快的音乐。后来发现,被试更有可能选择那些与愉快音乐相配对的钢笔。

条件刺激和非条件刺激出现的先后次序会影响到学习是否能够发生。一般来说,条件刺激应该在非条件刺激之前出现。反向条件作用一般来说没有多大效果。例如,先播放广告语,然后再呈现软饮料。因为条件反射需要刺激物按一定顺序出现才能发生,所以在静态下不会形成经典条件反射。例如,与电视广告或广播广告相比,杂志广告中不能控制条件刺激和非条件刺激被感知到的顺序,所以难以形成经典条件反射。

正如刺激-反应可以形成联结,这种联结也可以消失。由于刺激和反应之间有可能消退,对于那些经常能遇到的产品,行为主义学习理论中的刺激策略可能不会有太大效果。例如,一瓶百事可乐配上碳酸饮料在冰上的清爽声音,虽然可以看作是条件反射的一个很好应用,但不幸的是,生活中常常看到百事可乐出现在没有这类声音的情况下,这就降低了条件反射策略的效果。

为什么该选一种新颖的曲调而不是流行的曲调来配合产品呢?这是因为在没有该产品出现的很多情况下,也能听到流行歌曲。音乐电视可以作为有效的非条件刺激,因为它常常影响着观众的情感,这种影响会转移渗入伴随着音乐电视的广告中去。

③刺激泛化的应用。品牌创立和包装的核心通常是刺激泛化的过程,通过建立消费者对现存某一品牌或公司名称的良好印象和联想而产生经济效益。基于刺激泛化的策略包括下面几点:

一方面,采取家族品牌策略。家族品牌是指公司所有产品都用同一个品牌——这种新的战略假定消费者往往只能记住几个最喜欢的品牌,而不管它是什么产品。许多产品都是因为公司良好的品牌声誉而盈利。例如,亨氏和通用电气等公司就是依靠其良好的企业形象来销售不同的产品系列。

另一方面,宝洁公司的优势却在于对同一种产品使用不同的品牌。几个品牌的联合常常为宝洁公司在与美国及全世界广告媒体谈判和争取货架空间方面提供优势。它也可以帮助宝洁公司对任何一个竞争者做出反击,使其不敢在宝洁占统治地位的产品领域嚣张。

自有品牌往往也能和家族品牌获得同样的效果。例如,沃尔玛过去经常这样做广告,说它的超市只卖一些"你能信任的品牌"。现在,沃尔玛这个名字本身已经成为一个让消费者信任的产品品牌,并且沃尔玛这个产品品牌也为这个超市品牌增加价值。

④刺激甄别的应用。在过分沟通的社会,刺激辨别的关键在于有效定位,有效定位能为企业带来竞争优势。形象是消费者头脑中存在的对产品和服务的概念,是成功的关键。当一个营销者通过一种非常有利的沟通方式来向消费者强调它能很好地满足消费者的需求时,一般希望消费者能够把它的产品和货架上竞争者的产品区别开来。而那些模仿者则不是这样的。它们希望消费者能认为市场领导者产品的一些特殊优势也同样存在于它们自己的产品上。一般情况下,市场领导者倒是希望消费者能够区分这些相似的刺激。研究已经表明,有效定位导致的认可态度以及刺激识别通常能在消费者头脑中长期存在并且影响他们日后的购买行为。

2. 操作条件反射理论

(1)桑代克的尝试-错误学习理论。桑代克是美国著名的心理学家,获得博士学位以后,他在哥伦比亚大学开始研究动物的随意学习行为。桑代克设计了有名的迷笼实验。通过对动物学习行为的研究,桑代克提出了尝试-错误学习理论。这一理论认为,学习的实质是通过"尝试"在一定的情境与特定的反应之间建立某种联结。在尝试中,个体会犯很多错误,通过环境给予的反馈,个体放弃错误的尝试而保留正确的尝试,从而建立起正确的联结,这就是学习。桑代克认为,在尝试-错误学习中,行为的后果是影响学习关键的因素,如果行为得到了强化,证明尝试是正确的,行为就能保留下来,否则就会作为错误尝试而放弃。总之,正强化会促进行为,而负强化或惩罚会削弱行为,桑代克称之为"效果律"。之后,桑代克又提出了准备律和练习律,后来又做了较大的修改。

(2)斯金纳的操作条件反射。20世纪30年代后期,行为主义心理学家斯金纳改进了桑代克的迷笼设计,设计了斯金纳箱,并用来研究各种动物。实验中,动物从开始的混乱动作中无意地碰到杠杆,得到了食物,学会了按压杠杆与得到食物之间的联结。通过更为复杂的设计,动物还可以学会分化行为。例如,当灯亮时按压杠杆可以得到食物,而灯灭时按压杠杆得不到食物。因此,动物学会了只在灯亮时按压杠杆。通过研究,斯金纳认为存在两种类型的学习:一类是应答性反应,与经典条件作用类似;另一类是操作条件作用,它不是由刺激情境引发的,而是有机体的自发行为。在日常生活中,人的绝大多数的行为都是操作性行为。影响行为巩固或再次出现的关键因素是行为后所得到的结果,即强化。他区别了两种类型的强化——正强化与负强化。无论是正强化还是负强化,其结果都是增加行为再次出现的概率,促进行为的发生。强化的类型多种多样,包括连续强化和间隔强化、固定比例强化和变化比例强化、固定时间强化。

(3)操作条件反射在营销上的应用。当消费者因其所做出的购买决策而受到奖赏或惩罚时,操作条件反射原理便在起作用了。商家会通过采取适当行动来逐步强化消费者反应从而改变他们的行为。例如,一个汽车经销商会鼓励一个犹豫不决的购买者坐到展品车里,再建议他试开,然后就试图将车卖出去。

①消费的强化。营销者用很多方式来强化消费者,从购物后简单的致谢到客观的折扣以及电话回访,这些都是强化消费者的方式。例如,与那些没有受过任何强化的受控制小组相比,那些每次付钱之后都收到感谢信的新顾客组,使人寿保险公司得到更高的保单更新率。

所有营销努力的目的应该是最大限度地提高消费者满意度。营销者必须确保提供最好的与价格相符的产品,同时避免使消费者对于产品(服务)的期望上升到超过产品(服务)本身可承受的范围。除了使用产品本身的经历,消费者可以从其他消费情境的要素中得到强化,如交易环境或者员工们的礼仪等。

关系营销——同客户建立一种紧密的个人化关系——是另一种非产品强化。当消费者知道他在即将到来的购物活动中能得到商家提供的好建议或者某些他需要的商品商家已经为他留出的时候,消费者对于这家商店的忠诚度就会得到巩固。

②集中学习与分布式学习。时机对于消费者学习具有重要影响。一个学习计划是应该延伸到一段时间内完成(分布式学习),还是应该集中在很短的时间内呢(集中学习)?这个问题对于正在进行媒体广告计划的广告者很重要,因为大规模的广告产生了比较多的集中学习,而分布式计划则常常使学习持续一段比较长的时间。当一个广告者需要广告产生瞬间影响(例如,接受一款新产品或者对竞争者的闪电攻击进行反击)时,他们通常利用集中式计划去抓住消费者。然而,如果光顾者的目标吸引建立在通常基础上的长期重复购买的话,分布式计划会更合适。一个分布式计划使广告基于通常基础上的重复,常常能达到促使消费者长期学习的效果,同时对抵抗消失相对比较有效。

③示范学习与观察学习。行为主义学习理论者们已经注意到相当一部分的学习发生在没有直接强化的情况下,这部分学习称为示范或者观察学习。消费者经常观察其他消费者在某种情境(刺激)下是如何反应的,反应的结果(强化)如何,他们遇到相似情况的时候就模仿那些能得到积极强化的行为。示范学习是个体在观察其他个体行为及其后果后进行行为学习的过程。他们学习和模仿的往往是他们敬仰或者羡慕的人,这些人可能因为外表、成就、技能等方面的特征而得到他们的敬仰或者羡慕。

3.认知学习理论

(1)认知学习理论的内容。不是所有的学习都是行为重复经验的结果,大量的学习是经由消费者思考和解决问题的过程而发生的。瞬间学习也是存在的,当面临一个问题时,我们有时会很快想到解决方法,然而更多的时候我们倾向于收集相关信息作为做决定的基础,同时为尽可能达到我们的目的做出最好的决定。我们总是仔细评价所学的东西。

基于心理活动的学习称为认知学习。认知学习理论认为人类最典型的一种学习是问题解决,它使个体能控制周围环境。与行为主义学习理论不同的是,认知学习理论认为学习包括对信息的复杂的心理加工过程。他们不强调重复或特定反应与奖励联结的重要性,强调在产生期望反应的过程中动机和心理加工的作用。

(2)认知学习理论信息加工过程。

①信息输入。与把计算机接收信息的过程称为输入一样,人脑接收信息的过程也被称为输入。信息加工既与消费者的认知能力有关,也与被加工信息的复杂性有关。消费者通过属性、品牌、品牌间的比较或综合这些因素来加工处理产品信息。虽然属性特征包括在品牌信息中,可用选择方案的数量影响信息加工的强度或程度,但是具有高认知能力的消费者明显要比具有较低认知能力的消费者能获得更多的产品信息,且更有能力综合产品几个属性的信息。

消费者在意象方面也存在差异——也就是形成意象的能力——这些差异影响了他们回忆信息的能力。个体意象加工的差异性可以通过意象逼真性测验(唤起清晰形象的能力)、加工模式测验(倾向于视觉加工还是言语加工,以及加工的频率)与白日梦(幻想)的内容和频率测验等手段来测量。

一个消费者接触一个产品种类的经历越多,他利用产品信息的能力就越强;他所接触的产品与曾经接触过的产品种类越相似,在做出新的购买决定时的认知能力就会越高,特别是有关技术性的信息。一些消费者通过类推的方法学习,也就是说,为了促进了解,他们将熟悉的关于产品的知识转移到新的不熟悉的产品上。

②记忆储存。在信息加工过程中发挥最主要作用的是人的记忆,大多数认知科学家正设计一些基本研究来探索信息在头脑中是如何被储存、保持和提取的。因为信息加工的发生是有阶段的,所以通常认为在记忆中有一些单独、连续的"贮存室",信息进一步加工之前被临时贮存在这里。这种贮存室主要有感觉"贮存室"、短时"贮存室"和长时"贮存室"。从短时记忆转到长时记忆的信息的数量决定于所给予的复述的数量,不管是重复还是与其他信息联系,一旦失败就会导致信息的消退和最终丢失,信息也会因为注意的竞争而丢失。例如,如果短时"贮存室"同时从感觉"贮存室"中接收到大量的输入信息,它的能力可能降到只能贮存一到两条信息。其中,最为重要的一步是复述和编码。复述的目的是使信息能在短时"贮存室"中保持足够长的时间,以便编码能够发生。编码是我们选择言语或视觉图像来代表所知觉到的事物的一个过程。

研究已经发现,对一个广告的编码与这个广告所插播的节目有关。一个电视节目的某些部分可能需要观众提取认知资源的大部分来进行加工,当观众提取了更多的认知资源对付节目本身时,他们对广告所提供的信息的编码和存贮就相对少了。当紧接着一个戏剧性节目播放广告时,那些需要较少认知加工的广告比那些需要较多有意加工的广告会更有效果。其他研究也表明,对一个电视节目非常投入的观众,对紧接着这个节目的广告也会有积极的反应,从而产生较积极的购买倾向。

③保持。信息并不单单只是停留在长时记忆中等着被提取,而是不停地被组织和再组织,在信息块之间形成新的联系。实际上,许多信息加工理论家把长时贮存看作是包含许多节点的一个网络,它们之间都有联系。消费者对一个产品名称的记忆也可能通过与广告中的代言人相联系而被激活。

贮存在记忆中的产品信息一般是基于品牌的,消费者通过与原来的信息组织方法一致的方式来解释新信息,他们每年都会遇到成千上万的新产品,通常他们依靠信息搜索这些新产品与已经贮存在记忆中的产品种类有多大相似或差异。一项研究发现,存在中等水平的差异时,比起在更广的属性范围内寻找新信息,消费者更可能从深度上检查相关属性。另一项研究发现,消费者对熟悉品牌的新产品信息能更好地回忆。这强调了一个事实,那就是在广告中树立一个品牌有诸多优势,消费者更有可能回忆起所接收到的熟悉品牌名称的新产品的信息,他们的记忆较少地受到其他竞争广告的影响。

④提取。提取是我们从长时记忆中恢复信息的过程,大多数人都有记不起他们非常熟悉的事情的经历。信息加工理论家把遗忘看作是提取系统的失败。大量的调查研究都将重点放在个体如何从记忆中提取信息。研究表明消费者更容易记住产品的利益而不是它的属性,这就解释了当广告信息把产品的属性与消费者能从产品上得到的利益联系起来时广告最有效。

⑤干扰。在一类产品中竞争的广告越多,分配到某一特定的产品品牌的回忆就越少,这种干扰效应会导致信息提取的失败。对某个竞争品牌来说,广告能起到提取线索的作用。

竞争品牌的广告或者同一制造商制造的其他产品的广告都能降低消费者记住相关广告品牌信息的能力,即使数目很少的类似的广告之间也会发生这种效应。干扰的水平取决于消费者先前的经验、有关品牌属性信息的先入知识以及做选择时能得到的品牌信息的数量。有两种实际的干扰种类:新的学习能干扰对以前贮存材料的提取,先前的学习也能干扰对新近所学材料的回忆。存在这两种干扰的重要原因是新旧信息的相似性。创造一个与众不同的品牌形象能帮助信息内容的保持和提取。

⑥有限的和扩展的信息加工。很长时间以来,研究者相信所有的消费者在做出一个购买决定时都要经过一系列复杂的心理和行为阶段,这些阶段从觉察(信息的呈现)到评价(偏爱、对信息的态度)到行为(购买),再到最后的评价(采用或拒绝),这个相同系列的阶段被称为消费者采用过程。

4. 卷入理论

近些年来,一些模式已经发展起来,用来表达对消费者做出的信息连续加工过程的看法。最初,市场研究专家认为消费者做出的扩展性的复杂的信息加工可以应用到所有的购买决定中。然而,以他们自己作为消费者的主观经历为基础,一些理论家开始认识到一些简单的购买情境中不需要扩展的信息加工和评价,有时仅仅是出于对日常购买需要的觉察,而不需要另外的信息搜索和心理评价,这种购买被认为是最小个人相关,它与高相关的搜索、定向的购买相对。最小个人相关也被称为低卷入购买,复杂的搜索、定向的购买称为高卷入购买。下面介绍卷入理论的发展以及在市场策略中的应用。

(1)卷入理论简介。卷入理论又称涉入理论,最早是在1947年由美国学者谢里夫(Sherif)和坎特里尔(Cantril)在研究社会判断理论时提出来的。简单地说,社会判断理论认为,一个人对某一事件的自我卷入程度越深,则其接受相反意见的余地就越小,此乃反比效应;相反,对于与自己相同的意见,自我卷入程度深的人不但乐于接受,而且还会予以支持,此为同比效应。

当时,谢里夫和坎特里尔将自我卷入定义为一个人因其地位或角色的限制而对于相反意见的态度,它是一个人对别人意见做出反应的前提条件。他们的开创性工作当时并未引起营销学者的注意,卷入理论也只是在行为心理学研究中被心理学家们经常使用。

(2)卷入理论在营销上的应用。卷入理论自从被应用于消费者行为研究以来,引起了许多西方营销学者的浓厚兴趣,经过多位学者近10年的努力,到20世纪80年代后期,其内容日益丰富和充实。从卷入的类型来看,如果以卷入对象来分类,卷入可分为广告卷入、商品卷入和购买决策卷入三种类型。广告卷入是指观众对于广告信息所给予的关心程度或接触广告时的心理状态,从高度关注到视而不见;商品卷入,是指消费者对于商品的重视程度或消费者对于商品的个人主观认识,从对商品完全投入的自我认同到不屑一顾的漠不关心;购买决策卷入是指消费者对某一次购买活动的关注程度,它与商品卷入关系密切但不等于商品卷入。例如,酒类低卷入者有一天为了宴请重要宾客必须选购酒类时,他这一次购买酒类的行为就属于高度卷入。

除了按对象分类外,另一种分类方法是根据卷入的来源进行分类,这种分类方法将卷入分为情境卷入、持久卷入和反应卷入。情境卷入是指卷入的起因是外在的,是一个人在某种特殊情境下对事物的短暂关切状态;持久卷入是指卷入的起因来自个人内在的原因,是一个人对某一事物相对持久的关切状态;反应卷入是指由情境卷入与持久卷入结合而产生的、对某一事物的关切状态。以上关于卷入的分类为卷入理论应用于消费者行为研究奠定了理论基础。

(3)卷入的测量。研究者已经用各种方法定义并使卷入概念化,包括自我卷入、约定、交流卷入、购买重要性、信息搜索的延伸、人、产品、情境和购买决策。一些研究已经尽力在品牌卷入和产品卷入之间做出区分,其他研究则在情境的持久和反应卷入之间做出区分。

(四)学习对文化消费的影响

消费者的学习是一种特殊的学习,并非我们读书学习的狭义学习,而是心理学意义上的学习,是广义的,即行为或心理过程经历持久改变的过程。消费者的学习有被动与主动之分,方式多种多样,自我学习是一种方式,观察学习也是一种方式,消费者之间通过彼此观察与模仿获取商品知识。此外,近些年各种行业的生产商和消费商都注意到了消费者学习在消费行为中的重要作用,主动开展多种多样的活动,帮助消费者学习,在学习过程中拉近与消费者的距离,赢得先机。

体验式营销是一种企业主动帮助消费者学习的营销新模式。顾客的体验来自某种经历对感觉、心灵和思想的触动,它把企业、品牌与顾客的生活方式联系起来,赋予顾客个体行动和购买时机更广泛的心理感受和社会意义。体验营销者不仅仅考虑产品的功能和特点,更主要的是考虑顾客的需求,考虑顾客从消费产品和服务的经历中所获得的切身体验,考虑顾客对与产品相关的整个生活方式的感受。文化消费中,帮助消费者学习,培养一定的消费群体,是非常重要的。像字画、交响乐、古玩以及一些非全民体育项目等,都需要有一批懂得基本规则、懂得如何欣赏的潜在顾客,没有一定的普及推广,就不能吸引到足够的消费者走到画廊、音乐厅以及体育场所去实施消费。

第二节 文化消费者的情绪和意志过程

一、文化消费者的情绪与情感

(一)情绪与情感的含义

情绪是人对客观事物的态度体验,具有独特的主观体验形式、外部表现形式和极为复杂的神经生理基础。

情感是指情绪过程的主观体验,对正在进行着的认知过程起评价和监督作用,着重于表明情绪过程的感受方面。

感情是情绪和情感心理现象的统称,在日常生活中,表示关爱的情绪、情感状态以及愿望、需要的感受倾向,代表情绪及情感的一般现象。

文化消费者在从事消费活动时,不仅通过感觉、知觉、注意、记忆等认识了消费对象,而且对它们表现出一定的态度。根据其是否符合消费主体的需要,消费者可能对其采取肯定的态度,也可能采取否定的态度。当采取肯定态度时,消费者会产生喜悦、满意、愉快等内心体验;当采取否定态度时,则会产生不满、忧愁、憎恨等内心体验。这些内心体验就是情绪或情感。

情绪或情感是人对客观事物的一种特殊反应形式,它的发生与认识过程一样,源于客观事物的刺激。当刺激达到一定强度时,便会引起人的相应体验,从而产生各种情绪反应。这些情绪反应不具有具体的现象形态,但可以通过人的动作、语气、表情等方式表现出来。例如,某消费者终于买到盼望已久的大屏幕彩色电视机时的面部表情和语气会表现出欣喜的特点;而当他发现买回的商品存在质量问题时,又会表现出懊丧、气愤等表情。

从严格意义上讲,情绪和情感是既有联系又有区别的两种心理体验。情绪一般是指与生理的需要和较低级的心理过程(感觉、知觉)相联系的内心体验。例如,消费者选购某品牌香水时,会对它的颜色、香型、造型等可以感知的外部特征产生积极的情绪体验。情绪一般由当时特定的条件引起,并随着条件的变化而变化。所以,情绪表现的形式是比较短暂和不稳定的,具有较大的情境性和冲动性。某种情境一旦消失,与之有关的情绪就立即消失或减弱。

情感是指与人的社会性需要和意识紧密联系的内心体验,如理智感、荣誉感、道德感、美感等。情感是人们在长期的社会实践中受到客观事物的反复刺激而形成的内心体验,因此,与情绪相比,情感具有较强的稳定性和深刻性。在消费活动中,情感对消费者心理和行为的影响相对长久和深远。例如,对美感的评价标准和追求会驱使消费者重复选择和购买符合其审美观念的某一类商品而排斥其他商品。

情绪与情感之间又有着密切的内在联系。情绪的变化一般受到早期形成的情感的制约;离开具体的情绪过程,情感及其特点则无从表现和存在。因此,从某种意义上说,情绪是情感的外在表现,情感是情绪的本质内容。正由于此,实践中两者经常作为同义词使用。

(二)情绪或情感的基本类别

第一类:喜、怒、哀、乐等经常出现的基本情绪;

第二类:痛楚、压迫等纯粹由感观刺激引起的情绪;

第三类:自信、羞辱等与自我评价有关的情绪;

第四类:爱、憎等与人际交往有关的情绪;

第五类:理智感、荣誉感、美感等与意识有关的情绪或情感。

以上各种类别,在消费者的情绪过程中都有不同形式的表现。

(三)文化消费者情绪的表现形式

1. 激情

激情是一种猛烈的、迅速爆发而持续短暂的情绪体验,如狂喜、暴怒、恐怖、绝望等。激情具有瞬息性、冲动性和不稳定性的特点,发生时往往伴有生理状态的变化。消费者处于激情状态时,其心理活动和行为表现会出现失常现象,理解力和自制力也会显著下降,以致做出非理性的冲动式购买举动。

2. 热情

热情是一种强有力的、稳定而深沉的情绪体验,如向往、热爱、嫉妒等。热情具有持续性、稳定性和行动性的特点,它能够控制人的思想和行为,推动人们为实现目标而长期不懈地坚持努力。例如,一个书画收藏家为了不断增加藏品,满足自己的爱好,可以长年累月地压缩其他生活开支,甚至借钱来购买收藏品。

3. 心境

心境是一种比较微弱、平静而持久的情绪体验。它具有弥散性、持续性和感染性的特点,在一定时期内会影响人的全部生活,使语言和行为都感染上某种色彩。在消费活动中,良好的心境会提高消费者对商品、服务、使用环境的满意程度,推动积极的购买行为;相反,不良的心境会使人对诸事感到厌烦,或拒绝购买任何商品,或专买用以消愁解闷的商品。

4. 挫折

挫折是一种在遇到障碍又无法排除时的情绪体验,如怨恨、懊丧、意志消沉等。挫折具有破坏性、感染性的特点。消费者在挫折的情绪状态下,会对商品宣传、促销劝说等采取抵制态度,甚至迁怒于销售人员或采取破坏行动。

就情绪表现的方向和强度而言,消费者在购买过程中所形成的情绪,还可以分成积极、消极和双重三种类型。

(1)积极情绪,如喜欢、欣慰、满足、快乐等。积极情绪能够增强消费者的购买欲求,促成购买行动。

(2)消极情绪,如厌烦、不满、恐惧等。消极情绪会抑制消费者的购买欲望,阻碍购买行为的实现。

(3)双重情绪。在许多情况下,消费者的情绪并不简单地表现为积极或消极两种,如满意—不满意、信任—不信任、喜欢—不喜欢,而经常表现为既喜欢又怀疑、基本满意又不完全称心等双重性。例如,消费者对所购买的商品非常喜爱,但由于价格过高而又感到有些遗憾。又如,由于售货员十分热情,消费者因盛情难却而买下不十分满意的商品。双重情绪的产生,是由于消费者的情绪体验主要来自商品和售货员两个方面。当两者引起的情绪反应不一致时,就会出现两种相反情绪并存的现象。

(四)消费者购买活动的情绪过程

消费者在购买活动中的情绪过程大体可分为以下四个阶段。

1. 悬念阶段

在这一阶段,消费者产生了购买需求,但并未付诸购买行动。此时,消费者处于一种不安的情绪状态。如果需求非常强烈,不安的情绪就会上升为一种急切感。

2. 定向阶段

在这一阶段,消费者已经面对所需要的商品,并形成初步印象。此时,情绪获得定向,即趋向喜欢或不喜欢、满意或不满意。

3. 强化阶段

如果在定向阶段消费者的情绪趋向喜欢和满意,那么这种情绪现在会明显强化,强烈的购买欲望迅速形成,并可能促成购买决策的制定。

4. 冲突阶段

在这一阶段,消费者对商品进行全面评价。由于多数商品很难同时满足消费者多方面的需求,因此,消费者往往要体验不同情绪之间的矛盾和冲突。如果积极的情绪占主导地位,就可以做出购买决定,并付诸实现。

(五)影响消费者情感变化的因素

1. 商品

消费者购买商品的目的是满足自己的需要。因此,商品是消费者的情绪和情感形成与变化的重要因素。商品作为一个整体,其使用价值、外观和附加利益往往会使消费者的情绪和情感处于积极、消极或矛盾的状态之中。例如,消费者在购买商品时,如果觉得商品与自己过去经验中所形成的愿望相吻合,就会产生积极的情绪和情感;反之,则会产生消极的情绪和情感。因此,在企业的经营活动中,应当尽量为消费者提供能充分满足其需要的整体商品,促使消费者积极情绪和情感的形成与发展。

2. 服务

消费者不仅要通过购买活动满足自己的生理需要,而且要通过购买活动满足自己的心理需要。因此,消费者的情绪和情感除了受到商品因素的影响以外,还受到服务因素的影响。一般来讲,高质量的服务水平可使消费者产生安全感、信任感、受尊敬感,提高企业的知名度和美誉度,产生比广告宣传更好的效果。服务的内容极其丰富,提高服务质量、促使消费者积极情绪和情感形成和发展的途径多种多样。例如,在商业经营活动中,营业员如果能够微笑服务、礼貌待客,主动热情地当好消费者的参谋,并且帮助消费者解决购买活动中出现的困难,就会赢得消费者的好感,增加惠顾率。

3. 环境

消费者的购买活动总是在一定的环境中进行的,客观环境的变化如温度、照明、色彩、声响等,都会对消费者情感的产生及发展产生影响。从消费者的购买活动来看,影响消费者情绪和情感的环境具体是指购物环境、用餐环境、娱乐环境等。如果消费者在幽雅舒适的环境中选购商品,会产生愉快、舒畅等积极情绪;反之,则会产生烦躁、压抑等消极情绪。

4.心态

消费者的心理状态直接激发其情绪,反过来经激发而兴奋起来的情绪又影响消费者原来的心理状态,两者共同推动消费者购买行为的进行。一般来讲,消费者的兴趣越浓、需求水平越高、性格越外向、购买动机越强烈、购买目标越明确,其情绪的兴奋程度越高;反之,则其情绪的兴奋程度越低。

二、文化消费者的意志

(一)意志的概念与特征

1.意志的概念

意志就是指消费者自觉地确定购买目的并主动支配、调节其购买行动,克服各种困难,实现预定目标的心理过程。在消费活动中,消费者除了对商品进行认识和情绪体验外,还要经历意志过程。只有经过有目的的、自觉的支配和调节行动,努力排除各种干扰因素的影响,才能使预定的购买目标得以实现。如果说消费者对商品的认识活动是外部刺激向内在意识的转化,那么意志活动则是内在意识向外部行动的转化。只有实现这一转化,消费者的心理活动才能现实地支配其购买行为。

2.意志的基本特征

(1)有明确的购买目的。消费者在购买过程中的意志活动是以明确的购买目的为基础的。因此,在有目的的购买行为中,消费者的意志活动体现得最为明显。通常,为了满足自身的特定需要,消费者经过思考,预先确定了购买目的,然后自觉地、有计划地按购买目的去支配和调节购买行为。

(2)与排除干扰和克服困难相联系。在现实生活中,消费者为了达到既定目的而需排除的干扰和克服的困难是多方面的。例如,时尚与个人情趣的差异、支付能力有限与商品价格昂贵的矛盾、售货方式落后和服务质量低劣所造成的障碍,等等。这就需要消费者在购买活动中,既要排除思想方面的矛盾、冲突和干扰,又要克服外部社会条件方面的困难。所以,在购买目的的确定之后,为了达到既定目的,消费者还需要做出一定的意志努力。

(3)调节购买行为全过程。意志对行为的调节,包括发动行为和制止行为两个方面。前者表现为激发起积极的情绪,推动消费者为达到既定目的而采取一系列行动;后者则抑制消极的情绪,制止与达到既定目的相矛盾的行动。这两个方面的统一作用,使消费者得以控制购买行为发生、发展和结束的全过程。

(二)文化消费者心理活动的意志过程

在购买活动中,消费者的意志表现为一个复杂的作用过程,其中包括做出购买决定、执行购买决定和体验执行效果三个相互联系的阶段。

1.做出购买决定阶段

这是消费者购买活动的初始阶段。这一阶段包括购买目的的确定、购买动机的取舍、购买方式的选择和购买计划的制订,实际上是购买前的准备阶段。消费者从自身需求出发,根据自己的支付能力和商品供应情况,分清主次、轻重、缓急,做出各项决定,即是否购买和购买的顺序等。

2. 执行购买决定阶段

在这一阶段,购买决定转化为实际的购买行为,消费者通过一定的方式和渠道购买到自己所需的商品。当然,这一转化过程在现实生活中不会很顺利,往往会遇到一些障碍需要加以排除。所以,执行购买决定是消费者意志活动的中心环节。

3. 体验执行效果阶段

完成购买行为后,消费者的意志过程并未结束,通过对商品的使用,消费者还要体验执行购买决定的效果,如商品的性能是否良好、使用是否方便、外观与使用环境是否协调、实际效果与预期是否接近等。在上述体验的基础上,消费者将评价购买这一商品的行为是否明智。这种对购买决策的检验和反省,对今后的购买行为具有重要意义,它将决定消费者今后是重复还是拒绝、是扩大还是缩小对该商品的购买。

(三)文化消费者的主要意志品质对行为的影响

所谓意志品质,是指意志过程所呈现的基本质量特征,比如表现为意志坚强或意志薄弱等。坚强的意志品质是消费者克服不利因素及困难,完成购买决定的重要心理机能保证。意志品质是与消费者的思想修养、道德观念以及购买动机、兴趣、能力等紧密联系的。意志品质的特征体现在意志过程中,表现在消费者身上有所不同,归纳起来有以下三种主要类型。

1. 自觉性

意志品质的自觉性是指消费者对将要进行的购买活动有明确的方向和目的,能主动认识、了解所要购买的商品,通过综合考虑制定购买决策,并意识到购买后的实际意义和效果。自觉性是产生坚强意志品质的基本条件,可以促使消费者在执行购买决定时正视现实并不易受阻,能自觉、主动、独立地调节和控制自身的购买行为,遇到障碍时运用理智分析,自觉修改购买方案,在目标指引下勇于克服困难,承担外界压力,完成所预定的购买计划。与自觉性意志品质相反的是盲目性,这类消费者在购买过程中往往表现为依赖、冲动和回避的态度,不愿付出必要的智力、思维和体力。由于缺乏自身意志的努力,购买行为也缺少自觉动力。

2. 果断性

意志品质的果断性是指消费者以个人的良好素质(如知识、敏锐、机智等)对待外界事物,迅速而合理地做出决定。这类消费者在购物中善于捕捉机遇,积极思考,反应敏捷。比如,某种电器商品价格回落时,大多数人往往等待观望,"买涨不买落",但有人能根据其他因素适时做出购买决定,而不是从众犹豫。果断性会给消费者带来一些切身利益。反之,优柔寡断的消费者在不同的购买目的和购买手段之间取舍不定,选择迟钝,往往错过最佳购买时机或不利于下一步执行决定的顺利实现。有的消费者在购物中表现草率,不经过深思熟虑就贸然行事,缺乏对事物的深刻认识与合理措施。总之,优柔和草率均是意志薄弱的表现。

3. 坚韧性

意志品质的坚韧性是指消费者的耐力和自制力,是自觉性与果断性的综合体现,是具备坚

强意志品质的可靠保证。坚韧性需要消费者精力和体力的高度统一,因此,要保持充沛的精力、顽强的毅力和坚定的稳定情感。坚韧性不仅表现在消费者能够排除各种干扰、坚持主见,还表现在能依据主客观因素的变化当机立断,保证购买目标最后能够实现,而不是一意孤行、顽固执拗。因为意志虽然是人的主观能动性的具体表现,但在客观上仍是被决定的,受制于一般的因果关系。

三、意志过程与认识过程和情感过程的关系

情绪既可以成为意志过程的动力,也可以成为意志过程的阻力。积极的情绪、情感能提高消费者的意志力,激励其克服困难的勇气和信心,顺利地实现预定的购买目的;消极的情绪能削弱消费者的意志力,使其缺乏克服各个方面干扰或困难的信心,影响购买目的的确定和实现。同时,意志过程对情感过程也起着调节和控制作用。通过意志活动,消费者的有些消极情绪可以得到控制,使情绪服从于理智;有些消极情绪也可以随着意志活动的实现,转化为积极的情绪。由此可见,认识、情感和意志三个过程协同作用,构成了消费者完整的心理过程,左右着消费者的购买行为。

三个过程的关系具体可归纳为以下几点:第一,三个过程的作用顺序为认识过程—情感过程—意志过程;第二,意志过程给认识过程以巨大的推动力;第三,意志过程有赖于情感过程,又能调节情感过程的发展和变化;第四,意志过程对情感过程起着调节和控制作用。

第三节 文化消费者的个性心理特征

一、性格与文化消费

(一)性格的含义

每个人都在选择能够阐明自己独特的生活方式的产品、服务和活动。一个人对于产品和服务的选择实际上是一个无言的通告,说明我们是谁,我们所认同的人的类型。每个人的选择都体现了自我的个性与生活方式。

个性是指能够决定或反映一个人如何思考和反应的内在心理特征,这些心理特征共同构成了个体独特的性格。消费者的生活方式是指他所选择的支配时间与金钱的方式,以及其消费选择反映的价值观与品位。相比于一般生活消费品,文化消费与个性和生活方式的联系更加密切,消费选择受消费者的年龄、性别、民族、学识、爱好、性格、气质、职业等的影响比重更大,其中尤以气质和性格影响最为显著。

在现代心理学中,性格指个人对现实的稳定态度和与之相适应的习惯化的行为方式。性格是个性心理特征中最重要的方面,它通过人对事物的倾向性态度、意志、活动、言语、外貌等方面表现出来,是人的主要个性特点(即心理风格)的集中体现。人们在现实生活中显现的某些一贯性的态度倾向和行为方式,如大公无私、勤劳、勇敢、自私、懒惰、沉默、懦弱等,即反映了自身的性格特点。

性格有时易与气质混为一谈,实际上二者既有联系,又有区别。气质主要指个体情绪反应

方面的特征,是个性内部结构中不易受环境影响的比较稳定的心理特征;性格除了包括情绪反应的特征外,更主要地还包括意志反应的特征,是个性结构中较易受环境影响的可变的心理特征。另外,性格与气质又相互影响,互为作用。气质可以影响性格特征的形成和发展速度,以及性格的表现方式,从而使性格带有独特的色彩。性格则对气质具有重要的调控作用,它可以在一定程度上掩盖或改造气质,使气质的消极因素受到抑制,积极因素得到发挥。

人的性格是在生理素质的基础上,在社会实践活动中逐渐形成和发展起来的。由于先天生理素质各不相同,后天所处的社会环境及教育条件千差万别,因此人们的性格存在着明显差异。这种差异性是绝对的,也是性格最本质的属性之一。此外,由于性格的形成主要决定于后天的社会化过程,而社会环境是不断变化的,因此,性格虽然也是一种比较稳定的心理特征,但与气质相比更易于改变,即具有较强的可塑性。

(二)文化消费者的性格类型

消费者性格是指消费者在对待客观事物的态度和社会行为方式中所表现出的较为稳定的心理特征。消费者性格属于心理因素的范围。不同性格的人,购买行为差异是很大的。在销售活动中,消费者个体性格的差异是形成各种独特的购买行为的主要原因。消费者千差万别的性格特点不仅表现在现实生活中,也往往表现在他们在商品购买活动中对各种事物的态度和习惯化的购买方式上,有的性格表露得非常明显,有的因周围环境的影响只表露出一部分。

营销人员可以根据消费者的动作姿态、眼神、面部表情和言谈举止等判断其性格特点。消费者性格类型主要有以下几种。

(1)外向型消费者:在购买过程中,热情活泼,喜欢与营业人员交换意见,主动询问有关产品的质量、品种、使用方法等方面的问题,易受商品广告的感染,言语、动作、表情外露。这类消费者的购买决定比较果断,买与不买比较爽快。

(2)内向型消费者:在购买活动中沉默寡言,动作反应缓慢,不明显,面部表情变化不大,内心活动丰富而不露声色,不善于与营业员交谈,挑选商品时不希望他人帮助,对商品广告冷淡,常凭自己的经验购买。

(3)理智型消费者:在购买中喜欢通过周密思考,用理智的尺度详细地权衡商品各种利弊因素,在未完全了解商品各方面情况之前,不轻易购买。购买花费的时间相对较长,挑选商品仔细。

(4)情绪型消费者:在购买商品中情绪反应比较强烈,容易受购物现场的各种因素的影响,对店堂布置、商品广告、商品陈列及营业员的服务态度和方式比较看重。这类消费者买与不买的决定常会受到现场情绪支配,稍有不满意会在短时间内改变购买决定。

(5)意志型消费者:在购买活动中,目标明确,行为积极主动,按照自己的意图购买商品。购买决定很少受购物环境影响,即使遇到困难也会坚定购买决策,购买行为果断迅速。

(6)独立型消费者:在购买活动中,能独立地挑选商品,购买经验丰富,不易受商品广告和营业员介绍的影响,遇到满意的商品会迅速购买。

(7)顺从型消费者:在购买活动中,常常注意其他消费者对商品的购买态度和购买方式,会主动听取营业员的商品分析和他人的购买意见,从众心理比较明显,人买亦买,人不买亦不买,缺少主见。

(8)强迫型消费者:对买东西上瘾或失控的消费者,他们通常对消费者自身和周围的人造成破坏性的结果。

(9)固着型消费者:倾向获取与其兴趣相关的物品,并将其向朋友或其他同好展示的收藏家与爱好者。收藏爱好者的收藏范围从免费的物品(比如,他们曾经去过的世界各地旅馆或餐馆的火柴盒)到价值不等的玻璃镇纸、老式摩托车和汽车、艺术品以及百年陈酿。固着型消费者通常有以下特点:①对他们所收集的这类物品有浓厚或者狂热的兴趣;②愿意为扩充他们的收藏而投入巨大的努力;③愿意付出大量的时间、精力和金钱来获得更多同类物品,以扩充他们的收藏;④在竞拍中表现得十分激进。

二、气质与文化消费

(一)气质的含义

气质是表现在心理活动的强度、速度、灵活性与指向性等方面的一种稳定的心理特征。平常人们所说的脾气、性情,就是心理学上说的气质。人的气质差异是先天形成的,受神经系统活动过程的特性所制约。孩子刚一出生时,最先表现出来的差异就是气质差异,有的孩子爱哭好动,有的孩子平稳安静。不同个体之间在气质类型上存在着多种个别差异。这种差异会直接影响个体的心理和行为,从而使每个人的行为表现出独特的风格和特点。有的人不善言辞,有的人善于交际;有的人行动迟缓,有的人敏捷矫健。总之气质的各种特征是个体的神经系统和神经系统活动的特性和表现。

古希腊医生希波克拉底将人的气质分为四种不同类型。①多血质:体液中血液占优势;②黏液质:体液中黏液占优势;③胆汁质:体液中黄胆汁占优势;④抑郁质:体液中黑胆汁占优势。多血质,其特征是变通能力强、交际广泛、适应能力强。多血质的人能够处理复杂的人际关系,所以在职场中容易晋升,活泼是这类人普遍的特征。黏液质,其特征是较为稳重、思维较慢,但是持久耐力强,性格波动小。这种气质也被称为安静型,黏液质的人能够承担责任,认真工作。缺乏灵活性是这类人群致命的弱点。胆汁质的人通常体内胆汁较多,所以做事冲动,有干劲,爆发力强。胆汁质的人适合从事体育和诸多演讲性项目。抑郁质的人极为敏感,内心容易受挫,也经不起挫折的洗礼,且多愁善感、内心孤独。很多的天才都是抑郁质,抑郁质的人也总能表现出天才的素质,可惜容易怯懦、恐惧。此类人容易成为很优秀的诗人、艺术家。在现实生活中,纯粹属于某一种气质类型的人是极少见的,由于客观环境及发育的影响,大多数人是以某一类型的气质为主,而兼有其他类型的一些特点的混合型,或介于各种类型间的某种过渡型。

(二)气质对文化消费的影响

气质的差别似乎给每个消费者的全部心理活动涂上了个人特有的颜色,并在不同的情境、不同的活动中都表现出来。消费者不同的气质类型会直接影响和反映到他们的消费行为中,使之显现出不同甚至截然相反的行为方式、风格和特点。

多血质的人有以下的消费行为:善于交际,有较强的灵活性,能从较多的渠道获得商品的信息;对购物环境有较强的适应能力,并且在购物时视野开阔,反应敏捷,但是时常因兴趣与目标商品过多而无法选择,很容易转移或一时不能舍取。在购买过程中,他们愿意与营业员交流意见或者与其他消费者攀谈;有的会主动告诉他人其购买某种商品的缘由和用处,喜欢向他人讲述自己的运用感受和经历。另外,选购过程中,他们易受四周环境的感染、购买现场的刺激和社会时兴的影响。接待这类消费者,营销导购人员应主动介绍、与之交谈,留意与他们联络感情,以促使其购买;与他们"聊天",给以指点,使他们专注于商品,缩短购买过程。

胆汁质的人有以下消费行为:在购物时喜欢标新立异,追求新潮,喜欢具有刺激性的流行的商品。他们一旦感到需要,就迅速产生购买动机并很快完成购买行为。但是如果购物环境不如意或受到营业员的怠慢,会激起他们烦躁的情绪和强烈的反感,有时出现不理智的行为。接待这类消费者要求营销人员动作要快捷,应对要及时,可恰当向他们介绍商品的有关性能,以引起他们的留意和兴味;另外,还要留意言语友好,不要刺激对方。

黏液质的人有以下消费行为:在购物时比较冷静、细致,不易受广告宣传、商标或营业员劝说的干扰;对自己熟悉的商品会积极购买,并持续一段时间,而对新商品往往持审慎态度。这类消费者选择商品比较认真冷静、谨慎,信任文静、稳重的营业员。他们对各类商品喜欢加以仔细对比、选择后才决定购买,给人慢吞吞的感觉,有时会引起服务人员和别的顾客的不满。接待这类消费者要防止过多的提示和热情,否则容易引起他们的厌恶感;要允许他们有认真考虑和选择商品的时间,接待时要有耐心。

抑郁质的人有以下消费行为:在购物时往往考虑比较周到,对周围的事物很敏感,能够观察到别人不易察觉的细枝末节。他们一方面表现出缺乏对商品应有的知识和对购物的主动性,另一方面又对别人的宣传或介绍不感兴趣或不信任。这类消费者对营业员或其他人的推荐半信半疑,选择商品过于慎重,还经常因优柔寡断而放弃购买。接待这类消费者要态度和蔼、不能不耐烦;对他们可做些有关商品的介绍,以消弭其疑虑,促成买卖,对他们的反复应予以了解。

三、能力与文化消费

(一)能力的含义

能力是人们顺利完成某种活动所必备的个性心理特征。任何一种活动都要求参与者具备一定的能力,而且能力直接影响着活动的效率。能力按不同的分类方式可以分为基本能力和综合能力。基本能力是指某些单因素能力,即主要通过大脑某一种功能完成的心理活动中表现出来的能力,如感知、记忆、思维、肌肉运动等能力;综合能力是在许多基本能力分工合作下完成的活动中表现出来的能力,如数学能力、音乐能力、管理能力等。基本能力也可以分为一般能力和特殊能力。一般能力是在很多基本活动中表现出来的能力,它适用于广泛的活动范围,如观察力、记忆力、注意力、想象力、抽象思维能力等;特殊能力是表现在某些专业活动中的能力,它只适用于某种狭窄的活动范围,如节奏感受能力、色彩鉴别能力、计算能力、飞行能力等。

消费者能力,不是简单地指消费者的购买和支付能力,而是多种能力要素构成的有机结构体,是消费者在选择和购买商品过程中所表现出来的感知能力、识别能力、评价能力、鉴赏能力、挑选能力、计算能力和决策能力等的综合。消费者能力的形成和发展,通常受到两方面因素制约,一方面是个人素质,另一方面是环境、教育和实践活动。消费者购买行为的差异往往

是由消费者能力差异所导致的。商品知识丰富、能力强和善于运用多种能力的消费者,购买果断,成交迅速,成交效率较高,购买后退货现象较少,不需要导购人员对商品做过多介绍。而商品知识较少、识别能力较低的消费者,挑选时犹豫不决,常常需要导购人员充当购物参谋。另外,消费者对商家提供的商品及服务了解越多,越有可能在同类竞争中选择自己了解多的商家。

(二)能力对文化消费的影响

一些特殊的消费,尤其是文化消费,往往需要专业知识为基础的特殊消费能力。例如购买钢琴者,除了个别富有家庭作为装饰品购买外,绝大多数都是专业从业者,以及有一定的音乐素养的钢琴爱好者或者因家庭教育幼儿学琴需要的购买者。另外,消费者保护自身权益的能力也与文化消费有着越来越密切的关系,当消费者有能力维护自我权益,并有信心会得到产品提供者的回应承诺时,消费的倾向会大大增加。目前,很多大型的会展、晚会的承办和策划机构都开始关注权益保护,不仅有会展品的保险,还有航拍技术保险等,其中也包括对参会的文化消费者的保护。

文化消费很多都是人群聚集的大型项目,如在影院看电影、参观美术馆、听演唱会、看体育比赛等。随着公众安全意识的提升,人们必然会高度关注自身安全以及后续的权益保护,所以商家和服务机构都要关注到新的消费者需求及消费心理的变化,及时跟进,一方面加强安全管理做好保障措施,另一方面也要借助保险等措施,显示自己的安保实力,给文化消费者以信心,赢得更多的客户。投保公众责任险有着一举多得的好处:对主办方而言,既是对演出者和观众负责的态度,同时也使演出风险分流到了保险公司;而保险公司虽然分担了风险,但得到了保金;对于演出者来说,可以专注于演出,不用分心考虑安全问题。在这种"保险"的演出氛围中,观众是最大的受益者,因为掏了钱不仅仅欣赏了演出,还获得了安全保障。投保公众责任险花钱未必很多,却充分展示了对公众的关怀意识。

第四节 文化消费者的需要与动机

一、文化消费者的需要

(一)消费者需要的含义

消费者需要是指消费者生理和心理上的匮乏状态,即感到缺少些什么,从而想获得它们的状态。人的需要包括两种类型:①先天需要(innate needs)或生物需要(biogenic needs),也称生理需要(physiological needs),是维系生物实体存在的动机力量,包括对食物、水、空气、保护身体免受外界环境影响(例如,衣物和住所)以及性的需要;②心理需要,是从父母、社会环境和与他人互动中学习到的动机力量,包括自尊、威信、情感、权力和成就。

这两种需要都会影响人们的购买决策。比如,所有的个体出于躲避风雨的需要会购买房子。然而,购买何种类型的房子则是由后天习得的需要所产生的结果。一对在纽约金融区工作的年轻夫妇倾向于购买市中心的顶层楼房,因为他们没有孩子,想住在一个略显不同寻常的地方,让他们能够通过现代化的装修来给朋友留下深刻的印象。然而,对60岁的夫妇而言,由于孩子已经离开郊区的家,他们倾向于在管理完善而且附带游泳池、俱乐部以及其他康乐设施的社区买房。在这里,他们可以结识新朋友,一起进行社交活动或者旅游。

(二)需要体系

尽管人类的生理需要是坦率而明确的,却存在许多种明显互不相同的方法用来对心理需要进行定义和分类。多年来,数位心理学家都建立了他们各自关于人类需要的清单,但并没有哪一份或几份清单能够将人类的需要穷尽。

1. 默里的心理需要

1938年,心理学家亨利·默里(Henry Murray)开创性地准备了一份详细的心理需要清单,成为第一项对人类非生理性需要的系统化研究。默里认为,尽管每种需要就其本身而言都很重要,但是需要之间可能会相互关联、相互支撑或相互冲突。比如,当过分的控制行为让好友离你而去时,控制需要就和归属需要产生了冲突。默里还认为,外在环境会对心理需要在行为上的表现形式产生强烈的影响。比如,高成就需要的人往往倾向于选择更具挑战性的任务。而归属需要高的人则往往会加入社会团体,花更多的时间进行社会交往,并且不喜欢独处。表6-1列出了一些默里研究中指出的心理需要,以及以这些需要为核心的广告实例。

表6-1 默里清单的策略应用

需要	特征描述	营销应用
成就需要:完成任务,成功,克服障碍	努力做到最好,并在每个涉足的领域中付出努力;有能力比别人做得更好	鼓励成功或者描绘成功情形的信息(比如广告教育)
展示需要:让他人吃惊,成为瞩目焦点	在聚会上讲笑话,说一些在别人看来机智的话	展现一个人凭借其财产(比如豪车)而吸引人们注意力的情景的广告
归属需要:花费时间去构建稳固的友谊或者依附关系	对朋友忠诚并乐于分享,帮助朋友克服困难;被他人信任,他人愿意述说所遇到的麻烦	展现人们享受在大型群体中的感觉的广告(比如度假、购物的情景)
权力/控制需要:控制、影响或领导他人	谋求成为小组的领导者,监督与指导别人的行动	展现实际的或者象征性的支配权(比如,成为总裁,或拥有一辆马力强劲的汽车)的广告
改变需要:寻找新的体验,避免陈规	做一些新的不同寻常的事情,比如在一家新开的餐馆里吃饭,去未去过的地方旅行,回避传统老套的情景	强调新颖、独特、打破常规的广告(比如旅行探险或充满活力的休假)
秩序需要:保持事物整洁有序	对事情的细节制订计划,设定每项活动的确切时间	宣传有助于节省空间、固定物体的设备(比如分隔式的衣柜、抽屉或车库)的广告

2. 马斯洛的需要层次理论

心理学家亚伯拉罕·马斯洛提出了一个以人类需要层次为基础的人类动机理论。马斯洛的需要层次理论包含五个层次的需要,并依照从低层次(源于生理的)需要到高层次(源于心理的)需要的顺序排列。这一理论假设个体在寻求高层次需要的满足之前,先寻求低层次需要的满足;而在所有未被满足的需要中,处于最低层次的需要会激发个体的动机,进而驱使相关的行为。当这个需要被较充分地满足时,与其相邻的更高层次的需要又会成为该个体新的动机来源,依此类推。然而,如果一个曾被满足过的较低层次需要再次丧失时,它可能会再次成为激发个体动机的主导因素(即使有时只是暂时性的)。例如,假设某位正打算满足尊重需要的有钱人丢了工作,他会恢复或"退回"尝试满足安全需要的状态。一旦他找到新工作且收入颇丰,满足了安全需要,他将会再次"移动"到更高的层次水平。

图6-5展示了马斯洛的需要层次,图中不同层次的需要之间彼此界限分明、互不相容。但是,根据原理论,每层之间会有一些重叠,因为没有需要能被完完全全地满足。正因为如此,尽管一些(在一定程度上被满足了的)基本需要的层次位居当前的主导需要之下,它们仍然会在某种(较小的)程度上继续激发个体相应的行为。但是,首要的动机——个体内心最主要的驱动力——依旧是其当前在较大程度上仍未被满足的需要中层次最低的那一个。

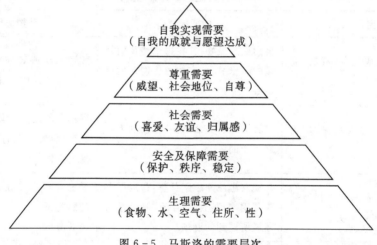

图6-5 马斯洛的需要层次

在马斯洛的需要层次理论中,生理需要是人类首要的和最基本的需要。这些首要的、基本的需要都是源于生理的,是维持生物生命所必不可少的,包括对食物、水、空气、住所、衣服、性等的需要。根据马斯洛的研究,当生理需要长期未满足时,它们对个体的动机和行为起支配性作用:"对一个极其饥饿的人来说,除了食物没有其他利益存在。他梦想食物,他铭记食物,他渴望食物;只有食物能牵动他的情感,只有食物存在于他的感知中,也只有食物才是他想要的一切。"

在生理需要被满足后,安全及保障需要便成为个体行为背后主导性的驱动力。这些需要并不只与身体的安全相关,也与秩序、稳定、规则、熟悉程度以及个体对其生活和环境的控制感相关。举例来说,身体健康和健康护理服务的可获得性都是基于安全需要的重要考虑因素,而储蓄账户、保单、教育和职业培训则都是个体满足保障需要的方式。

位于马斯洛需要层次体系中第三层次的是社会需要,比如友谊、喜爱、归属感和被接纳。当社会需要或多或少地被满足后,马斯洛需要层次体系的第四层次开始起作用。这一层包括了个体的尊重需要,这些需要既可能具有内向(诉诸自身)的导向,也可能具有外向(诉诸他人)的导向,或者两者兼有:①内向的尊重需要反映了个体对自我接纳、自尊、成功、独立和自我满足的需要;②外向的尊重需要包括对威望、声誉、地位和他人认可的需要。

根据马斯洛的理论,当人们充分满足了自己的尊重需要后,就会转向第五层次的需要——自我实现需要。这种需要涉及个体实现自己的潜力的欲望,成为任何自己有能力成为的人。例如,一个艺术家可能需要在画布上表现自己,一个科学研究者可能努力想找到能治愈癌症的新药。在广告中宣称企业组织能"让你成就大事""使你拥有无尽可能",能够有效地吸引高自我实现需要的人群。

马斯洛的需要层次理论指出,当较低层次的需要被满足时,较高层次的需要就成为人类动机和行为背后的主要驱动因素。这一理论说明,实际上是某种需要未被满足的状态——而不是某种需要被充分满足的状态——激发了个体行为。这五个层次需要有着很强的普遍适用性,能够涵盖大部分个体需要。但该理论最主要的问题是它不能通过实证方法进行检验;我们没有办法精确地测量现有需要被满足到何种程度时,比它高一层次的需要才开始起主导作用。而且,需要层次理论与西方文化有非常紧密的关联,但在其他社会中,马斯洛所划分的这些需要的排序不尽相同。实际上,研究表明在一些国家里,安全、爱以及归属的需要处于需要金字塔的顶端。

尽管有这些局限,需要层次理论仍然为营销者提供了十分有效的指导框架。马斯洛的需要层次理论非常适用于市场细分,以及对于广告和其他营销沟通活动诉求的挖掘,不仅因为市场上有着专门用于满足每一不同层次需要的消费品,还因为大多数的需要都是许多细分市场的消费者所共有的。例如,个体买健康食品、药物和低脂产品来满足生理需要,买保险、预防性医药服务和家庭安保系统来满足安全及保障需要。消费者通过购买个人护理和清洁用品(比如化妆品、漱口水等)以及多数的服饰产品来满足自身的社会需要。他们购买高科技产品和奢侈品,如精致复杂的专业音响系统、高档腕表、轿车或者昂贵的家具等,以满足自尊需要。而研究生教育,与兴趣特长相关的产品,富有异国情调、充满挑战的冒险旅行等则是消费者用来满足自我实现需要的产品和服务。广告商可以利用需要层次理论来对它们的产品进行差异化定位,同类产品的不同诉求(消费者的价值所在)是基于不同的需要层次而挖掘出来的。

二、文化消费者的动机

(一)动机的含义

动机(motivation)是驱使人们采取行动的内驱力。这种内驱力反映了个体采取某种特定的行动或表现出某类特定行为方式的原因。

在消费者行为学领域,未被满足的需要会形成被动机激活的欲望,进而驱使消费者去购买产品和服务。消费者渴望达到(却尚未达到)的结果会产生紧张状态使他们在意识和潜意识两大层面形成他们认为能够满足其需要的、与购买相关的目标及后续行为,通过上述过程来努力摆脱这种紧张状态。

(二)动机形成的机制

市场营销的基础是确认和满足需要。营销者不创造需要,但在许多情况中,他们能使消费者更加敏感、强烈地意识到自己未曾被察觉的或潜在的需要。因此,营销者应当聚焦于其产品所能够满足的需要,而不是其生产并出售的产品本身。消费者的基本需要不会改变,但是他们为满足需要而采取的行为方式,包括购买的产品均会发生改变,其改变速度有时可以跟企业推出更新更好的产品一样快。因此,企业注重研发满足消费者需要的产品,能够确保企业在为满足顾客欲望寻找新的有效解决方案方面保持领先。相反,对那些依据产品确定业务范围的企业而言,一旦它们的产品被能够更好地满足消费者需要的竞争对手的产品所取代,它们就有可能亏损甚至破产。

图6-6展示了未被满足的需要是如何产生推动人们采取行动的心理紧张感和内驱力的。

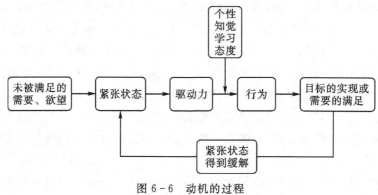

图6-6 动机的过程

1.需要唤醒

多数时间里,个体的大多数需要都是"休眠"的、隐性的。导致一个人的隐性需要在某一特定的时刻被及时唤醒的可能原因包括生理上的刺激、情绪活动或认知过程,或者来自外界环境中的刺激。在由生理刺激引起的唤醒中,血液中血糖浓度的降低或者胃部的不适会触发人的饥饿感;体表温度的降低会导致颤抖,并以此使人体意识到自身对于温暖的需要。多数此类的生理诱因(生理线索)是无意识的,但是它们能够唤醒个体的需要,这些需要导致个体产生不适的紧张状态,当它们被满足时,紧张状态就会消除。例如,一个感到寒冷的人也许会将暖气调得更大,并且在脑海中记下要去买一件更保暖的居家毛衣。在由认知过程所引起的唤醒中,一个人的想法能够引导他有意识地认知到自身的需要和能够满足这一需要的行动。许多促销信息是专为唤醒用户需要而设计的诱因(线索),因为如果没有这些促销信息,顾客的需要也许会停留在隐性状态。创意营销信息通过激发消费者的心理欲望或心理失衡来唤起需要,然后目标就变成了按欲望行事,通过购买产品来减少感觉到的不平衡。

2.需要和目标的互相依赖

目标是被动机驱使的行为所追求的结果。在消费者行为学领域,目标主要分为两类:①一般目标是消费者为满足生理和心理上的需要而追求的结果。②特定产品目标是消费者希望通过购买和使用既有的产品或服务来达成的结果。例如,当一名学生告诉父母说他想成为一个企业家时,他所表述的是一个一般目标;如果他说的是他想从斯坦福大学获得MBA(工商管理硕士)学位,他表述的就是一个特定产品目标。

通常情况下,消费者设立的特定产品目标可以用来满足多项不同的需要。我们购买衣物是为了保护自己,并为身体提供必要的遮蔽以维持端庄。但同时,衣物也能满足我们的个性和社会需要,比如让我们更容易被他人接纳。有着不同需要的个体可能会设立相同的特定产品目标(购买相同的产品或服务)来满足需要;有相同需要的个体也可能通过对不同产品和服务的消费来自我满足。例如,两个均受成就需要驱动的人可能采取不同的方式满足这种需要:一个会选择通过职业生涯来获得成就感,另一个则可能去挑战马拉松运动。对于任何给定的需要而言,都存在许多合适的特定产品目标来满足它。而消费者对购买目标的选择则依赖于个人的经历、知识、生理能力,社会规范和主流价值观,以及该目标商品(或服务)的可获得性。举例来说,一位年轻的女性也许希望拥有颜色更深甚至棕褐色的皮肤,并会认为自己可以通过日晒来达到这一目标。然而,如果皮肤科医生建议她避免日光的直射,她就可能会使用美黑产品来代替日晒的方法。可见,目标所指向的产品必须既能为社会所接受,同时又具备可获得性(可行性)。假如美妆用品公司并没有提供日晒美黑法的有效替代产品,那么这位年轻女性将只能选择看起来很稚嫩的肤色。

动机引导个体对目标的选择,而动机既可以是正向的也可以是负向的。在动机的驱使下,我们可能会感到一些目标和情形对我们有吸引力,而另一些则对我们有排斥力。比如,一个有动力开始健身的人可能是为了避免出现健康问题(他希望避免的负面结果),也可能是由于希望自己看起来更有吸引力和活力(他希望达到的正面结果)。我们所追求的正面结果称为趋近目标(approach objects),而我们希望能避免的负面结果则被定义为回避目标(avoidance objects)。举例来说,对于一个真心渴望接受高等教育的年轻人而言,大学就是一个趋近目标;而对于一个知道自己一旦不上大学便会遭到亲友批评的年轻人而言,他上大学只是为了免受批评,因此"遭受批评"是他想避免的负面结果,而"大学"是他为回避负面结果而选择的目标。在上述例子中,个体都选择了同一个目标——大学,但引导他们的动机力量却恰恰相反。

需要和目标是相互依赖的,无论缺少哪一方,另一方都无法存在。然而,人们经常无法像意识到他们的目标一样清晰地意识到他们的需要。例如,一个青少年可能无法在意识层面明确地认识到自己的社会需要,却会使用社交软件来结交好友、浏览好友云动态,并通过此举感受到自己和社会中的其他人是密切相连的。类似地,人们会意识到他们具有购买某类东西的需要,但购物时却会有不同的特定产品目标。一项研究显示,母亲和女儿的购买动机截然相反:母亲们购物时目的性更强,而女儿们购物更多是出消遣或者社交的需要。另一项研究提出了激发人们产生购物动机的几个因素:①对特定商品的搜寻,比如去超市购买食品或者去五金店购买工具、材料等。②消费者没有必须购买的产品时,购物仅仅是为了享受逛商场的乐趣。③可能将特定行为作为购物的目的,包括寻找感官刺激、购买礼物以及抢购便宜货等。④受驱使而购物的,包括服务便利、商场气氛、独特与令人兴奋的商品组合等。

多数人类需要从未被完全或者永久地满足。如果人们实现了自己的目标,新的目标又会出现;如果目标没有实现,人们会继续为原目标努力或者制定一个更合适的目标来替代原目标。当低层次的需要被满足时,新的、更高层次的需要会出现。

成功实现目标的个体通常会为自己设立新的和更高的目标,也就是说,他们提高了自我期望。这是因为,他们对于低层次目标的成功实现使得他们对自己达到高层次目标的能力更加自信。相反,没有达到目标的人有时会降低他们的期望。

成功和失败对目标选择的上述影响对营销者有战略性的意义。目标应该是合理的且可实现的;广告所承诺给予消费者的价值不应当过高,而应该仅承诺提供产品实际上所能实现的价值。消费者期望和实际客观效用之间差距的大小和正负经常被用来作为评价产品和服务的标准。因此,即使是再好的产品,如果它的广告"过度承诺",给了消费者不切实际的、产品难以达到的期望,那么它就不会被重复购买。类似地,如果一个产品的实际功效超过了消费者的期望,那么即使它真实的产品表现十分平庸,消费者也能倾向于对它持有更高的满意度。

当个体无法达到他们原有的目标时,行为会被引导向一个替代目标。虽然替代目标可能没有原始目标那么让人满意,但是它足够消除让人不适的紧张感。如果原有目标一直无法达成,替代目标就可能会占据原有目标的地位。比如,一个出于减肥目的而停止喝全脂牛奶的人可能会在实际选择中开始偏爱脱脂牛奶。

3. 沮丧与防御机制

沮丧(frustration)是追求目标过程中遭遇失败的感觉,而防御机制(defense mechanisms)就是个体在受挫时为保护自尊而采取的认知和行为方式。每个人都会因为没有能力去实现一个目标而经历沮丧的感觉。阻止目标实现的障碍对个体来说可能是个人的(如身体或财力资源的限制),也可能是物质或社会环境的(例如导致期待已久的收获被推迟的原因是一场暴风雨)。不考虑不同原因的影响,个体对沮丧情况的反应也是不同的。有些人通过找到绕过障碍、"曲线救国"的方法来应对这一情况,或者当"曲线救国"的方法也失效时,他们会选择一个替代目标。另一些人则不能很好地适应,并且可能把对目标的无能为力看作个人的失败。这样的人就很有可能采取一种防御机制来保护自我,抵御自卑感。

人们用于应对沮丧的基本防御机制如下:

(1)攻击性(aggression):对沮丧做出反应时,个体出于保护他们的自尊的企图,可能会诉诸攻击性的行为。一个网球运动员在对自己的比赛表现失望时将球拍"砰"地摔到地上,一个棒球运动员在裁判叫停时对裁判进行肢体上的恐吓,都是这种攻击性行为的例子。在营销领域,消费者对公司或者商场的联合抵制也是攻击性行为的例子。

(2)合理化(rationalization):有时,人们解决沮丧的方法是为他们无法实现目标创造看上去非常合理的缘由(例如,没有足够的时间来练习)或者使自己认为这个目标不值得追求(例如,"一局保龄球的高分而已,哪有那么重要")。

(3)倒退(regression):个体可能会用幼稚和不成熟的行为对沮丧情形做出反应。例如一个想要砍价买东西的人会争夺商品,甚至撕坏别的购买者不肯放弃的衣服,而不是让其买走。

(4)退出(withdrawl):有时,个体仅仅通过从特定的情境中退出,沮丧就可以得到解决。例如,在某一组织中难以获得升职的人可能会确定他们更有可能在其他领域中成功,并因此退出这个组织。

(5)投射(projection):个体可能会对某一沮丧情形进行重新定义,并将失败所导致的原因、责备和否定等投射到其他人或事物之上。因此,错失一杆球的高尔夫球选手可能会将失利的原因归咎于高尔夫球俱乐部或者球童。

(6)幻想(daydreaming):幻想这一思维活动能够让个体未被满足的需要获得想象中的满足。例如,一个害羞和孤独的人可能会进行关于浪漫爱情的幻想。

(7)认同(identification):人们会下意识地和他们觉得与自己相关的人保持一致,或在他们认为与自身所处情境相类似的情形中寻求共鸣,以此来应对沮丧的感觉。例如,生活片段式广告经常描述这样的经典情形:个体经受了沮丧,然后通过使用广告中的产品解决了困境。如果观看者能够识别沮丧的情形,他就非常有可能采取广告所建议的解决方法并且购买广告中的产品。

 思考与练习

1. 文化消费者的认识过程包括哪些内容?
2. 记忆如何影响文化消费者的行为?
3. 什么叫气质?消费者的气质类型有哪些?
4. 测试你的气质类型,并阐述气质如何影响你的消费行为。
5. 什么是性格?你认为自己属于哪种性格类型的消费者?
6. 举例说明文化消费者的需要。

鸿星尔克从"下沉"到"封神"

第七章 群体文化消费

 学习要点

1. 消费群体的概念;
2. 参照群体的含义;
3. 参照群体对消费者文化消费心理的影响;
4. 青年文化消费特点和心理;
5. 亚文化的定义及分类。

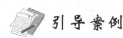 **引导案例**

黄山风景区设立"红黑榜"

2018年11月5日,《黄山风景区旅游文明行为记录管理办法》已于日前发布并施行,黄山风景区将设立"红黑榜",对游客在景区所辖区域内游览过程中的文明或不文明行为举止记录管理。其中,被认定列入"红榜"的当事人及其信息将在黄山风景区政务网站公布并长期保存(当事人要求不予公开的除外),当事人在一定期限内享有免黄山风景区门票优待,优待期限为1~5年,核定期内次数不限;被认定列入"黑榜"的当事人及其信息保存期限为1~5年,实行动态管理,信息保存期限内将作为"黄山风景区不受欢迎的人"在黄山风景区政务网站公布,并按程序上报上级主管部门,期满撤销转为内部存档资料。

资料来源:单铭磊.旅游消费者行为学[M].北京:企业管理出版社,2021.

第一节 文化消费群体

一、文化消费群体的概念

群体是指通过一定的社会关系结合起来进行共同活动而产生相互作用的人群。他们是有共同价值观,或有共同地域关系,或有共同的职业等特定的关联而有社会凝聚力的一群人,且一般而言会是一个比家还要大的社会单位。在英文中,"群体"称为"group",日文中叫"集团",而在我国,更多的说法是"群体",也有的叫"团体",有时还称为"集体"。虽然名称不一,但从实质上来看,其所包含的内容大致是相同的。

消费群体的概念是从社会群体的概念中引申而来的。消费群体是指具有某些共同消费特征的消费者所组成的群体。消费群体的共同特征包括消费者收入、职业、年龄、性别、居住分布、消费习惯、消费爱好、购买选择、品牌忠诚等因素。同一消费群体中的消费者在消费心理、消费行为、消费习惯等方面有明显的共同之处,而不同消费群体成员之间在消费方面存在着多种差异。

文化消费群体是指具有共同的文化消费特征的消费者所组成的群体。一般来说,消费者都具有一定的群体意识和归属感,遵守群体的规范和行为准则,承担角色责任,同时也会意识到群体内其他成员的存在,在心理上相互呼应,在行为上相互影响。

二、文化消费群体形成的原因

文化消费群体的形成是内在因素与外在因素共同作用的结果。

内在因素主要有性别、年龄、性格、生活方式、兴趣爱好等生理、心理方面的特质。由于具有某种相同的心理特质,消费者之间容易建立彼此的社会角色认同感和群体归属感,容易形成共同的生活目标和消费意向,能够保持比较经常性的互动关系,并产生行为动机的一致性等。

外在因素主要包括地理位置、气候条件等自然环境方面,以及生产力发展水平、生活环境、所属国家、民族、文化传统、政治背景等社会文化方面。外在因素一般会通过内在因素对消费者施加影响。

三、文化消费群体的类型

(一)社会群体的分类

不同消费群体之间的消费与投资倾向差别很大,了解目前各消费群体的构成、消费心理和行为以及投资去向,对于把握国内不同群体消费需求的变化,指导生产,引导消费,开拓市场将起到重要作用。一般来说,社会学把社会群体按五种方式分类。

1. 初级群体与次级群体

初级群体又称为直接群体、基本群体或首属群体,指它的成员相互熟悉、了解,是以感情为基础结成亲密关系的社会群体。典型的初级群体有家庭、邻里、朋友和亲属等。次级群体又称间接群体或次属群体,是其成员为了某种特定的目标集合在一起,通过明确的规章制度结成关系的社会群体。典型的次级群体有学校、企业和政府部门等。

2. 正式群体与非正式群体

正式群体是指由组织正式规定而构成的,职责分工、权利义务明确,并达成组织目标的群体。非正式群体是指成员依照各自的喜好自发形成、没有明确角色分化和权利义务规定的群体。

3. 内群体与外群体

内群体指成员对其有团结、忠心、亲密及合作感觉的群体,成员在心理上自觉认同并归属于这个群体。一般而言,人们的日常生活大多是在内群体中进行的。外群体泛指内群体成员以外的其他任何别人的结合。内群体和外群体常常相互隔离,乃至处于对立的地位。当彼此有严重的利益冲突时,比较容易导致抵制、争斗,甚至是侵略等行为。

4. 隶属群体与参照群体

隶属群体是成员身份所属的群体,它规定着成员的身份及其日常活动。参照群体是指某些人或群体被当成自己的参照对象,作为自己模仿的身份及日常生活学习的榜样。参照群体一般是与隶属群体同类的群体。有时,根据成员的不同需要,参照群体也会形成不同的参照群体,同一参照群体在不同时期的意义也会有所不同。

5. 血缘群体、地缘群体和业缘群体

群体中的成员以血缘或生理联系而形成的群体叫作血缘群体,包括家庭、家族、氏族、部落、部族等具体的形式。群体中的成员基于空间或地理位置关系而形成的群体叫作地缘群体,包括邻里、老乡、民族社区等具体形式。这种群体的出现晚于血缘群体。群体中的成员以劳动与职业间的联系而形成的群体叫作业缘群体。这类群体的出现是生产力日益发展、社会分工越来越细、阶级社会逐步产生的结果。

(二)文化消费群体的分类

具体到文化消费群体来说,按照不同的标准,所分的类别也不同,大致常用的分类如下:

(1)按可支配收入来说,随着我国居民收入差距的不断拉大,形成了高、中、低不同层次的消费群体。

(2)按照地域来分,可以分为城市消费群体和农村消费群体。

(3)按不同年龄段划分,可以分为少年儿童消费群体、青年消费群体、中年消费群体、老年消费群体。

(4)按性别不同划分,可以分为女性消费群体、男性消费群体。

(5)按不同职业来划分,可以分为农民消费群体、工人消费群体、知识分子消费群体、行政单位工作人员消费群体等。

(6)按消费风格来分,可以分为前卫消费型群体、追求温饱型群体、保守消费型群体。

(7)按消费平台来分,可以分为线下消费群体和网络消费群体。

四、文化消费参照群体的影响

在现实中,人类总是会形成不同的群体。群体主义是人类区别于其他低等动物的一种特征。俗话说"物以类聚,人以群分",人们容易被与自己气质近似的人吸引,寻求有归属感、熟悉感的群体,这能帮助其找到舒适区;而因为害怕被孤立或排除在群体之外,人们会依据"所属群体"的做法判断自己应该怎么行动。消费者会下意识地审视自己所做出的购买决定,并将自己的决定与其他人的决定,特别是那些其所崇拜的人的消费情况相比较。

群体的影响无处不在,就像空气环绕着我们,即使大家不愿意承认,我们依然深受群体的影响。通常情况下,我们是无意识地和群体保持一致的。

(一)参照群体的含义

从社会行为学角度来看,参照群体指能够直接或间接影响人的思想和行为的群体,它或者为个人树立并维持各种标准(参考标准),或者成为个人与之进行比较的对照框架。即参照群体是个体在形成其购买或消费决策时,用以作为参照、比较的群体,是与个体对自我的评价、追

求或行为有重大关系的真实或者虚构的群体。参照群体这一定义实际包含了三层含义：一是个体在进行比对时作为参照点的群体；二是比对者期望在其中获得或保持承认的群体；三是其观点为比对者所接受的群体。

这一术语从广义来看，泛指任何影响消费者态度、价值观和行为的群体，从成员资格和规模上都没有限制。在文化消费活动中，参照群体实际上是文化消费者在形成其购买或消费决策时，用以作为参照、比较的个人或群体。随着时代的变化，参照群体的含义也在变化。这个术语最初指家庭、朋友等与消费者直接打交道的群体。现在，参照群体不仅包括直接与消费者互动的群体，还包括电影明星、体育明星、政治领袖和其他公众人物等与消费者没有直接面对面接触但对个体行为产生影响的个人和群体。甚至在街上穿着时尚、令人感兴趣的人的言行举止，均可作为消费者决策时的参考和指南。

虽然消费者自身的态度和认知在消费决策中起主导作用，但参照群体也会在很大程度上影响消费者的产品决策和品牌选择行为。尤其是在中国市场环境下，消费者的社会化程度更高、人际关系更密切，参照群体对消费者行为的影响也就更大。消费者可以使用产品或品牌来认同某一群体或成为其中的一员。他们通过观察参照群体成员学习其消费方式，并在自己的消费决策中使用同样的标准。

参照群体具有规范和比较两大功能。前一功能在于建立一定的行为标准并使个体遵从这一标准。比如受父母的影响，子女在食品的营养标准、如何穿衣打扮、到哪些地方购物等方面形成了某些观念和态度。个体在这些方面所受的影响对行为具有规范作用。后一功能即比较功能，是指个体把参照群体作为评价自己或他人的比较标准和出发点。如个体在布置、装修自己的住宅时，可能以邻居或仰慕的某位熟人的家居布置作为参考和效仿对象。

(二)参照群体的分类

参照群体可以按不同标准分为不同种类。根据群体成员资格不同，参照群体可分为成员群体和非成员群体。成员群体指个人是其成员的参照群体，非成员群体指个人不是其成员的参照群体。

1.成员群体

按照对成员影响的大小，成员群体可分为主要群体和次要群体。

(1)主要群体，即那些规模相对较小，但与消费者存在密切联系的群体。主要群体对消费者的购买行为发生直接和主要的影响。群体内的每个成员都可以互相进行面对面的充分交流，其对各个个体成员的消费行为有较大程度的影响。消费者做决策时，一般都将主要群体视为值得信赖的群体，或多或少地考虑他们的意见和态度。主要群体多是非正式的，如家庭、朋友、邻居、同事等。若父母从事文艺工作或教育工作，子女从小耳濡目染，爱好文艺，对商品的选择具有一定的艺术鉴赏能力，或注意仪表，酷爱读书。若某人的亲戚、朋友是医生，受他们的影响，此人在生活中也会比较讲究卫生，更注重食物提供的营养；若某人的邻居是一位体育工作者，他就有机会更多地了解国内体育市场的发展状态，有机会更多地观看各种体育比赛，甚至受邻居的影响而参加各种体育活动。

(2)次要群体，即消费者个人参加的各种社会群体。它多是正式的，成员之间当面交流较少，相互影响较小，如各种社团组织、各类专业协会等。一般地，组成次要群体的各个成员相互之间不一定很熟悉,所以次要群体对其内部各个个体的消费行为的影响程度相对较低。这些次要群体对消费者购买行为发生间接的影响。各种次要群体具有不同的性质,因此它们对其成员行为的影响程度也是不同的。军人必须穿着军装,风纪严整,这是带有强制性的纪律;文艺工作者穿着打扮比较浪漫,比一般人更丰富多彩,但这并不是文艺团体对其成员硬性规定的结果,而是一种职业特征的体现。各种球迷协会的成员佩戴共同的标志,经常在某个酒吧或某个咖啡馆聚会,甚至购买某一种同一品牌的商品,这种行为显然也是出于自愿的。

2. 非成员群体

按照个体与群体所属关系以及个体对群体的态度,非成员群体可分为渴望群体和非渴望群体。

(1)渴望群体(或称仰慕群体、崇拜性群体),即个人虽非成员但期望归属的群体,也指消费者想要成为其成员的非成员群体。渴望群体对文化消费者起着正面的影响,具有很大的市场号召力。消费者可能会对某一具体群体的消费方式比较感兴趣,并对其进行模仿,这就是以其为渴望群体指导自己的消费活动。渴望群体对消费者行为起示范作用,但无直接约束。例如,学生消费者会对偶像使用或推荐代言的商品趋之若鹜,尽管这些商品价值不菲,也会非常向往,对他们来说,偶像所属的明星群体就是渴望群体。之所以有这样的作用,是因为渴望群体除了让消费者建立信任(明星用的就是好的)之外,还给消费者塑造了一种"通过模仿渴望群体的行为,短暂让自己变得更像这个群体"的感觉。

(2)非渴望群体(或称厌恶群体、斥拒群体),即人们试图与其保持距离、避免与其发生任何联系的群体,比如常人眼中的小偷。如果产品、文案等能够帮助消费者跟非渴望群体保持距离,他们就更有可能去做你想让他们做的事。比如,美国有个知名的手工工具制造商百得(如家用螺丝刀),占据了大量的消费者市场。其为了再提升销售额,想进入专业手工业者的市场,但发现很难。而另外一个本来不知名的日本品牌Makita(牧田),反而在市场中取得了成功。因为这些专业手工业者在回避"非专业人士"这个群体,他们最害怕的事情就是被人认为其实他们跟普通人维修技能差不多。这时候,如果有消费者看到这些专业手工业者也用百得工具,自然就会觉得"我自己买了百得不一样修吗?",从而降低了他们的服务价值。

非渴望群体不会对个体的态度和行为取向起示范作用,但在当前愈加细分消费市场的大环境下,一旦商家在营销中错分主要消费者,把非渴望群体也列入在内,往往会流失一部分客户。

(三)参照群体的影响

早在20世纪50年代多伊奇(Deutsch)和吉拉德(Gerard)就把参照群体的影响方式分为两种,即信息性的社会影响与规范性的社会影响。马什卡雷尼亚什(Mascarenhas)和希格比(Higby)进一步将其扩大为三种方式,即信息性影响、规范性影响和价值表现性影响。帕克(Park)和莱西希(Lessig)将参照群体影响划分为功利性、信息性和价值表现性三个维度,并开发了相应的量表。参照群体对消费者文化消费的影响,也通常表现为行为规范上的影响、信息方面的影响、价值表现上的影响。但是鉴于文化产品的特殊性,甚至有些私密性,文化消费者对个性的追求要较普通消费者更为强烈,甚至有时候带有一定的猎奇心理和逆反心理。所以群体影响往往是双面的,文化产品营销中,如何有效利用参照群体的影响是非常值得研究的。参照群体三种影响方式的内涵如表7-1所示。

表 7-1 参照群体各影响方式的内涵

影响方式	目标	动机	导向	来源特征	权力类型	行为	表现	结果
规范性影响	报酬	遵从社会	建立满意的关系	权力	奖赏或压制权力	顺从	通过消费选择来迎合群体的偏好、期望、标准和规范	赢得来自参照群体的赞扬,避免来自参照群体的惩罚
信息性影响	知识	规避风险	获得满意的产品	可信度	专家权力	接纳	从他人那里搜寻信息,观察他人的消费决策	提升消费决策能力与知识
价值表现性影响	自我维持与强化	提升自我,心理隶属	获得心理满足	相似性	参考权力	认同	通过消费选择来与自己所向往的群体建立联系,并与自己所否定的群体或想要避开的群体进行区别	强化自我概念,提升自我形象,表达对参照群体的喜爱之情

1. 规范性影响

规范性影响是指由于群体规范的作用而对消费者的行为产生的影响。规范是指在一定社会背景下,群体对其所属成员行为合适性的期待,它是群体为其成员确定的行为标准。无论何时,只要有群体存在,无须经过任何语言沟通和直接思考,规范就会迅即发挥作用。规范性影响之所以发生和起作用,是由于奖励和惩罚的存在。为了获得赞赏和避免惩罚,个体会按照群体的期待行事。

广告商声称,如果使用某种商品就能得到社会的接受和赞许,利用的就是群体对个体的规范性影响。同样,宣称不使用某种产品就得不到群体的认可,也运用了规范性影响。除此之外,人际影响过程中常用的一些技术,如登门槛技术、留面子技术,也都运用了规范性影响力量。

登门槛技术,是指营销人员先提出一个较小的、消费者通常会接受的要求,然后再提出一个更大的消费者通常不会接受的要求,从而诱使消费者对后一要求的接受程度提高。"登门槛"的原意是指销售人员为了达成把产品卖给消费者的目的,先尝试让自己走进消费者的家门。这一技术之所以有效,主要是基于消费者的自我感知的一致性:消费者接受了原先很小的要求,他会觉得自己是属于"乐于帮助别人"的人,"乐于帮助别人"的规范会增加接受后一个更大请求的可能性。登门槛技术在市场调查等领域有成功运用。例如,一项研究发现,事先有电话接触并回答了几个简单问题的消费者,事后更有可能回答较长的书面问卷。

留面子技术则是先提一个较大的、消费者通常会加以拒绝的请求,然后提一个较小的请求,由于第一个请求被拒绝,出于留面子的缘故第二个请求被接受的可能性增加。留面子技术的作用机制是基于人际交往中的"相互回馈"规范:既然没满足别人提出的某个较大要求,我们感到有义务对较小的要求做出反应,以此作为请求者"让步"的"回馈"。运用这一技术来促使消费者做出依从性反应,要注意几个问题。首先,后一请求应当涵盖在第一个请求内,或者作为前一个被拒绝请求的一部分。其次,提两个请求的请求者应是同一个人。最后,两个请求应在时间上接近,否则很难产生留面子效应。

2. 信息性影响

参照群体成员的行为、观念、意见被个体作为有用的信息予以参考,由此在其行为上产生影响。群体在这一方面对个体的影响,取决于被影响者与群体成员的相似性,以及施加影响的群体成员的专长性。对于一般的消费者来说,他们对所购产品缺乏了解,所以群体口碑影响巨大。这一点在文化产业中也有着较为复杂的变化。文化产品很难凭看手摸对产品品质做出判断时,别人的使用和推荐将被视为非常有用的证据。例如,某同学发现身边好几个朋友都去刚开业的主题公园游玩,于是她决定也去体验一下,因为这么多朋友都去,意味着该主题公园一定有其优点和特色。

3. 价值表现性影响

价值表现性影响指个体自觉遵循或内化参照群体所具有的信念和价值观,从而在行为上与之保持一致。例如,某位消费者感到那些有艺术气质和素养的人,通常是留长发、蓄络腮胡、不修边幅,于是他也留起了长发,穿着打扮也不拘一格,以反映他所理解的那种艺术家的形象。此时,该消费者就是在价值表现上受到参照群体的影响。个体之所以在无须外在奖惩的情况下自觉依群体的规范和信念行事,主要基于两方面力量的驱动:一方面,个体可能利用参照群体表现自我,提升自我形象;另一方面,个体可能特别喜欢该参照群体,或对该参照群体非常忠诚,并希望与之建立和保持长期的关系,从而视群体价值观为自身的价值观。例如,青年学生对某歌星、影星、体育明星的崇拜而导致的模仿性消费行为。再如,网红和大V的一个核心卖点是"人物设定"(人设),即网红和大V自身打造的人物形象和生活理念。消费者在做出购买决策时,往往会在很大程度上受到参照群体的影响,其中一个主要原因是个体的自我认同感,即认为自己是什么样的人,应该过怎样的生活。一旦对某个网红的人设产生了自我认同,消费者就可能会被"种草",进而购买网红推荐的产品。

(四)影响文化消费者的主要参照群体

1. 家庭成员

家庭属于成员群体中的主要群体,其对个体成员的消费观念、行为习惯和生活方式有较大程度的影响。家庭是个体开始社会化过程的第一个社会环境,家庭成员成为消费者最重要的参照群体。家庭还是一个购买决策单位,家庭购买决策既制约和影响家庭成员的购买行为,反过来家庭成员又对家庭购买决策产生影响。

美国社会学家米德(Mead)将人类社会划分为三个时代:"前喻文化""并喻文化""后喻文化"。在"前喻文化"中,晚辈向长辈学习知识和经验;在"并喻文化"中,晚辈、长辈的学习都发生在同辈人之间;而"后喻文化"中,由于知识和经验更替的速度加快,出现了长辈向晚辈学习的情况。"90后""00后"与互联网相伴而生,他们对信息的获取更加熟练、高效,加之对新鲜信息的开放心态,成为"后喻时代"的被学习者,成为流行话语体系的发明者和发酵者。在家庭成员中,也会出现代际影响,也就是说某一代人的价值观、习惯和行为可能影响另一代人。其中,中青年在家庭中起着承上启下的作用,对家庭消费行为影响较大。但代际影响也会受到家庭关系以及各代人相对的专业知识水平影响。例如,不懂计算机的父母很相信子女对计算机产品的了解,而子女在一些生活常识方面会听取父母的意见。只有当相对专业知识水平很高而且家庭关系也是融洽、和谐的,才会产生高度的代际影响。

2. 购物群体

传统的购物群体通常是指一起上街购物的消费者,此时消费者可以依赖群体智慧,交流市场信息,从而对购买决策更具信心。网络口碑对消费者影响巨大,有购物兴趣的消费者还可采取网上团购的方式获得更多的价格折扣和服务。有些企业还采取一些激励手段,鼓励消费者传递产品和服务的使用体验与评价。如房地产企业采取免1~3年物业费,或给予购房款折扣等手段,鼓励现有房主推荐新的购买者;汽车4S店对老顾客进行现金回馈或维修与保养优惠,以鼓励他们介绍其他消费者来店购买汽车。

3. 意见领袖或名人专家

如政界要人、专家学者、影视明星、优秀运动员、歌唱家、著名作家,以及那些受到人们崇拜和爱戴的权威人士,都可能成为消费者的参照系。一些商家喜欢以某著名人物是其商品或品牌的使用者向消费者进行宣传,就是希望以这种仰慕群体的参照作用来影响消费者的消费心理。受相关群体影响大的产品和品牌的制造商必须设法接触并影响相关群体的意见领袖。意见领袖既可以是主要群体中在某方面有专长的人,也可以是次要群体的领导人,还可以是渴望(或向往)群体中人们效仿的对象。意见领袖的建议和行为往往被追随者接受和模仿,因此,他们一旦使用或推荐了某种产品,其影响作用是很大的。

表7-2显示消费者在不同情景下寻求意见领袖的可能性高低。如果购买者的产品知识有限但购买卷入程度很高,就很可能向他人咨询。在低购买卷入程度人的购买中,人们则较少询问意见领袖。

表7-2 寻求意见领袖的可能性

产品/购买卷入程度	产品知识	
	高	低
高	中	高
低	低	中

意见领袖向别人提供信息和建议,并不只是为了满足自己的某些基本需求(如归属需求或尊重需求),意见接受者和意见寻求者的动机也不仅限于获取信息。表7-3将意见接受者和意见领袖的动机进行了比较。

表 7-3 意见接受者和意见领袖的动机比较

意见领袖	意见接受者
自我提升动机	
缓解购后失调感和不确定感	
赢得关注,提高身份地位	降低购买风险
表现优越感和专业性	缩短购物时间
有探险家一样的感觉	
体验"改变"他人的能力	
与产品相关的动机	学习如何使用或消费某种产品
表达对产品或服务的满足感或失落感	了解市场上前沿的产品动态
与社会相关的动机	
交流对他人有用的产品或服务,与人为善,增进友谊	买别人认可的产品,可以让别人接纳自己
与广告信息相关的动机	
与别人分享好看的广告,表明自己对该广告的态度	—

资料来源:希夫曼,卡纽克,维森布利特.消费者行为学(第10版·全球版)[M]张政,译.北京:清华大学出版社,2017.

所谓 KOL(关键意见领袖)营销,就是通过那些在特定领域拥有影响力的人物,让自己的品牌、产品和受众建立联系。许多社群成员也成为 KOL 的私域流量。"如果广告的作用是在消费者的心中埋下一粒种子,那么 KOL 就是在种子上浇水。"

4. 网络社群

网络社群是基于用户之间共同的爱好、兴趣或活动等,在网络平台上以横向交流为纽带构建的一种网状交织的社会关系,也可称为虚拟社区、在线虚拟社区、网络社区、网上社群等。网络消费社群是消费者基于共同的兴趣、目的,自愿加入的社会交互活动的虚拟群体,其对消费者的态度、行为、购买决策产生影响。如聚集在各种聊天网站、微博、SNS 社区,讨论相关购物问题的消费者群体,他们大多由某些购买或喜欢某种商品(或消费方式)的消费者所组成。

在人们广泛接触互联网之前,许多成员群体都是由个体面对面接触形成的。但是网络社群打破了地域限制,大大地提高了个人交友的范围,人们可以基于对某项特定消费活动或产品的共同认识和爱好在网络消费社群进行持续的互动、分享、交流。网络社群成员间的关系与"面对面"交往的人际关系有很大不同,而与在线关系相类似,但网络社群成员间的关系较一般在线关系要紧密一些。网络消费社群的部分成员往往积极地传播各种营销信息,乐于相互交流信息与感情,分享各自的使用体会与经验,对成员的商品选择及品牌认可度和品牌忠诚度有重要的影响。

当然,由于相互较陌生,网络消费社群成员间的关系总体上呈现一种松散的弱关系,群体共识也不具有现实环境下较强的规范性约束力。但群体内的 KOC(关键意见消费者)在很大程度上能影响其他消费者的最终决策。KOC 自己就是消费者,分享的内容多为亲身体验;他们距离消费者更近,在发布内容时更能够通过同理心来影响其他用户;KOC 注重真实、互动,容易与粉丝之间形成更加信任的关系。在公域流量增长乏力、获客成本越来越高的背景下,KOC 所带来的私域流量受到了企业的广泛关注。

第七章　群体文化消费

社群成员通常是因为共同兴趣而走到了一起,越来越多的人热衷部落化、圈层化——倾向于在圈子中获得某种身份认同,共享消费偏好与消费信任。同时,消费社群逐渐呈现精细、垂直的发展倾向。例如,小红书以社群＋电商的模式给热衷于海购的年轻女性提供一个消费口碑库,豆瓣的社群粉丝对文艺气质、情怀有着共同追求。在诸如此类的去中心化、扁平化的社群中,个体因兴趣而自发地产生连接,彼此分享交流,UGC的创作模式使社群成员兼具传播者与接收者的双重角色,也因此具有更高的表达欲、参与度和创造性。

消费社群垂直化的主要表现是品牌社群的兴起。品牌社群是某个产品或品牌拥有者之间形成的一种民间或半官方的网络社群,关注的是特定的产品或品牌。如小米的"米粉"、华为的"花粉"、苹果的"果粉"等,粉丝经济模式的核心本质就是品牌社群。品牌社群的成员不一定生活在同一地理区域,但是在该品牌的特定平台上(如车友会、QQ群、微信群、论坛、交流群、品牌商赞助的品牌日等),他们共同讨论产品特性,交流使用经验,期待新产品面世。如在MIUI和米聊这些专属社群中聚集着许多活跃且富有激情的"米粉"。通过线上、线下的品牌活动(如爆米花、米粉节、同城会小米之家等)可以使产品拥有者结识其他产品爱好者,并且强化他们与产品、与其他有同样热情的人之间的同一性。品牌社群参加者对产品的感觉更加积极,而且品牌忠诚度容易得到提升。

品牌自身独特性非常明显的高卷入产品更容易建立起品牌社群,而消费者也很容易通过标签、关键词等方式找到自己感兴趣的品牌社群。大疆无人机官网上的一个重要模块是大疆社群,在这个社群里,无人机爱好者和大疆的消费者共同学习如何正确使用产品、互相交流作品、定期参加活动,企业为他们提供相关的售前售后服务。在这样一个品牌群中,消费者形成了松散但又紧密的消费群体。

网络社群是比较松散的,相互间并不一定真正认识。社群人群的相互关系呈现出虚拟性、开放性、多样性、高效性、弱联系性和平等性等特点。例如,小红书是一个以"90后"女性消费者为主的大型消费社群,有海量的用户生成内容、专业生产内容(professionally-generated content,PGC)信息,还吸引了明星入驻分享。消费型网络社群可按不同标准分类,如图7-1所示。

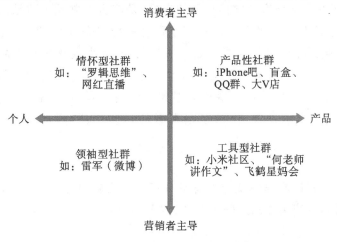

图7-1　消费型网络社群的分类

(五)参照群体的运用

1. 名人效应

人们观察行为,于是模仿行为。他人如何行事,决定了自己如何行事。名人效应是指借助一个高知名度、高信赖度的人启发或传递某一种行为。名人或公众人物(如政府要员、影视明星、体育明星、网红)作为参照群体对公众尤其是对崇拜他们的受众具有巨大的影响力和感召力。对很多人来说,名人代表了一种理想化的生活模式。正因为如此,企业才愿意支付巨额费用聘请名人促销其产品。研究发现,用名人的广告较不用名人的广告得到的评价更正面、更积极,这一点在青少年群体中体现得更为明显。

根据布朗(Brown)与菲奥雷拉(Fiorella)的研究,名人代言或以名人作为样板示范,原本主要是新兴品牌为了能够接触更多消费者而采用的策略。而在今天,更重要的是要确保名人能够带来适当的影响力(基于影响力指数、Q 指数以及在目标市场的受欢迎程度等进行评估)以及名人与品牌本身的契合度。

运用名人效应的方式多种多样。如可以用名人作为产品或公司代言人,即将名人与产品或公司联系起来,使其在媒体上频频亮相;也可以用名人做证言广告,即在广告中引述广告产品或服务的优点和长处,或介绍其使用该产品或服务的体验;还可以采用将名人的名字使用于产品或包装上等方法。

2. 专家效应

专家是指在某一专业领域受过专门训练,具有专门知识、经验和特长的人。医生、律师、营养学家等均是各自领域的专家。专家所具有的丰富知识和经验,使其在介绍、推荐产品与服务时较一般人更具权威性,从而产生专家所特有的公信力和影响力。当然,在运用专家效应时,一方面,应注意法律的限制,如有的国家不允许医生为药品做证言广告;另一方面,应避免公众对专家的公正性、客观性产生怀疑。

3. "普通人"效应

运用满意顾客的证词证言来宣传企业的产品,是广告中常用的方法之一。由于出现在荧屏上或画面上的证明人或代言人是和潜在顾客一样的普通消费者,这会使受众感到亲近,从而使广告诉求更容易引起共鸣。如宝洁公司、北京大宝化妆品有限公司都曾运用过"普通人"做证言广告,应当说效果还是不错的。还有一些公司在电视广告中展示普通消费者或普通家庭如何用广告中的产品解决其遇到的问题,如何从产品的消费中获得乐趣,等等。由于这类广告贴近消费者,反映了消费者的现实生活,因此,它们可能更容易获得认可。

4. 经理型代言人

自 20 世纪 70 年代以来,越来越多的企业在广告中用公司总裁或总经理作为代言人。格力电器董事长董明珠代言格力品牌的形象也令人印象深刻。

第二节 年龄群体与文化消费

一般来说,各个消费群体之间的消费价值观念、消费方式、消费喜好及消费行为均存在较大差异。尤其是消费群体的消费行为对这个群体中的任何一个个体来说,都发挥着一定的影响与制约作用。按照不同的分类标准,消费群体可以有若干种不同的分类结果。消费者成长的时代使他们与其他同时代的人产生了共同的文化纽带,他们一起经历了共同的重大历史事件,他们有很多共同的文化偶像。由于文化消费的多样性,覆盖品极其广泛,因此可以按年龄将文化消费群体进行细分。

中国国家统计局将0～14岁的人界定为少年儿童,60岁及以上的人界定为老年;中共中央、国务院印发的《中长期青年发展规划(2016—2025年)》中,将青年的年龄范围界定为14～35岁。本书根据中国国家统计局的标准及中共中央、国务院等政府的相关规定,结合中国实情以年龄作为标准对文化消费者群体进行分类,大致可以分为0～14岁的少年儿童群体、15～35岁的青年群体、36～59岁的中年群体和60岁及以上的老年群体。需要说明的是,由于国家发展情况、社会因素、学科研究背景、文化圈等的不同,少年儿童群体、青年群体、中年群体及老年群体的界定是随着经济和社会文化环境不断变化的。

一、少年儿童群体文化消费

(一)消费内容

少年儿童消费者群体是指年龄处于0～14岁的消费者组成的群体。一般将0～6岁界定为婴幼儿期,7～14岁为少年期。

儿童构成了三个市场:基础性市场——实际购买,影响性市场——影响父母的购买行为,未来性市场——将来的购买者。

根据国际儿童产业的分类标准,儿童文化消费类型主要有以下五类:一是呈现实物形态的文化教育产品;二是呈现虚拟形态的文化服务和娱乐服务;三是文化性和娱乐性的设施或材料;四是文化性和娱乐性的活动;五是针对儿童开发的信息和网络技术。其具体如童书、儿童电视节目、室内儿童主题乐园、动漫等。

我国儿童和青少年人口众多,特别是受三孩生育政策的影响,少年儿童文化消费近年迎来爆发式增长,儿童文化产业迅速发展。在我国的家庭消费支出中,儿童消费占了很大一部分,尤其是"80后""90后"父母,在孩子身上的投入越来越多。尽管在衣物、餐饮等基本生活必需品上的消费比重有所下降,但是在儿童培训、儿童休闲等文化消费方面投入的比重有所上升。从幼儿早教产品、陪伴型机器人、玩具和互动娱乐产品、儿童读物(绘本)、儿童戏剧,到儿童乐园、儿童职业体验、少儿艺术教育,无论是文化产品还是文化服务,其种类和形态都越来越丰富,并逐渐发展成为文化消费市场的重要组成部分。

(二)消费观念与消费心理

1. 从依赖消费走向独立消费

学龄前,儿童的消费需求主要集中于生理方面的需求,很大程度上依赖于父母。这时的儿童基本上是文化产品的消费者,如益智类玩具、服装、早教图书、学龄前动画产品等,都是由父母为其直接购买,他们很少充当购买者。学龄期儿童消费群体的购买意识逐渐增强,表现出一些影响父母购买决策的行为,甚至他们自己也极可能发生直接购买行为,例如购买书皮、作业本、拼图等简单的文化产品。相对于学龄前阶段来说,这个阶段的购买行为正在由完全依赖型向半依赖型转化。少年期儿童的自尊心和被尊重意识逐渐增强,他们更加倾向于独立性消费,企图摆脱父母干涉,发生独立决策及购买行为。

2. 从模仿消费走向个性消费

天真活泼、充满好奇是所有少年儿童的天性,也正是由于这种天性的存在,他们的消费观念及消费心理极易受到眼花缭乱的广告营销以及周边同龄人的影响,表现出模仿性消费心理。但这种心理并不是一成不变的,随着他们生理与心理的成熟和生活阅历的加深,少年儿童的兴趣爱好逐渐产生,消费幻想相对减少,消费意识更加强烈,消费经验越加丰富,消费动机与现实条件也有了一定的吻合性,目标也逐渐明确,尤其表现在他们对文化产品有了一定的初步判断、分析与决策的能力。在少年儿童性格形成的关键阶段,个性化消费追求与倾向越加明显。

3. 从不稳定消费走向较稳定消费

心理学家曾将少年儿童的消费心理归结为攀比心理、从众心理、盲目心理、喜新厌旧心理和易受刺激心理五种。仔细研究不难发现,情绪化消费是这类群体消费区别于其他年龄阶段群体消费的显著特点,主要表现在他们对某些文化产品的态度常常处于感情支配下,时而喜欢,时而不喜欢,且这种易变化的消费心理在学龄前儿童中表现得更为明显。从幼儿期到学龄前,再到少年期,随着少年儿童与学校、社会、集体接触机会的不断增多,他们的情绪控制力也得到了一定的锻炼,消费情绪也逐渐从不稳定走向较为稳定。

(三)消费行为与消费方式

"游戏控""潮范儿""二次元"等一系列标签代表了少年儿童这一群体所崇尚的消费文化,体现了该群体的偏好特征。在文化消费的内容方面,他们更关注时尚、个性、富有创意的文化产品和高品质的文化服务。同时,他们也更乐于接受新的消费场景。在文化消费的业态方面,他们是动漫和游戏产品的主流消费群体,也是数字创意产业、电子竞技产业、互动娱乐产业及其他文化产业新兴业态发展的重要推动力量;在文化消费的载体方面,网络和新媒体是少年儿童进行文化消费、参与文化生活的主要平台。未来,随着消费能力的不断增强,他们将逐渐成为推动新业态发展和消费方式不断更新升级的主力军。

1. 价格意识不强,消费行为易冲动

少年儿童的文化消费资金一般来源于父母和亲戚朋友。由于不作为资金的承担者,他们普遍缺乏一定的价格意识,这主要表现在其对特定文化产品的定价漠不关心,也一无所知。通常情况下,产品的外观和功能是他们决定购买某类文化产品的主要影响因素,而价格因素的影响力显得微乎其微。随着中国社会物质生活条件的逐步丰裕,当代许多少年儿童不必为生活必需品而担心,同时也造成他们不可能产生较强烈的价格意识。

2. 自控能力差,消费行为易受外界影响

少年儿童的心智不成熟,缺乏主见,因此他们自主选择文化产品的可能性较低,大多数消费观念和消费动机都是在参照他人的消费行为、模仿他人的消费方式的基础上产生的,这在很大程度上是由他们好奇心旺盛、模仿能力强造成的。心理学家研究表明家长、教师、同学、朋友及广告商是少年儿童文化消费的主要影响者。首先,家长是少年儿童文化消费最早也是最主要的影响者。婴幼儿时期,家长对儿童开始有了早期教育,儿童有意识或无意识地观察家长的消费实践,从而潜移默化地学习到一些简单的消费行为。其次,同学和朋友是除父母外少年儿童生活中主要接触的人群,是一种重要的人际关系。同学和朋友不但对少年儿童的性格、人格产生重要影响,也同样影响着他们的消费认知和消费情绪。再次,广告商出于营利目的,针对少年儿童所展开的宣传极具针对性,无论是声音画面还是人物形象,都选取少年儿童所熟知和喜欢的,无不强烈地吸引着他们,刺激着他们的消费欲望。

3. 好奇心强,消费行为易受感情动机影响

冲动性消费、情绪化消费和不稳定性消费是少年儿童文化消费的主要表现形式。追求特立独行、好胜心强、胜负欲旺是儿童产生消费行为的主要成因。例如铅笔上悬挂的吊坠,裤子上的夸张装饰,零食里赠送的小卡片,玩具外表的喷漆图案,都可能激发少年儿童强烈的兴趣爱好和消费欲望。也正因为如此,不同于一般类文化产品,针对少年儿童开发的文化产品通常都有着奇特精美的外观造型和丰富多彩的功能样式,极大地迎合着他们好奇、好胜、好新的心理特点。

4. 消费偏好明显,娱乐文化产品消费比重大

爱玩是所有孩子的天性,这符合他们本身的身心发展规律。纵观市场,儿童游戏、儿童玩具、儿童服装、儿童读物、儿童手表、儿童游乐场等一直都是市场上炙手可热的"爆品",相对于儿童生活必需品,它们在娱乐文化产品中所占的消费比重明显遥遥领先。娱乐消费俨然变成了商家的"必争之地",创造出经久不衰的消费市场。

5. 消费方式新颖,手机支付成为主流

移动互联网的普及在给少年儿童生活和教育带来便利、快捷的同时,也在深刻地影响着他们的社会认知态度和社会交往方式。少年儿童因移动支付所造成的社会热点话题层出不穷。例如,浙江丽水的一个孩子让主播为其代玩游戏,一个月内花掉3万多元等。由此可见,针对少年儿童的移动支付教育刻不容缓。

6. 文化消费类型多元,市场潜力大

第一,以儿童图书为例。童书市场的迅猛增长已是多年来的常态。第二,以少年儿童电视节目为例。少年儿童容易被电视吸引,电视同样是孩子们重要的启蒙教师。央视少儿频道、金鹰卡通、卡酷少儿卫视等少儿上星频道是专业类少儿频道的收视翘楚。第三,以儿童游乐园和儿童

玩具为例。近些年来,室内儿童乐园发展尤为迅速。走进大大小小的商场或购物中心,总能看到或大或小的儿童乐园活动区,汇集淘气堡、电动玩具、儿童驾校、奇幻森林、酷炫飞车、惊险斗牛等游乐项目。室内儿童主题乐园一方面能吸引年轻父母带孩子逛商场,让他们增加到商场的次数和驻留时间;另一方面,带孩子玩累后,他们多留在商场吃饭,还可以促进餐饮店铺等的消费。第四,以动漫产品为例。动漫产业是文化产业的重要行业之一,它的主要消费对象也是少年儿童。由此开发出来的动漫衍生品有着非常巨大的市场容量。国产动漫《喜羊羊和灰太狼》《熊出没》等的卡通形象以及衍生品受到了孩子们的喜欢,在市场上的表现力值得关注。

二、青年群体文化消费

(一)消费内容

青年消费者群体是指年龄处于15~35岁的消费者组成的群体。青年逐步成为家庭的"第二代主人"。同时,伴随着青年人结婚生子建立起自己的小家担当父母的角色,他们又成为家庭消费的"第三代媒介人"。处于少年向中年过渡的关键阶段,青年消费者群体已经具备了较强的自主意识和独立购买的能力,且人口众多,成为整个文化消费市场中的中坚力量,主要表现在他们对文化产品的消费能力强,消费比重大,消费贡献突出。

消费内容主要是发展自己的爱好,如购买文化产品;观看电影、电视节目、动漫、体育比赛、展览,听演唱会等;品尝特色文化食物;进行文化旅游消费(文化发生地、文化活动、文化博物馆、文创产品商店等);等等。

(二)消费观念与消费心理

1. 追求个性,表现时尚

青年群体作为消费群体的主力军,是商家的主要争夺目标之一。思维活跃、表现自我、争强好胜、标新立异、追求新鲜刺激是青年消费者的典型心理特征。处于这一阶段的消费者,其消费动机已不仅仅停留在对物质生活的满足上,更多地在于对精神生活的追求;不仅仅停留在对实用性的满足上,更多地在于对个性自我的表达。因此,在文化产品的消费心理上,他们越加追求新颖时尚;在文化产品的消费观念上,他们期望自己走在潮流前沿,引领当下消费动向;在文化产品的购买选择上,他们越加追求差异化产品和个性化定制服务,以在活动中充分表现不一样的自我。因此,青年消费者群体通常是商家推出新产品或服务的尝试者和推广者。

2. 追求实用,表现成熟

相对于少年儿童消费者群体来说,青年消费者随着其生活阅历的加深、文化水平的提升、支付和购买能力的增强,文化消费倾向也逐渐变得稳定和成熟。这主要表现在他们不单单追求产品或服务的时尚新颖,实用性和经济性同样成为他们在购买一件文化产品时重要的考量因素。因此,在实际的消费实践中,青年消费者群体往往会利用手机、电脑等工具广泛搜集信息并进行充分的比对,力求文化产品和服务的货真价实和物美价廉。

3. 注重情感,冲动性强

尽管相较于少年儿童群体来说,这一群体的心智发展已较为成熟,但实际上,他们的思想、阅历、个性并没有达到彻底的成熟,热情爽朗,冲动性强,情绪波动较大。总体上来说,青年消费者群体的冲动性消费概率明显多于计划性消费,文化产品的款式、颜色、流行元素等直观外表是他们产生消费动机的第一影响因素。与此同时,他们的喜新厌旧心理反映在实际消费活动中表现为对某些文化产品时而喜欢,时而厌恶,并极可能将其长期闲置,造成资金和资源的浪费,这也是冲动购买的一种表现。

4. 超前消费,"月光族"普遍

追求名牌和高品质生活,以纯粹的休闲享乐为目的,使用分期付款或预支等形式购买当前收入水平和收入能力无法满足的所需文化产品或文化服务,这就是所谓的"超前消费"。这一消费现象在青年群体中体现得最为突出。在"好面子""摆阔气""讲排场"等炫耀性心理的驱使下,购买高档产品成为青年消费者群体表现成功、声望与尊贵的象征。一方面,这是由青年群体争强好胜的心理所决定的;另一方面,这是由于家长对子女过分宠溺,在资金上极度纵容造成的。然而,这种炫耀性消费和超前消费并不是值得提倡的消费文化。

(三)消费行为与消费方式

青年消费者群体多数采取部分自付、部分依靠家庭的方式从事文化消费活动。非理性消费、过度娱乐化消费、盲目西方化消费是目前青年消费者群体文化消费行为的主要特征,移动支付是青年消费者群体进行文化消费的主要消费方式。

1. 非理性的网络文化消费

在"情绪价值"优于"机能价值"的时代,对于绝大部分青年消费者群体来说,价格绝不是衡量文化产品的首要条件及标准。中国互联网信息中心的一项调查显示,青年消费者群体进行网络文化消费主要分为直接和间接两种。直接消费表现为以网上购物的形式进行的网络文化消费,间接消费表现为满足某种精神文化需求而购买相关设备。然而,无论是直接网络文化消费还是间接网络文化消费,青年消费者群体都存在着非理性消费的趋向。在直接消费上,为追求某些新颖的服饰、产品和艺术作品,青年消费者经常忽视个人实际的收入水平,采取借贷、透支等方式进行购买。在间接消费上,青年消费者群体的非理性消费行为主要表现为对电子产品更新换代的热烈追捧上,高价购买最新款娱乐电子设备。

2. 文化消费盲目西化

全球化包括富有潜意识形态的文化全球化。随着通信贸易服务的不断发达,青年消费者群体已不再满足于消费本国文化产品,而逐渐青睐西方发达国家的文化内容。崇洋媚外、跟风潮流造成了他们文化消费的盲目西方化。在服饰美化上,"韩流""日流"等文化盛行,越来越多的青年消费者群体热衷于追求韩国、日本、欧洲等国家和地区年轻人的服饰打扮,模仿其穿衣风格,购买同款化妆品,而本国美妆和服饰品牌却遭遇"寒流";在言语培训上,越来越多的青年人逐渐加大对英语、日语、意大利语、德语等的重视,却对本国语言、古诗词及传统文化逐渐忽视;在艺术作品上,他们更喜欢观看美国好莱坞大片,却对中国武术、中国舞蹈、中国戏曲等优秀艺术门类一无所知;在餐饮习惯上,他们追求富有异国情调的如红酒、意大利面、牛排、日料、韩餐等饮食文化产品,而逐渐遗忘本国特色饮食文化。

3.娱乐性文化消费突出

除了以学习知识、锻炼技能为目的而进行的文化消费外,青年消费者群体同样追求以娱乐消遣为目的的精神文化需求,且相较于前者,热情活泼、富有幻想的青年人倾向于投入更多时间和精力到多元化、通俗化、愉悦化的娱乐性消费中,主要表现在他们对动漫游戏、影视作品、电子娱乐等文化产品的消费热情较高并已成为其主流和核心的消费群体。当下,休闲娱乐消费对于青年消费者群体来说,是压力释放和消遣娱乐的重要手段,是一种难得的精神食粮,而那些致力于培养艺术情操、提升文化素养、帮助学习文化知识的一般类产品已不再是他们热衷的消费对象。

4.移动支付成为主流

微信支付、支付宝扫码、人脸识别正在成为当代青年消费者群体的生活常态。青年消费者群体对当今的移动支付贡献着极大热情,已成为该支付类型的消费主流,并很可能影响中国未来十年的经济格局。

三、中年群体文化消费

(一)消费内容

中年消费者群体是指年龄处于 35～59 岁的消费者组成的群体。进入这一年龄阶段的人群,生活和工作都趋于稳定。与青年消费者群体最大的不同是,他们在实际的消费实践中更加注重文化产品的实用性和价格因素,冲动消费和非理性消费行为较少,大多数消费属于保守性、稳定性消费,因此他们在消费活动中主要充当"决策人"的角色。一方面,中年消费者群体是家庭中最具话语权的一代,直接掌控家庭文化消费的判断、决策与支出;另一方面,他们也同时掌控着下一代年轻子女及上一代老年人的文化消费决策和购买权利。

消费内容主要包括:外出旅游、看电影等;孩子成长、教育方面的消费,包括各种辅导及艺术特长班消费,玩具、学具、图书、电子产品消费,参观博物馆、观光游览等消费;承担孝敬父母、人情消费支出等。

(二)消费观念与消费心理

出于全体家庭成员的需要,中年消费者群体的消费倾向较为务实,其消费对象既包括日常生活中的家庭用品、饮食等,又包括满足个人、子女及父母生活的必需品,例如服饰、文具等。总体来说,他们对文化产品的性能价值需求远远大于情感价值需求。

1.理智性强,冲动性小

中年消费者心智成熟,生活阅历广泛,消费经验丰富。与此同时,他们往往肩负着更大的责任,面临的问题也更加复杂:需要考虑家庭关系的维系,肩负起家庭长远发展的责任,满足家庭日趋复杂的需求,解决子女结婚生子的人生大事,考虑父母的养老及身后之事。压力的增大迫使他们必须储备一定的资金以备不时之需。如此一来,他们更加注重文化产品和服务效用与价格的统一,很少出现情绪化消费,消费基本上受理智的支配。从消费欲望的产生,到消费动机的形成,再到消费行为的进行,往往都经过了他们反复的分析、对比与判断,理智性强。

2. 计划性强,盲目性小

中年消费者群体正处于青年和老年之间的关键阶段,是家庭成员中经济的最主要承担者。虽然大部分中年人都掌握着家中的"财政大权",但由于肩负着赡老育幼的重任,他们大多数都奉行"量入为出"的原则,实施计划性消费,即根据家庭的实际收入状况和支出比例,在进行购车、购房等重大决策前,制订近期的开支计划和即将实施的购买计划。长久以来,中年消费者群体也就习惯了精打细算的生活,养成了勤俭持家的消费习惯,很少出现即兴消费和突击性消费现象。

3. 注重传统,创新性小

处于"四十而不惑""五十而知天命"的重要成熟阶段,中年消费者群体身上不再有诸如追求个性、特立独行、情绪冲动等代表青年消费者群体消费特征的标签。这主要表现在他们对文化产品和服务的选择不再追求个性化,反而力求大众化,以和周边同龄人保持一致,从而免受异样的眼光。例如,在选择服装时,中年人宁愿牺牲一部分自己的爱好倾向,购买一些符合同龄人大众审美的服饰产品,也不愿意因为追求时髦而让周围人感到自己的不稳重。与此同时,作为家庭中子女们的榜样,他们以身作则,在文化产品的消费上追求传统文化元素,以充分体现自身涵养。

(三)消费行为与消费方式

中年消费者的消费行为以理智动机为指导,即从所处社会地位和家庭实际情况出发进行消费,比较注意计划开支,讲求经济实用、质优价廉,能更多地考虑家中其他人的需要。中年男性愿意把较多的收入用于自己的事业与爱好的需要方面,中年女性在穿着上不想有过多的花费而总想将结余存入银行。具体消费行为与消费方式可以总结为以下四点。

1. 购买动机上,注重附加值

对于高收入的中年消费者群体来说,产品的实用性已不再是他们的唯一追求,诸如能否彰显身份地位、个人审美等产品背后的附加值才是他们在购买动机产生时主要考虑的因素。以手机为例。对于部分支付能力相对有限的中年群体来说,基本通信功能是否具备,产品耐用与否,价格是否合理,是其购买手机时需要考虑的因素。然而,中年群体中的高收入人群在购买手机时则多会选择价格相对昂贵的产品,以此作为他们身份和地位的代表。这种注重产品附加值的现象不仅体现在购买电子产品上,中年消费者群体在购买其他文化产品时也会发生。

2. 地点选择上,在乎购买成本

中年消费者群体在产生购买行为时大多会考虑购买地点,因为地点与成本息息相关,不同地区的超市产品价格及类型大不相同,甚至同一地区的超市及便利店之间也存在较大差异。先前消费经验、消费习惯、消费能力、家庭及个人消费倾向、消费产品类型等因素都会影响中年人进行消费地点的选择与判断。因此在购买一般类产品时,中年消费者为追求便利习惯于"舍远求近",比如小区门口的便利店如果可以满足需求,哪怕其产品价格高于大型超市,产品种类相对匮乏,但是为了节省交通成本和时间成本,他们还是会选择在便利店完成消费。

3. 购买目标上,价格至上

高收入中年消费者群体较关注产品的附加值,而对于收入处于中低水平的中年消费者来说,价格才是他们需要考虑的重要因素。在发生实际消费行为前,他们首先就要考量产品的价格与其功能、质量和品牌等是否匹配;其次才关心产品背后的诸如售后、运输、服务、保修等因素。在他们看来,只有物美价廉才能称得上是好产品、好服务。他们力求以最低的价格购入最好的文化商品。因此,一旦商家进行产品促销活动,收入处于中低水平的中年群体将是其消费的主力军,为了满足内心的求廉心理,他们无论家中是否需要都会购买,以备不时之需。

4. 购买方式上,网购为主

一项全球性的互联网调查结果显示,在所有的人群中,最倾向于发生网购行为的是中年消费者群体。分析认为,中年人的收入普遍较高,工作又比较忙碌,因此更容易通过网购的方式购买所需商品。

四、老年群体文化消费

(一)消费内容

老年消费者群体是指年龄在 60 岁以上的消费者组成的群体。

老年群体的文化消费内容主要有物质消费、医疗保健消费、服务性消费、精神文化消费(文化、艺术、体育、娱乐和教育等方面的消费)。在补偿消费心理的影响下,他们在文化消费项目上支出增多,有养花养鱼、休养度假、购买书画作品、收藏古玩等文化消费。

国家卫健委指出,2035 年左右,我国 60 岁及以上老年人口将突破 4 亿,在总人口中的占比将超过 30%。面对人口数量逐年增大的老年群体,有专家学者估计,老年文化消费将成为未来消费的巨大蓝海。

(二)消费观念与消费心理

按照国际惯例,一个国家或地区 60 周岁以上的人口数量占总人口的比例达到 10%,是步入老龄化社会的标志。从目前我国老龄人口数量来看,我国已步入中度老龄化社会。随着中国老年人口数量的不断增长,健康与康养产业迸发出巨大的需求潜力。

1. 求实性

由于南北地区的地域差异和城市、农村之间的贫富差距,老年人的生活习惯和消费方式各不相同。然而求实心态普遍符合大部分老年消费者的消费心理。老年消费者群体往往注重产品的经济适用性、物美价廉性、方便操作性、健康有利性、质量可靠性和安全舒适性,而对产品的款式、颜色等外观无过多苛刻要求。求实性表现在实际的消费实践中，一方面是对产品售后服务的关注，能够方便快捷地解决使用过程中的问题；另一方面是对价格的关注，物美价廉且功能强大是他们的首选。

2. 习惯性

步入老年阶段的消费群体，他们的学习能力和适应新事物的能力都在逐渐衰退，习惯于延续几十年的稳定消费爱好与消费习惯，其生理和心理基础在于怀旧。这主要表现在他们一旦信赖某种品牌、产品或服务，就很可能建立长期的忠诚度。因此，国内老字号品牌与商店的主要消费人群都为老年人，而这些老字号产品无论是口味、功能，还是款式、包装都很少发生改变，目的也是迎合老年人对这种传统产品的情有独钟。在实际生活中，有很多老年人不顾腿脚不便和路途遥远，都要克服困难赶往自己所熟悉和信赖的商店购买所需的产品。由此可见，这种在长期的消费活动中形成的消费态度、消费倾向和消费习惯一旦形成，很难轻易被改变。

3. 方便性

由于老年人的精力和体力随着年龄的增长都在下降，因此他们的消费心理完全不同于其他年龄段的消费群体，这种特殊性体现在衣、食、住、行的方方面面。在服饰上，老年消费者群体更加喜爱宽松、舒适、大方且易穿脱的服饰；在饮食上，他们更加喜欢粥类、豆类、奶类等清淡、营养价值高且制作方便简单的食品；在日用品上，他们需要一些像助听器、老花镜、温度计、拐杖等小型且方便的商品；在出行上，为避免路途的奔波，他们会表现出和中年人一样的"舍远求近"来满足消费需求。

4. 自我性与利他性

通常情况，老年消费者群体的消费观念分为自我性消费和利他性消费两大类。利他性消费主要发生在老年人子女独立性较弱的家庭中，老年人不得不拿出自己的积蓄以保证和满足子女们的正常生活需求；自我性消费主要发生在老年人子女独立性较强的家庭中，老年人不再对子女承担经济义务，而可以使用资金实现自己的消费欲望。老年消费者群体的自我性消费主要又分为以下两类：一是情趣性消费，例如经常购买报纸及老年杂志，积极参与社会活动；二是保健性消费，例如购买保健产品、保健器械等对自身健康有利的产品或服务。

(三)消费行为与消费方式

有关专家和学者预计"银发经济"将是中国未来几年经济增长的重要动力。随着"有钱又有闲"的老年人数量增多，他们俨然成为所有群体中拥有财富最高的一类。富裕人群步入老龄化阶段是我国老龄产业的最大红利，老龄产业的"黄金时代"指日可待。艾瑞咨询数据显示，2020年我国老年人口总消费达到了7.01万亿元，老年市场规模达5.4万亿元。

1. 消费产品价格追求物美价廉

老年消费者群体是中国经济腾飞的历史见证者，年龄较大的老人都经历过吃糠咽菜的苦涩，是从饥寒交迫的苦难年代走过来的。因此，他们在生活中的购买和使用行为都表现得极为节俭，充分发扬勤俭节约这一中华民族的传统美德。在饮食上，他们讲究要粗茶淡饭，不追求铺张浪费;在服饰上,他们讲究要"新三年,旧三年,缝缝补补又三年",购买新衣服时追求质量上乘和物美价廉。他们不但在自己的消费行为中注重价格因素,也通常会要求自己的子女在消费时注重产品和服务的价格,倡导他们择廉选购。

2. 消费产品类别呈现老龄化特征

随着生理功能的逐渐衰退,老年人对老年类产品的需求大大增加,主要包括以下几类:一是保健类食品和用品。当受到周边人推荐某种对健康有利的保健食品和用品时,他们会不惜代价进行购买。正是因为老年消费者群体对健康的追求和消费需求的存在,不少黑心商家趁机而入,保健品市场一片混乱,虚假诱骗现象时有发生。二是功能性产品或器械。老花镜、助听器、血压计、体温计等小巧而实用的器械都是老年消费者群体在日常生活中的必需品。三是爱好类产品或服务。随着需求结构的变化,他们在穿着和使用上不再追求奢侈品消费,但对于满足兴趣和嗜好的产品和服务,其消费支出比例明显增加,例如老年旅游、老年合唱队、老年广场舞等。

3. 消费产品动机为补偿性消费

当个人或家庭条件较为优越时,为了弥补旧时岁月里某些方面的遗憾和不足而产生的消费行为,称为补偿性消费。这是一种纯粹的心理性消费。老年消费者群体生活在当今时代,不必再为生计奔波,也不必再为抚养子女而备感压力。因此,他们会试图利用自己多余的积蓄实现过去因金钱限制而无法完成的愿望,这是对旧时岁月的追忆,也是对内心不平衡的一种修饰。老年人热衷于美容美发、注重穿着打扮、进行健身娱乐、购买营养食品、进行旅游观光等行为,很大程度上都是源于这种补偿性消费动机。

4. 消费产品方式呈现多元化

在消费地点选择上,商场和便利店是老年消费者群体进行消费的主要场所。商场的环境和服务存在较大优势,自动扶梯、空调设施、舒适的休息座椅、周到的工作服务、热情的导购咨询等都十分适合体力和精力相对有限的老年人在此消费,且消费的产品质量和售后服务能够得到一定的保障。而便利店由于一般与家相距较近,也受到老年群体的欢迎。在消费方式的选择上,随着国内经济的快速发展,老年人的消费观念也正在潜移默化地发生改变。除了传统的"面对面"消费外,他们对新颖的消费方式也有了一定的接纳能力,电视直销和电话购物已经成为部分老年消费者群体所选择的消费方式。

5. 消费陪伴对象以同龄人为主

平日里年轻人往往忙于工作和子女的抚养,无法长时间地陪伴老人,而大多数老年人却都害怕孤独与寂寞,因此在进行购物时习惯于和老伴或同龄人结伴而行。一方面,由于年龄相仿,他们之间有更多共同话题,在进行产品或服务的挑选时,能够为对方提供参考建议或出谋划策。另一方面是由于审美爱好的一致性。一般说来,年轻人与老年人的审美存在一定的"鸿沟"。老年人往往有着相似的审美倾向和兴趣爱好,很容易一拍即合产生共鸣,从而激发消费动机,刺激一定的消费行为。

第三节 社会阶层与文化消费

一、社会阶层的含义与特点

(一)社会阶层的含义

社会阶层是指社会中在地位、财富、受教育水平和价值观上互不相同、相对比较稳定的社会成员组成的群体。

社会阶层的划分衡量标准不仅仅是经济因素,还有其他各种社会因素、政治因素,如社会分工、知识水平、职务、权力、声望等。不同的国家或地区因为具有不同的文化和传统,因此用来区别社会阶层的变量也有所差异,如有些偏重财富,而有些偏重职业,但大多使用多重指标来划分社会阶层。一般来说,无论何种类型的阶层,其内部成员具有相近的经济利益、社会地位、价值观念、态度体系,从而有着相似的消费需求和消费行为。不同的社会阶层成员往往会表现出某些不同的行为(包括消费行为),如图7-2所示。

图7-2 社会地位的产生及其对行为的影响

如前所述,社会阶层可以由单一变量构成,也可以由一组变量构成,其中某些变量较另外一些变量起更大的作用。

消费者行为学中讨论社会阶层,一方面是为了了解不同阶层的消费者在购买、消费、沟通、个人偏好等方面具有哪些独特性,另一方面是了解哪些行为基本上被排除在某一特定阶层的行为领域之外,哪些行为是各社会阶层成员所共有的。图7-3说明了处于同一社会阶层的消费者,其独有行为只是全部行为中的一小部分这一事实。

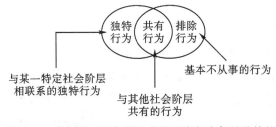

图7-3 并非同一社会阶层内的所有行为都是独特的

美国社会学家沃纳(Warner)依据收入来源、收入水平、职业、受教育程度、居住条件、居住地区等,把社会成员划归为七个不同阶层。而中国学者阳翼打破了垂直阶层秩序,从文化资本和经济资本两个维度提出了消费者社会阶层五分法,他将消费者分为精英阶层、知识阶层、中产阶层、新富阶层和草根阶层五个细分市场,如图7-4所示。这一分类方法对企业市场定位策略选择的指导意义更强、更清晰。

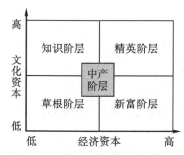

图7-4 基于经济资本和文化资本的中国消费者社会阶层五分法

(二)社会阶层的特点

(1)社会阶层使社会出现了等级。社会阶层具有从地位高到地位低的纵向等级体系,人们可能并不知道划分这些等级的所有依据,但任何人都能知道这种等级的存在,并确定自己处在哪个社会等级,同时通过对他人社会阶层的认识来决定与其交往的方式。

(2)社会阶层的稳定性与动态性。社会阶层具有相对稳定的特点。一个人的社会阶层不会在几天之内改变,甚至几年内也不会改变。与此同时,一个人的社会阶层也是会发生变化的,尽管这种变化一般来说不是突然发生的,但很多人并不是一生中都属于一个阶层。导致一个人社会阶层发生变化的原因主要有两方面:一是个人因素,比如由于个人的努力或自甘堕落等生活变迁的原因,他的社会阶层发生变化;二是社会因素,比如社会制度的变革改变了人们的生活方式或价值观念,或者由于某种原因剥夺了某些人的权利,从而导致个人社会阶层发生变化。

(3)社会阶层内部的同质性。每个社会阶层内部都具有同质性,处在同一社会阶层的人在职业类型、居住环境、饮食习惯、社交习惯等方面趋于一致。

(4)社会阶层与收入水平的偏离。虽然收入水平是决定社会阶层的一个重要因素,但是两者之间没有一对一的关系。由于社会阶层也同样取决于其他因素,如受教育程度、职业和个人品位等,因此我们常常看到收入处在中等水平的人处在较高的社会阶层;反之亦然。

二、社会阶层的划分

存在于社会中的各个社会阶层是一个连续的系统,而且划分这个系统的标准不是唯一的。也就是说,一个人位于哪个社会阶层不是单一地由某个因素决定的,而是至少由几个因素决定的。这些因素包括受教育程度、职业、经济收入、家庭背景、社会技能、住房档次以及居住的地理位置等。其中,受教育程度、职业和经济收入是尤为重要的。当然,在不同的社会里,上述各因素的相对重要性可能有差异。比如,对中国人来说,经济收入和父母亲的社会地位相对比较重要,而对英国人来说,他们可能更看重世袭成分在社会地位中的作用。

国外学者通常采用综合指标对社会阶层进行划分,其指标包括职业声望、收入、家庭背景、教育学历、居住状况、政治地位等。各项指标按其重要性进行加权,根据其分数进行划分。某个社会可以被划分为多少个社会阶层,依划分标准的不同、社会等级之间差距的大小以及研究者的不同而不同。美国商业心理学家和社会学家把社会阶层划分成六个。这六个社会阶层及其消费特点如表7-4所示。

表7-4 美国社会阶层

社会阶层	成员	占人口百分比
上上层	连续三四代富有的名门望族、商人、金融家或高级职业人员	1.5%
上下层	新跻身于上等阶层的暴发户、高级行政官员、大型企业创始人、医生和律师	1.5%
中上层	有中等成就的专业人员、中型企业主、中等行政人员、有地位意识和以孩子和家庭为中心的人	10%
中下层	普通人中的后来者、非管理人身份的职员、小型企业主、蓝领家庭	33.6%
下上层	普通劳动者、半熟练工人、收入水平偏低者	38%
下下层	非熟练工人、失业者、少数民族及未归化的外来民族、冷漠者	15.4%

(1)上上层,约占人口总数的1.5%。他们大都具有显赫的家世,拥有巨额资产。这一阶层的消费者是名贵珠宝、古董、著名绘画作品的主要购买者及高档消遣娱乐方式的主要顾客,他们处于社会消费的最高层次,因而对其他阶层的消费者常具有示范消费的作用。

(2)上下层,约占人口总数的1.5%。他们主要是那些享受高薪或从事特殊行业而发财致富的人。他们大都经过艰苦奋斗而由中产阶级进入上流社会,因而有强烈的显示自我的欲望,渴望在社会及公共事务中显示其地位、身份。比起其他阶层的消费者,他们更讲究排场与追求豪华的生活,因而奢华、昂贵的商品最能满足他们的心理需要。他们是私人别墅、游艇、游泳池及名牌轿车的主要消费群体。

(3)中上层,约占人口总数的10%。这一阶层的消费者大都受过良好的教育并拥有令人羡慕的职业,如医生、律师、大学教授、科学研究人员等。他们非常重视教育的作用,重视家庭智力投资。他们偏爱高品质、高品位的商品,因为这与他们的身份相称。他们大都拥有良好的住宅、高级时装、家具等。

(4)中下层,约占人口总数的33.6%。这一阶层的消费者尊重传统,具有良好的公共道德,遵纪守法,喜欢购买大众化、普及性的商品,不太看重商品是否时髦,"白领阶层"是这一阶层的主体。

(5)下上层,约占人口总数的38%。这一阶层的消费者受教育程度大都较低,因而属于低收入阶层。为了生计,他们整天忙碌于工作与生活中,很少有精力和兴趣去关心社会时尚的变化;消费上多是习惯型的购买者,喜欢购买实用价廉的商品。

(6)下下层,约占人口总数的15.4%。这一阶层属于贫困阶层,几乎没有受过什么教育,其收入水平处于社会最低层。他们没有固定的购买模式,购买行为常具有冲动性,他们是低档商品的主要购买者。

陆学艺于2002年完成的《当代中国社会阶层研究报告》,从专家的视角对当代中国社会阶

层变动状况进行了分析。按新标准划分的10个社会阶层是国家与社会管理者阶层,经理人员阶层,私营企业主阶层,专业技术人员阶层,办事人员阶层,个体工商户阶层,商业服务业员工阶层,产业工人阶层,农业劳动者阶层和城乡无业、失业、半失业者阶层。

三、不同社会阶层的文化消费特征

同一社会阶层的成员由于具有相类似的经济基础和文化教育背景,因而在价值观、生活方式上也会比较接近,从而形成某种群体行为规范。这一行为规范往往可以转化为群体内成员相似的消费心理和消费行为。而不同的社会阶层由于其经济能力与文化教育背景不同,所具有的价值观与行为准则也不同,因而在消费倾向与消费行为上具有明显的差异。

(一)上层的炫耀型消费

上层消费者愿意在他人面前突出自己的富有和地位。他们在消费行为上表现为奢侈和挥霍,消费倾向可以定位为炫耀型消费。

与其他阶层相比较,他们在购买或享用文化产品和服务时追求高品位,维持高标准,显示其富有和身份。一般来讲,上层社会成员比较重视文化旅游消费,他们把旅游作为生活的基本内容之一。由于他们的职业特点很少有身体运动,作为补偿,他们会很偏爱参加高尔夫球、网球、壁球、马球、游泳、慢跑等活动,这类活动既能够锻炼身体,又不占用大量时间。例如,在文化旅游方面,他们喜欢参加远途旅游和出国旅游,注重旅游项目的知识性、旅游活动中的文化和审美内涵;要求旅游活动、交通工具、住宿等方面的接待规格符合自己的身份地位,参加高级社团活动,选择高档酒店,游览世界名胜,乘坐游艇等豪华交通工具;在旅游中乐于购买艺术品、古玩等。

针对上层消费者,在进行文化旅游产品营销的过程中,在提供相应的高档旅游产品时,要注重产品的符号价值、象征价值,同时还要注重产品设计的品位,进行适当的消费引导。旅游线路设计,要非常注重娱乐项目、购物活动的合理性。从旅游目的方面看,在产品设计时,应设计休闲性旅游产品。此外旅游供应商应该丰富产品的形式,增加体验性。

(二)中层的形象型消费

中等阶层大部分接受过良好教育并且事业有成。他们在消费心理上表现为关注自身形象,不仅注重消费品的质量,更追求格调;在消费形式上,看重的是"经历",关注的是既能增进自我形象又能留下美好回忆的过程。因此其消费倾向定位为形象型消费。

作为事业上的成功者,中等阶层有一股积极向上的朝气,充满自信,对自己的形象倍加关注,注意文化产品和服务的质量和情趣及格调的追求,他们的思想比较开放,更有自信,也更重视文化消费的积极意义和教育意义。受更高的社会地位的吸引,中层社会成员更爱冒险和承担风险,他们的文化旅游消费兴趣比较浓厚且广泛,是所有文化旅游者中数量最多的群体。他们还是公共游泳池、公园、博物馆等商业性休闲和公共设施的主要使用者。

中等阶层是文化旅游市场的主要组成部分,企业需要针对目标群体对其满意度进行追踪调查,及时获取消费者的最新意见,在产品设计和市场营销的过程中避免盲目性以及主观性。

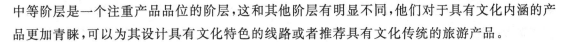

中等阶层是一个注重产品品位的阶层,这和其他阶层有明显不同,他们对于具有文化内涵的产品更加青睐,可以为其设计具有文化特色的线路或者推荐具有文化传统的旅游产品。

(三)低层的实用型消费

由于受经济条件的限制,低层社会成员的消费心理常常表现出立即获得、立即满足,是一种实用型消费模式;在消费行为中的特点是非常关注消费品的质量及价格,希望以最小的花费换取最大的使用价值,并满足其实用性要求。

低层社会成员受文化教育水平和收入的限制,视野相对较窄。在文化消费时,他们比较注重实用性,喜欢色泽鲜艳的产品外观。与喜欢含蓄、幽默、富于变化的上层社会成员相比较,低层社会成员喜欢刺激性的活动项目,如拳击、职业摔跤等。在文化旅游方面,他们也参加旅游活动,但由于对外部世界有较大的风险知觉,对遥远的旅游地不感兴趣,通常把国内短途旅游观光或到某个旅游点短期度假,作为自己理想的旅游方式。

低阶层人员参加文化旅游活动的广度和深度都不够,需要对其消费需求进行适当的刺激并对其消费倾向进行适当引导,让其知晓旅游活动对于个人的身心发展的重要性,鼓励其体验不同的生活方式。他们获取旅游信息的方式主要集中在朋友、网络及报纸杂志,所以旅游企业应该将宣传重点投放于这几个渠道。他们的旅游消费类型主要集中在观光旅游、购物类旅游,旅游供应商可以为他们设计观光型旅游产品,安排城市周边的自然资源和人文资源,要保证其能享受到观光乐趣的同时不会花费太多资金。

四、不同社会阶层文化消费者的行为差异

不同社会阶层有不同的时尚、品位和优雅诉求。处于同一阶层的人为了使自己的角色、地位与所属阶层相符,他们往往都会有意无意地遵循一种共同的规范行事,在消费行为上也表现出许多相似之处。相反,处于不同阶层的人,消费内容、消费水平、消费结构、生活方式和消费习惯可能有相当大的差别。例如,一名大学教授和一名出租车司机,在衣着打扮、娱乐消遣的方式、对价格和广告的反应、选择的产品和商店等多方面都可能存在差异。

社会阶层的轮廓提供了价值观、态度和行为的主要图像,这些可以通过对各类社会阶层的调查获得。调查表明,不同社会阶层文化消费者的行为差异主要表现在以下几个方面。

(一)产品选择和使用

在住宅、服装和家具等能显示地位与身份的产品的购买上,不同阶层的消费者差别比较明显。特别富裕的中层美国人将其大部分支出用于摩托艇、野营器具、大马力割草机、雪橇、后院游泳池、临湖住宅、豪华汽车或跑车等产品,收入水平与之差不多的上层美国人则将更多的时间和金钱用于私人俱乐部、孩子的独特教育、古董、字画和各种文化事件与活动。另外,上层消费者注重成熟感与成就感,所以对具有象征性的商品比较重视,对属于精神享受的艺术品比较青睐。

上层消费者的住宅区往往环境幽雅,室内装修豪华,购买的家具和服装档次与品位很高;中层消费者一般有很多存款,住宅也相当好,但相当多的人对装修可能不是很讲究,服装、家具

数量不少,高档的可能不多;下层消费者住宅环境一般较差,衣服和家具的投资较少。然而,下层消费者中的一部分人员对生产食品、日常用品和某些耐用品的企业仍是颇具吸引力的。一方面,他们十分看重眼前的消费和基本生活需要的满足;另一方面,较低的教育水平使他们容易产生冲动性消费。研究还发现,很多较低阶层的家庭是大屏幕彩电、新款汽车、高档炊具的购买者。虽然这一阶层的收入比中等偏下阶层的收入平均要低 1/3 左右,但他们所拥有的汽车、彩电和基本家庭器具的价值比后者平均高 20%。

(二)休闲活动

虽然不同阶层之间,用于休闲的支出占家庭总支出的比重可能相差不大,但休闲活动的类型却差别很大。大体上说,上层消费者喜欢高尔夫球、游泳、网球等运动。下层消费者倾向于一些较耗费时间的团体活动,如篮球、足球等。下层消费者的支出行为从某种意义上带有"补偿"性质。一方面,由于缺乏自信和对未来并不乐观,他们十分看重眼前的消费;另一方面,较低的教育水平使他们容易产生冲动性购买行为。就审美观而言,上层消费者的审美观较一致,而下层消费者由于受教育水平较低,对于美感的刺激,大多依赖于主观经验,因此差异性很大。

(三)对商店的选择

不同阶层的消费者喜欢光顾的商店类型也很不同,并不是所有消费者都愿意到高档、豪华的商店去购物,上层消费者才比较喜欢这类购物场所。在这种环境里购物会使他们有一种优越感和自信,得到一种心理上的满足,而低层消费者在这种环境里有一种自卑和不自在的感觉。因此,通常人们只到与自己地位相称的商店里购物。另外,人们选择商店的类型还与购买商品的类型有关。通常人们不愿到折扣商店购买风险高的商品(如珠宝首饰、高档时装等),上层消费者更是如此。研究表明,消费者所处社会阶层与他想象的某商店典型惠顾者的社会阶层相差越远,他光顾该商店的可能性就越小。同时,较高阶层的消费者较少光顾主要是较低阶层的消费者去的商店,相对而言,较低阶层的消费者较多地去主要是较高阶层消费者惠顾的商店。另一项研究发现,"客观"与"感知"的社会阶层不一致也会导致消费者在店铺惠顾上的差异。客观上属于中层而自认为是上层的消费者,较实际为上层但自认为是中层的消费者会更多地去专卖店和百货店购物。与一直是劳动阶层的消费者相比,从更高层次跌落到劳动阶层的消费者会更多地去百货店购物。同时,中层消费者较上层消费者去折扣店购物的次数频繁得多。

(四)对信息的利用与依赖程度

一般来说,较高阶层的文化消费者相对能更多地利用不同渠道获得商品信息。这主要是因为较高阶层的消费者大都受过良好的教育,相比于低层消费者,他们读书、看报、翻阅杂志的时间和机会较多,因而可以充分利用不同媒体获得有价值的商品信息。而受教育程度低的消费者,平时大都很少读书、看报,却比较喜欢看电视,因而电视成为他们的主要信息来源。另外,不同社会阶层的消费者购买商品时对广告的依赖程度也有很大差别。国外的一项研究比较了 1000 多名女性顾客在百货商店的购买行为,发现处于上层和下层的消费者之间具有明显差异。上层消费者大约90%以上依赖广告,而下层消费者依赖广告的仅占39%。

(五)购物方式

上层消费者购物时比较自信,喜欢单独购物。他们虽然对服务有很高的要求,但对于销售人员过于热情的讲解、介绍反而感到不自在。通常,他们特别青睐那些购物环境优雅、品质和服务上乘的商店,而且乐于接受新的购物方式。中层消费者比较谨慎,对购物环境有较高的要求,但他们也经常在折扣店购物,对这一阶层的很多消费者来说,购物本身就是一种消遣。下层消费者由于受资源限制,对价格特别敏感,而且喜欢成群结队逛商店。在购物支付的方式上,下层消费者往往对住房等大宗消费品采用借贷的方式。

第四节 群体视角下的亚文化消费

一、亚文化

(一)亚文化的含义

亚文化指在主文化或综合文化的背景下,属于某一区域或某个集体所特有的观念和生活方式。一种亚文化不仅包含着与主文化相通的价值与观念,也有属于自己独特的价值与观念,而这些价值观是散布在各种主导文化之间的。如中国的少数民族,他们既受自己民族独特的文化影响,又有整个中华民族的文化烙印。亚文化是一个相对的概念,是总体文化的次属文化。对于社会整体文化来说,校园文化就属于亚文化;对于特定的校园文化,该校园内的教师文化、学生文化、社团文化就是亚文化。每个社会成员都隶属于某一特定的组织或群体,一般来说,该群体的文化就是亚文化。

一个文化区的文化对于全民族文化来说是亚文化,而对于文化区内的各社区和群体文化来说则是总体文化,而后者又是亚文化。昨天的亚文化可能就是今天的主流文化,今天的亚文化可能就是明天的主流文化。主流文化总是在吸收亚文化的过程中发展起来的。由于亚文化是直接作用或影响人们生存的社会心理环境,其影响力往往比主文化更大,它能赋予人一种可以辨别的身份和属于某一群体或集体的特殊精神风貌和气质。因此,亚文化是受各种社会和自然因素影响形成的各地区、各群体特有的文化。

从消费行为的角度来看,亚文化比主文化对群体成员消费心理的影响更为直接。属于不同亚文化影响范围的人,在消费方面存在着一定差异;属于同一亚文化影响范围的人在消费方面就有较多的相似之处。一些新兴品牌往往会借助某种亚众文化的共识力、传播力,从小众需求开始,然后逐步放大做大。例如,Supreme是从滑板文化开始的;露露乐蒙(lululemon)是从瑜伽健身文化开始的,泡泡玛特是从潮玩小众文化开始的。

(二)亚文化群的特征

亚文化既有与社会文化一致或共同之处,又有自身的特殊性。由于每个社会成员都生存和归属于不同的群体或集团中,因此,亚文化对人们的心理和行为的影响更为具体直接。

亚文化消费者群有如下基本特点：

第一，他们以一个社会子群体出现，每个子群体都有各自独特的文化准则和行为规范。

第二，子群体与子群体之间在消费行为上有明显的差异。

第三，每个亚文化群都会影响并制约本群体内的各个消费者的个体消费行为。

（三）亚文化与消费者行为

消费者行为不仅带有某一社会文化的基本特性，而且带有所属亚文化的特征。与前者相比，亚文化往往更易于识别、界定和描述。因此，研究亚文化的差异可以为企业营销人员提供市场细分的有效依据。

亚文化会对消费者的行为产生影响。消费者的许多消费行为是其文化积淀的反映。自然地理环境不仅决定着一个地区的产业和贸易发展格局，而且间接影响着该地区人们的生活方式、购买能力和消费习俗、消费结构和消费特点，从而形成不同的文化。一个消费者出生的时代，使其与同时期出生的其他人产生文化联系，并随着个人的成长需求和喜好发生改变，这种变化通常与同龄人保持一致。因此，消费者的年龄对其身份地位有着重要的影响。性别文化是一种独特的文化因素，虽与民族文化、阶层文化发生复杂的交互，但具有不为其他文化所替代的功能。

总的来看，文化和亚文化不仅影响消费者的思考模式、消费价值观、购买和购后行为，还影响其对信息的搜寻方式、对替代产品的评估、对产品的使用和消费及对产品的处置。

二、亚文化的类型及消费特征

（一）民族亚文化

民族是人们在历史上形成的有共同语言、共同地域、共同经济生活以及表现在共同文化上的共同心理素质的稳定的共同体。凡是居住在一定地域内、相互有切实的经济联系，使用同一种彼此能理解的语言，通常在其整个历史进程中保留着一定的文化特点，意识到自己属于一个独立社会群体的人们所组成的共同体，就叫作民族共同体。

一个社会文化中，不同民族可分为若干文化群。如中国有汉族、回族、藏族、蒙古族等亚文化群；美国有爱尔兰人、波多黎各人、波兰人、华人等亚文化群。民族亚文化可以影响消费行为，如东、西方民族的生活习惯、价值观念等就大相径庭。

由此可见，民族通常是以历史渊源为基础，具备基本文化的总体特征，由其自身相对稳定的观念、语言文字、风俗习惯和生活方式等表现出来的独立社会群体。不同民族在饮食、服饰、礼仪等方面各具特色。我国拥有56个民族，各个民族都有自己的社会政治和经济发展历史，有自己的民俗民风，由此形成了各民族独具特色的消费行为。如维吾尔族的小花帽、藏族的哈达、蒙古族的长袍，无一不表现出独特的习俗。各民族的节日丰富多彩，著名的有：蒙古族的那达慕、傣族的泼水节、傈僳族的刀杆节、彝族的火把节、白族的三月街、哈尼族的扎勒特、藏族的酥油花灯节、景颇族的目瑙纵歌、拉祜族的月亮节、苗族的花山节等。在这些传统节日中，人们聚集在一起，载歌载舞，热闹非凡，甚至吸引了世界各地的朋友前往参加。

(二)种族亚文化

"种族"指"基于共同血缘的人们的地域群体,这种血缘关系表现在身体外表上有着许多类似的特征"或"一群在他人看来具有共同的生理特征并在遗传上截然不同他人的人",即在体质形态上具有某些共同遗传特征的人群。不同人种具有各自独特的文化传统、生活态度和行为习惯。这是以种族渊源和遗传特征为基础的亚文化群体。不同种族的旅游消费者在外表、生理特征和遗传特性上的差异,会对旅游消费者产生某些特定心理和行为上的影响。

(三)年龄亚文化

不同年龄的亚文化群体有不同的价值观念和消费习惯。例如,青年人喜欢追求新颖、奇特、时尚,乐于尝试新产品,容易产生诱发性、冲动性购买;中年人承担着家庭生活的重任,同时扮演着家庭消费品购买决策者的角色,所以其消费行为中讲究实惠、理性、精心挑选的特征十分突出;老年人比较保守,习惯于购买熟悉的产品,求实求利动机较强。

(四)性别亚文化

女性购物者的购物动机倾向于独特性、分类寻求和社会互动等。相较于男性同伴,女性对本地商家更加忠诚。女性通常掌控着很大一部分家庭支出和消费。因此,女性通常是家庭的"首席采购官"和"首席财务官"。在过去几十年里,家庭主要生活必需品采购者中男性的数量一直稳定增长。一项研究表明,相对于年纪更大的男性,60岁以下的男性会更多地把生活必需品采购看作无性别差异的活动,而很多40岁的男性认为购买科技产品(如电脑、手机、数码相机)是无性别差异的活动。

一般来说,女性消费者对时尚的敏感程度往往会高于男性,她们通常比较重视商品的外观,而男性消费者则比较重视商品的性能和品质。女性消费者对价格的敏感程度也远远高于男性消费者。在购买方式上,女性消费者通常有足够的耐心,同时又缺乏决断性。在美国,剃须用品、雪茄、短裤、领带和职业装等过去都是男性用品;手镯、发胶、吹风机、化妆品和香水通常被认为是女性用品。如今,对于这些产品中的大多数来说,性别与角色之间的联系已经减弱或者消失了。在过去几年中,男性对个人保健和健康表现出更多的兴趣,缩小了与女性在个人护理方面的差距。

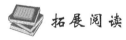
拓展阅读

视频平台将传统文化数字化表达 用故事打破晚会边界

从《新民乐国风夜》《虎虎生风中国潮——2022年河南春节晚会》到《2022元宵奇妙游》,优酷与河南卫视完成三部"中国节日"系列国潮晚会,实现受众群体的破圈覆盖。

复盘过程中,优酷综艺内容与研发中心总经理吉中行发现,节日系列之所以获得成功,一句话总结为"金三角结构":年轻用户对中国文化有更多的情感骄傲是基础,通过视觉表达和技术将节日与情感连接点爆发出来。此外,放弃主持人,把晚会故事叙事部分当成重要的支撑角之一,打破晚会边界,整台晚会呈现形式让用户眼前一亮的同时,情感连接、文化自信也得到充

分表达。

据吉中行透露,最新几档晚会,30 岁以下的女性观看用户占比为 40%,30 岁以上的女性观看用户占比约 30%,"女性审美视角比较多,在社交讨论场大概 80% 都是女性的讨论和转发。"

女性群体,尤其是年轻女性群体,对于节目创新需求强烈。吉中行介绍,大家不想再看传统晚会的形式。放至平台,优酷认为创新最核心的主轴是故事化,打破晚会设计的边界,最好让用户看起来不像是一台晚会。

资料来源:温梦华,毕媛媛,董兴生.Z 世代演出消费进入 2.0 时代 国风成年轻人生活方式[N].每日经济新闻,2022-03-15(10).

(五)地理亚文化

地理环境的差异往往会导致旅游者在语言、生活方式、消费习俗和消费特点上的不同,形成地理亚文化。例如,北方人喜欢吃面食,南方人则喜欢吃米饭;北方人喜欢逛庙会,南方人喜欢赏花会。这种长期形成的地域习惯,一般比较稳定。但随着地理、历史、政治与经济、语言等方面的发展,地理亚文化也处在不断演变之中。

 思考与练习

1. 简述消费群体的概念及特征。
2. 为什么会形成文化消费群体?
3. 什么是参照群体?参照群体对消费者心理与行为的影响有哪些?
4. 说明不同年龄群体的消费特点与消费心理。
5. 举例说明什么是亚文化。

 **案例分析**

青年群体喜欢的奈雪的茶

第四篇

文化消费的环境与趋势

第八章 文化消费传统与流行

 学习要点

1. 文化消费传统与习俗的概念；
2. 文化消费传统与习俗的类型；
3. 文化消费传统与习俗对消费行为的影响；
4. 文化消费流行与时尚；
5. 文化消费的暗示、模仿与从众。

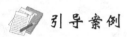 **引导案例**

玩转"新奇特"，强调消费乐趣

极限运动享体验、种草"国潮"忙打卡、潮玩音乐追不停……消费对于常处在焦虑与奋斗矛盾间的Z世代来说是一种自我调节的常用手段。调研数据显示，获得乐趣是83.75%的Z世代在消费时考虑的因素，且在所有消费目的中位列第一。这说明Z世代已经不满足于实用目的的基本生活消费，取悦自己成为Z世代消费的第一动力，以消遣娱乐为主要内容的体验式消费迅速成为Z世代消费结构的重要部分。

调研数据显示，69.91%的Z世代每个季度至少进行一次观影、旅游等体验式消费，而在体验式消费过程中，消费的享受成为Z世代最重视的因素，占比达72.12%。同样，在选择实体产品时，消费乐趣也是促使Z世代做出购买决策的重要因素。

Z世代对新事物的接受度很高，调查数据显示，82.08%的Z世代乐于尝试带来新玩法的商品。前卫的时尚感、精致的仪式感是Z世代情有独钟的设计风格，"能显著提升消费乐趣的仪式感"以40.67%的比例位居Z世代喜好的产品要素排行首位。可以看到，Z世代已经习惯为了生活乐趣和个人体验进行消费，对他们而言，消费收获的快乐和消费代表的意义高于消费品本身的功能效用。以潮玩、密室逃脱、剧本杀等为代表的此类消费成了Z世代消费新宠。

资料来源：贾秀清，李玲飞，王锦慧，等.消费新力量，年轻新态度[N].光明日报，2022-02-21(11).

第一节　文化消费传统与习俗

一、文化消费传统与习俗的概念

(一)文化的概念及特征

"文化"是"人文化成"的缩写,源于《易经》:"观乎天文,以察时变;观乎人文,以化成天下。"在传统观念中,文化是一种社会现象,它是经过长期创造而形成的产物,同时又是一种历史现象,在社会与历史的积淀中产生。确切地说,文化既凝结在物质之中又游离于物质之外,具体包括能够被继承和传播的国家或民族的思维方式、价值观念、生活方式、行为规范、艺术文化、科学技术等。它是人们在交往过程中普遍认可的一种意识形态,是对客观世界感性的认识与经验的升华。

作为一个国家或民族的标志,文化很难通过具体的事物来表现,但通过文化的特征可以使人们更清晰地理解其中的意义。文化的特征主要包括以下几点。

1. 同一性

文化的同一性表现为社会实践活动中普遍的文化形式,其特点是各个不同民族的意识和行为具有共同的、同一的样式。文化的诸多领域,如哲学、道德、文学、艺术和教育等不但包含阶级的内容,而且包含全人类的、普遍的原则。这些原则促成各国人民相互接近,各民族文化相互融合。目前,高新技术迅速普及,经济全球化进程加快,各民族生活方式的差距逐渐缩小,各地域独一无二的文化特征正在慢慢消融,民族特点正在淡化,整个世界文化更加趋向于同一。

2. 多样性

不同的自然、历史和社会条件,形成了不同的文化种类和文化模式,使得世界文化从整体上呈现出多样性的特征。各民族文化各具特色,相互之间不可替代,它们都是全人类的共同财富。任何一个民族的文化成果如果遭到破坏都会使整个人类文化受到损失。

3. 民族性

文化总是根植于民族之中,与民族的发展相伴相生。一个民族有一个民族的文化,不同民族有不同的民族文化。民族文化是民族的表现形式之一,是各民族在长期历史发展过程中自然创造和发展起来的,具有本民族特色的文化。民族文化就其内涵而言是极其丰富的,就其形式而言是多姿多彩的。一般来说,民族的社会生产力水平愈高、历史愈长,其文化内涵就愈丰富,文化精神就愈强烈,因而其民族性也就愈突出、愈鲜明。

4. 继承性

人类繁衍生息,向前发展,文化也连绵不断,世代相传。继承性是文化的基础,如果没有继承性,也就没有文化可言。在文化的历史发展进程中,每一个新的阶段在否定前一个阶段的同时,必须吸收它的所有进步内容,以及人类此前所取得的全部优秀成果。

5. 发展性

总体上看,文化是由低级向高级、由简单到复杂不断发展变化的。从早期的茹毛饮血到今天的时尚生活,从早期的刀耕火种到今天的自动化、数字化,都是文化发展的结果。没有文化的发展,就没有现代社会和现代文明。文化发展过程就是文化变迁。文化变迁是现存的社会秩序,包括组织、信仰、知识以及工具和消费者的目的,或多或少地发生改变的过程。

6. 时代性

在社会发展的历史进程中,每一个时代都有典型的文化类型。例如,以生产力和科技水平为标志的石器时代文化、青铜器时代文化、铁器时代文化、蒸汽机时代文化、电力时代文化和信息时代文化等。又如,作为文化的有机组成部分,赋、诗、词、曲分别成为汉、唐、宋、元各朝最具代表性的文学样式。时代的更迭必然导致文化类型的变异,但这并不否定文化的继承性,也并不意味着作为完整体系的文化发展的断裂。相反,历史演进的每一个新时代,都必须继承前人优秀的文化成果,将其纳入自己的社会体系,同时又创造出新的文化类型,作为这个时代的标志性特征。

(二)文化消费传统与习俗的内涵

文化传统亦可称为"传统文化价值体系",是指现实文化价值体系中由传统文化特质构成的文化价值成分,在国家和民族各个历史阶段及各类文化中居于核心地位。正因为有了文化传统,每一个民族、每一个国家的文化才能既因时因地而异,又有一定的稳定性和延续性。

文化消费是指人们根据自身意愿,选择文化产品和服务来满足精神需求的一种消费活动,主要包括教育、文化娱乐、体育健身、旅游观光等方面。在知识经济条件下,文化消费被赋予了新的内涵,呈现出主流化、高科技化、大众化、全球化等特征。文化消费作为消费的一种,不仅受到经济发展水平、文化产品和服务供给、市场环境、消费政策等环境因素的影响,也受到文化传统、习俗、观念和多种心理因素的影响。

消费心理学上所说的中国人的传统,更多指民间习俗,就是把前人的生活习俗和社会活动等经验总结归纳,进行传承,让后世之人尽量遵照传统生活进行社会活动。

文化消费传统是指文化消费者在文化传统的基础上形成的消费观念、消费习惯、消费行为等。习俗主要包括民族风俗、节日习俗和传统礼仪等,是一种行为规范,具有一定的稳定性。不少的习俗历经时代变迁而留存至今,表现出了明显的继承性。消费习俗是指基于习惯心理的经常性消费行为。文化消费习俗是指特定地区或民族的文化消费者在共同的审美心理支配下的群体性消费行为。文化消费习俗是在较高文明程度基础上形成的。它的形成、变化、发展和社会经济、文化水平有着密切的关系。文化消费习俗如果适合多数人的心理和条件,就容易迅速普及。文化消费习俗一经形成便具有历史继承性和相对稳定性。文化消费习俗是社会风俗的重要组成部分,带有浓厚的地域性特征,通过无形的社会约束力量发生作用,主要包括饮食、婚丧、节日、服饰、娱乐消遣等物质与精神产品的消费。不同国家、地区、民族的文化消费者在长期的生活实践中形成了丰富多彩、形式各样的文化消费习俗。虽然各种文化消费习俗存在差异,但它们仍具有某些共同的特征。这些特征主要包括:①长期性。文化消费习俗是人们在长期的文化消费实践中逐渐形成和发展起来的。一种文化消费习俗要经过若干年甚至更长的时间才能形成,已形成的文化消费习俗又将在长时间内对人们的消费行为产生潜移默化的影响。②社会性。文化消费习俗是人们在文化消费活动中相互影响而产生的,因此带有强烈的社会色彩,也就是说,某种文化消费活动在社会成员的共同参与下才能发展成为文化消费习俗。③地域性。文化消费习俗通常带有浓厚的地域色彩,是特定地区的产物。少数民族的消费习俗更是他们长期在特定地域环境中生活而形成的民族传统和生活习惯的反映。④非强制性。文化消费习俗的形成和流行不是强制发生的,而是在无形的社会约束力量下形成的。约定俗成的文化消费习俗以潜移默化的方式产生影响,使生活在其中的文化消费者自觉或不自觉地遵守这些习俗,并以此规范自己的文化消费行为。

二、文化消费传统与习俗的类型

文化消费活动伴随着人类消费行为的产生而产生,随着消费行为的发展而发展。文化消费水平与同时代的经济和文化发展水平相适应。在古代社会,主要以物质消费为主,文化消费规模不完整,随着经济和文化水平的提高,文化消费的类型逐渐增多,范围逐步扩大,这是由社会发展的规律所决定的。

(一)文化消费传统的类型

文化消费传统主要分为以下几个类别。

1.休闲娱乐消费传统

中国古代社会休闲娱乐活动发展较快,娱乐方式多样,参与者众多。这些休闲娱乐活动扩展至社会的各个阶层,许多娱乐项目的商业化气息浓重,不仅使人们获得快乐和审美享受,而且推动了社会经济与文化发展。休闲娱乐消费主要包括歌舞百戏消费、旅游消费等。

歌舞百戏是在舞榭戏台上表演的所有技艺的总称,歌舞百戏的种类多达1000余种,根据表演形式的不同,可分为说唱、戏剧、舞蹈和杂耍四大类,这些表演活动使人们的娱乐生活丰富多彩。

旅游是旅行和观光游览与休闲娱乐活动相结合的行为过程,通常集食、住、行、游、购、娱等于一体,是典型的文化娱乐消费活动。山水之游是人们旅游最主要的内容之一,自古以来,中国人对山水情有独钟,例如,赵季仁曾说:"某平生有三愿:一愿识尽世间好人,二愿读尽世间好书,三愿看尽世间好山水。"[1]王安石游钟山时曰:"终日看山不厌山,买山终待老山间。"[2]表达了对山水的喜爱之情。随着城市经济文化的发展,城市本身也成为重要的旅游资源之一。"四方之人,以趋京邑为喜。"[3]城市中的寺庙、道观、灯会、公园、博物馆等成为人们的主要文化消费对象。

休闲娱乐消费具有市场性、大众性特征。所谓市场性即是强调休闲娱乐消费的商品性,也就是说,文化消费者在市场上用货币购买商品,其价格受供求关系和商品质量等因素影响。市

---

[1] 罗大经.鹤林玉露[M].北京:中华书局,1983:281-282.
[2] 王安石.王安石全集[M].上海:上海古籍出版社,1999:500.
[3] 洪迈.容斋随笔[M].北京:中华书局,2005:934.

场性还体现在商贩迎合休闲娱乐消费者的喜好以达到促销目的。

演出内容的市场性主要体现在为了吸引更多的观众,演出内容具有世俗化、多元化的特点,演出的题材贴切,常常以通俗的语言向观众描绘出现实的世俗生活,不仅能快速拉进与观众之间的距离,而且能使观众在欣赏时获得审美享受。

演出方式的市场性主要体现在演员的专业性、行会组织的出现和演出前进行的广告宣传等方面。休闲娱乐表演活动商业化的演出方式必然促使演出团体之间或团体内部的激烈竞争,而演员的好坏成为影响团体竞争力的关键因素。

休闲娱乐消费的大众性主要指消费主体不再局限于统治阶级,而扩展至社会各阶层,普通民众所占比例较大。大众性的特点集中体现在节日狂欢活动上,一方面是因为节日为民众休闲娱乐提供了正当理由;另一方面,商家也抓住机会,纷纷拿出各种手段招揽顾客。在双方的互动下,节日活动愈来愈具有娱乐性。

2. 文化教育消费传统

所谓文化教育消费,是指人们对文化教育服务的消费,包括接受学校教育、成人教育、岗位培训等各种形式的教育,以及参与各种对健康有益的文化生活、学习活动。中国古代社会大兴文教、广行科举取士,教育事业蓬勃发展,受教育者普及至士、农、工、商各个阶层,整个社会的文化水平与文化教育消费水平得到了很大提高。古代教育的繁荣使读书写字的人越来越多,作为古人读书写字必备的工具,笔墨纸砚的消费占文化教育消费的比重很大。毛笔属于消耗品,人们不仅经常性地购买,而且常常一次购买数十支甚至数百支。墨不只是一般的文化用品,还被人们用来收藏。为了得到自己心爱的墨,许多人常常不惜花费重金购买。唐代以后,造纸技术有了很大进步,纸的质量和产量都有所提升。同墨一样,砚也被文人雅士们争相收藏,因产地和材质不同,砚的质量也不同,有的砚价格高达数十万钱。

文化教育消费传统还包括书籍消费、求学教育发展消费等。书籍消费可分为私人书籍消费、书院书籍消费等。私人书籍收藏量多者达数十万卷,虽有继承、赐予、赠送、交换、抄写等来源方式,但购买是最重要的来源途径之一。书院是中国古代特有的文化教育组织,肇始于唐代,从兴起时就具备藏书功能,因此成为书籍消费的重要力量。作为个人发展的重要途径,求学教育在古代就已深入人心,受教育的人群扩展至各个阶层。从文化消费的角度来看,求学教育发展消费主要包括两个阶段,一是求学接受教育阶段,二是参加科举考试以及登第之后的花费。求学接受教育阶段的文化消费又可分为官学文化消费、私学文化消费和书院文化消费。

中国古代对教育的重视程度不亚于现当代,通常经过兴学活动形成以国子监所辖的中央太学为中心,中央官学、政府职能部门诸多专科学校与地方学校为配合,进一步形成全国性的官学系统。官学具体是指由中国封建朝廷直接举办和管辖,以及历代官府按照行政区域划分在地方所办的学校系统。官学包括中央官学和地方官学,它们共同构成了中国古代最主要的官学教育制度。官学学员待遇优厚,食宿一般由学校负责。地方官学的待遇较中央官学稍差,但基本能满足学生的生活和学习需求。对于家境贫困或急需开支的学生,地方政府通常拨款设置"义庄"以解决学生的困难。

私学是中国古代由私人创办的学校,与官学相对。私学产生于春秋时期,孔子虽非私学的首创者,但孔子私学的规模最大,影响最深,2000余年间,在中国教育史上占有重要地位。私学的产生,除社会需求外,还有赖于两个基本条件,一是有可教学的内容,二是有从事教学的人。私学作为教育事业的重要组成部分,对中华文明的发展产生了巨大的推动作用。首先,私学冲破了西周以来"学在官府",即学校教育为官府垄断的局面,扩大了教育对象和教育规模。其次,私学是专门的教育场所,打破了政教合一、官师合一的旧官学教育体制,使教育成为一种独立的活动,使教育内容与教育方式得到了创新和发展。最后,私学的发展积累了丰富的教育经验,促进了中国教育理论的发展。一般来说,私学可分为师授和家传两种形式,家传通常不涉及学费支出,师授(包括私塾、义塾、家塾)有学费或相关费用支出的情况。

　　书院是中国古代特有的教育组织,是宋代以后民间教育重要的补充形式。书院办学形式灵活多样,学术氛围浓厚,充满生机活力,从而吸引了大批学子就学于此。书院的待遇较好,通常会给学子发放一定的生活费。书院的名称最早出现在唐代,唐代的书院类似于后代的馆阁,并非教育机构。作为民间讲学基地的书院最早出现于五代时期。北宋时期,以理学家为代表的知识阶层为了重振儒家文化,有意识地兴办书院。但当时的儒家官学已衰微,且与书院性质不同,无法为书院的建设提供参照。书院的兴起受到了禅宗丛林制度的影响。首先,从功能上看,书院和寺院性质相似,都是以教育生徒为特征,以传道授业为目的,是具有自发性的教育组织。丛林为佛教徒潜心求道之所,而书院在理学家的精心经营下,也成为传承儒家"道统"的场所。其次,书院的产生与晚唐五代士子读书于寺院的风尚有直接关系。士子在幽静偏远的寺院静心读书逐渐形成传统,这对书院的选址很有启发,宋代书院便多建于风景秀丽的山川河流附近。再次,许多书院是在寺院的旧址上扩建或新建的,如宋初岳麓山寺庙林立,岳麓书院便始建于此。因此,书院建筑也多仿自丛林。从文化消费的角度来看,个人捐助是书院的主要经济来源,书院的建立一般分为官办、民办和官民合办三种形式。后两种形式主要依靠个人捐献维持书院的发展,学生的学费、书费以及生活费等大都来自个人捐助。合捐是书院经济来源的另一种重要形式,地方官员通常是倡导者和组织者,他们在兴学的同时带头捐赠,其他官员和富商也会积极参与其中。由此可见,书院的发展离不开广大民众的支持。

　　中国古代重视科举取士,因此,参加科举考试以及登第之后的文化消费也不可忽视。科举制的实行与改革,为一大批寒窗苦读的学子通过公平竞争跻进仕途提供了制度上的保障。这种全国性规模的科举考试不得不开销一笔费用,主要包括赶考路费、食宿费、科举及第后期集费、谢恩银、鞍马费和铺地钱等。

　　总体来看,传统文化教育消费具有普及性、市场性和地域性特征。在教育政策的支持下,接受文化教育的民众逐渐扩展至社会的各个阶层,使中国古代文化教育呈现出普及性的特点。文化教育消费市场性特点主要体现在文化消费产品价格受产品质量、供求关系和消费偏好等因素影响,产品生产具有产区化、品牌化特征,书籍内容生产以市场需求为导向,产品促销方法多样化等方面。以文房四宝为例,笔墨纸砚的价格从几文钱至数两黄金不等,这首先与产品的质量有关,高质量的产品价格高,低质量的产品价格低。即使很有名气的产品,也会因为质量问题使价格一落千丈。由此可见,质量是产品的灵魂,如果质量下降,常会危害产品的生命力。产品的价格也与供求关系有关,若供大于求,则价格便宜,反之则贵。产品的价格还与消费偏

好有关。例如,苏轼对笔墨纸砚、法书名画等精于鉴赏,时人对其多有尊崇。有人便巧妙地利用了人们这种偏好心理,对外宣传自己曾为苏轼造笔制墨,并得到了苏轼的秘法。于是市场上很快就出现了竞相购之的局面,此人所售的笔墨价格也数倍于前。再如竹纸受到王安石、苏轼、米芾等文人的赏识与推崇,其身价也日益增高。通常情况下,原材料出自何处,何处就具有生产优势,例如笔墨纸砚和书铺往往是以某一地区的名称或某一制作者的姓名来命名的,说明其生产已具有品牌化的特征。既然形成品牌,就有相应的品牌价值,所以产品的真品价格往往都较同类产品贵。但是一些人为了逐利,随之市场上便出现了许多假冒伪劣产品。中国古代书籍的内容多样、种类丰富,随着书籍的市场化,为了适应大众需求,除了正统的说教内容之外,娱乐性的图书数量逐渐增加。例如诗歌、小说、戏曲、野史、医书、历书、评话及儿童启蒙读物等成为大众消费主流书籍。

中国传统文化教育消费具有明显的地域性特点,这在书籍消费和求学教育发展消费方面表现突出。书籍消费与各地方的文化发展水平有趋同性。一般而言,文化水平较高的地方,书籍的需求量较大,消费水平也较高,反之则低。求学教育消费也呈现出地域性特征,一般来说,各地科举状况反映着当地教育水平和成效,也是考察求学教育消费水平的重要指标之一。

(二)文化消费习俗的类型

文化消费习俗主要分为以下几个类别。

1. 民族文化消费习俗

在一个社会文化中,不同民族可分为若干文化群,例如中国有汉族文化、蒙古族文化、回族文化、藏族文化、维吾尔族文化等文化群。

2. 人种文化消费习俗

人种是同一起源并在体质形态上具有某些共同遗传特征的人群,人种文化也可称为种族文化,不同的人种形成了不同的人种文化消费习俗。

3. 地理文化消费习俗

自然地理环境是人们物质文化生活的基本条件之一,地处山区与平原、沿海与内地、热带与寒带的民族在生活方式上都存在着差异,从而形成了不同的地理文化消费习俗。

4. 职业文化消费习俗

工作劳动为人们提供了主要的生活来源,每个人都有自己的职业,其性质、环境和要求的知识技能等均不同,这就形成了职业文化消费差异,逐渐演变为职业文化消费习俗。

5. 节日文化消费习俗

不同国家、不同民族,都有各自不同的传统节日,节日能给人们带来强烈的社会心理气氛,使人们产生欢乐感,从而吸引人们纷纷购买节日用品,以此来满足物质需要与精神需要。节日期间,民众的消费欲望相较于往常更加强烈,甚至平日里不想买的商品可能在消费活动的刺激下也会购买。

三、文化消费传统与习俗对消费行为的影响

从文化消费传统与习俗本身的特点来看，它对消费者的购买行为有重要的影响。首先，文化消费传统与习俗导致消费行为具有普遍性特征。文化消费传统与习俗是人们根据自己的生活内容、生活方式和自然环境，在一定的社会物质生产条件下形成，并代代相传的消费思想和行为规范。因此，它能在某种特定的情况下引起消费者对某些商品的普遍需求。例如，在我国的传统节日春节里，人们总是要添置服装，购买大量的礼品和食品，进行拜年活动等。这期间，人们对文化消费的需求要比平时高得多，而且几乎家家如此，这就是文化消费传统与习俗的普遍性引起人们购买行为的普遍性。其次，文化消费传统与习俗导致文化消费行为具有周期性特征。文化消费传统与习俗是一个国家、一个民族在长期的生活实践中逐渐形成和巩固下来的，具有相对的稳定性，并呈现周期性特征。因此，它引起人们文化消费行为周期性的变化。例如，中国人端午节吃粽子、中秋节吃月饼等，年年如此，这都反映出文化消费者周期性的消费行为。再次，文化消费传统与习俗影响文化消费者心理与行为的变迁速度。文化消费传统与习俗对消费者心理和行为的变化既可以起阻碍作用，也可以起促进作用。一般来讲，当新的文化消费方式和文化消费传统与习俗发生冲突时，以新的文化消费方式改变旧有文化消费传统与习俗中的不合理成分是十分困难的，这时文化消费传统与习俗对消费者心理和行为的变化起阻碍作用。当某种新的文化消费方式和文化消费传统与习俗具有共同点与相融性时，文化消费传统与习俗对新文化消费方式的普及，具有超出其他社会推动力的巨大促进作用。最后，文化消费传统与习俗所引起的文化消费行为具有无条件性特征。作为一种稳定的程式化行为，文化消费传统与习俗不仅反映了人们的行为倾向，也反映了人们的心理活动与精神风貌。一种文化消费方式或文化消费习惯之所以能够传承形成文化消费传统与习俗，重要的原因是人们的从众心理，也就是说，每个人都习惯于和大家一样去做同样的事。因此，由文化消费传统与习俗引起的文化消费行为几乎没有其他条件限制。在消费行为中，所需购买的商品的品种是第一位的，而价格、质量等都变得相对无关紧要。消费者甚至可以减少其他方面的支出来购买适合文化消费传统与习俗的商品，这就是文化消费行为的无条件性。

一个国家或民族的文化消费习惯反映了这个国家或民族的人们共同的心理和情感。从文化消费传统与习俗对文化消费者消费心理的影响来看，主要表现为普遍性、长期性、间接性等特征。普遍性是受统一文化观念的影响，文化消费传统与习俗影响人们的消费心理并不是个别现象，而是普遍的社会现象。例如春节期间放烟花、吃饺子等习俗对中国人的影响是根深蒂固的。长期性是指文化消费传统与习俗对消费者心理的影响是一个长期的过程。文化消费传统与习俗不同于流行，文化消费传统与习俗具有历史性，而社会流行则具有短暂性，所以，文化消费传统与习俗长时间地影响和作用于消费者的文化心理。间接性是指文化消费传统与习俗对消费者心理影响是间接的。文化消费传统与习俗不同于社会文化，社会文化主要体现为思想、意识、态度。文化消费传统与习俗不仅包括一种观念，更体现为一种行为。文化消费传统与习俗对消费者文化心理的影响具有间接性特征，通过文化消费者行为间接反映消费者的文化心理。

多种不同的文化消费传统与习俗对消费者的心理与行为有着极大影响，文化消费传统

与习俗促成了消费者购买心理的稳定性和购买行为的习惯性。文化消费传统与习俗强化了消费者的消费偏好。在特定地域文化消费传统与习俗的长期影响下,消费者形成了对地方风俗的特殊偏好,这种偏好会直接影响消费者对商品的选择,并不断强化已有的文化消费习惯。同时,文化消费传统与习俗使消费者心理与行为的变化趋于缓慢。遵从文化消费传统与习俗而导致的文化消费活动的习惯性和稳定性,将大大延缓消费者心理及行为的变化速度,并使之难以改变,这对于消费者适应新的文化消费环境和文化消费方式会起到阻碍作用。

民族文化消费习俗在一定程度上也影响了人们的消费行为,例如,美国人的价值观主要是个人中心论,他们强调个人的价值、个人的需要和个人的权力等,他们努力改变客体以满足主体的需要。因此,在文化消费行为上喜欢标新立异,不考虑他人的评价。而中国人通常不以成为社会中独特的一员为目的,而习惯于调节自身以适应社会,在文化消费行为上常常考虑社会习惯标准以及他人对自己的评价。我国拥有 56 个民族,各个民族都有自己的社会政治和经济发展史,也有自己的民俗民风和语言文字等,由此形成了各民族独具特色的文化消费行为。

由于各色人种有发色、肤色、眼色的不同,有体形、眼、鼻、唇等结构上的差异,所以,人种文化消费习俗也会对文化消费行为产生影响。例如黄种人、白种人和黑种人对某些商品颜色的偏爱就不同,一般而言,黑种人喜爱购买浅颜色的衣服,白种人喜爱购买花色衣服,而黄种人则喜爱购买深色的衣服。

受地理文化消费习俗的影响,有的地区以大米为主食,有的地区以面食为主食,有的地区爱吃辣,有的地区爱吃甜,有的地区爱吃羊肉抓饭,有的地区爱喝酥油奶茶。地理文化消费习俗对人们的衣、食、住、行等方面的习惯有着显著影响,甚至对生活在不同地理环境中的不同国家、地区和民族的人们的文化消费行为具有约束和决定作用。文化消费行为也受到不同地域文化消费传统与习俗的影响,总体来看,我国农村的文化消费观念相对滞后,经济虽然发展了,但是文化消费的需求没有得到有效满足。农村居民文化消费能力之所以低下,是因为农民的收入不高,而文化产品价格过高,再加上大多数农村地区的文化供给比较单一,文化经费不足、设施老化、机构运转困难、公共文化资源较少,导致当前农村文化消费基本上停留在粗放式经营的初级阶段。近几年,全国各地组织开展的各种乡村活动就受到了农民群众的欢迎和喜爱。由此可见,农民对于文化娱乐的需求还是比较强烈的,只是其文化消费观念还处于被动的消费阶段,需要正确的引导和推动。近年来,我国政府推动公共文化建设,特别重视基层农村的公共文化设施建设,有望逐步解决农村文化消费活动缺乏的问题。

节日文化消费传统与习俗对人们文化消费行为也有一定的影响。节日往往会激发人们的交往活动,为了表达友谊,或为了表达爱意,节日期间,人们探访时往往互赠礼物,互祝喜庆,各得吉祥之意。儿童在节日里可以说是最欢快、最幸福的,父母与亲朋好友为了使孩子高兴,通常会买些孩子喜爱的食物、衣物和玩具等。

另外,文化消费传统与习俗对消费行为有时也会产生负面影响。尤其是在现当代,围绕着人伦关系和中国人的好面子观念,形成了巨大的人情文化消费市场。人情文化消费,即人与人之间正常交往中的感情投资。改革开放以来,随着城乡居民生活水平的不断提高,人情文化消费也不断升温。例如,逢年过节、婚丧嫁娶、添丁增岁、评先选优、升学拜师、招工参军、乔迁新居等各种由头引起的五花八门的人情礼难以胜数。人情文化消费已成为当下城乡居民的一大经济负担。不少人纷纷感慨,春节变"春劫",请柬变"罚单",这种文化消费方式非常畸形。破解传统文化与现代文明冲突的难题不能仅仅靠号召和呼吁,还要与时代的发展相结合,充分发挥创意,寻找新的文化消费方式。

第二节 文化消费流行与时尚

一、文化消费流行

从心理学的角度看,流行是指以某种目的开始的社会活动,使社会集团的一部分人在一定时间内能够统一行动的心理强制。它代表了某种生活方式,是多数人相互影响、迅速普及的结果。它同时会引起众多人的注意、兴趣和模仿,甚至影响到社会中的各阶层,使人们相互之间发生连锁的感染。在日常生活中,流行突出表现在装饰、礼仪、文化、生活行为等方面。

文化消费流行是在一定时间和范围内,大部分消费者呈现出相似或相同的行为表现的一种文化消费现象。其具体表现为多数文化消费者对某种商品或时尚同时产生兴趣,使该商品或时尚在短时间内成为众多文化消费者狂热追求的对象。此时,这种商品即成为文化消费流行商品,这种文化消费趋势成为文化消费流行。

文化消费流行的形成大都有一个完整的过程。这一过程通常呈现周期性发展,其中包括酝酿期、发展期、高潮期、衰退期四个阶段。酝酿期的时间一般比较长,要进行一系列的意识、观念以及舆论上的准备;进入发展期后,文化消费者中的一些权威人物或创新者开始做出流行行为的示范;进入高潮期,大部分消费者在模仿、从众心理的作用下,自觉或不自觉地卷入流行当中,将文化消费流行推向高潮;高潮期过去以后,人们的文化消费兴趣发生转移,使文化消费流行进入衰退期。文化消费流行的这一周期性现象,对企业具有重要意义。生产经营企业可以根据文化消费流行的不同阶段,采取相应的策略。在酝酿期,通过预测洞察文化消费者的需求信息,做好宣传引导工作;在发展期,则需要大量提供与文化消费流行相符的上市产品;在高潮期内,购买流行产品的文化消费者数量会大幅增加,商品销售量会急剧上升,此时企业应大力加强销售力量;进入衰退期,则应迅速转移生产能力,抛售库存,以防遭受损失。

文化消费流行的特点包括:①突发性和集中性。文化消费流行往往突然发生,没有任何前兆,令人始料不及,随后迅速扩张,表现为大批文化消费者竞相购买,随着人们文化消费热情的退却,流行商品很快受到冷落,无人问津。文化消费流行的这种突发性和集中性特点,会给文化产品的生产和销售带来不小的困难。②短暂性。从某种角度来看,流行意味着短暂。因为人们对流行商品的追求,除了功能的实用性之外,更主要的是获得精神上的享受。因此,追求流行,也就是感受新鲜事物,获得新体验,这注定了当文化流行商品不再是新鲜事物时,对人们的吸引力就会减少甚至消失。③周期性和重复性。文化消费流行在自身发展过程中表现出鲜明的周期性和重复性特色。这种情况的发生可能受到某些因素的诱导,也可能是人们审美观念的复古。例如,20世纪初期曾经风靡的旗袍服饰文化,在经历了短暂的沉寂过后,又成为新时期东方女性所钟爱的服饰。

从性质来看,文化消费流行包括饮食商品和生活商品引起的文化消费流行等。由于饮食商品的某种特殊性质,饮食商品引起的文化消费流行包括的内容比较广泛,流行的商品种类也比较多,而且流行的时间长、地域广。流行食品的价格,往往要高于一般食品的价格。例如,20世纪50年代高热量食品、高蛋白食品曾经在一些国家十分流行。20世纪70年代以来,健康无公害食品、天然食品在一些国家流行起来。生活商品引起的文化消费流行能给生活带来巨大的便利,例如,电视机丰富了人们的生活,使人们足不出户而知天下事,坐在家里就能欣赏戏剧、音乐,观看电影、电视剧等。生活商品引起的文化消费流行,往往范围比较广,时间也比较长。

从范围来看,文化消费流行主要包括:①世界性文化消费流行。这种流行范围大、分布广,一般来源于人们对世界范围内一些共同问题的关心。②国家性文化消费流行。国家性文化消费流行一般来源于经济发达地区和沿海城市,是根据国家的经济发展水平和生活条件而选择的某些商品,这类商品一般符合全国人民的文化消费习惯和消费心理。③地区性文化消费流行。从现象上看,这种文化消费流行是最普遍、最常见的。从实质上看,这种文化消费流行有的来源于国家性文化消费流行,有的纯粹是一种地区性流行。国家性文化消费流行反映在地区上的特点是流行起源于大中城市、经济发达地区,流行的文化商品相同或相似,流行的原因不完全反映商品在该地区的文化消费特点。④阶层性文化消费流行。从市场细分化的原理来看,有高、中、低收入的阶层,有少年儿童、青年、中年、老年人市场,有大学、中学、小学、低文化程度消费者阶层的市场,有工人、农民、职员、知识分子市场等。

从速度上看,文化消费流行包括一般流行、迅速流行和缓慢流行;从时间上看,包括短期流行、中期流行和长期流行等。

从方式来看,文化消费流行主要包括:①滴流,即自上而下依次引发的流行方式。它通常以权威人物、名人明星的文化消费行为为先导,而后由上而下在社会上流行开来。如中山装、列宁装等服饰文化的流行。②横流,即社会各阶层之间相互诱发横向文化流行的方式。其具体表现为某种文化商品或文化消费时尚由社会的某一阶层率先使用、引领,而后向其他阶层蔓延、渗透,进而流行起来。如近年来,外资企业中白领阶层的文化消费行为经常向其他社会阶层扩散,从而引发流行。③逆流,即自下而上的流行方式。它是社会底层的文化消费行为逐渐向社会上层拓展从而形成的文化消费流行。例如,牛仔服饰原本是美国西部牛仔的工装,但现已成为下至普通百姓、上至美国总统的流行服饰。再如,领带源于北欧渔民的防寒布巾,现在则成为与西装配套的高雅服饰。

文化消费流行的出现,有时源于文化商品生产者和销售者的利益,他们为了扩大商品销售,努力营造出某种文化消费氛围,引导消费者进入流行的潮流之中;有时是由于消费者的某种共同心理需求造成的,大部分消费者在这一共同心理的影响下,主动追求某种新款文化商品或新的文化消费风格,从而自发推动了文化消费流行的形成。

在解释文化消费流行的形成原因时,一些学者也引用了其他学科的理论和方法。例如,心理学家荣格认为群体的意识和行为可以通过"心理能"来解释。心理能量不会随发生作用而消耗或丧失,而是从一种作用形式转换为另一种作用形式,或从一个位置转移到另一个位置。就文化消费而言,当人们对一种商品的兴趣减少时,对另一种商品的兴趣便会等量地增加。文化消费流行也是如此,当一种消费流行衰落时,必然孕育着另一种消费流行的开始。

  当代科学技术的进步使人们文化消费的范围和领域不断扩大,文化消费流行的发展过程与商品的生命周期一样,也具备一个不断更新的规律,旧的文化消费流行不断被新的文化消费流行所取代。在当代社会中,由于时代潮流的步伐较快,这种更新的速度也在不断加快,但文化消费流行的持续时间在不断缩短。这主要有以下两方面原因:①文化产品的更新换代速度加快。由于经济的发展,技术进步越快,文化产品的更新换代就越快,新的文化产品不断投放市场,本身就加快了文化消费流行的更新速度。文化消费流行的商品会提前进入衰退期,其他文化产品随时都有出现流行的可能,这就必然造成文化消费流行的时间越来越短。②文化消费者购买力增强。由于人们生活水平越来越高,文化消费者的购买力逐渐增强,人们对文化的追求、对美的追求越来越强烈。许多文化消费者为了追求流行,随时可能抛弃过时的文化产品,去购置新的流行文化产品,导致文化消费流行的持续时间越来越短。

  文化消费流行对消费者心理的影响主要表现在以下方面:①认知态度的变化。依据正常的文化消费心理,文化消费者对新的文化产品最初往往持有怀疑态度,但是由于文化消费流行的出现,大部分文化消费者的认知态度会发生变化。这种变化首先表现为,怀疑态度消失,肯定倾向增加;其次是学习时间缩短,接受新商品时间提前。②驱动力的变化。人们购买文化产品,有时是为了生活需要,有时是因为维护社会交往而产生的文化消费需要。但是在文化消费流行中,购买文化产品的驱动力会发生新的变化。有时人们没有文化消费需要,但看到文化流行产品时,也会进行购买,对文化流行产品产生了一种盲目购买的驱动力。③文化消费心理的反方向变化。在正常的生活消费中,消费者往往要对商品比值比价,在心理上做出评价和比较后,再去购买性价比高的产品。但是,在文化消费流行的冲击下,这种传统的消费心理受到挑战,一些文化流行产品因为供求关系被抬高了价格,但是文化消费者却常常不予理睬并踊跃购买。④心理偏好受到冲击。一些文化消费者由于长期使用某种文化产品,对此产生了信任感,形成了某种文化消费习惯,但在文化消费流行的冲击下,文化消费者的消费心理发生了变化,他们甚至会逐渐对老产品失去兴趣,而乐意购买流行文化产品。

二、文化消费时尚

  时尚是在一定时间内出现的一种特定的生活方式和文化现象,具体表现为人们对于某些具有特定意义的观念、行为和物品的尊崇和喜好。时尚由少数人率先提出,并在一定范围内受到多数人的仿效和追逐而流行,随后逐渐消退。

  时尚往往发源于社会上层,然后渐渐成为下层的参照。一旦完成了这种过渡,社会上层往往会放弃这种时尚,创造或采纳新的时尚,从而继续保持在文化消费形式上与下层的区别和距离。时尚借助于文化消费显示出文化消费者与其他社会阶层的差异性,对于那些天性不够独立但又想使自己脱颖而出、引人注意的个体而言,时尚是真正的表演舞台。

  现当代,消费时尚往往被打上文化的烙印。追求文化消费时尚是一种普遍存在的文化消费现象。当一种文化产品出现时,总会有一部分好奇求新的文化消费者敏锐地察觉到新商品的特色而率先购买,成为新文化商品的购买先驱者。经过他们的示范和传播,加上企业、媒体、新闻等的诱导发生连锁性感染,此种文化消费成为一种风气,形成文化消费时尚。

作为一种社会文化潮流,文化消费时尚一直是驱动消费者消费的重大商业元素,能够创造出市场的商业价值。文化消费时尚是大众消费中最具生命力、最有情感因素参与的消费潮流。文化消费时尚是在文化消费活动中体现出的大众对某种物质或非物质对象的追随和模仿,是人们对于文化消费活动的张扬。它既是一种消费行为,也是一种流行的生活方式,是以物质文化的形式而流通的消费文化潮流。其载体不仅是物质的,而且更多地蕴含着深刻的文化内涵。文化消费时尚是思想上、精神上的一种享受,不仅体现了个人的文化消费爱好,更主要的是体现了个人的价值观念和审美心理等。在文化消费活动中追求时尚也是社会进步的一种表现。

现当代,大众媒体将时尚信息传播到社会各个阶层,扩散过程则发生在文化消费群体之间。文化消费时尚实质上是一种标签,通过文化消费来实现个人价值。在各种文化消费活动中,欣赏书画展、参观博物馆、听音乐会等已成为一种时尚。

文化消费时尚的形成原因主要包括以下几个方面:①人类生理及心理上的需求变化,对文化消费习惯的突破产生了文化消费时尚;②人类社会性模仿与自我表现的行为动机促进了文化消费时尚的产生和发展;③环境的不断人工化,广告媒介和广泛而快速的信息传播,促使人们的行动有意无意地趋向于同一化、模式化,从而形成文化消费时尚;④商业、艺术、文化教育事业的发展使人们知识日益丰富,多种知识的互相渗透,又促进了新文化消费时尚的产生;⑤科技的发展,新材料、新工艺的不断涌现,诱发新的文化消费时尚趋势和方向;⑥社会文明的发展、审美观念的变化等推动了文化消费时尚的产生和更新;⑦物质丰富、生活水准的提高,提供了文化消费时尚生存发展的土壤。

无论一个文化消费时尚现象所体现的是上述哪个或哪几个因素,有一点是可以肯定的,这就是文化消费时尚是一种选择,而这种选择又基于某个特点鲜明的变化,而且这个变化在当时看来符合审美的标准。这一方面解释了为什么文化消费时尚与审美具有多元化的特点;另一方面说明了在文化消费时尚的形成原因中,审美是一个重要因素。也就是说,正是基于审美的需要,人们才会选择文化消费时尚,并且不断创造新的文化消费时尚。

文化消费时尚的特性主要体现在以下几个方面:

(1)消遣性。随着生活的改变,个人空间的建立,人开始意识到自己有一个自由支配的身体。人不仅有思想上的自我,也有身体上的自我,一个人自由与否,不但要看他是否能不受限制地思想,而且要看他是否能照着自己的喜好进行文化消费。文化消费呈现出关注自我、满足自我个性需求的消遣性时尚消费特点。

(2)平面性。文化消费者的消费活动是充满情感体验的生活过程,文化消费时尚呈现出的深度情绪性与情感性使人们的文化消费观念具有短、平、快的特点。这种短、平、快的文化消费时尚使商家不得不跟上形势,不断开发出新文化产品以适应多变的市场需求。

(3)低幼性。文化消费时尚的低幼性在当前文化消费中表现得十分明显。例如,有的出版社隆重推出《白话二十四史》《白话资治通鉴》等"白话"系列丛书,以及《史记》《左传》《战国策》等绘本。如此一来,虽使古代经典书籍浅显易懂,但却丧失了文化深度,久而久之,会培养出读者低幼化的认知。再加上戏谑性、煽情性的渗入,消解了书籍中的高深和典雅,同时也消解了存在于哲学、历史、文艺之中的理性成分。这种快餐性、泡沫性的文化消费时尚会导致高层次的文化消费者兴趣锐减,因为文化消费者的理智感是其在认识的过程中形成的,认识越深刻,理智感也越深厚。在文化消费时尚中,由于社会地位、文化修养、实践经验等方面的差异,消费者必然表现出不同的美感体验。

由此可见,文化消费时尚与文化消费流行有一定的区别与联系。首先,文化消费时尚并不等于文化消费流行,文化消费时尚源于对个性化的追求,文化消费时尚是文化消费流行的诱因,成为时尚的文化消费不一定就能成为文化消费流行,而成为文化消费流行的一定是文化消费时尚。其次,从时间上看,文化消费流行是在某一个时间段之内比较广泛传播的一种信息或某种事物;而文化消费时尚是一种内涵,文化消费时尚相较于文化消费流行更为永久,不会轻易地被淡忘、被抛弃。最后,从范围上看,文化消费流行是大众化的;而文化消费时尚相对而言是比较小众化的,是更前卫的。文化消费流行的意义相对简单,一种文化消费从小众化逐渐变为大众化,便是文化消费流行;而文化消费时尚相对复杂。

第三节 文化消费的暗示、模仿与从众

一、文化消费暗示

(一)暗示的含义

所谓暗示,是指人或环境以含蓄、间接的方式向他人发出某种信息,从而使之无意识地接受并做出相应的反应。营销活动中运用暗示方式对文化消费者的心理和行为施加影响,可以使文化消费者产生顺从性的反应,或接受暗示者的观点,或按照暗示者的要求行事。在暗示的过程中,营销人员通过词语和语调、手势和姿势、表情和眼神、动作等传递暗示信息。在文化消费活动中,文化消费者受暗示影响进行决策的行为是极为常见的。实践证明,暗示越含蓄,效果越好,因为直接的消费提示会使文化消费者产生反感。

(二)文化消费暗示的含义

所谓文化消费暗示是指在外部环境的影响下产生新的需求从而引发额外的文化消费。例如,一个人从来没有买过文化产品,但在逛文化街区时,受到外部环境的影响,就会购买那些自己平时未购买过的文化产品,从而引发新的文化消费。这种文化消费暗示的来源极为广泛,甚至随处可见,我们随时都会发现有很多文化产品别人在使用而自己却没有,这些文化产品会在我们心中产生文化消费暗示,当我们有足够的购买能力时,我们就会增加这一部分文化消费,这部分文化消费可称为额外文化消费。文化消费暗示又称文化消费提示,是在无对抗条件下,用含蓄、间接的方式对个体的心理和行为产生影响,从而使个体产生顺从性的反应,接受文化消费暗示者的提示,去购买文化产品。

社会心理学的研究认为,群体对个体的影响主要是由于"感染"的结果。处于群体中的个体几乎都会受到一种精神感染式的暗示或提示,在这种感染下人们会不由自主地产生这样的信念:多数人的看法比一个人的看法更值得信赖。因此,文化消费暗示的主要影响因素就是暗

示者的数目,或者说暗示所形成的舆论力量的大小,暗示得当,就会"迫使"个人行为服从群体的行为。

文化消费暗示的具体方式多种多样,暗示者的词语、语调、手势、姿势、表情、神态和动作等都可以成为传递暗示信息的载体。文化消费暗示还可以以群体动作的方式出现,如信誉暗示、词语暗示、行为暗示等。由此可见,文化消费暗示在文化消费行为中具有重要作用,儿童、妇女、老年人和顺从型文化消费者都容易受到文化消费暗示的影响。

二、文化消费模仿

(一)模仿

模仿是与暗示相联系的。所谓模仿,是指在没有外界控制的条件下,个体受到他人行为的影响后,仿照他人的行为,使自己的行为与之相同或相似。由此可见,模仿是自觉或不自觉地效仿一个榜样。模仿是普遍存在的一种心理现象,从个体对他人的无意识的动作到衣、食、住、行及对他人的风度、性格、工作方法、生活方式,乃至对整个社会生活有关的风俗、习惯、礼节、时尚等都存在模仿。例如,影迷们总是喜欢模仿他们崇拜的电影明星的装束打扮。

模仿的影响力,取决于榜样的崇高威望和地位,也取决于榜样行为的大众化、实用化的程度,有时也取决于榜样的专业性质和地域范围。因此,文化创意部门的经营者应充分利用榜样的感染力,推出新颖、健康、富有文化底蕴的文化产品,丰富人们的物质生活和精神生活,以达到最大的经济效益和社会效益。

模仿的结果是流行,如发型、服饰、生活日用品的流行就是大批消费者模仿所造成的。但是,一些文化消费领域出现盲目模仿的现象,不仅东施效颦,而且在经济上可能入不敷出。例如,在服饰文化方面,不顾自己的身材、肤色、年龄、职业等,盲目模仿别人的穿着,结果反倒显得难看。因此,对他人的文化消费方式要进行理性模仿,不能盲从。

(二)文化消费模仿的含义及特点

文化消费模仿是指当消费者对他人的文化消费行为认可、向往时,便会产生仿效和重复他人行为的倾向。在文化消费活动中,经常会有一些文化消费者做出示范性的文化消费行为。这些特殊文化消费者的示范性行为会引起其他文化消费者的模仿,模仿者也以能仿效他们的行为而感到愉快。文化消费模仿是一种常见的社会心理现象,从外在表现上看,是在非强制因素作用下按照某个参照对象所产生出的相同或相似行为的活动。从内在本质上看,它是一种学习的方式,同时也是一个学习的过程。

文化消费模仿是一种普遍存在的社会心理和行为现象,主要有以下特点。

1. 文化消费模仿是非强制性行为

引起文化消费模仿的心理冲动不是通过社会或群体的命令强制发生的,而是文化消费者自愿将他人的行为视为榜样,并主动努力加以模仿。文化消费模仿的结果会给消费者带来愉悦、满足的心理体验。

2. 文化消费模仿有时是文化消费者理性思考的表现,有时带有较大的盲目性

成熟度较高、消费意识明确的消费者,对模仿的对象通常经过深思熟虑,认真选择;相反,

观念模糊、缺乏明确目标的消费者,其模仿行为往往带有较大的盲目性。

3.文化消费模仿发生范围广泛

文化消费模仿的形式多样。所有的消费者都可以模仿他人的行为,也都可以成为他人模仿的对象。文化消费领域的一切活动,都可以成为模仿的内容。

4.文化消费模仿一般以个体或少数人的形式出现

一般情况下,文化消费模仿的规模较小。当模仿规模扩大,发展成为多数人的共同行为时,就衍生为从众行为或文化消费流行了。许多人竞相模仿,从而成一种风尚,就会出现流行。模仿可以是个别行为,而流行则已成社会现象。

三、文化消费从众

(一)从众

从心理学的角度来看,个体在群体中常常会不知不觉地受到群体的压力,而在知觉、判断、信仰以及行为上,表现出与群体一致的现象,这就是从众现象。从众现象是一种普遍存在的心理现象,在文化消费领域中更是屡见不鲜。

从众行为既有积极意义,也有消极意义,这主要依据从众行为而定。如果社会风气良好,只要大力宣传,造成一种社会舆论,使人们产生一种无形的压力,继而产生从众行为,促进经济发展,这是有积极意义的。但是,如果经济不允许的条件下,不顾自己的收入水平,强行与别人攀比,甚至有人不惜铤而走险,以非法手段来达到目的,这样的从众心理显然是消极有害的。

(二)文化消费从众行为的表现形式、特征及影响因素

文化消费从众是个体消费者基于群体压力或寻求社会归属感,将其他文化消费者的期望或行为作为自己行为参照的准则,进而在自己的文化产品评价、文化产品品牌选择以及文化消费方式上表现出迎合公众舆论或其他消费者期望的消费现象。该现象的产生,一方面可能是消费者顺从群体压力而做出的被动、消极适应性的文化消费行为;另一方面,也可能是消费者寻求社会认同和群体归属而做出的主动的、自我调整式的、积极适应性的消费行为。文化消费从众在文化消费情境中表现为,文化消费者基于外部参照群体的期望来进行文化产品购买决策,在进行文化产品购买决策时,赋予参照群体的意见和期望以较大权重、选择身边多数人偏好的文化产品等。

文化消费者之间相互暗示、模仿、循环反应的过程,可以说是一种求同心理过程。正是这种求同心理,构成了文化消费从众行为的心理基础。具体来说,之所以产生文化消费从众行为,是由于人们寻求社会认同感和安全感。在社会生活中,人们通常有一种共同的心理倾向,即希望自己归属于某一较大群体,为大多数人所接受,以便得到群体的保护、帮助和支持。此外,人们往往对个人判断力缺乏信心,认为多数人的意见值得信赖,这也是文化消费从众行为产生的另一重要原因。有些消费者由于缺乏自主性和判断力,在复杂的文化消费活动中犹豫不定、无所适从,因而文化消费从众便成为他们最为便捷、安全的选择。

文化消费从众行为多种多样,主要有以下几种表现形式:

(1)从心理到行为的完全从众。当消费者对某种文化产品不了解时,由于群体的暗示,往

往认为多数人行为能提供有效信息,从而产生文化消费从众行为。

(2)内心接受,行为不从众。也就是说,人们对形成的文化消费潮流从心理上已完全接受,但在形式和行为上予以保留。

(3)内心拒绝,但行为上从众。这是一种权宜的文化消费从众行为。某些消费者对文化产品抱有抵触心理,但又无力摆脱群体的压力而不得不采取从众行为。

文化消费从众行为尽管在表现形式上有所区别,但也具有某些共同特征:

(1)文化消费从众行为往往是被动接受的过程。许多消费者为了寻求保护,避免因行为特殊引起的群体压力和心理不安而被迫选择从众。在文化消费从众过程中,消费者会产生复杂的心理感受,除安全感、被保护感等积极感受外,还会有无奈、被动等消极的心理感受。

(2)文化消费从众行为发生的规模较大。文化消费从众现象通常从少数人的模仿、追随开始,继而扩展成为多数人的共同行为。多数人的共同行为出现后,又刺激和推动了更大范围内、更多的消费者做出相同或相似的文化消费行为,从而形成更大规模的文化消费流行浪潮。因此,文化消费从众行为是文化消费流行的先导。

影响文化消费者从众行为的因素主要包括群体因素和个体因素。群体因素具有一致性特征。如果其他文化消费群体的意见完全一致,此时持不同意见的消费者可能会感受到巨大压力,文化消费从众的可能性大大增加。相反,如果文化消费群体中有不同的意见,无论这种意见来自谁,也不管其合理性和可信的成分有多大,文化消费者个体从众的可能性都将降低。在一定范围内,消费者个人的从众性随文化消费群体规模的气势扩大而增加。文化消费群体还具有专长性特点,文化消费群体在某一方面的专长越明显,文化消费个体遵从群体意见和受群体影响的可能性就越大,反之则减弱。在个人因素方面,文化消费者的自信心影响了消费者从众行为。自信心既与文化消费者的个性有关,也与文化消费者在决策时所拥有的知识和所获得的信息有关。研究发现,文化消费者的自我评价越高,处理事务越果断,其从众可能性越低。知识和信息的缺乏会降低文化消费者对决策的自信心,从而增加其文化消费从众倾向。文化消费者的自我介入水平也影响了从众行为,如果文化消费者对某一问题尚未表达意见和看法,他在文化消费群体压力下可能做出和众人一致的意识表示。但如果文化消费者个体已经明确表达了自己的态度,此时如果屈服于群体而从众,那么文化消费者个体在公众面前的独立性和自我形象均会受到伤害。在这种意识下,他会产生抗拒反应,从而不会轻易从众。文化消费者对文化消费群体的忠诚度也是影响因素,文化消费者个体对群体的忠诚度是由文化消费群体的吸引力与消费者个体的需要两方面因素所决定的。当文化消费者个体强烈地认同某一群体,并希望成为群体的一部分,那么文化消费者个体与群体保持一致的压力就会越大。相反,如果文化消费者个体不接受这个群体,或者认为该群体限制了自身的社会生活,从众的压力就会越小。

值得指出的是,作为一种多数文化消费者共同采取的大规模文化消费现象,文化消费从众行为必然对宏观经济运行、社会消费状况产生重要影响。这种影响既有积极的一面,又有消极的一面。由于文化消费从众现象是通过多数人的行为来影响和改变个人的观念与行为,因此,一方面,政府可以利用从众心理的影响,通过倡导正确的文化消费观念与消费方式,带动多数消费者,从而促进全社会健康文明的文化消费氛围;企业也可以利用从众心理进行宣传诱导,引导形成新的文化消费观念和文化消费时尚,促进大规模购买行为的实现。另一方面,在特定条件下,文化消费从众行为也可能导致盲目攀比、超前消费、抢购风潮等畸形文化消费现象,对于这些消极影响,国家和企业应采取积极措施加以防范。

思考与练习

1. 文化是指什么?
2. 什么是文化消费传统?
3. 什么是文化消费习俗?
4. 文化消费的暗示、模仿与从众的区别是什么?

案例分析

直播营销中的从众消费

第九章 文化消费环境与市场

学习要点

1. 社会环境；
2. 文化消费环境；
3. 我国文化消费市场的规模与结构；
4. 我国文化消费市场的发展趋势。

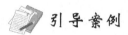

引导案例

点亮美好生活　"夜经济"大有可为

夜间经济流光溢彩、夜间消费蒸蒸日上，离不开政策的托举支持和保驾护航。2022年8月，中共中央办公厅、国务院办公厅印发的《"十四五"文化发展规划》提出"全面促进文化消费，加快发展新型文化消费模式，发展夜间经济"。早在2019年，国务院办公厅印发的《关于进一步激发文化和旅游消费潜力的意见》就首次提出发展夜间文化和旅游消费。随着2021年、2022年两批国家级夜间文化和旅游消费集聚区名单相继公布，"夜经济"发展驶入快车道，全国夜间文化和旅游消费集聚区已达243个，成为拉动经济发展的重要阵地。

近年来，全国多地出台相关举措发展夜间经济，鼓励夜间餐饮、文化娱乐、旅游等活动。让城市找回烟火气，更好满足百姓便利化、个性化、多元化的消费需求，还需打好组合拳，让火起来的"夜经济"持续火下去，不仅要"出圈"，更要"破圈"，突破供给约束堵点、卡点、脆弱点，以高质量供给适应满足现有需求。

丰富"夜经济"产品供给，形成以"夜游、夜景、夜秀、夜读、夜市、夜娱"等为代表的产品链条。在夜间餐饮、夜间购物等常见业态基础上，通过政府引导、政策引领、品牌引流，推动新业态向品质化、专业化、产业化方向优化升级，不断满足消费者对夜生活更舒适、更丰富、更便利的期待。比如，培育夜间游览、休闲健身、医疗保健等多种夜间经济业态，促进城市"夜经济"与文旅产业深度融合，让夜间经济更加丰富多彩，让城市更有生机活力。

打造夜间消费"文化IP"，把城市历史文化肌理有效转化为旅游资源与文创产品。比如，依托当地文物古建、非遗资源等，策划组织戏曲、歌剧、音乐、相声、电影、读书等主题鲜明的文化休闲活动，树立文化地标，擦亮城市文化新名片。发展24小时实体书店、便民书房等基本公共服务设施建设，鼓励有条件的艺术街区、小剧场、博物馆、美术馆、艺术馆延长开放时间，逢重要时间节点、传统节日开放夜场参观，举办夜间文化、旅游活动，形成沉浸式体验模式，吸引更多消费者。

  提升城市治理水平,完善夜间交通、安全、环境等配套措施。政府要发挥好"有形的手"作用,一方面,加强对夜间消费产品、服务质量、价格的监管,营造开放、有序、活跃的夜间经济环境;另一方面,鼓励各经营主体诚信经营、保证质量、强化服务,持续优化营商环境,让"夜经济"既丰富多彩,又安全有序,持续提高夜间消费便利度和活跃度,推动"夜经济"健康可持续发展。各地要因地制宜,在精细化管理上下功夫,在对接消费需求上出实招。比如,完善夜间标识体系、景观小品、休闲设施、灯光设施、环卫设施、公共WiFi及5G通信等配套设施建设,点亮夜间消费场景。

  火起来的"夜经济"不应成为以城市为主体的"独角戏",要充分发挥乡村作为消费市场和要素市场的重要作用,让城市夜间经济向有条件的乡村地区扩展,增强城乡经济联系,畅通城乡经济循环,更好满足广大农民朋友对美好生活的需求。

  资料来源:俞使超.点亮美好生活"夜经济"大有可为[N].光明日报,2023-02-27(7).

第一节　文化消费环境

一、社会环境的定义

  社会环境有狭义和广义之分。狭义的社会环境指组织生存和发展的具体环境。广义的社会环境则包括社会政治环境、经济环境、文化环境和科技环境等大的范畴,它们与组织的发展是息息相关的。

  在自然环境的基础上,人类通过长期有意识的社会劳动,对自然物质进行加工和改造,创造物质生产体系,积累物质文化等,由此形成了社会环境体系。社会环境是与自然环境相对的概念,社会环境一方面是人类精神文明和物质文明发展的标志,另一方面又随着人类文明的演进而不断地丰富和发展,所以也有人将社会环境称为文化社会环境。社会环境是对我们所处的社会政治环境、经济环境、法制环境、科技环境、文化环境等宏观因素的综合。社会环境对我们的职业生涯乃至人生发展都有重大影响,对人的形成和发展进化也起着重要的推动作用。同时,人类活动也给予社会环境深刻的影响,而人类本身在适应改造社会环境的过程中也在不断变化。

  社会环境的构成因素是复杂多样的,就其对传播活动的影响来说,主要包括四个因素:①政治因素,包括政治制度及政治状况,如政局的稳定情况、公民的参政状况、法制建设情况、决策透明度、言论自由度、媒介受控度等;②经济因素,主要与经济制度和经济状况(例如实行市场经济的程度、媒介产业化进程、经济发展速度、物质丰富程度、人民生活状况、广告活动情况等)有关;③文化因素,主要是指教育、科技、文艺、道德、价值观念、风俗习惯等;④信息因素,主要包括信息来源和传输情况、信息的真实公正程度、信息爆炸和污染状况等。如果上述因素呈现出良好的适宜和稳定状态,那么就会对大众传播活动起着促进、推动的作用;相反,则会产生消极的作用。

二、文化消费环境的定义

文化消费环境是指人们用精神文化产品和服务满足自身或公众精神需求的消费过程中所面临的、对其有一定影响的、外在的、客观的背景、基础和条件等因素的总称。它有两方面的含义：一是指硬件环境，包括文化基础设施和相关配套设施的建设情况；二是指软件环境，包括服务质量和营销手段等。

人具有社会属性，这是人和其他动物的根本区别。这种区别主要在于人总是劳动、生活在一定的社会关系之中，不可避免地要与周围所有的人发生各种各样的关系。因此，文化消费者的消费行为不可避免地受到社会环境和各种群体关系的制约和影响。随着社会环境的改变，人们的消费心理也必然会发生变化。而且与其他环境（如自然环境等）相比，社会环境对消费者的影响更为直接，内容也更为广泛，具有某种共同特征的群体往往有着相似的消费习惯和消费特点，因此，研究文化消费者的心理和行为，都离不开对消费者所在的社会环境、社会阶层以及家庭的关注。

经济基础决定上层建筑。在现代商品社会，对于文化消费者来说，经济因素同样重要。宏观经济环境决定了我们的社会是否能够为消费者提供文化消费活动以及能够提供什么样的文化消费活动，而微观的、个人的经济状况决定着我们是否有能力支付生存之外的文化消费活动以及能够支付何种层次的文化消费活动。

随着数字时代的到来，我们的生活也随着科技的飞跃而产生了巨变。在高科技走入现实的那一刻，人们的生活才真正从家电时代跨越到了人性化的数字科技时代。科技与文化创意的融合，推动了整个社会的发展，提高了公共文化服务的质量和水平。现代科技的高速发展提升了人们的生活水平和生活质量，精神性的文化消费需求得以大量释放。

未来的文化产业发展，将主要依靠科技创新与文化创意的融合。文化与科技融合的发展模式，已成为文化产业发展的基本路径，极大地提高了文化产业的科技含量和文化产品的附加价值，也使高科技找到了新的应用领域，拓展了市场空间。高度个性化的创意产业领域，一方面需要多样性的文化资源和文化想象力，另一方面也高度依赖现代电子信息技术手段，只有在虚拟的空间里，才能真正比较自由地实现"没有做不到，只有想不到"的个性创意境界。虚拟技术的普及正好与个性化的消费时代合拍，真正实现了享受文化消费服务、个人生产、个人沟通、个人消费等多位一体。

一方面，科技的魅力彻底激发着人们的消费欲望，另一方面，各种技术的发展与应用正在日趋深入地渗透到人们生活的方方面面，在为人们提供文化消费服务的同时，翻天覆地般改变着人们的生活方式和消费方式。科技给人们提供了良好的文化消费环境和优质的文化消费服务，促使文化产品更新换代的频率增快，给了文化消费者更多的选择，他们的选择不仅仅是为了文化产品的实用功能，而是不停地追逐潮流。相反，文化消费者心理的变化，给了商家更大的动力和压力，促使文化产品的生产者加快研发进度，以满足文化消费者的更多要求。

三、文化消费的宏观和微观环境

(一)文化消费的宏观环境

文化消费的宏观环境是指文化消费者所处并与之发生相互作用的社会现实中的大群体以及各种传播手段。文化消费的宏观环境由社会因素构成,它们对整个文化消费环境的影响较大。文化消费的宏观环境是文化消费者消费的大环境。从宏观经济学的角度分析,影响我国文化消费的各种宏观因素,主要包括人口统计的、经济的、自然的、技术的、政治的和文化的因素,例如,文化消费者总体收入水平的上升状况、文化消费者收入的分配状况、文化消费者消费支出的分配状况与国家社会保障水平等。

文化消费的各个宏观环境因素对文化消费者有不同的影响,人口抚养比与文化消费者的文化消费情况具有负相关性,而文化消费者收入水平的提升、政府财政支持力度的加大和科技发展水平的提升都有利于提升文化消费者的文化消费水平。

为改善文化消费的宏观环境,提高文化消费者的文化消费水平,可采取以下措施。

第一,加强省域间文化产业合作。我国省域文化消费有着正向的空间相互作用,文化产业是一个广泛的领域,地区间相互合作是其发展的关键,区域间文化产业联手合作有助于扩大规模和增加影响力。因此各相邻省域之间的文化企业要强化沟通和创造合作机会,推动各种资源在更大范围内进行有效配置。

第二,在完善社会保障制度的基础上,引导发展适合老年和儿童消费的文化产业。人口抚养比的提高抑制了居民的文化消费,原因是人口老龄化趋势引起居民对未来的不确定。提升人口出生率是改善人口年龄结构的有效方法,有助于降低未来人口老龄化水平。为了提高老年人的文化消费水平,需逐步完善社会保障方面的相关制度,减轻人们对未来的不确定风险的担忧,一定程度上转变老年人的文化消费观念和文化消费习惯,进而促进社会整体文化消费水平的增长和文化消费环境的改善。同时,在文化产业布局上,需引导发展老年人和儿童乐于消费的文化产业。

第三,提高居民收入。居民文化消费受到自身收入的直接影响,因此政府需要优化收入分配政策,提高居民在初次分配中获得报酬的比重,适当提高各地区最低工资标准,还需尽快建立居民收入稳定增长的长效机制,缩小居民之间的收入差距。

第四,加大对文化产业的财政扶持力度。政府需要创新文化产业的市场机制,适当降低文化相关市场准入标准,通过对文化产品进行税收优惠政策的方式来降低文化企业和文化创意公司创造新文化产品的风险,从而刺激这些企业提高在创造新产品中的资金投入水平。同时,加大对文化产业的财政投资力度,尤其要在重点文化项目上加大资金支持力度,扩大资金使用范围,并制定合理的文化产业评价指标体系来衡量财政投资情况,逐步提高地方财政投资在文化产业的效益。

第五,鼓励科技创新。科技发展水平是影响城镇居民文化消费的重要因素。现阶段,我国需要增加科技研究经费,鼓励科技创新,促进产学研合作,建立技术研发平台,还要加速提升科技创新成果的实际应用率,促进文化产业与新科学技术的有效融合,增加文化产品中技术和创意的分量,提升和发挥文化品牌的特有力量,从而扩大科研资金投入在文化产业的效益。

第六,提升教育水平。一方面各省域要扎实推进基础教育,加强教师队伍建设,依法保障教育资金投入,从而提高居民受教育年限;另一方面要重视素质教育,积极推动生产和教育的结合、学校和企业的沟通及合作,改善学校的学科专业结构以及人才培养体制,推动教育更大程度地满足经济和社会发展的切实需要,进而提升居民从学校接受教育的质量。

(二)文化消费的微观环境

文化消费的微观环境是相对于宏观环境而言的。各地区和相关文化专业市场或文化企业内部可以称为微观环境。文化消费者实现消费的过程中所受到的各种微观环境因素的影响,主要包括硬环境与软环境两部分。硬环境是指文化消费者实现消费时场所的环境状况。例如,文化产品的销售场所的分布是否给人们提供了便利的文化消费服务,文化产品的销售场所环境是否舒适、是否独具一格,从而使文化消费者愿意来此场所消费等。而软环境则是指直接影响文化消费者消费意愿的其他非收入因素,主要包括影响文化消费者消费心理的种种环境因素,例如,文化产品的真伪、文化产品和服务的质量、文化产品的生产与文化销售企业的诚信状况等。总之,宏观消费环境主要决定文化消费者进行消费的可能性,而微观消费环境则决定文化消费者的消费意愿能否实现和消费过程能否完成。地理位置、基础设施、市场距离和文化传统等微观消费环境对文化消费者的文化消费也产生了重要影响。

首先,文化消费的微观环境会对文化消费者利益产生直接影响。文化消费者购买文化产品或是以付费的方式享受文化服务,无论支付多少费用,在文化消费过程中都要求"物有所值",用经济学的术语可称为"效用最大化"。但是,如果文化消费者的消费没有能实现上述目的,即使花钱再少,文化消费者也会觉得"不值"。显然,"值"与"不值"之间既包括文化消费者自身的价值判断,也包含消费过程中文化消费者对文化产品与服务质量、商家诚信等文化消费环境的各种感受。文化消费者购买了一件质量好的文化产品、享受了一次周到的文化服务,不仅会获得一种"物有所值"的直接经济利益,同时也会由此获得一种愉快的心理感受。所以,无论从文化消费者的直接经济利益上考虑还是从心理感受的角度考虑,全社会共同营造一种让文化消费者放心和满意的消费环境,直接关系到所有文化消费者的共同利益。其次,文化消费的微观环境会对文化消费者的消费信心产生影响。无论是文化消费者个人的亲历,还是从媒体或亲朋好友获得的文化消费中"受骗上当"的信息,都会对文化消费者未来的消费信心产生一定的影响。文化消费者做出的反应一是警惕起来谨慎消费,即不购买个别文化产品;二是推迟文化消费,即对于某一时期全社会普遍存在质量问题的文化产品与服务推迟消费。特别是对金额较大的文化消费品的购买等,理智的文化消费者都会在其普遍存在的质量问题或价格高于正常值时选择适当推迟消费。由此可见,文化消费微观环境的好坏会通过影响文化消费者的信心直接影响宏观经济中的总体文化消费水平。

针对致使文化消费的微观环境恶化的原因,可从以下几个方面进行改善:①要在全社会建立诚信体系。在全社会建立诚信体系是改善文化消费的微观环境重要的方面。从文化产品的生产者与经营者的角度讲,在市场经济中,文化企业的生产与经营行为不仅要实现自身利益的最大化,也必须具有社会责任意识,要有道德与伦理底线。那种以虚假的广告宣传、生产质量低劣的文化产品,甚至是假冒伪劣的文化产品和以价格欺诈的方式侵害文化消费者权益并从中赚取非法利润的生产经营方式,既缺乏商业道德,也是违法行为,应该受到法律的制裁。从长期来看,随着我国市场经济逐渐地走向规范和文化消费者对产品的要求越来越高,文化产品的生产企业将只能依靠技术创新、过硬的文化产品质量和文化消费者信赖的品牌作为生存之本,商家与服务经营者也只能依靠良好的信誉、周到的服务、公平的价格来吸引文化消费者。越来越多的文化产品生产与经营企业按照市场竞争的规则进行合法与公平的竞争,文化消费的微观环境就会变得越来越好。从文化消费者的角度讲,要杜绝明知是假还买假,这是从根本上铲除假冒伪劣文化产品和盗版书籍与音像制品的关键。因为只要存在着巨大的假冒伪劣文化产品的需求市场,即使监管再严,为了巨额利润,生产者与经营者也会铤而走险。从某种意义上说,文化消费者主动购买低劣文化产品也是文化消费的微观环境不断恶化的一个重要原因。②制定与完善各种相关的法律与法规。要想改善文化消费的微观环境,就要从文化市场准入条件、文化产品与服务的质量标准、行业经营规范、违法生产和经营的法律后果等法律、规章制度的建设着手,对此做出明确、具有可操作性的具体规定。有了相应的法律法规,才能依据规章制度来规范文化产品生产者与经营者的行为。③加强对文化企业行为监管和对违法生产经营者的惩处力度。加强对文化企业行为的监管,是维持文化市场秩序和保持文化消费者权益的关键措施。有关机构要以广大文化消费者的利益为重,切实做好相应的监管工作,对制作虚假广告的企业与刊登和播放虚假广告的媒体、对假冒伪劣文化产品的生产与经营者要进行严厉惩处,并定期通过媒体将违法文化企业向社会公布,让文化企业为违法行为付出较大的声誉与经济代价,通过加大违法生产与经营的成本,抑制文化企业的违法行为。④加强消费者权益保护法的宣传,提高文化消费者自身的维权意识。加强消费者权益保护法的宣传,增强文化消费者自我保护意识,是间接促进文化消费微观环境改善的措施。当广大文化消费者普遍具有了自我保护的意识,既不会轻易地被文化企业的不实宣传所欺骗,又学会了采用法律的武器保护自身权益的时候,缺乏诚信的文化企业也就难以生存下去,诚信经商将逐渐成为社会风尚。当然,政府等有关部门应努力构建让文化消费者能够便捷地运用法律的渠道和援助机制,降低文化消费者运用法律维权的成本,以使更多的文化消费者能够便捷地使用法律的武器保护自己的正当权益,这也将对改善文化消费的微观环境起到积极的作用。综上所述,居民文化消费意愿的实现,既取决于其收入水平,同时也受文化消费的微观环境的影响。营造一种具有诚信的文化消费微观环境,既是所有文化消费者的愿望,也是所有文化生产企业、流通企业和各级市场监管部门的责任。

第二节 文化消费市场

一、文化消费市场及其细分

文化消费市场是指文化消费产品的交换领域或场所,是文化消费产品的供应和需求关系的总和。文化消费市场是以文化产品的生产和交换为基础的。文化产品的生产者和消费者要通过市场交换文化产品和劳务,才能满足消费者的各种物质和文化需要。文化产品从生产领域进入消费领域,还必须经过商品流通过程。文化消费市场是连接文化产品生产和消费的桥梁,是发展生产、扩大供应、保证消费、满足需要、实现文化产品再生产的必要条件,同时也是沟通产销、调节供求、指导消费、提高文化消费水平和文化消费经济效果的重要杠杆。

(一)文化消费市场的分类

文化消费市场包容甚广,是第三产业的一个重要组成部分。艺术、教育和科技领域的各类文化消费服务,构成文化消费市场的三大支柱。文化消费市场主要可分为以下几个部分。

1. 艺术文化消费市场

艺术文化消费市场是指文化消费结构中用来满足人们享受需要的部分,其主要功能是娱乐、审美和消遣。艺术文化消费也使人增长阅历和知识,并从中受到教育,但那只不过是一个客观结果,其直接目的则是审美享受。艺术文化消费市场本身也是一个体系,常见的艺术文化消费市场内容包括小说、诗歌、报告文学、人物传记、文学剧本、散文、杂文、绘画、书法、雕塑等。它们的特点是都有一个物质载体。各种艺术思想通过媒体传播给有审美需求的大众。在文化产品生产不发达时代,文艺作品载体占有价值的比重较大。人们衡量一件艺术作品的价值时,往往根据作品的厚度以及文字的数量计算作者的报酬。随着生产的发展和社会的进步,人们更注重文化产品的内容,其中软件的价值含量增大。只有在这时,艺术作品才真正作为艺术走向市场。一部作品可能并不昂贵,也可能价格高出印刷和出版成本百倍。艺术作品的品质,例如歌曲、绘画、雕塑等,主要取决于工艺价值,而不是材料的价值。

2. 舞台文化消费市场

舞台文化消费市场包括戏剧、歌唱、舞蹈、曲艺、杂技、魔术等。其特点是往往没有具体的产品载体,因此不能像书籍、绘画、书法一样形成单个产品的市场流通。这类活动常常通过一个舞台或剧场,实行集中表演,定时服务。顾客只需购买一张门票,尔后观赏表演。艺术家的表演过程,是生产过程,同时也是文化消费过程。这类艺术文化产品的灵魂是"活动",虽不留下任何物质痕迹,但往往留下观念痕迹。也许人们通常不称这种文化消费为消费市场,但它和物质文化市场交易一样,完成了流通的全过程,甚至还可以比物质文化产品提前消费。舞台表演艺术的价值实现,当然也包括物质条件,但其主体则是演员提供文化消费服务活动的价值。尽管我们应该尽量使剧场环境美观、优雅,但任何观众到剧场都是为了观赏表演而不是为了参观剧场。因此，演员的劳务费用必须有较高的体现，其价格取决于观众的需求程度和演员的艺术水准。著名演员和实习演员演出价值的悬差，就反映了这个事实。

3. 影视文化消费市场

影视文化消费市场包括各种艺术影片、电视娱乐节目现场直播、录像带播放的系列连续剧等。作为综合艺术，影视和现代科技相伴而行。影视艺术和文艺作品有相同之处，即单项作品必须具有物质载体，电影拷贝和录像带、图书一样，可以制作成百上千份，然后在文化消费市场流通。不同的是，电影放映就是文化消费服务，但又和戏剧舞台不同，影视文化真正的生产活动是在摄影棚里，在观众观看之前就已经产生。在电影院里，演员与观众并不直接面对面。电影既增加了服务的广角，又使单位产品的价值大大降低，是现代舞台艺术的最高显现。电视文化和电影文化又有所不同，电视文化不需要集中消费，而是散在各个角落。目前，我国的电视台和广播电台还属于社会福利，并不产生消费。但文化消费市场的发展，已使其局部进入市场经营，广告业务就是一种重要收费形式。

4. 教育文化消费市场

学术界对于教育能否进入消费市场有不同的看法，有人认为教育应进入消费市场，因为教育有明确的产品，即人的劳动能力要耗费教育资源，其中最重要的是教师的教育劳动。教师有专业产权，即教师的专门知识。所以，教育具有生产性。教育同其他行业一样，也应实现教育价值和市场价值的统一。但也有人认为，教育不能市场化经营。因为，教育一旦走向市场，就会出现巧立名目乱收费的现象。我们认为，生产力不论存在多少种新要素，劳动者、劳动手段、劳动对象是其基本要素，造就专业劳动者的生产部门就是产业。在任何社会、任何时代，人都是劳动者，都是第一生产力。只要受教育的对象投入生产活动，教育就已经具有了产业属性。发达国家的成功经验之一，就是高度重视教育，从而实现科技进步，最后实现经济的高度发展。教育的产业属性已经得到实践的检验。

5. 科技文化消费市场

作为第一生产力，科学技术是劳动的结晶，科技产品是智力的物化。科技产品的生产消耗了巨额资金，由此形成了一个相应的科技市场。科技市场的类别主要可分为三种。首先是实体市场。科技成果实体的外在形式是硬件，内在灵魂是软件，软件凝结在硬件中，形成有具体物质形态的对象。科技实体市场，也就是硬件和软件结合的市场。一般来说，科技产品都经历了发明、研制、生产三个阶段，而不是从技术到技术的简单循环。科技市场得以生存和发展的关键是硬件和软件的结合，即智力的物化。其次是专利市场。专利产品是指科学研究已形成可操作的应用成果但尚未进入现实生产过程的发明创造。专利产品具有变现性、独有性和应用性。专利产品不同于一般的科学发现，而是通过基础原理引申出来的具有应用属性的技术软件，接受的厂家只需按特定方案操作就可形成具体的产品，是从理论到实践的中介。科学发明可能同时出现，专利产品必须独立拥有。只有率先申请专利权的人才拥有技术专利，因此具有排他性。专利的价值取决于它的稀缺性，专利产品的生命就在于实际应用，有些发明尽管是科学原理的应用，但并无实践意义，所以难以被社会承认。这里所说的应用，是普遍的应用，即促进社会经济效益的应用。专利产品都具有高附加值，由于产品的独有性,其估价不可能通过千次交换形成均衡价格,因此也不同于商品交换的一般规律。专利产品的价格主要决定于供求关系,即稀缺决定价格。专利产品的市场价格还有两种决定方式。一是专利局专家的评估。这是一个复杂的技术鉴定和社会预测过程。专家议定需考虑发明者的研制成本,但更重要的是对未来收益的预期。这种评估,通常选用某种同类产品作为参照系,但科学发明的本质就是创造,因此又不可能有绝对的参照系,在评估价格时也受到主观因素的影响。二是专利拍卖市场,这完全是一个市场决定的过程。拍卖市场通过发通告、登报的形式使买主集中到一处,然后确定起点价格,通过买主竞争加价逐步升值,最后一锤定音,使专利成交。

6.学术观念消费市场

专利虽然没有具体的产品形态,但至少已形成科技软件,现实的商品流通性已显而易见。但科技市场还有一种观念性的产品,几乎出于无形。这种观念性产品不同于一般思想观念,而是一种学术思想的系统观念,因此可以经常投入文化消费市场流通,所以我们称之为学术观念消费市场。例如,学术讲演、课题论证、科技咨询、企业诊断、律师谈话、心理医生服务、决策建议等,都属于学术观念市场。学术讲演很像文娱舞台上的歌唱,不过一是见之科学思维领域,一是见之艺术活动领域,二者提供的文化消费产品都是服务活动,最后满足人们的精神需要。欣赏歌唱表演需要购买门票,学术演讲需要支付演讲费,虽然支付方式不同,但并不影响商业活动的本质。学术讲演类似于学校授课,但前者有明确的时空界限,讲演结束,随之也就兑现了价值;学校授课则往往以工资形式支付,因为它是经常的职业性工作,不像学术讲演那样带有很大的随机性。课题论证一般采取会议的形式,随时聚合,随时分散。聘任的鉴定人员,往往都有一定的权威性。论证活动是学者专家日常积累知识的实现过程,其产品是鉴定方案。与讲演不同的是,课题论证发表的各种思想观念最终形成了一个软件。软件产品和其他商品一样,也可以进入现实的商品流通,例如,科技专利或设计方案。论证活动本身只是一种观念活动,为其支付的报酬则表现为思想观念的价格。科技咨询和企业诊断都可以列入"头脑公司"的范畴。咨询业既可以以软件的形式出现,又可以以语言表述的形式出现。各类公司所收取的咨询费,就是一种服务价格。

(二)文化消费市场细分依据

实施文化消费市场细分首先要将文化产品市场划分为不同的群体,每一个群体内部成员彼此相似,具有明显异于其他群体的共同特征。这些特征通常可以分为两个类型,即定量因素和认知因素。定量因素是数据型的因素,可以分为两类:①文化消费者固有特征,例如性别、年龄、收入水平和受教育程度等人口统计特征。②消费行为特征,可以量化和测量,例如购买文化产品的数量、购买文化产品的比率以及进行文化休闲活动的频率等。认知因素是一个抽象的心理学概念,植根于文化消费者的思维中,不能直接量化。它可分为以下两类:①文化消费者的固有特征,例如个性特质、文化价值观、对政治问题和社会问题的态度等。②特定的文化消费态度和偏好,例如从文化产品中追求的实用性及其相关的文化消费态度。

人口统计细分根据年龄、性别、种族、收入和财富、职业、婚姻状况、家庭类型和规模、地理位置等对文化消费者进行细分。这些变量是客观的、实证的、可以量化的。人口统计因素是文化消费市场细分中最基本的因素,原因如下:①基于人口统计因素对人群进行分类是最简单和最具逻辑性的方法,相对于其他文化消费市场细分依据,数据能够更精确地测量。②就寻找和发现特定的细分文化消费市场而言,人口统计因素提供了最具成本效益的方法,这是因为大多数人口普查部门和各种企业的研究人员所发布的数据是以人口统计变量作为分类依据的。③人口统计资料能够使文化产品营销者识别出由于人口年龄组成、收入或者地理位置的变动而带来的市场机会。④许多文化消费者行为、态度以及媒体曝光模式都与人口统计学直接相关。例如,许多文化产品都有性别区分,对音乐的偏好是与年龄紧密联系在一起的。出于这个原因,当地的广播电台以各种不同类型的音乐来吸引不同年龄段的人群是一种经济有效的方式。一个人的文化休闲活动、兴趣爱好以及常用的媒体偏好是其年龄、受教育程度和收入等共同影响的结果。

在文化消费市场细分和目标市场选择中最重要的人口统计细分依据包括以下几个方面:

(1)年龄。文化消费者对文化产品的需要随着年龄的变化而改变,所以年龄是文化产品和文化服务营销中的一个关键因素。

(2)性别。许多文化产品和文化服务是仅为男性或者女性而设计的,但是随着性别角色越来越模糊,在一些产品类型中,性别不再是一种准确划分文化消费者的方式。

(3)家庭。家庭中的重要事件会引起文化消费模式和未来目标的改变,例如搬家、结婚、生育、一个亲密家庭成员的死亡、职业的重大改变、护理年迈的亲属等。

(4)社会阶层。研究发现处于不同社会阶层的文化消费者在价值观、文化产品偏好以及购买习惯等方面存在差异。受教育程度、职业以及收入是与其文化消费取向高度相关的;好的职业能够带来较高的收入,通常要求较高的受教育水平,而与那些对学历要求较低的职业相比,好的职业也可以为求职者带来更高的社会声誉。收入决定了文化消费者对文化产品或文化服务的消费程度,而在与年龄、受教育程度等变量结合使用时,能够有助于刻画出更完整的家庭特征。

(5)种族。由于相同文化背景的人通常拥有共同的价值观、信念和风俗习惯,所以商家会根据文化传统和种族来细分市场。不同亚文化群体可能会对同一文化产品有相同的需求,但是营销者也需要使用不同的营销策略。

(6)生活方式。在文化市场营销领域,生活方式称为心理图式,包括文化消费者的活动、兴趣和意见。在文化消费者研究中,有关文化消费者的心理图式调查通常列出一系列的陈述,要求回答者指出他们对每一个陈述的同意和不同意程度。心理图式变量包括文化消费者的购买模式、对文化消费和社会问题的看法、价值观、爱好和文化娱乐活动等。

二、中国文化消费市场的规模与结构

国家统计局数据显示,据对全国7.1万家规模以上文化及相关产业企业(以下简称"文化企业")调查,2023年一季度,文化企业实现营业收入28816亿元,按可比口径计算,比上年同期增长4.0%。其中,文化新业态特征较为明显的16个行业小类实现营业收入10961亿元,比上年同期增长11.1%,快于全部规模以上文化企业7.1个百分点。分行业类别看,新闻信息服务营业收入3674亿元,比上年同期增长12.5%;内容创作生产6456亿元,增长5.8%;创意设计服务4499亿元,增长3.9%;文化传播渠道3746亿元,增长14.0%;文化投资运营126亿元,增长12.1%;文化娱乐休闲服务342亿元,增长48.5%;文化辅助生产和中介服务3519亿元,下降4.6%;文化装备生产1346亿元,下降7.9%;文化消费终端生产5108亿元,下降2.4%。分产业类型看,文化制造业营业收入9483亿元,比上年同期下降4.6%;文化批发和零售业5028亿元,增长5.1%;文化服务业14305亿元,增长10.2%。分领域看,文化核心领域营业收入18843亿元,比上年同期增长8.8%;文化相关领域9973亿元,下降3.9%。分区域看,东部地区实现营业收入22320亿元,比上年同期增长4.6%;中部地区3781亿元,下降0.1%;西部地区2464亿元,增长5.0%;东北地区251亿元,增长6.0%。

中国社会经济进入新常态发展阶段。文化消费逐渐成为人民群众追求美好生活需要的重要内容,中国文化消费开始进入高质量发展和结构不断优化的时期。中国文化消费市场的结构特征主要体现在城乡文化消费市场结构、地区文化消费市场结构和行业文化消费市场结构等方面。城乡文化消费市场结构、地区文化消费市场结构可以反映城乡之间、地区之间的文化消费差距及其发展演变态势,而行业文化消费市场结构则可以反映行业之间的文化消费情况及新的增长点。

从行业文化消费市场结构来看,近年来,中国文化消费市场经营机构个数和从业人员稳步增长,文化市场发展的活力充沛。截至2021年底,全国文化市场经营机构19.1万家,从业人员151.14万人。其中,文艺表演团体1.6万个,较2012年增长123.2%,全年演出场次达到232.5万场,演出观众达到9.3亿人次;网络音乐市场规模达到626.9亿元,是2012年的13.8倍。这表明,随着互联网经济和文化产业发展日渐成熟,数字文化产业成为新的文化消费市场业态与增长极,发展规模和增长速度远超传统文化产业,以网络游戏、网络音乐等为代表的数字文化产业已经成为文化消费市场的生力军。随着居民可支配收入的持续性增加,看电影和出门旅游等文化消费已经成为中国居民幸福生活的重要部分。2022年,全国电影总票房为300.67亿元,其中国产电影票房255.11亿元,占比84.85%;城市院线观影人次7.12亿;全国平均票价42.09元,同比涨3.93%。2022年全年国内游客25.3亿人次,其中,城镇居民游客19.3亿人次,比上年下降17.7%;农村居民游客6.0亿人次,下降33.5%。2022年国内旅游收入中,城镇居民游客花费16881亿元,比上年下降28.6%;农村居民游客花费3563亿元,下降35.8%。国内旅游总花费规模有待进一步增加,如何让广大居民享受更便捷优质的旅游服务也是下一步工作需要推进的重点。另外,随着国家现代公共文化服务体系建设不断提质增效,居民参与公共文化服务消费的热情也不断高涨,这也将成为促进文化产业健康长效发展的动力。截至2022年末,全国共有公共图书馆3303个,总流通72375万人次;文化馆3503个。国家文物局发布的数据显示,截至2023年5月,我国国家一、二、三级博物馆数量达1209家,占全国博物馆总数的18%,一批革命纪念类、考古遗址类、自然科技类博物馆,国有行业博物馆和非国有博物馆通过运行评估工作,质量得到有效提升。2022年,我国新增备案博物馆382家,全国博物馆总数达6565家,排名全球前列。全年举办线下展览3.4万场、教育活动近23万场,接待观众5.78亿人次,推出线上展览近万场、教育活动4万余场,网络浏览量近10亿人次,新媒体浏览量超过百亿人次。

三、中国文化消费市场的发展趋势

新时代中国文化消费市场的发展趋势呈现出文化消费规模迅速扩大和文化消费结构不断优化的主要特征。除此之外,中国文化消费市场也出现一些新的发展趋势。一是城乡文化不断融合,新的文化消费项目涌现。中国不同的城乡文化有各自的优势和魅力,城乡融合发展是中国文化消费发展的一个重要趋势。由于我国历史上长期存在城乡二元体制,导致文化资本主要集中在城市,而生产要素中的农村原始文化产业要素没有被充分激活,农村文化产业发展一直处于市场经济的边缘,其产业链条局限于农业化背景下的增收项目,无法适应目前的农村经济发展状态和今后的发展趋势。乡村拥有特色的文化资源,但是文化市场和文化资本却集中在城市。因此,近年来国家高度重视城乡融合发展,通过制度供给和资源输入来实现文化资本在城乡之间的合理流动与实效运转,通过开发乡村文化旅游、特色小镇、田园综合体、现代创意农业等具体文化资本下乡形式,带动乡村文化消费市场的发展,以此来促进城乡居民文化消费发展。乡村文化和旅游融合这一新的旅游形式也被越来越多的人青睐。二是公共文化服务与文化产业相融合,文化消费参与度提高。现代公共文化服务体系的标准化均等化建设是保障居民基本文化需求,促进居民文化消费的基础。相关研究表明,新建文化场馆能够在初期对居民文化消费造成一定的刺激,但如果"重投资轻运营",这种文化吸引力就不能持久保持,加强公共文化设施建设应该同时注重后期运营的持续性。近年来,随着公共文化服务体系建设的不断完善,服务质量和效能均得到有效提升,艺术创作精品层出不穷,各种类型的文艺演出在国内市场上大受欢迎。公共文化服务与文化产业之间区隔的打通和融合,有效激发了居民参与文化消费的热情。三是政府-市场-民间组织供给相并行,多元文化市场主体形成。根据文化消费模式所反映的政府、市场和民间组织三者之间的博弈与均衡关系,我们可以将由政府供给文化产品和服务,反映国家公共意志、满足公众基础性文化消费需求的文化消费模式发展成为"政府供给-群体消费模式";由市场主体供给文化产品和服务、体现民众个人消费偏好及其特殊文化消费需求的文化消费模式称为"市场供给-个人消费模式";还有一种包含前两者特点的文化消费模式"俱乐部供给-小众化专业消费模式"。这三种文化消费模式并行不悖,共同促进了多元文化市场主体的形成。例如云南曲靖市以创建国家公共文化服务体系示范区为契机,在设施建设、政策倾斜、资金投入、人才培养和业务培训等方面给予农村文化户(文化联合体)扶持,形成了"政府主导、社会参与、农民自办、市场运作"的发展模式。四是线下阵地与线上数字网络相连接,文化消费空间转型升级。随着移动互联网、大数据、人工智能、虚拟现实、5G 等科技的发展和运用,文化科技深度融合,文化消费将向智能化、互动社交化、大数据化、服务聚合化方向发展,文化消费空间不断转型升级、迭代更新。网络化、信息化、数字化的发展将促进文化消费模式由物质形态的产品消费到非物质形态的符号消费、实物消费到体验消费、现场消费到在线消费、区域市场到世界市场转变。数字信息技术的发展也使得传统业态催生出新兴业态,数字网络平台成为连接线上线下、打通传统业态与新兴业态的有效手段。以传统院线、KTV、游戏游艺场所、网吧等为代表的传统娱乐业态呈现市场增长缓慢、商业模式老旧、内容单薄、消费人群窄化等困境,急需借助数字网络平台进行文化娱乐业态的转型升级。目前,娃娃机集合店、迷你 KTV、点播影院、电竞馆等新兴文化娱乐综合体不断涌现,实现了娱乐体验优化升级和线上线下融合发展。文化娱乐综合体将线上文化内容与线下多种业态融合,围绕线上文化内容打造线下文化场景式体验,实现线上线下的互动和社交,并提供一站式服务的新娱乐业态,成为文化消费的新型空间,并已经成为新生代文化消费的主要方式。数字文化消费的发展也使文化产业链分工更加细化,跨界融合愈发紧密。

思考与练习

1. 简述社会环境的定义。
2. 文化消费的宏观环境和微观环境的联系与区别是什么?
3. 中国文化消费市场的发展趋势是什么?

案例分析

营造适老化消费环境

第十章 国际视野下的文化消费发展

 学习要点

1. 国际文化消费需求现状与分类;
2. 跨文化消费者的特点、心理和行为;
3. 国际文化消费的环境与策略。

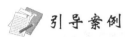 **引导案例**

春意盈丝路 客从远方来——甘肃丝路旅游增长势头迅猛

"年初,我们对文旅市场复苏还持谨慎乐观态度,现在已经是相当乐观了。"甘肃省敦煌市鸣沙山月牙泉景区单日迎客近3000人次,景区服务中心主任李瑛感叹。

截至4月6日,敦煌市内莫高窟等六大景区2023年已累计接待游客30.5万人次,同比增长214.61%,比2019年同期增长25.86%。近10年来,随着"一带一路"倡议的深入推进,丝路旅游持续火爆。2013年至2019年,敦煌年接待游客从402万人次增长至1337万人次,每年的游客增长量都超过百万人次。高速增长突遇刹车,曾给从业者带来冲击。

如今,春到敦煌。上午9点,莫高窟数字展示中心已座无虚席,观众静静欣赏着古老洞窟的"青春模样";曾经春风不度的玉门关,如今游人不断,人们置身关隘感受沧桑……

"跟做梦一样,一天说了八百遍震撼。"从魏晋壁画到大漠落日,敦煌给了来自南方的游客小陈无数惊喜。她穿上古装拿起琵琶,拍摄了一组黄沙为背景的照片,用影像留下了这段记忆。

丝绸之路的深厚文化,吸引着五湖四海的人们前来怀古。

有莫高窟"姊妹窟"之称的榆林窟,地处甘肃瓜州的榆林河谷,西夏和元代洞窟尤具特色。从最近的机场出发,光是往返就要花费四五个小时。纵然路途遥远,却挡不住游客的热情。榆林窟文物保护研究所介绍,截至4月6日,榆林窟2023年累计接待游客1.18万人次,同比增长251%,比2019年同期增长149%。

世界文化遗产点麦积山石窟,2023年的旅游形势同样喜人。截至4月6日,麦积山石窟2023年接待游客已近9.8万人次,为历年最高。"不仅游客人数增多,大家对文化的需求也更多了。要讲解的、看特窟的,都明显比以前多,我们忙得停不下来。"麦积山石窟艺术研究所讲解员说。

面对独特的风景文化、蓬勃的旅游需求,文旅从业者不断创新业态。

敦煌市鸣沙山月牙泉旅游发展有限公司副总经理介绍,根据游客的个性化需求设计定制游成为新发力点。"游客可以体验阳光早餐、星光晚餐。大漠中享用当地时令的蔬菜水果和新鲜牛羊肉,别有一番趣味。西餐等新菜品正在研发中。"

可带走的文旅产品,让旅游不再止于"此情此景"。

夜幕低垂,敦煌书局灯火通明。这里集纳的 1 万余册各类敦煌书籍,吸引着众多敦煌文化爱好者前来参观购买。已营业 44 年的敦煌宾馆里,也开起了文创商店。从香气扑鼻的咖啡到各类丝巾、背包,店里满是年轻人喜欢的东西。

"我们研发了 20 个系列 2000 余款具有敦煌特色的文创产品,累计发售了 13 期数字藏品,在文化、艺术、科技的碰撞中探寻着新可能。"敦煌文旅集团总经理说。

文旅产业正在从"赏风景"向"品文化"迭代,针对这一变化,敦煌正在加大力度培育研学等深度游、创新文化消费场景,让更多人理解中华文化、增进文化自信。

资料来源:张玉洁.春意盈丝路 客从远方来:甘肃丝路旅游增长势头迅猛[N].光明日报,2023-04-10(4).

第一节 国际文化消费发展现状及趋势

一、国际文化消费需求现状与分类

(一)国际文化消费需求现状

国际文化消费需求现状主要表现为以下几个特征。

1. 创意文化需求带动作用显著

创意文化产业是一种在全球化的文化消费社会背景中发展起来的,推崇创新、个人创造力,强调文化、艺术对经济的支持与推动的新兴理念、思潮和实践,主要包括广播影视、动漫、音像、传媒、视觉艺术、表演艺术、工艺与设计、雕塑、环境艺术、广告装潢、服装设计、软件和计算机服务等。相对于对土地及其他资源的巨大需求的传统产业,创意文化产业具有带动力强、知识密集度高、技术含量高、附加值大、产业关联度高、低污染或无污染、可以重复开发和利用等优势,尤其是目前在面对能源短缺、环境污染等严重的社会问题时,发展创意文化产业不仅对城市经济增长有巨大贡献,而且有利于城市发展循环经济,达到可持续发展的目的。例如,杭州西溪湿地在电影《非诚勿扰》中仅出现短短几分钟,却使西溪湿地的入园游客和景区总收入与上年同期相比,多出数倍。影片《泰坦尼克号》的制片企业通过对美国的历史事件和历史资料进行重新制作、包装和全面的营销,引发了观影热潮,在全球获得了 18.35 亿美元的票房。十余年后,又推出了 3D 版的泰坦尼克号,首日票房超过 1000 万美元。与美国相比,我国拥有大量的历史文化资源,这是我们的优势,而如何把这些文化资源更有创意地转化为文化产业,实现社会效益和经济效益的双丰收,是我们需要考虑并付诸实践的事情。

从宏观层面来看,创意文化是带动国民经济其他部门发展的引擎。国际权威机构研究发现,1 美元的创意产值可带动国民经济 4800 美元的产出效益。发展中国家要实现跨越式"蛙跳",创意文化经济是最具有优势的产业部门。从国际经验来看,当人均 GDP 达到 5000 美元以后,经济活动的商务成本和人力资本不断提高,经济发展主要依靠自主创新(包括科技创新和商业模式的创新)。创意文化产业本身的优势恰恰体现了科技创新和商业模式的创新。所以,我国创意文化产业必将迎来繁荣发展的春天。但是,要实现这样的目标,还需要解决创意产业人力资源短缺、创新环境建设落后、创意产业理论严重滞后等问题。这些问题的解决需要通过人力资源开发积累充足的人力资本,通过教育、培训和迁移等方式,进行高质量人力资本的积累,鼓励创新的组织环境,大力支持创建创意学学科,推动创意产业理论研究,促进创意文化的健康发展。

2."微文化"创造新的文化消费需求

如今微博、微小说、微电影、微信、微支付、微公益、微表情、微整容等以微形式出现的微文化消费需求潜移默化地影响着人们的生活方式,渗透到人们生活的各个方面。这些活动虽然看起来是一些微不足道的行为,但是聚少成多,却能在不经意间改变我们和我们身边的世界,虽然"微"小,影响力却很强大。

微博被公认为"正在改变公众话语权整体格局",其影响力不断增强。与传统媒体相比,微博的特点表现为"短、平、快"。首先,长度很短。相对于博客需要组织语言、陈述事实或者采取修辞手法来表达心情的手段,微博只言片语的即时表述更加符合现代人的"快餐"文化;其次是平民化,即不分名人草根,不管贫富贵贱,都可以平等交流,一定程度上释放了公众的个性和自由,每个人似乎都可以找回丢失已久的"话语权",这是传统媒体和之前的许多新媒体没有达到的高度;最后是传播快,这种程度的快速传播,使消息以核裂变的速度迅速扩散,开创了人际传播的新模式,尤其对突发事件的传播具有得天独厚的速度优势。

"微时代"的到来,改变了大众的消费体验和信息传播方式、结构,进而改变了人们的生活,人们生活方式的变化创造着新的消费需求并预示着巨大商机的来临。但要发挥微文化的优势,需要积极健康的举措进行引导和控制。以微博为例,这些举措包括:政府可以通过规范健全互联网运行机制,加强对网络媒体的监督和管理;网络媒体人要承担起引导社会舆论的重担,对健康的、积极的舆论提供坚定的支持;通过加强传播者自律,大力开展网络素质教育,帮助网民建立正确的网络价值观,提高他们的理性分析能力;等等。

3."奢文化"的高消费需求

奢侈品在国际上被定义为"一种超出人们生存与发展需要范围的,具有独特、稀缺、珍奇等特点的消费品",是非生活必需品,主要包括高级服装、烟酒、化妆品、珠宝、皮具、豪华汽车、豪华游艇、豪华别墅、私人飞机等。2023年2月14日发布的《2022中国奢侈品报告》显示,2022年,全球奢侈品市场进一步复苏,同比增长17%,市场规模达到25450亿元。2022年,中国人奢侈品市场销售额达到9560亿元,同比2021年略微下滑4%,在全球奢侈品市场占38%,中国人依然是全球奢侈品消费的最重要力量。

"奢文化"消费在快速发展的同时也暴露诸多问题:一是消费者心理不成熟。我国的奢侈品消费领域出现不少畸形现象,尤其是一些富人表现出无目的消费、炫耀式消费、夸张式消费甚至浪费式消费的现象,这对未来奢侈品消费市场的健康发展十分不利。二是国际"奢文化"消费呈现出一种"年轻化"的趋势。奢侈品的消费必须建立在雄厚的经济财富之上,从社会的财富占有规律来说,社会主要财富应该集中在40岁到60岁的中老年人手中,他们才是奢侈品消费的主体。但是在中国消费者组成结构上,73%的中国奢侈品消费者不满45岁,45%的奢侈品消费者年龄在18岁至34岁之间。这个比例,在日本和英国分别为37%和28%。中国奢侈品协会的调查显示,中国奢侈品消费者比欧洲消费者平均年轻20岁,比美国消费者年轻25岁。一些年轻人在炫耀性消费心理作用下,透支钱包甚至透支健康来满足自己的虚荣心。世界奢侈品消费的平均水平是用自己财富的4%左右购买,而中国的一些消费者,特别是年轻人,用40%甚至更高的比率的收入去追求奢侈品,这是非理性消费的表现。因此,政府在鼓励消费的同时,应引导人们理性地对待奢侈品消费,有效调节奢侈的消费行为。三是中国已成为一些国外"注水"奢侈品品牌的倾销地。个别在外国很普通而且经常促销打折的品牌,经过包装和大量的广告宣传,在中国被塑造成为遥不可及的高端品牌,价格也涨了几倍。更令人不可思议的是,这些"注水"奢侈品在中国却拥有大量的追求者,这与中国文化消费者对国外奢侈品品牌的盲目崇拜有很大关系。因此,应开展文化消费教育,引导文化消费者树立正确的价值观。

4."宅文化"的消费需求

"宅文化"首先在经济发达及消费文化成熟的西方社会兴起,目前已在世界上成为一种时尚。"宅文化"将提供新的文化消费需求和消费平台。"宅"的定义在中国即是"家"。随着社会发展,出现了"宅男宅女"一族,他们通常喜欢待在家里,不愿外出社交或工作,依赖电脑和网络生活,由此形成了"宅文化"。据统计,目前"宅"族的年龄跨度在"70后"至"00后"之间,以白领和学生居多。网上购物、外卖餐饮、电脑娱乐等是他们的日常活动,宅族的数量正在不断壮大。

"宅文化"产生的原因主要有两个方面:第一,互联网的发展为"宅文化"的产生和发展奠定了基础。当今社会信息发达,给人们的生活带来诸多便利。报纸、杂志和书籍都不需要去商店购买,因为网络上的资料更新速度快、种类多、价格便宜;不仅如此,柴米油盐、生活用品和办公用品等都可以在网上购买,快递员会将物品送到家,节省了自身大量时间。第二,紧张的日常工作和冷漠而复杂的人际关系是"宅文化"产生和发展的土壤。现代社会人们的工作压力大,生活节奏快,竞争激烈,人际关系复杂,这使得城市人群更愿意待在家里,充分享受家庭的舒适及独居的简单和宁静。"宅经济"具有低成本、高效率以及参与者年轻化等特点,"宅经济"的发展给企业带来了无限的商机,它不仅影响了电影、动漫、网络游戏和连环画等行业的潮流,而且促进了外卖、快递等行业的兴起。受惠最多的是网购和网游行业。同时,"宅经济"也存在一些问题:第一,过度的"宅"颠覆了人类长久以来形成的群居生活方式,由此造成一些社会弊病。第二,作为"宅经济"的支撑体系,物流常常滞后于"宅经济"的发展。因此要提高物流配送能力,完善整个物流配送体系,有利于进一步推动"宅经济"的发展。第三,第三方支付长期存在隐患,文化消费者个人信息常被泄露、账户安全得不到保障、第三方支付功能不完善等问题成为制约"宅经济"发展的难题。因此,第三方支付机构应为文化消费者提供更安全、更便捷、更完善的支付方式,提高用户购物的体验度,保障消费者的利益。

5."藏文化"的消费需求

各个国家的富人们不会将钱都存入银行,因为将钱存入银行虽然安全,但利息只能抵销一部分通货膨胀。因此,他们通常在证券、房地产、收藏领域进行投资。文物、艺术品投资收藏具有保值、增值的功能,又可以避税,因此,备受富裕阶层的青睐。目前,收藏投资已被称为股市、楼市后的第三大投资热点。收藏拍卖市场空前发展的同时,假冒伪劣产品也盛行起来。

总之,随着国际经济社会的发展和文化体制改革的不断深入,国际文化消费实现了超常增长,文化产业也成为促进各国经济发展的战略性产业。因此,我们应该顺应文化消费发展的趋势,为文化消费的发展提供更好的环境,调动城乡居民文化消费的积极性,促进文化消费市场更好更快发展。

(二)国际文化消费分类

国际文化消费的历史可以追溯到20世纪50年代末至60年代初,在这个时期中,欧洲与美国首次出现相对来说足够富裕的劳动大众,有能力不再只是照顾"需要",而可以从"欲望"的观点去进行消费——电视、冰箱、汽车、吸尘器、出国度假等都逐渐成为常见的文化消费品。此外,劳动大众在这个时期开始利用文化消费的模式,去关联出他们的认同感。正是在这个时期,"文化消费"开始成为一个重要的文化课题。

从分类情况看,国际文化消费主要包括以下几种。

(1)文化产品的核心层面。①文化遗产:古董等;②印刷品:图书、报纸、期刊和其他印刷品;③音乐和表演艺术:唱片、磁带等录音媒介;④视觉艺术:书法、绘画、雕塑品等;⑤视听媒介:摄影、电影和新型媒介等。

(2)文化产品的相关层面。①音乐:乐器、声音播放或录音设备、录音媒介(空白录音带)等;②影院和摄影:照相机、电影摄影机、照相馆和电影院使用的产品等;③电视和收音机等;④建筑和设计:建筑、工程、工业、商业、地形规划和制图等;⑤广告:广告材料、广告目录及相关产品等;⑥新型媒介:用于复制的磁带、已录制的激光磁盘、其他用于生产目的已录制的媒介等。

(3)文化服务的核心层面。①视听及相关服务:录音服务、声音后期处理服务、动作片及录像磁带和电视节目生产服务、收音机节目生产服务、视听生产支持服务、动作片和电视节目的发行服务、胶片和磁带的后期制作服务、其他与行为片及电视节目和收音机节目生产相关的服务、动作片放映服务、录像带放映服务、广播(规划和时间安排)服务、租赁服务;②特许使用税和许可费:计算机软件使用权的许可服务、娱乐设施、文学作品和听觉原著使用权的许可服务、其他经济的无形资产使用权的许可服务;③娱乐文化和运动服务:表演艺术活动的推广和组织服务、表演艺术活动的生产和表演服务、表演艺术活动设施的运转服务、其他表演艺术和现场娱乐服务、表演艺术家提供的服务、作者以及作曲家和其他艺术家提供的服务;④个人服务:图书馆服务、档案馆服务、不包括历史遗址和建筑物在内的博物馆服务、对历史遗址和建筑物进行的保存服务。

(4)文化服务的相关层面。①广告及市场研究和民意调查:广告的规划以及创造和布置服务、其他广告消费服务、交易会和博览会的组织服务;②建筑工程和其他技术服务:建筑咨询和设计前服务、建筑设计和合同管理服务、其他建筑消费服务等;③新闻机构服务:新闻机构对报纸和期刊提供的文化消费服务、新闻机构对视听媒介提供的文化消费服务等。

这种分类模式是国际上通用的文化消费统计性分类,其指标体系是各国根据本国国情从第二产业和第三产业众多的指标中选择出来,并按照一定的原则建立起有机组合的指标群。由于文化产品统计涵盖面广,发达国家根据其对国民经济贡献率的大小不断增加文化产品和服务的统计口径。例如,随着信息技术的发展,将在线游戏、动漫和卡通形象等作为文化产品纳入文化消费的统计范畴。

不同国家的统计机构采用不同的分类方法来统计文化消费状况。美国的文化消费不仅包括软件,也包括硬件,例如收音机与音响设备等;除了有形文化产品之外,也包括无形的文化服务。

二、中华文化走出去

自改革开放政策实施以来,我国的经济发展不再处于封闭状态,而与周边邻国、西方国家的经济互动逐渐加强。同时,伴随着对外贸易总额的逐年提升,我国的经济实现了跨越式发展,我国政府一直期望经济"走出去"的同时,也能带动中华文化"走出去"。

韩国、日本与我国同属于亚洲国家,有着大致相同的文化渊源,同性质的文化竞争异常激烈。近年来,韩国注重挖掘中华文化的历史底蕴,将本属于中国的传统节日、历史名人贴上"韩国标签",并以"亚洲最具影响力的国家"自称。面对这种同质化文化的激烈竞争,我国的反制能力显得力不从心,文化影响力明显不及韩日。除了来自同质文化的挑战,中华文化也受到西方文化的冲击,西方国家异质文化的威胁大多源于意识形态的对立。因意识形态的偏见和对立,美国在全球范围内散布"中国威胁论",试图阻挠我国与他国的经济合作和文化交流。与国际范围文化竞争与对抗并存的是,我国文化产业处于粗放型的低端发展阶段,文化输出能力薄弱,很难实现从"制造强国"到"文化强国"的转变。因此,推动中华文化"走出去"就显得尤为紧迫和重要,它不仅关系到中华文化认同和传承创新,也有助于凝结中华文化的向心力,抵御西方价值观的渗透,保卫国家文化安全,提升民族文化软实力。

文化承载着一个国家的价值观念,而一个国家的价值观念又是其发展道路、治国理论、制度理念的基础和源泉。随着文化"走出去"步伐加快,中华优秀传统文化越来越被世界认可,然而目前中华文化占世界文化市场的比重较低,经济"走出去"和文化"走出去"并不相称。党的二十大报告提出,增强中华文明传播力影响力。因此,中华文化能否跨越障碍迈出去,很大程度上取决于我们能否运用文化贸易方式将自己的优秀文化产品推广出去。

推动中华文化"走出去"需要多种方式并进。近年来,国家积极推动中华文化走出去,取得了很大成就。总体来看,还是"送出去"的多,"卖出去"的少。众所周知,我国政府或非企业组织是文化对外宣传、文化交流的实施主体,其特点是以传播者为中心、运用非市场化的手段推动,一般采用在目标国家投放广告、举办文艺演出、赠送文化产品等方式。"送出去"固然是考虑到了文化的特殊属性,通过公益性的方式传播中华文化,但因为这种方式一般是行政化运作,对传播、流通规律的重视程度不够,往往不研究目标受众,没有充分考虑时代、地域和消费需求的"对接"。

毫无疑问,文化传播以及对文化传播的思考都应该兼顾文化的特殊属性和传播的基本规律。从这样的角度来看,中华文化走出去应该更多地通过文化贸易方式"走出去"。利用市场化方式运作,更能够充分结合国际消费者的文化需求,扎根当地文化市场,在获取出口收益的同时,实现传播文化、输出价值观、提升国家影响力的目标。过去,我们擅长通过非市场机制将中华文化"送出去";今后,我们要更多地采用市场化机制,通过对外文化贸易的方式将中华文化"售出去"。构建对外文化贸易新路径推动中华文化"走出去",这是增强中华文化国际影响力的重要内容。中华文化"走出去"有很多途径,从实际效果上说,社会组织与市场方式相结合应该是最佳选择。鉴于此,这就需要我们在"走出去"的同时,提高中华文化"售出去"的能力,逐步构建起"以政府引导,以企业为主体,以市场为基础,以版权输出为核心,以人才为支撑"的对外文化贸易格局。

首先要秉持"内容为上",树立精品意识。创造具有中国符号特色的文化内容和表现形式,生产体现中国优秀传统文化元素且被国际市场认可的文化精品。同时,结合时尚流行文化元素,创造丰富多彩、喜闻乐见、具有自主知识产权的文化产品,让文化获得创新性发展。一方面,能够"售出去"的文化产品一定是对受众有吸引力的文化产品;另一方面,能够"售出去"的文化产品一定是符合所在地民众需求的文化产品。例如,中国首部长篇3D武侠动画《秦时明月》系列产品,堪称中国最具影响力的原创动画品牌之一。自问世以来,获得新媒体点击数突破20亿次,其动画产品被翻译成7种语言版本进行海外销售,发行至美国、加拿大等37个国家和地区,获得亚洲电视节3D最佳推荐影片、法国戛纳电视节亚洲展映会最佳作品、美国AUTODESK最佳作品等奖项。正因为"售出去"是市场化行为,高标准、高要求,以"售出去"为目标,反过来也会促进我们对文化产品的打磨,发掘和强化自身的吸引力,在全球文化市场的格局内找到自身产品的定位。而且,"售文化"是可持续的文化交流。

其次要发挥好企业的市场主体作用。从国外文化传播经验看,文化对其他国家的影响是依靠市场的力量实现的,而且主要是通过市场主体实现的,例如时代华纳、新闻集团、迪士尼、好莱坞、百老汇等大型企业集团和企业集群。我们国内的文化企业正在逐步成为参与主体,例如四达时代集团将国产影视剧译制成英语、法语、斯瓦希里语、豪萨语等语种在非洲播放,《咱们结婚吧》《媳妇的美好时代》等电视剧受到非洲受众的普遍好评,实现了国产影视作品从"走出去"向"走进去"的转变。有关部门的调查显示,国际文化贸易的本质是版权贸易。版权交易渠道不畅、交易成本过高等问题已经成为困扰我国文化企业"走出去"的关键问题。一方面,有版权输出渠道和能力的企业手中没有版权,需要花费较高的成本去采购版权;另一方面,不少拥有优质内容的企业自身没有版权输出渠道,但是为了维持版权价格,宁愿作品闲置也不愿意降价。这就出现了政府千方百计促进文化"走出去",而作为市场主体的企业却眼睁睁看着大量版权资源白白浪费闲置。当然,这是从政府主导型的文化"送出去"到企业主导型的文化"售出去"转型过程中必然遇到的问题。但是,要真正促进文化国际传播,推动文化产品"售出去",就要打破版权瓶颈,创新版权授权机制,降低版权交易成本。

再次,创新政府文化传播的管理方式。政府部门需要转变思路,进一步创新管理模式、搭建公共服务平台,为企业拓宽贸易渠道、降低交易成本,提高我国文化企业的国际市场竞争力。对外文化传播类企业,最关注的不是财政、金融、税收、土地等方面的支持,而是希望政府能够加强版权公共服务,解决企业遇到的"买剧难、买剧贵"的问题。因此,搭建版权输出公共服务平台、建立"对外输出作品版权资源库"是一项行之有效的措施。资源库中的作品版权来源主要有三种:一是政府投入项目产生的版权。例如图书、影视、动漫、音乐等作品,在作品发表以后,境外版权由政府享有。二是著作权人自愿捐赠或托管的版权。著作权人认为自己的作品适合境外推广传播,可申请将自己享有著作权的作品纳入"对外输出作品版权资源库"。三是通过专项扶持资金收储的版权。文化部门可以定期组织优秀作品会审,通过专项扶持资金购买相关作品的境外版权,特别是对于那些有助于弘扬中华优秀文化、传播中国故事的版权输出项目,更要予以支持。

最后,要构建文化国际传播智力资源供给机制。"人"是文化发展的根本动力与源泉。我们要在组织管理、资金扶持、生产经营等方面加强机制建设,通过制定奖励机制和措施、加强知识产权保护等政策,为在文化领域发展的各类外向型研究人才提供保障。我国文化要走出去、文化产品要"售出去",需要擅长涉外项目策划与文化经纪及资本运作的经营管理人才,需要熟悉国际惯例和规则、擅长媒介市场运作、具有战略思维的外向型经营人才,需要具有开拓能力、创新精神和创新能力,能够管理跨国大型文化企业集团的经营管理人才。这就需要我们构建一个文化国际传播智力资源的供给机制或平台。

在中华文化走出去的过程中,需要吸收各国先进文化基础,要有利用世界各国先进文化资源、开发文化产品的战略观念,中华文化才能跻身于世界先进文化的前列,才能增强在世界文化中的竞争力。世界上任何一个国家的文化资源都是有限的,先进文化资源更加短缺。要想使文化产品走向世界,使中华文化成为在国际文化市场上拥有较强竞争力的世界先进文化,需要有利用各国文化资源的意识。只有文化开放,才能带来文化繁荣;只有利用世界先进文化资源,才能将中华文化建设成为世界优秀文化。

三、国际文化消费市场的发展趋势

作为新兴产业和朝阳产业,文化产业具有广泛的关联度,通过延伸产业链提升产品的附加值,带动相关产业发展,广泛吸纳高素质的劳动力创业就业,形成一个全球化的庞大的国际文化消费市场,发展前景广阔,潜力无可限量。

在多重因素的影响下,国际文化消费市场呈现新的发展趋势和特点。

第一,理性主义文化消费观和可持续发展理念兴起。全球新冠疫情导致收入减少,人们社交习惯发生改变,从而推动更多文化消费者倾向于理性文化消费,选择文化产品时更加谨慎,倾向于多渠道对比,看中文化产品的"性能-价值比",并优先考虑附加值高及重视健康的文化产品和文化服务。同时,各国文化消费者都热衷于在不牺牲消费和使用品质的基础上,选择对社会和环境有益的可持续发展的绿色文化产品,购买带有公益项目或扶贫性质以及包装物可回收的绿色文化产品,践行更加可持续的文化消费方式,进一步推动国际文化消费市场的绿色与可持续发展。

第二,数字化渠道和文化消费内容获得广阔市场。近年来,居家办公增多,社交出行减少,让文化消费者形成了在线消费的习惯,文化消费者更加频繁地使用线上平台购买文化产品,网上购物和送货上门的需求量激增。线上文化服务消费需求大幅增长,相关文化和娱乐项目等体验型服务消费加速崛起,形成"24小时服务文化"趋势,随时可用的虚拟文化服务成为一个全新的潜在文化消费市场,数字化内容文化消费与实物文化消费之间的融合性进一步增强。

第三,健康和安全获得更多的关注和重视。文化消费者不仅追求自由愉悦的消费体验,也越来越注重健康安全的生活方式,他们倾向于选择天然、安全、有机、自然的文化产品与文化服务,同时更热衷于选择户外和开放式的文化购物市场进行文化消费和文化娱乐活动。在外出时,各国文化消费者趋向于购买市郊微度假文化产品和旅游消费产品。此外,各国文化消费者在享受文化科技带来便利的同时,也对文化安全有着越来越高的关注,对含有本国或本地域特征的文化产品的保护意识越来越强。

第四,社交性和沉浸式的文化消费体验需求上升。全球新冠疫情重振了社群的概念,各国文化消费者更渴望加强人与人之间的联系和互动。文化消费者变得更加愿意分享,在认同文化品牌后,他们会为喜爱的文化品牌主动发声,会在社交媒体上分享自己的文化消费经验并大力推荐给周围的文化消费者。例如,在自己的文化社交圈层中分享文化品牌的信息、文化产品使用心得体验等。同时,文化消费者对文化消费场景的要求更高,期望能够在更加交互式的契合场景感受文化产品与文化服务的魅力,各国文化消费市场大都呈现出更加沉浸式的文化消费模式,以满足文化消费者日益增长的文化消费需求。

第五,数字化和智能化成为转型升级方向。近年来,各国文化消费者对文化消费便捷性和实时性提出了更高的要求,这推动了整个文化产品零售生态系统向数字化、智能化和高效化的方向转型。文化产品零售市场的供应主体通过新技术的应用实现跨多个渠道与文化消费者无缝连接和互动,利用实时的多维数据优化和整合文化产品供应链,进行文化产品供应链管理数字化发展,文化消费电子支付平台被广泛应用,文化商业数字化转型的创新与探索重心从"前端"走向"中台"和"后端",以上下游文化企业为主体的数字化商业文化生态体系加速形成。

第六,国际文化消费市场流通体系资源配置能力不断提升。近年来,全球各国对"韧性城市"进行了深入探索,对文化消费市场流通体系的稳定性和高效性提出了新的要求。信息技术的广泛应用,文化消费市场的物流基础设施及配送体系的智慧水平不断提高,基于C2M(用户直连制造商)的流通体系和依托流通链反向引领的柔性、韧性生产体系深度结合。从文化市场、商务楼、社区和道路资源有效整合,到文化产品库存和文化产品物流覆约状态的精准控制,文化消费市场流通体系资源系统集成能力不断提升。

第七,文化旅游产品与生态旅游产品备受青睐。文化旅游是以鉴赏异国异地传统文化、追寻文化名人遗踪或参加当地举办的各种文化活动为目的的旅游,寻求文化消费享受已成为当前文化旅游者的一种趋势。近年来,素称"音乐之都"的维也纳,凭借众多著名音乐家的遗迹成为欧洲著名的文化旅游中心。布拉格、威尼斯、巴黎卢浮宫、敦煌莫高窟等也分别以音乐会、电影节或艺术节而成为举世闻名的文化旅游胜地。在形式多样的文化旅游中,以亲身体验虽已消失但仍然留在人们记忆中的某些生活方式为主题的怀古文化旅游,成为当今颇为风行的专题游览项目之一,购买旅游文化产品成为国际文化消费趋势。生态旅游是以旅游促进环境保护、以生态保护促进旅游文化发展的旅游形式。著名旅游专家朱卓仁先生曾指出:"将在全世界普及的四种旅游形式中,生态旅游居首位,其次是文化旅游、参与性旅游和休养保健旅游。"生态旅游作为最新潮的旅游产品正吸引着越来越多的旅游者,全球范围生态旅游方兴未艾。特别是加拿大、澳大利亚、巴西、美国、英国、日本、法国、瑞士、墨西哥等旅游发达国家,生态旅游更是风靡全国,成为一种时尚。可以预见,生态旅游将成为旅游发展的主方向,而生产更多具有多元文化内涵的绿色文化产品供各国旅客挑选已成为国际文化消费市场的新发展趋势。

第二节 跨文化消费者

一、跨文化消费者的特点

跨文化又称交叉文化,是指具有两种以上不同文化背景的群体之间的交互作用,即人们对于与本民族文化有差异或冲突的文化现象、风俗、习惯等有充分正确的认识,并在此基础上以包容的态度予以接受与适应。从学理上讲,所谓跨文化是指在交往中"参与者不只依赖自己的代码、习惯、观念和行为方式,而是同时也经历和了解对方的代码、习惯、观念和行为方式的所有关系"。从文化学理论看,文化认同就是指人类群体或个体对于某一特定文化的归属和接纳,它带有文化价值的特定指向性;而所谓"跨文化",就是指跨越不同国家不同民族界线的文化。简而言之,"跨文化"是指通过越过体系界限来经历文化归属性的所有的人与人之间的互动关系。

卫星电视、互联网的普及以通信手段将多种文化、多个国家的生活景象连接在一起,跨文化给人们带来的影响极为深远。互联网时代带来的多元文化的影响,将进一步颠覆人们传统的生活模式,同时也颠覆了企业传统的经营模式,文化的多元化也将成为这个时代创造力的来源。

跨文化消费者不可能在真空里做出自己的购买决策,他们的购买决策在很大程度上受到各国文化、社会、个人和心理等因素的影响。跨文化的结果,必然带来国与国之间文化的相互交融,其交互作用的结果,不仅改变了人们的生活方式、价值观念、环境保护意识,而且会带来新的文化消费趋势。

跨文化消费者具有以下几方面的特点。

第一,跨文化消费者的需求越来越趋同、趋优,呈现国际化倾向。由于跨文化的影响,如今中国人日常生活的硬件方面,越来越讲究品牌,越来越像"西方";在时装、流行、影视的商业审美方面越来越接近"国际标准"。尽管中国文化消费者与其他国家文化消费者的文化背景差异很大,但一些世界知名文化产品仍然成为他们共同追逐的目标。例如,日本的家用电器和照相机,美国的牛仔、音乐、影视,还有欧洲人的建筑风格、服饰文化、文化用品和生活情调等。尤其是青年人,能很快适应外来文化的影响,他们的模仿力极强,行为趋于一致,他们把模仿国外文化消费者追求的名牌看成是一种时尚。所谓趋优就是指跨文化消费者甘愿以更高价格来购买更好产品和服务的购买行为。这种日益国际化趋同趋优的文化消费倾向,给本土文化企业带来了机会与挑战。需求跨越了国界,名牌优质文化产品成为各国消费者所共同追逐的目标,在经济的快速发展过程中,最先被跨文化消费者认知的对象,往往能在竞争中赢得优势地位。而面临的挑战是文化产品生产将越来越向少数大企业集中,不被跨文化消费者认知的企业在竞争中将会消亡,大型企业精耕细作的营销策略给竞争对手留下的机会越来越少。各企业只有努力成为行业的佼佼者才能实现业绩长青。

第二,跨文化消费者的需求越来越个性化。"我喜欢,我选择""爱我所选,选我所爱""爱你就是爱自己"这些广告词代表了一个很深刻的文化现象。尤其是年轻的文化消费者希望自己与众不同,追求酷文化,喜好个性张扬、叛逆、注重自我、希望得到他人的更多关注。与此同时,个性化的文化产品成为他们展示自身个性的载体,许多消费者希望自己比别人拥有更多独特的文化产品。他们对文化产品的选择不再以价格、质量、年龄和性能优劣为取舍的重要标准,而是看文化产品是否别具一格,是否符合自己的心意,是否与自我价值相契合,是否体现自己的生活圈子。面对个性化文化消费的来临,国际大企业无论从市场经验和技术积累早已能够应对个性化文化消费,它们在产品创新上都很出色,而国内企业面对个性化文化消费时代显得准备不足,往往是匆匆迎战,因为刚刚习惯了大批量、低成本发展的中国企业,还缺乏应对个性化需求的技术、人才和经验。这也是未来进入国际市场的企业要想持续经营所必须面对的一个新的课题。

第三,跨文化消费进入分众时代,跨文化消费者的需求越来越多样化。个性化的需求,必然带来文化消费需求的千变万化、多姿多彩。一些国际跨国公司面对多样化的需求,在细分营销和多品牌运作上已经轻车熟路、灵活应对,而中国企业尚缺乏市场细分的概念、多品牌运营能力。跨文化消费者需求的多样化使得单一产品战略难以适应环境的需要,企业唯有不断创新,走差异化经营的道路才能满足跨文化消费者需求多元化的需要。

二、跨文化消费者的心理

跨文化消费者的心理是指跨文化消费者进行文化消费活动时所表现出的心理特征与心理活动的过程。

1. 求美心理

求美心理是指人们在跨文化消费活动中,对美好文化产品的追求和获得等心理倾向。这是一种特别关注文化产品的审美价值或艺术价值的购买心理。当跨文化消费者的基本生活需要得到比较充分的满足之后,在选购文化产品时就不仅考虑实惠耐用,还关心文化产品的美化生活的作用。在现实生活中,有许多文化产品不仅可供使用,而且可供欣赏。例如,紫砂壶诞生于烹茶的需要,现在却又是一种可满足人们审美需要的文化产品。一般的规律是,人们的物质和文化生活水平越高,求美心理越强,特别是在年轻的跨文化消费者当中求美心理更加强烈。因此,文化企业通常需要了解不同时期、不同地区、不同文化背景下大众的审美观,针对目标市场的特征,设计出既可供使用又可供欣赏的文化产品,推出造型美、装饰美、包装美的文化产品,以更好地满足人们求美的心理。

2. 求名心理

求名心理是指跨文化消费者往往以购买昂贵文化产品的方式,来提高自己的社会地位的心理倾向。产生这种跨文化消费心理的原因是:跨文化消费者对昂贵文化产品的信任和偏爱,在一定意义上是为了显示其社会地位和购买能力,赢得他人的尊敬或羡慕。具有这种心理的跨文化消费者往往是高价文化产品的忠诚购买者。但是要在跨文化消费者心目中树立起良好的印象绝非易事,需要经营者在文化产品质量、选料、性能、外观、包装、售后服务、广告宣传等方面做多方努力,精心培育良好的文化产品。另外,部分商家还会适当采取高价策略,以显示产品品质优良、高雅或别具特色,迎合跨文化消费者的求名心理。

3. 价格心理

价格心理是指跨文化消费者在选择文化产品时,对价格高低及其变化所产生的思想反应。其表现形式异常复杂,常见的有以下几种:①价格定型心理,或称价格习惯心理;②价格预期心理;③对轮番涨价的恐慌心理;④物美价廉心理;⑤高价炫耀心理;⑥价格攀比心理;⑦价格风险心理;⑧价格分档心理。影响人们价格心理的因素也非常复杂,通常包括跨文化消费者的收入水平、社会身份、性别、年龄、民族、职业、文化程度、对经济形势的认识以及社会风尚、宣传、舆论等。进行价格改革或从事文化产业经营活动、企业定价决策等,都必须了解大众的价格心理,并确定对策,加强宣传引导,去弊趋利。

跨文化消费者的价格心理特征主要包括:

(1)习惯性。反复的购买活动会使跨文化消费者对某种商品的价格形成大致的概念,这种价格也叫习惯价格。消费者判断频繁购买的文化产品价格高低时,往往以习惯价格为标准。在习惯价格以内的价格,就认为是合理的、正常的,价格超过上限则认为太贵,价格低于下限会对质量产生怀疑。

(2)敏感性。跨文化消费者对文化产品价格的心理反应程度的强弱与该产品价格变动幅度的大小通常按同方向变化。但违反这种心理变化的情况也经常发生,有些文化产品即使价格调整幅度很大,跨文化消费者也不会产生强烈的心理反应。造成这种差异的原因是跨文化消费者对各种文化产品价格变动的敏感性不同。一般来说,跨文化消费者对经常购买的文化产品的价格变动具有一定的敏感性,而对购买次数少的高档文化产品价格变动的反应则比较迟钝。

(3)感受性。跨文化消费者对文化产品价格高低的判断不完全以绝对价格为标准,还受其他因素的影响,主要包括文化产品的轻重、大小、商标、包装、装饰、使用价值、社会价值、服务方式、售货场所的气氛等。由于刺激因素造成的错觉,有的文化产品绝对价格相对高一些,跨文化消费者会觉得便宜;有的文化产品绝对价格相对低一些,跨文化消费者则会感觉价格昂贵。

(4)倾向性。跨文化消费者对文化产品价格的选择倾向或为高价,或为低价。前者多为经济状况较好,怀有求名、显贵动机及炫耀心理的跨文化消费者;后者多为经济状况一般,追求实惠的跨文化消费者。

4. 偏好心理

偏好心理是指跨文化消费者为了满足个人的一些特殊兴趣爱好而形成的一种跨文化消费心理。当购买到偏爱的文化产品时,其内心会获得一种极大的满足。

除此之外,跨文化消费者的心理还包括从俗心理(即入乡随俗,跨文化消费者的消费行为容易与环境中的其他人趋近或相同)、同步心理(即攀比,身处相同社会阶层的跨文化消费者在消费行为上有相互学习的倾向)、求异心理(是与从俗心理相反的一种心理现象,指跨文化消费者追求与众不同的心理倾向)、好奇心理(指文化产品越不常见、越稀有越受跨文化消费者追捧的社会消费心理现象)、便利心理(是指跨文化消费者主要从功能、实用性的角度选择文化产品的心理现象)、务实心理(指跨文化消费者选购文化产品时偏向于理性分析,以判断文化产品的性价比是否合理的心理现象)。

以上是对跨文化消费者日常消费心理的归纳和总结。这些规律通常潜伏在跨文化消费者的日常行为中,平时并不为人们所察觉,以至于人们都认为自己的文化消费是理性而自觉有序的。但其实,当正常生活节奏被打乱之后,人们才惊觉,原来自己平时的文化消费并不理性。

三、跨文化消费者的行为

按照心理学的原理,人的行为受心理活动支配,跨文化消费者的行为受消费者心理活动支配。心理活动是如何起作用的呢?按照"刺激-反应"的观点,人们行为的动机是一种内在的心理活动过程,像一只"黑箱(black box)"。客观的刺激,经由黑箱(心理活动过程)产生反应,引起行为。只有通过对跨文化消费者的行为进行研究,才有可能把握跨文化消费者的心理,进而安排恰当的营销组合以满足文化消费市场的需求。

跨文化消费者的购买行为在很大程度上受到文化、社会、个人和心理等因素的影响,这些因素对跨文化消费者行为的影响力是不同的,其中起根本决定作用的是文化,它通过影响社会的各个阶层和家庭,进而影响跨文化消费者的心理及行为。文化产品对跨文化消费者起输入刺激的作用,经济环境和文化环境也分别对跨文化消费者产生影响,一定程度上影响跨文化消费者对文化产品的反应。其中,跨文化消费者的"改变倾向"行为是一个重要概念,它是指目标市场群体或个体是否有改变跨文化消费习惯的倾向。若"改变倾向"越强烈,则越利于新文化产品的普及和扩散,从而能创造文化需求,达到引导消费的目的。"改变倾向"可以采用两个指标衡量:一是跨文化消费者对现有文化产品及其替代品的不满意程度;二是一种文化对在物质产品方面进行改善的渴望程度。文化生活方式包括规范生活方式和个体生活方式两种。前者指社会文化传统价值观念对社会大多数成员的行为具有较强的规范作用;后者指个体的兴趣与爱好对个体行为的影响更大,而社会文化传统价值观念影响较小。在规范生活方式的社会中,"舆论领袖"对个体跨文化消费行为的影响较大。跨文化消费者的购买行为模式可分为一般行为模式、常规行为模式和冲动性行为模式,不同的行为模式产生的心理背景是不同的,同时也影响了跨文化消费者的购买频率、购买地点和购买时间等的选择。跨文化消费者行为是人的社会化的行为,它还受跨文化消费者个体所处的环境及跨文化消费者个体心理差异等因素的影响。这些影响因素具体如下。

1. 政治因素

(1)政治制度。政治制度指一个国家或地区所奉行的社会政治制度,它对跨文化消费者的消费方式、内容、行为具有很大的影响。例如,在我国封建社会中,统治阶级压迫广大妇女,缠足裹脚,妇女只能穿尖头小鞋。但在清朝灭亡后,妇女缠足的现象逐渐消失。为了适应这种变化,其他样式的女式鞋出现了。再如,我国是社会主义国家,我们的商品生产和商品交换都要符合社会主义的政治、文化和道德原则。许多在资本主义国家泛滥的东西,在我国既不允许生产,也不允许销售。所以,政治制度对跨文化消费者行为的影响是客观存在的,对跨文化消费者的购买行为有着不可忽视的影响。

(2)国家政策。国家以政策形式对跨文化消费者进行行为规范。党的十一届三中全会以后,我国实行改革开放政策,在跨文化消费方面,除去了束缚消费者的"紧箍咒"。人们的文化消费内容越来越丰富多彩,呈现出多样性、复杂性特征。特别是社会主义市场经济的繁荣、商品的丰富对跨文化消费者的购买行为产生了深远的影响。

2. 经济因素

(1)社会生产力。由于跨文化消费者消费的商品是由生产提供的,生产能够提供什么、提供多少,客观上制约着跨文化消费者的消费对象和数量,还制约着跨文化消费结构。另外,社会生产力发展水平也制约着人们的跨文化消费方式。例如,从原始人茹毛饮血的消费方式到现代人刀叉进餐的消费方式,不能说不是生产力发展的必然结果。

(2)生产关系。在阶级社会中,作为一定的社会成员,每一个跨文化消费者的经济地位是被社会生产关系所规定的。不同的社会经济地位会导致跨文化消费者不同的消费行为。在社会主义社会,劳动者的文化消费具有了不再隶属于资本的独立性质,跨文化消费增长表现为社会成员共同富裕基础上的跨文化消费者消费水平的普遍提高。虽然由于社会生产力所限,而且经济体制的不完善限制了社会主义制度优越性的充分发挥,但决不能否定劳动者在跨文化消费生活中的主人公地位。这些社会生产关系的差异,在跨文化消费者行为中有着本质而深刻的反映。

(3)跨文化消费者的经济收入。由于跨文化消费者的收入是有差异的,又是不断变化的,所以必然会影响跨文化消费者的消费数量、质量、结构及消费方式,从而影响跨文化消费者的消费行为。①跨文化消费者绝对收入的变化影响其消费行为。引起跨文化消费者绝对收入变化的主要因素包括:跨文化消费者工资收入变化引起绝对收入的增加或减少;跨文化消费者财产价值意外的变化,例如,突然得到他人赠送、接受遗产、彩票中奖、意外地蒙受灾害、被盗、被窃等带来消费者绝对收入的增减;政府税收政策变化;企业经营状况好坏等造成个人收入的变化等。②跨文化消费者相对收入的变化影响其消费行为。有时跨文化消费者自己的绝对收入没有发生任何变化,但由于他人的收入发生了变化,这种相对收入的变化必然影响跨文化消费者的消费行为,不可避免地要比别人减少消费或改变消费结构。跨文化消费者也可能模仿收入相对提高的他人而提高自己的消费层次,以致出现相对的超前跨文化消费。③跨文化消费者实际收入的变化影响其消费行为。例如,由于物价上涨、商品价格提高,跨文化消费者的实际收入发生变化,使其实际购买的数量、品种、结构、方式都会发生相应的变化。④跨文化消费者预期收入的变化对消费行为的影响。跨文化消费者通常要对未来的收入情况做出一定的预期估计,如果跨文化消费者预期未来收入将比现期收入高,那么他就可能增加现期的跨文化消费支出,甚至敢于借债消费;如果预期未来的收入要降低,那么跨文化消费者就可能减少现期消费而增加储蓄。

(4)商品价格。商品价格也会影响跨文化消费者的消费行为。由于跨文化消费者在一定时间内的收入是有限的,同时可供人们消费的文化产品也总是以一定的价格形式出现在文化市场上,因此,跨文化消费者为了满足消费需要,必须根据自己的收入状况,依据不同文化产品的价格水平进行选择。例如,收入高负担轻的跨文化消费者,由于经济条件较宽松,可能常常选择价格较高的文化产品;而收入少或负担重的跨文化消费者,则可能较多地选择中低档文化产品。又如,人们预期未来价格不会发生很大的变化或会以某种固定幅度变化,就不会发生因物价上涨而采取的抢购行为。一般说来,价格越高,对跨文化消费者的推力越大,即可能把大多数跨文化消费者从该类文化产品购买者行列中推出去;反之,价格越低,对跨文化消费者的拉力越大,即越可能把人们拉入该文化产品的购买者行列。但这种现象并不是绝对的,在现实生活中,有的跨文化消费者出于某种偏好或消费心理,不顾价格的昂贵,反而以购买高价文化产品为荣。

跨文化消费者的行为会受到本国的经济环境的影响,其中三个最重要的因素是:①生活标准。经济发达地区的民众往往可以接受超过其收入水平的奢侈产品,而经济欠发达地区的民众通常难以接受超过其收入水平的奢侈产品。②经济基础设施。媒体、通信、运输和电力等都会对文化产品的营销和跨文化消费者的行为产生影响。③经济政策。关税壁垒是很多国家保护民族文化产业的方法,但同时会对跨文化消费者的行为产生影响,使该国的文化消费者无法自由地选择其他国家的文化产品。

3. 文化因素

文化因素是指人类在社会历史发展过程中所创造的物质财富和精神财富的总和,包括民族传统、风俗习惯、教育层次和价值观念等。①从民族传统的角度来看,各民族都有自己的文化传统。例如,中华民族一向有勤劳节俭的传统,在跨文化消费上表现为重积累、重计划等。在选择文化产品时追求实惠和耐用,相对而言不太注重装饰性,而且大部分开支是用于具有较高文化价值的文化产品。而西方有些国家则不同,通常强调享受人生,在跨文化消费行为上表现为注重当前消费效果,购买时不太追求实用,冲动性购买较多,选择文化产品时讲究环境,追求外观装饰。②从风俗习惯的角度来看,不同的国家、民族和地区都有其独特的风俗习惯,这些风俗习惯有的是因历史而形成的,有的是因自然环境、经济条件所形成的。例如,东方国家习惯上把红色作为吉祥的象征,一些文化产品往往用红色装饰,而法国和瑞典则视红色为不祥之兆。因此,当中国流行的红色爆竹在该地推销时,销路自然不畅,后改用灰色,销路才打开。③从教育层次的角度来看,现实社会中,人们所受教育的程度和层次是存在差异的,这些差异也影响人们的跨文化消费行为。例如,教育层次较低的群体在选择购买文化产品时,往往具有盲目消费倾向并较多地受到其装饰是否美观的影响,而教育层次较高的群体则重视文化产品的文化内涵。④从价值观念的角度来看,人们对事物的是非与优劣的评判原则和评判标准不同。在改革开放之前,中国的跨文化消费者认为富裕并非是光荣之事,标新立异是不合群之举。这种观念反映到服装文化消费上,便是追求朴素、大众化的格调。而改革开放后,人们的价值观念发生了很大变化,在购买服装时更多地追求式样、面料、色彩的新颖,注重服装与个性的协调,追求个性化。

第三节 国际文化消费的环境与策略

一、国际文化消费环境分析

文化消费的健康发展离不开良好的文化消费环境的培育。党的十九届五中全会明确提出要加快构建"以国内大循环为主体、国内国际双循环相互促进的新发展格局",这一决策不仅是新发展阶段战略转变的必然要求,也是贯彻落实新发展理念的重要体现,更是新的发展形势下应对国际挑战的必然选择。新发展格局以扩大内需为战略基点,以国内大循环为重要基础,这也就意味着国内文化消费市场成为促进国内国际双循环的基本盘。当下,文化消费环境已然成为应对国际挑战、稳定国民经济、满足人民美好生活需要的关键问题,经济效益和社会效益并存的文化消费作用将更加凸显。洞察文化消费面临的历史环境问题,把握文化消费的未来走向,持续促进高质量的文化消费发展,应成为新时代构建新发展格局需要关注的核心命题。

面对新的时代背景和国际形势,习近平总书记做出了我国正处于"百年未有之大变局"的重要战略判断,文化消费环境也迎来新的历史机遇和重要挑战。就国际文化消费环境来看,一是逆全球化与全球化博弈加剧。全球新冠疫情暴发加剧了逆全球化的趋势,疫情造成的全球经济停滞使各国意识到了产业链分化的弊端,各国为了维护自身经济发展,未来世界产业的分工和布局必然面临新的调整,如何应对逆全球化趋势带来的角色转变是未来国际经济发展需要解决的重大难题。二是文明冲突与文化通约并存。百年未有之大变局不仅体现在经济、政治层面,更体现在社会文化层面。美国政治学家亨廷顿认为,冲突是人类的天性,历史一直贯穿着冲突的线索,世界在告别"意识形态的冲突"时代后,必将进入下一个"文明的冲突"时代。然而,文化的冲突并不能等同于文明的冲突,文化的全球化也并不意味着文化的同一化。习近平总书记指出:"只要秉持包容精神,就不存在什么'文明冲突',就可以实现文明和谐。"三是国际文化消费新环境的构建。疫情暴发加速了产业的变革,文化消费新业态不断涌现,呈现出数字化、虚拟化、体验化、跨界化、分众化等重要特征,新型的消费内容、消费形式与消费场景构成了国际文化消费新环境。四是供给侧与需求侧加速变革。2020年中央经济工作会议强调,"要紧紧扭住供给侧结构性改革这条主线,注重需求侧管理"。供给侧结构性改革强调从供给侧入手,以改革的方法推进经济结构优化,要素实现最优配置,以增强对需求侧变化的适应性和灵活性;需求侧改革注重从需求端出发,以扩大内需为战略基点,发挥我国超级规模经济体的优势,培育完善的内需体系,以需求端促进国内大循环,从而形成"需求牵引供给、供给创造需求"的更高水平动态平衡。

就国际文化消费环境的未来走向来看,首先是各国文化自信与文化自觉更加彰显。以我国为例,新发展格局是一个"以内为主、以内促外、内外联动"的国内国际双循环格局,"以内为主"即把国内需求作为重要出发点,这一点充分体现出国内市场的重要作用,其不仅展现出我国对自身强大经济基础的信心,更在文化上彰显为一种文化自信与文化自觉。在文化全球化的浪潮中,文化自觉与文化自信是我国在进行文化交流与文明互鉴过程中必须坚守的思想底线,也是面对西方文化强势来袭时保持自身文化特色免受侵袭的防护屏障,更是新时代文化产业发展的价值基础。近年来,中华老字号文化品牌的市场占有率不断提升,"国潮"崛起的趋势就是文化自信日益增强的重要信号。其次是文化创新与创造性转化日益增强。文化创新与创造性转化是实现文化资源向文化产业转化的重要途径,也是构建新发展格局、扩大国际文化消费市场的主要引擎。对于我国来说,中华优秀传统文化的传承与创新需要实现创造性转化、创新性发展。我国优秀的传统文化蕴含着丰富的价值理念和民族精神,尽管时代语境已经发生了重大转变,但这些精神与品质时至今日仍然发挥着积极的作用,筑成了社会发展的重要精神动力。在现代社会语境下实现优秀传统文化的再传播与文化价值的再实现,就需要通过现代化的手段对文化资源进行创造性转化和创新性发展,实现传统文化的活化传承,赋予其新的时代内涵。再次是优质供给与文化消费主导趋势明显。国际文化产业发展由文化消费主导的趋势日益凸显,优质文化供给持续扩大,文化产业高质量发展稳步推进。"十三五"以来我国消费对经济增长的贡献率平均在60%以上,已然成为经济增长"三驾马车"的第一驱动力。互联网的迅猛发展更是将文化消费主义推到了一个前所未有的高度,消费文化大行其道,主导着人们的文化消费行为。伴随着文化消费主导趋势的深化,供需匹配问题成为满足人民美好生活需要的关键问题。最后是创新驱动与新兴业态动力强劲。国际经济增长的主要动力正在从投资拉动转向文化消费拉动和创新驱动。作为文化产业发展的核心动力,创新驱动以理念创新、科技创新和制度创新持续推动文化产业创新发展,助力新兴业态不断涌现,创造文化消费新增长极。创新既是文化形态所需,又是文化本质所赋,构建创新驱动型文化产业是各国实现可持续发展、促进经济结构优化、增强国际竞争力的必然要求。

从促进文化消费的路径选择来看,一是打通文化消费堵点,畅通国际大循环。打通文化消费堵点是畅通国际大循环的应有之义,也是破除文化消费困境的必然选择。畅通国际大循环要求打通文化消费存在的堵点和痛点,全面促进文化消费。目前来看,国际文化消费的堵点主要集中在文化消费供给层次低、文化消费观念落后、文化消费环境不完善、文化消费渠道不畅通四大方面。打通文化消费堵点,促进文化消费循环需要从文化消费主体、文化消费客体、文化消费环境三个方面着手,进行专项疏通。就文化消费主体而言,要对居民的文化消费观念和文化消费习惯进行引导培育。从文化消费客体来看,应提升供给侧的质量,增加有效供给,坚持以品质为导向,以优质的内容生产和文化服务为核心,创造一批高质量的文化供给,实现社会效益和经济效益的双效统一。从文化消费环境着手,应加快完善文化市场制度,发挥相关政策的引领和保障作用,构建一个有利于文化产业长效发展的制度环境,以优质的文化市场环境和文化消费制度,促进文化消费质量的提升。

二是激发潜在文化消费,开辟文化消费新环境。激发潜在文化消费是开拓文化消费新环境的重要举措,也是扩大内需促进国际大循环的有力抓手,更是激发文化消费活力、释放文化消费潜力的必然要求。当前,国际文化消费市场主要面临三大转变:第一,物质水平的提升推动全球文化消费升级;第二,文化消费群体的更迭重塑文化消费需求;第三,信息技术变革了国际文化消费习惯和文化消费方式。激发潜在文化消费需要,深刻把握文化消费趋势的主要变化,从文化消费的供给侧出发,一方面应加强优质供给满足人们已有的文化消费需求,另一方面应创造新的供给,激发人们潜在的文化消费需求,从而构建起全方位、多样化、高质量的文化供给体系,形成供给创造需求的良性循环。同时顺应数字经济的发展需要,加强信息技术在发掘文化需求中的应用,以大数据、云计算、人工智能、5G通信技术精准描绘用户画像,实现对于国际文化消费市场的整体把握和引领。

三是引领新型文化消费,实现文化消费新突破。新型文化消费是文化消费结构升级、产业革命深化的必然结果,也是文化产业结构优化、提升文化消费供给质量的重要动力。以新的文化消费内容、文化消费方式和文化消费场景为重要内涵的新文化消费能够充分释放文化消费市场的内需潜力,实现文化产业创新发展。创造国际文化消费新内容应加速线下文化内容的线上转移,扩充线上数字化的文化供给种类,推动各国传统文化消费转型升级。创新文化消费形式应运用好新的媒介形态和文化消费渠道,促进文化内容与科学技术深度融合,丰富文化消费的体验模式。创建文化消费新场景应顺应其数字化、虚拟化、体验化、跨界化、分众化等主要趋势,促进多要素复合型文化消费场景的构建,完善虚拟化文化消费场景,加快文旅融合、夜间经济等创新型文化消费场景的发展。

四是推动跨国跨界文化消费,拓宽文化消费新领域。跨国跨界消费是文化产业与其他产业融合发展的结果,也是科技赋能实现文化消费业态升级创新的重要成果,不仅拓展了文化消费的领域,也创新了文化消费的形态,培育了文化消费新的增长极。跨界消费的本质就是打破传统文化消费的边界,使文化和创意元素向其他关联性较高的产业融合渗透,将传统文化消费升级为新型文化消费,其背后的支撑就是文化产业的融合发展。跨国跨界融合最终要实现的是要素渗透与产业链、价值链的叠加,从而实现文化产业的无边界化。推动跨国跨界文化消费,可通过"文化+""技术+""信息+"等路径重新整合文化生产、文化传播、文化消费的模式,促进文化产业与其他产业融合发展。

二、文化消费国际品牌与国内品牌

现如今,对于文化消费国际品牌与国内品牌的主要消费人群有三大类:首先是"95后"年轻群体,其次是中产阶级高消费群体,最后是小镇青年。随着新青年与新中产阶级对国内品牌的关注与日俱增,新国内品牌的崛起,已经成为新文化消费语境下中国品牌发展的必然趋势。

新老国货的华丽转身促使国潮成为品牌发展全新的方向,国内品牌也成为年轻消费群体的首选。国内品牌爆款现象都显示出国潮从萌芽到崛起的发展过程,不仅是文化消费者对品牌和产品产生认同,更是中国式审美回归与文化自信的有力彰显。

对于国内品牌来说,首先在产品工艺与品牌创新方面有较大提升。文化消费者对于国内品牌的正面认知包括实用、耐用、质量好、性价比高、审美价值高、品牌历史悠久等特性,企业从质感、制作手艺、实用功能、审美价值理念出发,对产品进行了创新设计。优良的工艺与品质成为国潮产品的有力承诺点,由此塑造了良好的品牌形象,增加了文化消费者对国内品牌的好感。

在品牌创新上,国内品牌不断挖掘本身的品牌故事,更新品牌理念,与新媒体时代的特点与市场需求进行结合,向高品质、年轻化、个性化等趋势发展。例如,李宁从品牌的工艺与价值出发,运用中国非物质文化遗产——苏绣进行设计制作,推出了"悟道"主题商品。太平鸟坚持"突破边界"的核心理念,以青年文化语言阐述品牌的历史变迁,从老品牌重回年轻人怀抱。从设计到包装、从产品到价值的沉淀,随着用户体验的不断完善,国内潮流品牌树立了良好的口碑,吸引了大量文化消费者进行消费。

其次是怀旧情怀与审美特征的变化。近年来,怀旧文化消费演变成一种消费动力,受到不少文化消费者的青睐。许多文化创意企业推出具有怀旧特征的文化产品和包装,激发消费者的怀旧情怀,以此来引发购买欲望。例如,回力运动鞋、青岛啤酒、南方黑芝麻糊等品牌围绕"情怀"引起消费者的内心共鸣,使其产生消费行为。新生白酒品牌江小白通过对青春的怀旧打造了"青春小酒"的形象,与文化消费者之间形成了情感互通。

中国传统审美建立在东方美学的基础上,儒家文化、道家文化等中国传统美学注重细节、严谨朴素。在现代技术的深刻影响下,国内品牌根据大众审美倾向的变化,将中国传统文化与现代技术、社会潮流相融合,重构当今生活方式的特点,建构东方新美学。例如,SING女团的《国潮时代》,就将中国历史故事与电子乐相结合,用潮流的方式表达中国传统文化的内涵。

再次是文化消费升级与营销转变。作为"数字原住民",新青年的文化消费行为呈现个性化、情感化、互动性强等特点。品牌创新下新青年的文化消费行为更趋理性化,主要呈现出三种趋势:第一,从高价值转向心理认同;第二,从功能满足转向情感满足;第三,从广告推销转向数字交往。文化消费者从重视文化产品的价格到重视文化产品的品质,从关注文化产品的功能到关注产品品牌背后的文化和用户体验,这种转变让品牌溢价的效果逐渐弱化,他们愿意花费更多钱来满足自身的情感需求,这也相应给予了新国内潮流品牌迅速蔓延的机会。

在新媒体时代,多样化的营销形式极大增加了新国内品牌的曝光频次。跨界营销、话题营销、UGC营销等方式为国内品牌文化注入了新鲜血液。六神花露水与锐澳鸡尾酒、农夫山泉与故宫文创、美加净与大白兔奶糖等跨界营销大胆创新,让国内品牌在短时间内获得高曝光量。微博话题营销及小红书等UGC营销方式实现了高质量的品牌信息传播,让国内品牌"潮"起来。

最后是文化自信与社会变迁。国内品牌是中华文化和中国故事的凝结,国内品牌潮流,是中国文化实体的崛起。随着我国经济实力、科技实力的不断提高,新青年不再一味追逐洋品牌,而是对中国文化有着独特的见解。从《我在故宫修文物》纪录片到2018年"故宫口红"的爆红,这种现象不仅是因为企业长期的开发与运营,也得益于文化消费者对中国深厚文化底蕴的认同。故宫文创体现了当代青年人的文化自信,展现了博大精深的中国文化及中国品牌强大的生命活力。

中国经济发展带来的文化输出、国内品牌在新时代背景下的自强不息及网络技术的推动,让中国品牌走上国际舞台,掀起了"国潮"风。

在国内品牌发展的过程中,第一,应聚焦热点,扩大品牌知名度。在互联网时代,一个品牌想要引起现象级关注,塑造品牌形象是提升品牌知名度的必经之路。中国品牌要契合年轻文化消费者的诉求,对社会事件高度重视并做出反应,深度挖掘社会热点。国内品牌潮流年轻化的趋势对品牌捕捉并聚焦社会热点提出要求。第二,应创新文化产品,增加功能利益点。国内品牌主要依托文化消费者的情感和文化记忆来吸引消费者,但在多元化市场的发展下,以功能性为主的品牌要具备创新理念,重新挖掘文化产品的功能价值,对品牌进行更新迭代,更高效地研发和孵化新品,与一代又一代文化消费者产生共鸣。这种创新既要体现在产品的外形、包装等表面形式上,也要体现在文化产品的功能、品牌内涵等内在品质上。第三是跨界合作,吸引忠实的文化消费者。意想不到的跨界营销、丰富多样的场景互动、无缝融合的体验服务及稳定深刻的文化品牌内涵,都在不断地吸引更多的文化消费者。经典国内品牌和新兴潮流的组合营销,拉近了品牌与年轻文化消费者之间的距离。通过产品跨界进行价值创新,能为品牌双方带来流量与关注度,用户体验能够得到互补并产生资源互换。第四是社交营销,注重数字化运营。国内品牌应该借鉴新媒体时代的特点,借助互联网平台优势,同时进行线下宣传活动,维护大众对品牌的良好体验。数字化运营不仅要借助新兴的传播平台及营销方式,更要借助运营人员敏锐的市场洞察力。通过社交媒体营销为品牌赋能,品牌与消费者及消费者彼此之

间都能即时进行互动沟通,由此增加文化消费者对国内品牌的好感。第五是链接文化,提升文化价值观。随着消费理念的更迭和中国式审美的回归,文化消费者更关注情感方面的需求。故宫文创除了采用新技术、材料,更注重文化主题、价值意义和审美情趣的体现。不管是经典国货还是新生品牌的品牌活化,都可以利用文化符号激发消费者的情感体验和内心情怀。文化认同的价值不仅仅是对历史价值的认可,更是将传统文化进行现代化转变,形成与中国文化价值相协调的时代适应性。

三、跨文化消费的策略

面对日益显现的国际化趋优趋同、个性化和多样化的消费趋向,文化企业只有根据自身的优势和劣势,认清环境中的机会和威胁,采取趋利避害的营销对策,才能让企业在全球化竞争环境中生存发展。

第一是创造文化名牌策略。面对我国文化消费者需求趋同趋优、面向国际化的趋势,一些国际大文化公司纷纷抢滩中国市场。对此现状,我国文化企业如何在本地展有效的竞争,并积极走出国门参与国际市场的竞争,做品牌、创名牌是有效手段,同时还需提升品牌的知名度、美誉度和品牌的影响力。而要提升国内品牌的影响力,文化企业就要在"做精品、走高端"的道路上谋发展。

第二是文化适应策略。文化适应就是跨国文化公司在制定国际营销政策时,必须考虑到策略的灵活性并具有对东道国文化的敏感性。事实上,在跨文化营销的环境里,国际营销人员无意中会用自我参照标准(self-reference criterion,SRC)。自我参照标准就是国际营销人员在决策时无意识地参照自己的文化价值观、参考以往的成功经验。在跨文化管理中,某个特定的文化中有效的办法在另一个文化里可能没有效果。原因就是走出国门后,文化创意所面对的环境改变了,文化改变了,游戏规则也可能改变。那么,文化企业的营销策略也应随之改变,否则就会因触犯自我参照标准的错误而到处碰壁。例如,可口可乐为了做到文化适应,把思想上的本土化、行动上的本土化作为全球化的指导思想。而中国企业要顺利实施跨文化消费策略,适应东道国的文化环境,就必须克服自我参照标准,具体可采取以下措施:实施有计划的文化变革;提升文化认知,以及规避文化忌讳;因地制宜,即在国际文化营销中将宽容、灵活性、谦逊、公平与公正、能适应不同的工作节奏、好奇心与兴趣、对他国的了解、喜欢他人、能赢得别人的尊重、能入乡随俗等原则作为行动指南。

第三是柔性化制造。面对文化消费者个性化的消费趋势,文化产品生产企业的生产需小批量、多品种、多花色、多型号、特色化,以充分满足不同个性文化消费者的需求。而柔性化制造最大的特点是生产系统能够对文化消费市场需求做出快速的响应。在柔性生产线上,同一条生产线可生产出不同风格、个性的文化产品,产品设计、工艺设计、生产加工连接为一个整体,具有可调节、延伸、可升级功能的生产控制程序。随着柔性化思想的广泛运用,柔性化的内涵也越来越丰富,它不仅指文化产品制造上的柔性,即产品线的宽度、品种的多少、顾客选择的余地,还包括时间柔性,即顾客即时需要,企业可即时设计、生产,按要求快速送到顾客手中。数量柔性能基于顾客需要及时增加或减少生产量的能力;质量柔性能依据顾客的需要,增加或减少产品含金量的能力;顾客柔性能从顾客的需要出发,制定出适合不同顾客需要的服务模式,保证顾客需求得到最大限度的满足。

第四是利用好 STP 策略。STP 即市场细分(segmenting)、目标市场选择(targeting)和市场定位(positioning)。随着文化消费时代的到来,文化消费者需求的差异化程度越来越大,随之而来的营销策略就是企业由大量营销走向细分营销。细分营销成功的前提是文化产品的差异化。这就决定企业必须在深入科学的市场调查的基础上,发展多个文化品牌,而且每个文化品牌都针对每一目标市场进行产品设计、价格定位、分销规划和广告活动,使文化品牌的个性和产品利益正好与目标文化消费者的特殊需要相吻合,从而建立起群体对文化品牌的信赖和忠诚。STP 策略运用得当,可为文化产品多元化扩张战略奠定坚实的经济基础。

总之,在跨文化消费的背景下,面对新的文化消费趋势,中国文化企业唯有积极应对,稳中求变,在国际品牌建设、文化适应、柔性制造、差异化营销等方面进行提升,才能在全球化经济格局中占据有利地位,铸造中国文化强国地位。

  思考与练习

1. 中华文化如何更好地"走出去"?
2. 国际文化消费市场的发展趋势是什么?
3. 跨文化消费者的特点、心理和行为是什么?

因瓷再兴,这个古村落焕发"年轻态"

参考文献

[1] 傅才武. 中国文化市场与消费研究[M]. 云南：云南人民出版社，2014.

[2] 海因. 文化心理学[M]. 张春妹，洪建中，王东，等译. 北京：中国轻工业出版社，2021.

[3] 冉陆荣，李宝库. 消费者行为学[M]. 2版. 北京：北京理工大学出版社，2020.

[4] 索罗斯比. 经济学与文化[M]. 王志标，张峥嵘，译. 北京：中国人民大学出版社，2011.

[5] 倪晓莉. 心理学基础[M]. 西安：西安交通大学出版社，2019.

[6] 徐岸峰，韩忠春，杨仲基. 消费心理学[M]. 成都：电子科技大学出版社，2020.

[7] 所罗门，拉博尔特. 消费心理学：无所不在的时尚（第2版）[M]. 王广新，王艳芝，张媛，等译. 北京：中国人民大学出版社，2014.

[8] 柴少宗. 消费者行为学[M]. 2版. 北京：清华大学出版社，2019.

[9] 荣晓华. 消费者行为学[M]. 6版. 大连：东北财经大学出版社，2021.

[10] 莫少群. 20世纪西方消费社会理论研究[M]. 北京：社会科学文献出版社，2006.

[11] 库恩. 心理学导论：思想与行为的认识之路（第9版）[M]. 郑钢，等译. 北京：中国轻工业出版社，2004.

[12] 费尔德曼. 发展心理学：人的毕生发展（第4版）[M]. 苏彦捷，等译. 北京：世界图书出版公司，2007.

[13] 佛罗里达. 创意阶层的崛起[M]. 司徒爱勤，译. 北京：中信出版社，2010.

[14] 刘静. 显隐之径：外来务工者群体媒介文化消费与社会融入实证研究[M]. 北京：中国广播影视出版社，2017.

[15] 高健. 江苏青年文化消费研究[M]. 南京：南京大学出版社，2021.

[16] 周斌. 消费者行为学：理论、案例与实务[M]. 北京：北京大学出版社，2021.

[17] 单铭磊. 旅游消费者行为学[M]. 北京：企业管理出版社，2021.

[18] 朱平. 互联网＋时代的艺术生产[M]. 西安：陕西科学技术出版社，2023.

[19] 王瑾. 音乐文化及其产业发展研究[M]. 北京：中国商业出版社，2023.

[20] 周来祥，周纪文. 中华审美文化通史：秦汉卷[M]. 合肥：安徽教育出版社，2007.

[21] 张国梁，吴嫘，魏运才. 齐、鲁传统文化在现代乡村振兴中的创造性转化研究[M]. 北京：中国商业出版社，2022.

[22] 范周. 时代变迁下的中国文化消费[M]. 北京：商务印书馆，2019.

[23] 徐望. 文化资本时代的中国文化消费论[M]. 南京：江苏人民出版社，2022.

[24] 陈刚. 消费者行为学[M]. 天津：天津大学出版社，2018.

[25] 任丙超. 数字经济背景下传统文化版权开发策略研究[M]. 北京：中国经济出版社，2022.

[26] 上海交通大学国际文化产业创新与发展研究基地. 中国文化产业评论：第1卷[M]. 上海：

上海人民出版社,2003.
[27]王显成,顾金孚.现代公共文化服务体系构建与实践研究[M].北京:光明日报出版社,2022.
[28]姜彩芬.文化消费面面观[M].北京:中国经济出版社,2020.
[29]昝胜锋,唐月民.文化产业十八讲[M].福州:福建人民出版社,2012.
[30]林峰.当代大学生大众文化消费行为研究[M].北京:中国社会科学出版社,2022.
[31]何慧琳.当代中国消费文化研究[M].南开:南开大学出版社,2021.
[32]符国群.消费者行为学[M].4版.北京:高等教育出版社,2021.
[33]王文霞.文化消费主义背景下当代作家研究:以河南作家为例[M].北京:中央编译出版社,2013.
[34]朱旭.创意产品设计与文化消费[M].北京:新华出版社,2022.
[35]刘宇.文化资本对居民文化消费的影响研究[M].北京:经济科学出版社,2022.
[36]李辉.幻象的饕餮盛宴:西方马克思主义文化消费理论研究[M].北京:中国社会科学出版社,2012.
[37]范周.新消费时代的文化思考[M].北京:知识产权出版社,2022.
[38]弗里德曼.消费函数理论[M].贾拥民,译.北京:东方出版中心,2022.
[39]霍金斯,马瑟斯博,贝斯特.消费者行为学(原书第10版)[M].符国群,等译.北京:机械工业出版社,2007.
[40]纪秋发.中国社会消费主义现象简析[M].北京:北京理工大学出版社,2015.
[41]戴元光,邱宝林.当代文化消费与先进文化发展[M].上海:上海人民出版社,2009.
[42]鼠海鹏.消费文化:文化现代性与消费主义[M].北京:中国社会科学出版社,2018.
[43]张岱年,方克立.中国文化概论[M].北京:北京师范大学出版社,2004.
[44]费瑟斯通.消费文化与后现代主义[M].刘精明,译.南京:译林出版社,2000.
[45]王宁.消费社会学[M].2版.北京:社会科学文献出版社,2011.
[46]向勇.文化产业概论[M].北京:中国人民大学出版社,2022.
[47]高莉莉.资本视域下中国文化消费区域非均衡问题研究[M].北京:经济科学出版社,2022.
[48]李明.我国大众文化消费结构研究[M].北京:中国书籍出版社,2017.
[49]厉以宁.文化经济学[M].北京:商务印书馆,2018.
[50]宁德煌.饮食消费者行为与餐饮营销策略研究[M].昆明:云南科学技术出版社,2022.
[51]陈颖,连波.消费经济与消费者行为研究[M].长春:吉林人民出版社,2021.
[52]吴菁.消费文化时代的性别想象:当代中国影视流行剧中的女性呈现模式[M].上海:上海人民出版社,2008.
[53]张嘉惠,刘晶.旅游心理学[M].北京:北京理工大学出版社,2018.
[54]吴玉婷,贾秀娟,张彦杰.旅游心理学[M].天津:天津科学技术出版社,2018.
[55]唯高.餐饮市场消费心理分析[M].北京:中国物资出版社,2012.
[56]毕重增.消费心理学[M].2版.上海:华东师范大学出版社,2012.

[57]曾华.会展场馆管理[M].北京:机械工业出版社,2008.

[58]白学军.心理学基础[M].北京:中国人民大学出版社,2020.

[59]王苗苗.文化消费问题研究[M].北京:经济管理出版社,2021.

[60]刘万兆,赵曼,陈尔东.消费者行为学[M].北京:中国经济出版社,2018.

[61]唐秀丽.旅游心理学[M].重庆:重庆大学出版社,2020.

[62]阳翼.数字消费者行为学[M].北京:中国人民大学出版社,2022.

[63]施蕾.体验经济如何拯救百货商店[M].北京:中国经济出版社,2015.

[64]万祖兵.基于体验经济的文化创意产品设计与应用研究[M].长春:吉林人民出版社,2021.

[65]傅高义.日本新中产阶级[M].周晓虹,周海燕,吕斌,译.上海:上海译文出版社,2017.

[66]佛罗里达.新城市危机:不平等与正在消失的中产阶级[M].吴楠,译.北京:中信出版社,2019.

[67]格赖特迈尔.社会心理学[M].陆丽娟,译.上海:上海社会科学院出版社,2020.

[68]王晶.社会心理学[M].秦皇岛:燕山大学出版社,2021.

[69]马仪亮.消费升级驱动经济增长:一种结构主义的数量实证[M].北京:中国社会科学出版社,2018.

[70]中国信息通信研究院.融合 创新 引领:促进信息消费升级[M].北京:人民邮电出版社,2019.

[71]高书生.国家文化数字化战略怎样落地落实[M].北京:人民出版社,2023.

[72]曾晓洋.数字传播媒体背景下的消费者行为[M].上海:上海财经大学出版社,2023.

[73]孙九霞,陈钢华.旅游消费者行为学[M].3版.沈阳:东北财经大学出版社,2022.

[74]赵冰.消费者行为学[M].北京:首都经济贸易大学出版社,2023.

[75]张俊利.基于互联网经济时代下消费者心理与行为研究[M].长春:吉林人民出版社,2020.

[76]赵爱国.文化消费心理学[M].福州:福建人民出版社,2019.

[77]希夫曼,维森布利特.消费者行为学(第12版)[M].江林,张恩中,等译.北京:中国人民大学出版社,2021.

[78]徐萍.消费心理学教程[M].6版.上海:上海财经大学出版社,2018.

[79]马斯洛.自我实现的人[M].许金声,刘锋,等译.北京:生活·读书·新知三联书店,1987.

[80]薛群慧.旅游心理学:理论·案例[M].天津:南开大学出版社,2008.

[81]顾文钧.顾客消费心理学[M].上海,同济大学出版社,2002.

[82]格里格,津巴多.心理学与生活[M].王垒,王甦,等译.北京:人民邮电出版社,2003.

[83]徐永清,李长秋.旅游心理学[M].北京:旅游教育出版社,2012.

[84]津巴多,约翰逊,韦伯.津巴多普通心理学[M].王佳艺,译.北京:中国人民大学出版社,2008.

[85]王海鹰.消费者文化心理研究[M].北京:经济管理出版社,2007.

[86]刘军,邵晓明.消费心理学[M].2版.北京:机械工业出版社,2016.

[87]迈尔斯.社会心理学(第11版)[M].侯玉波,乐国安,张智勇,等译.北京:人民邮电出版社,2016.

[88]勒庞.乌合之众:大众心理研究[M].山药,译.北京:民主与建设出版社,2017.

[89]李捷.消费者行为学[M].北京:北京理工大学出版社,2020.

[90]卡德斯,克龙莱,克莱因.消费者行为学(第2版)[M].金钰,译.北京:中国人民大学出版社,2018.

[91]资树荣.文化消费增长与文化产业发展联动研究[M].湘潭:湘潭大学出版社,2020.

[92]李晓霞,刘剑,赵仕红.消费心理学[M].3版.北京:清华大学出版社,2018.

[93]朱迪.新中产与新消费:互联网发展背景下的阶层结构转型与生活方式变迁[M].北京:社会科学文献出版社,2020.

[94]所罗门.消费者行为学(第12版)[M].杨晓燕,等译.北京:中国人民大学出版社,2018.

[95]梁晓声.中国社会各阶层分析[M].北京:人民日报出版社,2021.

[96]卜建华.青年亚文化的时代表征与引导对策研究[M].天津:南开大学出版社,2022.

[97]孙薇.精英传统与消费文化:伊迪丝·华顿老纽约小说研究[M].四川:四川大学出版社,2014.

[98]石美玉,等.北京传统技艺类非物质文化遗产旅游活化与消费者参与研究[M].北京:中国旅游出版社,2018.

[99]梅军,包龙源.共生理论视角下苗族传统生态消费文化研究[M].北京:社会科学文献出版社,2019.

[100]刘畅.中国高端消费外流研究:动因、机制与破解方案[M].北京:社会科学文献出版社,2021.

[101]科里德-霍尔基特.微小的总和:新精英阶层的消费选择[M].尹楠,译.海口:海南出版社,2022.

[102]李昭庆.服装流行与文化影响力研究[M].北京:中国纺织出版社,2018.

[103]文博.定制消费[M].北京:中国商业出版社,2020.

[104]西美尔.时尚的哲学[M].费勇,译.北京:文化艺术出版社,2001.

[105]高长春.时尚产业经济学导论[M].北京:经济管理出版社,2011.

[106]盛美真.合理消费社会风尚的形成机制[M].北京:社会科学文献出版社,2021.

[107]郑震.中国都市中的消费实践:符号化及其根源[M].北京:社会科学文献出版社,2018.

[108]吴琼.当代奢侈消费的批判与超越[M].北京:社会科学文献出版社,2022.

[109]李佼瑞,于思琦,高杰.丝路沿线区域消费环境指数评价:以我国中西部主要城市为例[M].北京:中国经济出版社,2022.

[110]安静.消费社会背景下的仪式文化研究[M].长春:吉林大学出版社,2022.

[111]张召.改革开放以来中国消费文化变迁研究[M].呼伦贝尔:内蒙古文化出版社,2019.

[112]董俊祺.中国消费市场四十年(1979—2019)[M].北京:社会科学文献出版社,2021.

[113]梁璐.城市历史文化型街区的消费文化空间塑造及其机制研究[M].西安:陕西人民出版社,2020.

[114]王爽.互联网与文化生产、推广和消费研究[M].济南:山东人民出版社,2020.

[115]付业勤.自由贸易港建设背景下文化软实力与国际旅游消费中心协同发展研究[M].长春:吉林大学出版社,2020.

[116]何琦.数字转型背景下创意价值创造与消费提升研究[M].北京:经济管理出版社,2020.

[117]刘慧.大数据视角下文化消费代际差异研究[M].北京:中国社会科学出版社,2022.

[118]金惠敏.消费他者:全球化与资本主义的文化图景[M].北京:商务印书馆,2014.

[119]易行健,等.中国居民消费储蓄行为研究:宏观证据与国际比较[M].北京:人民出版社,2018.

[120]陈正辉.中国品牌的国际传播研究[M].南京:江苏人民出版社,2022.

[121]高莉莉.中国文化消费水平提升问题研究[M].北京:经济科学出版社,2019.

[122]董妍,孔清溪,吕艳丹,等.消费无国界:互联网时代的品牌传播与跨境消费[M].北京:中国市场出版社,2016.

[123]林广志,赵伟兵.澳门绿皮书:澳门旅游休闲发展报告(2019—2020)[M].北京:社会科学文献出版社,2022.

[124]郭强.海南自由贸易港国际旅游消费蓝皮书[M].北京:中国经济出版社,2021.

[125]王风华.国别文化、公平感知与消费市场行为[M].北京:经济管理出版社,2019.

[126]王敬民.消费时代的审美救赎[M].北京:新华出版社,2019.

[127]张爱红.文创产品审美化消费研究[M].济南:山东人民出版社,2019.

[128]李志兰.基于微观视角的文化消费问题研究:以河南省为例[M].北京:经济管理出版社,2018.

[129]唐敏.传统消费主义与数字化时代消费主义对比研究[M].成都:西南财经大学出版社,2022.

[130]鞠叶辛.博物馆之美:文化消费时代的博物馆设计[M].北京:中国建筑工业出版社,2021.

[131]上海社会科学院文学研究所文化产业研究室.文化产业:创意经济与中国阐释[M].上海:上海远东出版社,2021.

[132]王晓辉.提升公共文化服务水平[N].人民日报,2020-12-30(9).